Découvrez l'histoire par les archives de presse

RETRONEWS

Le site de presse de la BnF

www.retronews.fr

Première Année.   N° 1.   15 Mai 1905.

Vingt Centimes

La Revue Syndicaliste

MENSUELLE

SOMMAIRE

Notre but .. ..   La Rédaction.

Le repos hebdomadaire. .. ..   E. Guérard.

La journée de huit heures au point de vue de l'hygiène .. ..   Albert Thomas.

Le mouvement en France et à l'Étranger.

PARIS

SOCIÉTÉ NOUVELLE DE LIBRAIRIE ET D'ÉDITION

(LIBRAIRIE GEORGES BELLAIS)

17, RUE CUJAS, Vᵉ ARRᵗ

AUX CAMARADES SYNDIQUÉS

Notre Revue commence modestement. Vingt-quatre pages par mois, c'est peu, si l'on songe à l'étendue et à la variété de l'action syndicale. D'informations utiles et des renseignements, on pourrait, en effet, chaque mois remplir un gros volume.

Nos ressources actuelles ne nous permettent point de faire plus. Nous nous bornerons donc à l'essentiel, aux renseignements les plus utiles pour la propagande et pour l'action. Demain, si vous nous aidez, si vous vous abonnez, si vous faites abonner les camarades autour de vous, la *Revue syndicaliste* vivra, grandira, et deviendra chaque jour plus capable de rendre les services qu'on doit attendre d'elle.

Nombreux, déjà, sont les camarades qui nous ont promis leur concours ou leur collaboration. L'équipe des travailleurs est solide ; et notre liste, nous l'espérons, n'est pas close. Dans le vaste monde ouvrier on a peine parfois à se trouver, à se joindre. Les bonnes volontés s'appellent l'une l'autre. Elles ne tarderont pas à se grouper.

L. Aussel (Marine).	Lacarrère (Chemins de fer).
Bajat (Marseille).	Lauche (Mécaniciens).
F. Bousquet (Toulouse).	Limousin (Poitiers).
Bruguier (Nîmes).	Malardé (Tabacs).
Chapeau (Bordeaux).	Malbranque (Amiens).
Cleuet (Amiens).	Mars (Cherbourg).
Copigneaux (Travailleurs municipaux).	Martinet (Employés).
Coupat (Mécaniciens).	Nicolas (Saint-Quentin).
Delaine (Papeterie-réglure).	Ollivier (Marseille).
Dherbécourt (Voitures).	Pernot (Vosges).
Falandry (Toulouse).	Raynaud (Toulouse).
Garbado (Amiens).	Renard (Textiles).
Gervaise (Travaux de l'Etat).	Renou (Verriers).
L. Gentric (Marine).	Reymond (Toulouse).
Guérard (Chemins de fer).	Rousseau (Saint-Dié).
Guernier (Reims).	Rousseau (Reims).
Hardy (Maréchaux).	Sauvage (Dunkerque).
Héliès (Employés de coopératives).	Sergent (Livre).
Kerfyser (Dunkerque).	Traut (Belfort).
Keufer (Livre).	Vaillaut (Marine).
Klemczinski (Oise).	Verhaert (Gantiers).
Labat (Bordeaux).	Voilin (Mécaniciens).

CONDITIONS D'ABONNEMENT

Un an : **2** fr. **40**. — Six mois : **1** fr. **20.**

Les abonnements partent de mai et de novembre.

Nous serons reconnaissants aux camarades de nous envoyer leurs abonnements, par mandat-poste, pour éviter les frais de recouvrement.

Prière d'adresser tout ce qui concerne la rédaction ou l'administration au camarade ALBERT THOMAS, administrateur-délégué de la *Revue syndicaliste*, 17, rue Cujas, Paris, Vᵉ.

Première Année   Mai 1905 -- Mai 1906

La Revue Syndicaliste

TOME I

PARIS

PUBLICATIONS DE LA SOCIÉTÉ NOUVELLE DE LIBRAIRIE ET D'ÉDITION

(Anct. 17, rue Cujas)

ED. CORNÉLY & Cⁱᵉ, ÉDITEURS

101, RUE DE VAUGIRARD, 101

La Revue Syndicaliste

La Revue Syndicaliste

Première Année   Mai 1905 — Mai 1906

La Revue

Syndicaliste

TOME I

PARIS
PUBLICATIONS DE LA SOCIÉTÉ NOUVELLE DE LIBRAIRIE ET D'ÉDITION
(Anct. 17, rue Cujas)
ED. CORNÉLY & Cⁱᵉ, ÉDITEURS
101, RUE DE VAUGIRARD 101

Première Année.　　　　Nº 1.　　　　15 Mai 1905.

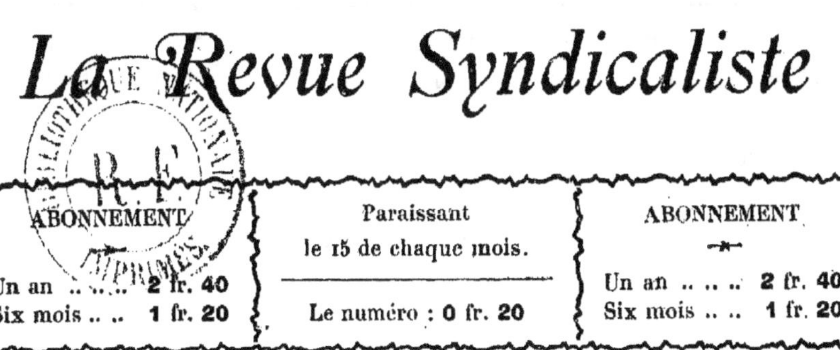

La Revue Syndicaliste

ABONNEMENT

Un an .. .. **2 fr. 40**
Six mois .. .. **1 fr. 20**

Paraissant
le 15 de chaque mois.

Le numéro : **0 fr. 20**

ABONNEMENT

Un an .. .. **2 fr. 40**
Six mois .. ... **1 fr. 20**

NOTRE BUT

Il y a quelques jours, par sa fête du premier mai, la classe ouvrière des deux mondes manifestait son énergie, ses espérances. Elle affirmait sa volonté d'imposer les réformes sociales, d'imposer surtout et d'abord la journée de huit heures ; et elle affirmait, par là même, sa volonté de s'émanciper, une fois pour toutes.

C'est pour contribuer, nous aussi, à cet effort d'émancipation, que nous fondons aujourd'hui *La Revue Syndicaliste*. Par elle aussi, nous nous proposons de contribuer à la transformation de la société.

Mais il y a mille moyens de collaborer à cette œuvre immense.

Que voulons-nous faire ? Qui sommes-nous ?

La tâche que nous voulons entreprendre est précise ; la besogne que nous voulons faire est bien définie.

Notre journal syndicaliste, *La Voix du Peuple*, organe de la Confédération générale du Travail, est tout à la fois un bulletin officiel et un journal de combat. Comme tel, il est destiné à rendre pour la lutte quotidienne, et pour la propagande, de réels services.

Mais à côté de *La Voix du Peuple*, il y a place, à notre avis, pour toute une besogne indispensable d'information et de science. Pour l'action quotidienne du syndicat, pour l'efficacité de la propagande, pour le développement des organisations, on n'a jamais trop de connaissances. On ne connaît jamais trop d'expériences, jamais trop de faits, nous dirons même : jamais trop de chiffres.

Renseigner les camarades sur les transformations économiques, sur es mouvements de la production, sur la législation ouvrière qui règle si incomplètement encore les conditions du travail, décrire les progrès du mouvement syndical en France et à l'étranger, et indiquer scrupuleusement les résultats obtenus par les diverses méthodes ; signaler et analyser les œuvres nouvelles qui intéressent les militants, tel est notre but.

C'est celui des Revues syndicales étrangères, du *Correspondenzblatt*, d'Allemagne, de la *Gewerkschaft*, d'Autriche, de l'*American Federationist*, de l'autre côté de l'Atlantique. Nous nous inspirerons de ces exemples.

Mais, pour accomplir ce travail d'information mutuelle, nous ne saurions complètement nous abstraire de nos tendances ni de nos idées. Elles sont diverses, elles sont peut-être sur certains points opposées. Pourtant une même pensée commune et des préoccupations identiques nous ont réunis.

Nous sommes des *syndicalistes*, c'est-à-dire que nous voyons dans le syndicat l'instrument essentiel de l'émancipation prolétarienne, dans l'action syndicale la forme la plus importante de l'action ouvrière.

Sans le syndicat, les lois ouvrières risquent de n'être jamais appliquées. Sans le syndicat, la législation sociale, que peuvent imaginer des partis politiques, sera toujours inefficace et comme à-côté. Sans le syndicat, la coopération retombera constamment aux pratiques bourgeoises. Sans le syndicat enfin, la formation de ce prolétariat nouveau, qui changera demain la face du monde, est chose impossible.

Un syndicalisme, fortement organisé, *absolument autonome, indépendant de toute attache politique ;* un *libre syndicalisme*, appliqué à sa tâche quotidienne d'amélioration sociale, mais constamment dominé par son idéal de suppression du salariat, tel est le but auquel nous tendons. Nous voyons dans la pression directe sur le patronat, — qu'elle se manifeste par la grève ou autrement, — le principal moyen d'arriver à ce but. Les œuvres de solidarité et d'assurance mutuelle lui sont, selon nous, subordonnées ; mais elles ont leur valeur, et considérable, pour renforcer, maintenir les effectifs syndicaux, et pour exercer sur le marché du travail une nécessaire influence. C'est, pensons-nous, par un syndicalisme solide, pourvu de tous ses moyens, que la grève générale pourra avoir un jour toute son efficacité.

C'est par cette conception précise, — et d'ailleurs conforme aux nécessités de la pratique, — que nous échapperons aux deux dangers qui menacent inégalement l'action syndicale : un syndicalisme purement mutualiste, qui oublie l'action directe à exercer sur le patronat, un syndicalisme de propagande, plus ou moins dédaigneux de l'organisation, et qui prétend faire de l'action syndicale une nouvelle forme d'action politique.

C'est aussi par cette conception que nous nous trouverons en communion étroite avec la plupart des organisations syndicales du monde entier. Quelles que soient les entraves que la constitution politique de leur pays met à leur activité, quelles que soient leurs traditions, leurs tendances, c'est peu à peu vers cette conception qu'elles semblent toutes s'orienter. C'est à une pratique identique qu'elles se rallient pour résister et lutter contre le capitalisme, partout identique en son fond. Quelques-uns de nos camarades ont tendance à négliger les expériences étrangères : nous en aurons, quant à nous, le plus grand souci. Nous apporterons une attention constante aux relations entre pays, à l'œuvre de l'Internationale syndicaliste qui grandit.

Tel est notre commun dessein. Au demeurant, un large esprit de tolérance mutuelle règnera parmi nous. Tel ou tel de nos collaborateurs peut ne point souscrire à tous les points du programme que nous exposons : nous n'avons pas pensé un instant à refuser son concours. Mais nous croyons avoir exprimé les préoccupations d'une multitude de syndiqués. Que tous nous aident! qu'ils s'abonnent! qu'ils fassent autour d'eux une ardente propagande! qu'ils répandent, par tous les moyens, la *Revue syndicaliste!*

L'hiver rude est maintenant passé, l'hiver fécond en souffrances pour la classe prolétarienne! Que l'espérance de mai gonfle aujourd'hui tous nos cœurs et que la grande pensée de l'émancipation commune nous soutienne dans notre tâche!

LA RÉDACTION.

LE REPOS HEBDOMADAIRE

La question du repos hebdomadaire, depuis si longtemps à l'ordre du jour des congrès ouvriers, paraît être sur le point de recevoir une solution au Parlement.

On ne peut apporter contre cette réforme l'argument vieillot de la « concurrence étrangère », car c'est la France qui, à ce point de vue, fait concurrence aux autres nations. Le repos « dominical » est en effet appliqué législativement dans la plupart des pays d'Europe.

Au moment où l'Allemagne, en 1890, discutait cette réforme, Bismark, voulant y faire obstacle, déclarait que l'institution du repos hebdomadaire serait une cause de ruine pour l'industrie. Cependant, depuis le 1ᵉʳ juin 1891, le travail du dimanche est interdit — sauf dérogations — dans l'industrie allemande, et nous devons constater qu'elle s'est développée au point d'inquiéter fortement les industriels français.

Le Danemark, en 1892 ; l'Autriche, en 1895 ; la Russie et la Roumanie, en 1897 ; l'Espagne, en 1904, et, tout récemment, la Belgique, sont entrés dans cette voie que la Suisse avait tracée, la première, en 1877. En Hollande, les femmes et les enfants, seuls, bénéficient du repos du dimanche ; toutefois, et cela en vertu d'une loi de 1815, aucun travail n'est exécuté le dimanche pour le compte de l'Etat. En Angleterre, le repos du dimanche n'est pas expressément exigé par la législation, mais il est rigoureusement observé dans l'industrie et dans le commerce ; en outre, la loi garantit aux ouvriers un repos, le samedi, pendant tout ou partie de l'après-midi.

La France avait bien, en 1880, institué, elle aussi, le repos « dominical », mais la loi souleva de telles récriminations en raison de son caractère vexatoire, qu'on dut bientôt l'abroger. Après vingt-deux ans de réflexion, la Chambre des députés s'est prononcé à nouveau, le 27 mars 1902, pour l'obligation du repos hebdomadaire ; mais, renonçant à résoudre les difficultés d'application, elle laissa aux maires le droit de déterminer les exceptions à cette règle. Le projet transmis au Sénat est aujourd'hui rapporté. La question va-t-elle aboutir et dans quelles conditions ?

En fait, la réforme du repos hebdomadaire est déjà réalisée dans la presque unanimité des ateliers et des usines ; elle est appliquée dans les mines, dans les banques, dans les administrations de l'Etat — postes et télégraphes exceptés — ainsi que dans le commerce du gros. Peu à peu, sous la pression des syndicats, les grands magasins de nouveautés et de comestibles, les bazars, les salons de coiffure ferment au moins une partie de la journée du dimanche. Enfin, le repos « dominical », répondant à ses habitudes traditionnelles, est d'un usage presque absolu dans l'agriculture.

Le Parlement, en instituant le repos hebdomadaire, n'accomplira donc pas une réforme audacieuse ; il la sanctionnera et la généralisera. C'est à cela que se borne le législateur en matière économique ; il ne faut pas lui demander davantage. Sage et prudent par nature, il redoute les conséquences imprévues d'une réforme et ne veut pas jeter la perturbation dans le pays par une mesure hâtive ou prématurée. Jamais il ne devance les mœurs ou les coutumes ; il est toujours en retard sur eux ; quand il se décide à intervenir dans une question, c'est qu'elle est «mûre» et souvent même, il y a longtemps que, dans le même ordre d'idée, un nouveau progrès est en voie de réalisation.

Faut-il déduire de cela, qu'une loi sur le repos hebdomadaire n'est pas nécessaire ?

Au conseil supérieur du travail, qui élabora un projet, presque tous les patrons se sont déclarés, en principe, contre l'intervention de la loi. L'un d'eux, M. Heurteau, disait : La majorité ne peut imposer sa volonté à la minorité.

Sans doute, la loi est oppressive, mais la volonté patronale l'est-elle moins ?

Les ouvriers se lassent de faire appel au législateur ; ils se fatiguent d'attendre plusieurs années le vote d'un projet qui, ballotté entre les deux Chambres, subit des mutilations qui le rendent informe. Ils préféreraient évidemment obtenir, par une action auprès de leurs employeurs, les satisfactions qu'ils demandent à des mesures législatives, mais les patrons ne veulent subir ni la contrainte de la loi, ni celle des ouvriers, et ils refusent généralement de discuter avec nos syndicats. Aussi, dans l'état actuel des forces ouvrières organisées, la loi apparaît-elle comme le moyen pratique, sinon rapide, de réaliser ou plutôt de généraliser des réformes.

Et puis, les résistances ne viennent pas seulement des patrons ; on les rencontre parfois chez les ouvriers eux-mêmes. Le syndicat typographique de Paris a vainement essayé de faire admettre par les typographes des journaux la règle du repos hebdomadaire ; l'action syndicale a été impuissante, même à l'égard des ouvriers syndiqués, et, pour éviter des dissentiments, il fallut abandonner le projet.

Les garçons de café ont fait entendre leurs doléances à la commission de la Chambre ; ils disaient : « Nous ne sommes payés que par les pourboires ; si vous nous supprimez un jour de travail par semaine, c'est nous qui en supporterons les conséquences ».

Des syndicats ouvriers ont tenté d'obtenir, par un accord avec les patrons, la fermeture des magasins le dimanche. Tous se montraient favorables à une mesure, prise en commun, qui donnerait aux ouvriers, comme aux patrons, un jour de liberté par semaine. Il a suffi, souvent, pour faire échouer la combinaison, de la mauvaise foi d'un seul patron qui, en vue d'attirer chez lui la clientèle des autres, maintenait son magasin ouvert pendant que ses concurrents fermaient le leur.

Les délégués du Syndicat patronal de l'Épicerie française ont déclaré au cours d'une enquête faite par l'Office du travail : « Le jour où toutes les maisons de l'alimentation sans exception, à la suite d'une loi, fermeront, nous ne serons pas fâchés de ce jour de repos ».

Pour vaincre l'apathie de certains travailleurs, hostiles sans réflexion au repos hebdomadaire, et les forcer à réclamer un salaire rémunérateur, pour obliger les patrons récalcitrants à ne plus faire obstacle à un accord, la contrainte d'une loi est indispensable.

On peut assurer que, pour le commerce, la loi seule peut garantir le repos, car elle placera tous les patrons d'un même commerce sous le même régime.

L'application légale du repos hebdomadaire n'ira pas sans difficultés ; le contrôle des inspecteurs sera souvent mis en défaut, si les syndicats ouvriers, pour cette loi comme pour les autres qui les concernent, n'en font pas eux-mêmes respecter l'exécution.

Pour plus de garantie, les syndicats d'employés demandent la fermeture des magasins à jour fixe et s'appuient pour cela sur une argumentation dont nous ne méconnaissons pas la valeur. On peut, néanmoins, s'effrayer devant la perspective de donner à nos grandes agglomérations l'aspect de villes mortes, comme celles d'Angleterre où, le dimanche, on éprouve un indicible ennui. L'un des arguments apportés en faveur du repos à jour fixe — indépendamment de l'efficacité certaine du contrôle — est que, si un travailleur n'est pas libre le même jour que les membres de sa famille, il déambulera, seul, désœuvré, et recherchera, dans la fréquentation du cabaret, un dérivatif à son isolement.

Cependant, le repos à jour fixe est impossible pour beaucoup de commerces et d'industries, dans lesquels le travail est nécessairement continu. Peut-on admettre, un jour par semaine, l'interruption des moyens de transport, fiacres, omnibus, chemins de fer ? Faudra-t-il aussi fermer ce jour-là tous les cafés, les hôtels, les restaurants, les salles de spectacle, et les musées ?

L'employé voudra — et il a raison — jouir pendant son jour de liberté, de toutes les distractions possibles. Il lui sera agréable de visiter un musée ou d'aller se promener à la campagne et d'user pour cela des moyens de transports, de se rafraîchir au café, de prendre son repas au restaurant, de terminer sa soirée au théâtre. Mais pourquoi, l'ouvrier d'atelier, libre également à jour fixe, n'aurait-il pas à sa disposition, si cela lui plaît, le magasin de confections, de chapellerie, de cordonnerie, le bazar, en un mot, tous les magasins où il lui conviendrait de faire des emplettes ? Il n'a que ce jour de liberté, pas un autre, et il faut bien qu'il en profite pour acheter tout ce dont il a besoin.

On doit constater, toutefois, que la coutume tend de plus en plus à s'établir de chômer à jour fixe — le dimanche — partout où cela est possible, sans nuire au fonctionnement de certaines industries et sans troubler les besoins publics.

Les objections patronales contre l'obligation légale du repos hebdomadaire sont nombreuses ; on s'est efforcé, dans les divers projets soumis aux Assemblées délibérantes et, en particulier, dans celui que le Sénat va examiner, de donner satisfaction aux intérêts en cause, au risque de compromettre la réforme que l'on veut établir. La commission sénatoriale a pris le soin, notamment, d'éviter à l'Etat, au département et à la commune, les obligations imposées au patronat, et elle a délibérément écarté du bénéfice de la loi, sous un prétexte spécieux, une importante catégorie d'employés de chemins de fer.

Aussi, les syndicats ouvriers protestent-ils contre les multiples dérogations admises ; ils s'élèvent contre le système bâtard des demi-journées de repos et critiquent le repos de « 24 » heures qui, s'il commence à midi, par exemple, ne donne pas toute une journée de loisir à l'ouvrier.

Les difficultés non dissimulées auxquelles on se heurte, sont inhérentes, pour la plupart — pour ne pas dire toutes — au système social actuel qui met le Parlement dans l'obligation de ménager deux intérêts antagonistes et inconciliables.

E. Guérard.

LE CAPITAL-ACTIONS DES GRANDES COMPAGNIES
DE CHEMINS DE FER

	Nombre d'actions	Leur valeur à l'émission	Leur valeur en bourse au 26 avril 1905
Nord	525.000	231.875.000	961.800.000
Est	584.000	292.000.000	579.328.000
Ouest	300.000	150.947.918	273.600.000
Orléans	600.000	307.784.570	897.000.000
P.L.M	800.000	340.968.056	1.136.000.000
Midi	250.000	146.319.0.0	300.250.000
		1.466.894.564	4.153.978.000

LA JOURNÉE DE HUIT HEURES
AU POINT DE VUE DE L'HYGIÈNE

« Huit heures de travail, c'est plus de santé. » Le fait est tellement évident, tellement incontestable, qu'il n'a pas besoin de démonstration. Mais, tout en reconnaissant que onze heures ou dix heures, c'est une journée plutôt rude, il ne manque point de camarades aux poumons solides et aux muscles forts, qui croient pouvoir supporter longtemps cet accablant labeur, et ne le croient point au-dessus de leurs forces. C'est à ceux-là surtout qu'il faut soumettre les démonstrations médicales.

On les trouve dans une thèse de médecine qui a été soutenue à Lyon en 1900, par le docteur Ilia Sachnine. Elle est intitulée : *La journée de huit heures au point de vue de l'hygiène et de la médecine publique.* C'est une grosse compilation, pas très bien faite, mais utile pour les profanes de la médecine, comme nous sommes à peu près tous.

Le sujet, il faut le reconnaître, était délicat. Tant de causes influent sur la santé ouvrière ; tant de fléaux ruinent les organismes prolétariens les plus forts, qu'il était difficile de mesurer la part néfaste qui revient à la longueur démesurée de la journée du travail. Si, par exemple, en temps d'épidémie, fièvre typhoïde ou autre, ce sont les quartiers ouvriers qui sont le plus éprouvés, quelle est la raison de ce fait ? Est-ce la mauvaise et insuffisante nourriture des familles ouvrières ? Est-ce la condition déplorable de leur logement, leur entassement dans des chambres étroites, sans air et sans soleil ? Est-ce enfin l'épuisement causé par la longueur des journées de travail ? Tout cela ensemble, certainement. Mais, encore une fois, comment dire la part de chaque facteur ? Si des camarades lisent l'ouvrage du docteur Sachnine, ils s'apercevront qu'il n'a pas toujours fait un choix rigoureux parmi ses exemples ; mais ils trouveront aussi quelques démonstrations certaines, quelques chiffres incontestables qu'il faut signaler ici.

On sait comment vivent toutes les parties de notre organisme : le sang leur apporte des éléments nourriciers, remporte les éléments inutiles ou nuisibles. Lorsque, dans un effort de travail, les muscles se contractent, ils absorbent, ils consomment de l'oxygène en grande quantité et exhalent de l'acide carbonique. Le travail développe dans les muscles des produits de combustion, de désassimilation, qui sont impropres à la vie, et qui, transportés dans tout le corps par la circulation du sang, sont nuisibles à la santé, s'ils sont en trop grande quantité. L'état de surmenage, trop connu, hélas ! des travailleurs est une sorte d'empoisonnement de l'organisme par lui-même.

Or, pour que le travail musculaire ne produise pas ces désastreux effets, il faut que des éléments nouveaux, fournis par la nourriture et par la respiration, viennent réparer les forces des muscles. Et il faut surtout que le corps puisse éliminer, rejeter au dehors les déchets qui empoisonnent le sang. Or, il résulte de toutes les observations citées par le docteur Sachnine, que cette élimination des déchets ne peut se faire pendant le travail, qu'elle ne peut s'accomplir complètement que pendant le repos, et surtout pendant le sommeil. Il faut, en effet, du temps pour que les déchets s'éliminent et que les matériaux nouveaux se fixent sur les tissus et les réparent.

Telle est, en gros, la démonstration. On en voit immédiattement les conséquences. Si le travail est trop prolongé, si le repos, si le sommeil sont insuffisants, le corps ne peut éliminer les déchets ; il ne peut renouveler ses forces ; il s'empoisonne ; il s'épuise.

Deux curieuses observations médicales permettent de bien saisir la nécessité de la courte journée de travail et du repos hebdomadaire, tout à la fois.

La première est due à Pettenkofer et Voit. Ils placèrent dans une cage de verre, hermétiquement close, un ouvrier vigoureux, nourri d'une alimentation mixte se rapprochant de celle qui lui était habituelle. Pendant 9 heures, il fut chargé d'un travail consistant à tourner une roue autour de laquelle était enroulée une chaîne supportant un poids de 25 kilos : travail assez pénible, mais ne nécessitant pas une grande dépense d'attention. A l'aide de pesées minutieuses, il fut établi que cet ouvrier avait dépensé, sous forme d'acide carbonique, 192 grammes d'oxygène de plus qu'il n'avait pu en absorber dans le même espace de temps, soit 20 % de la provision d'oxygène, nécessaire à la vie, qui se trouvait dans le corps. Et les deux savants concluaient qu'une nuit de repos ne suffisait pas à réparer ce déficit journalier de 10 ou 20 % d'oxygène.

Or, les travaux du forgeron, du maçon, des hommes de peine, sont au moins égaux en intensité à ceux de l'ouvrier soumis à l'expérimentation. Et, dans la plupart des cas, si la dépense de force musculaire est moindre, la force nerveuse dépensée en attention par les ouvriers des usines, compense, assurément, la différence. Aussi faut-il admettre que dans tous ces cas, un travail de neuf heures par jour est déjà excessif.

L'autre expérience est d'un médecin russe, Bougolavsky. A l'aide d'un dynamomètre, il étudia les courbes de la fatigue des muscles de l'avant-bras, pendant huit jours consécutifs, chez un soldat habitué aux travaux manuels. Or, tandis que les sept premiers jours donnaient une moyenne de travail mesurée par 45 kilogrammètres, le huitième, le nombre fut seulement de 28 kilogrammètres, soit une diminution de 38 %. Ainsi, en travaillant journellement douze heures pendant sept jours, la fatigue s'accumulait au point de produire, le huitième, une diminution de force très sensible.

Il ne faudrait, certes, pas exagérer la valeur de ces expériences : mais elles sont curieuses, et surtout, elles ont pour avantage d'étudier tout-à-fait à part l'influence sur l'organisme d'un travail prolongé. Mais combien de faits dans la vie journalière viennent confirmer ces conclusions !

Les statistiques des accidents de travail, renouvelées encore tout récemment par des études françaises, ont clairement démontré l'état de fatigue de l'ouvrier à la fin de la journée de travail.

Ne rappelons qu'un exemple : les 15.400 accidents relevés en 1887 en Allemagne, se répartissaient de la manière suivante :

HEURES	NOMBRE	HEURES	NOMBRE
6-7	435	12-1	587
7-8	794	1-2	745
8-9	815	2-3	1.037
9-10	1.069	3-4	1.243
10-11	1.598	4-5	1.178
11-12	1.590 (1)	5-6	1.306

Et d'après les mêmes statistiques, c'est le vendredi et le samedi que se produisent les plus nombreux accidents. Les conclusions sont faciles à tirer : supprimez la dixième et la onzième heure, supprimez l'après-midi du samedi, et vous diminuerez dans une proportion notable le nombre des accidents. La même conclusion s'applique encore, cela va sans dire, aux maladies professionnelles, plus ou moins nettement déclarées, dont un si grand nombre résultent de telle position trop longtemps gardée, de tel effort musculaire trop souvent répété.

Mais il est une conséquence plus certaine encore et plus immédiate de la réduction de la journée de travail, c'est le relèvement de la santé ouvrière. Sur un corps sain et vigoureux, le mal n'a pas de prise. Nous portons en nous, on le sait, dans nos poumons, dans tous nos organes, les germes des maladies. Que notre corps se trouve affaibli par la fatigue, par le surmenage, et il deviendra immédiatement un terrain favorable à la localisation et au développement des micro-organismes. Naturellement aussi les ravages de la maladie seront d'autant plus terribles que l'organisme sera épuisé.

Or, il est frappant de voir dans les statistiques, sur les applications trop rares encore de la journée de huit heures, quels résultats immédiats la réduction de la journée de travail a eus pour la santé ouvrière.

La journée de huit heures a été introduite dans les hauts-fourneaux du Cumberland. Un an après, les Associations de prévoyance avaient dépensé 20 à 25 % de moins que l'année précédente en allocations pour cause de maladie.

A l'usine de produits chimiques Brunner et Mond, la journée de travail était en 1893 de huit heures : la moyenne des ouvriers recevant une allocation pour maladie était de 5,4 %. En 1899, la journée fut de 12 heures : le nombre des malades, immédiatement fut de 7,1, %.

Parmi les mineurs anglais qui ne travaillent que huit heures, le taux de la mortalité, entre 25 et 40 ans, a considérablement diminué depuis trente ans. Mais, dans les districts où la journée de travail est plus longue, le taux de la mortalité est en exacte proportion avec celui de la durée du labeur.

Autre fait encore : en 1892, la fabrique de plumes Heintze et Blankertz à Berlin, établit la journée de huit heures, au lieu de 9. En un an, le nombre

---

(1) Beaucoup d'usines arrêtent le travail à 11 heures, d'où la légère et seulement apparente régression.

moyen de jours de maladie par an et par ouvrier passa de 5,4 à 3,5 et par ouvrière de 6 à 4,6.

Il n'est pas besoin de multiplier les exemples. Les propagandistes des huit heures n'auront pas sur ce point beaucoup d'efforts à faire. L'expérience ouvrière et la science médicale sont d'accord : « Huit heures de travail, c'est plus de santé, c'est la santé ! »

La sagesse des nations dit que la santé est le premier des biens : dans l'odieuse société d'aujourd'hui, ce premier bien aussi est ravi à la classe ouvrière. Il est temps qu'elle le reconquière.

Albert Thomas.

LE MOUVEMENT EN FRANCE

Deux grandes grèves ont retenu, ces derniers temps, l'attention du prolétariat français.

La première s'est terminée à la satisfaction des ouvriers de la voiture qui réclamaient un minimum de salaires pour chacune des spécialités de cette industrie, le repos hebdomadaire et la suppression du marchandage. La résistance patronale avait surtout pour objet le maintien du marchandage, cette forme surannée de travail, ce succédané de l'exploitation capitaliste.

Au moyen du marchandage l'industriel connaissait exactement le prix de revient de ses travaux : il débattait le prix avec le marchandeur, qui, lui, rétribuait selon son caprice ses collaborateurs, les ouvriers, et réalisait souvent, par sa propre exploitation, de scandaleux bénéfices.

Les patrons de la voiture transigeaient sur toutes les autres réclamations de leurs ouvriers, mais s'obstinaient à conserver le marchandage. Ils offrirent ensuite de lui substituer le travail aux pièces.

Toutes les professions connaissent aujourd'hui les inconvénients du travail aux pièces. C'est le surmenage intensif de l'ouvrier pour un boni aléatoire. C'est le plus grand facteur de division dans un atelier ; car, sous le prétexte d'émulation, les chefs stimulent le zèle naïf des ouvriers. C'est à celui d'entre eux qui produira le plus. Or toute augmentation de production et de bonis détermine des diminutions sur les prix des travaux.

Les ouvriers de la voiture rompirent plusieurs fois les négociations avec leurs patrons, refusant énergiquement la substitution du travail aux pièces au marchandage. Entre temps, le ministre du commerce intervint et délégua auprès des patrons et ouvriers un enquêteur de l'Office du travail.

Ce fonctionnaire fut assez heureux, après 32 jours de grève, pour faire accepter, par les ouvriers et les patrons, le travail en commandite aux lieu et place du marchandage.

La commandite est un système de travail peu répandu en France. Jusqu'alors il était en usage chez les typographes seulement. La commandite n'est autre chose qu'une équipe d'ouvriers entreprenant collectivement l'exécution d'un travail pour un prix déterminé, débattu et fixé entre elle et le patron. Les bénéfices sont répartis intégralement entre tous les ouvriers, au prorata des heures de présence dans l'atelier. La commandite désigne elle-même le camarade chargé de la distribution du travail et de la comptabilité, elle est maîtresse de sa discipline, elle se recrute elle-même en cas de vacance.

On conçoit que ce nouveau genre de travail pour la voiture exige un développement de la conscience et de la dignité ouvrière. Avec la commandite, c'est la liberté qui pénètre dans l'atelier, c'est l'autorité patronale diminuée. Avec elle aussi plus de crainte de voir un ouvrier s'exténuer pour atteindre le maximum de production et de bénéfices. Tous ces efforts égoïstes sont paralysés par l'équipe qui partage tout le produit du travail. L'abatteur de travail n'a plus dès lors d'intérêt à se déprimer et à indiquer dans quelle mesure peuvent être diminués les travaux.

Il est à souhaiter que le régime de la commandite s'acclimate chez les ouvriers de la voiture, car il est le correctif du travail aux pièces qui, actuellement, a une tendance à se généraliser plutôt qu'à disparaître.

Quant aux mouleurs, ils ont lutté douze semaines pour obtenir un minimum de salaires de sept francs. Malgré une ténacité et une tenue admirables, malgré l'esprit d'abnégation et de sacrifice, qui animait tous les grévistes, les résultats n'ont été que partiels. Un grand patron, M. Piat, a fait droit aux revendications ouvrières : quelques autres ont suivi. Dès que les circonstances le permettront, l'effort de l'organisation devra porter contre les patrons qui n'ont pas cédé.

Pierre COUPAT.

LA GRÈVE DE LIMOGES

Pour tous ceux qui connaissent la situation des ouvriers dans l'industrie céramique, et particulièrement l'état misérable, et les salaires de famine, des porcelainiers limousins, un conflit était depuis long-temps inévitable.

Une vive effervescense régnait ces derniers mois parmi les journaliers des fours. Ceux-ci sont astreints à un travail des plus pénibles : jusqu'à 72 heures consécutives de présence à l'usine, pour y charger, décharger, chauffer les fours, au milieu d'une atmosphère surchauffée, dans des conditions hygiéniques les plus déplorables.

Le conflit semblait devoir éclater pour une revendication de salaires, au moment prochain où un règlement du chauffage des fours, élaboré actuellement au ministère du commerce, viendra imposer l'application de la loi de 1848, avec une tolérance permettant 24 heures de présence à l'usine, suivies d'un repos au moins égal.

Les faits scandaleux reprochés à M. Penaud, contre-maître de l'usine Haviland, précipitèrent les événements. Les ouvriers demandaient le renvoi de cet individu, dont les mœurs dissolues et les procédés à l'égard des ouvrières constituent une atteinte permanente à leur dignité familiale.

On sait ce qu'il advint : le patronat répondit à cette revendication, si légitime, par un lock-out général. Prétextant quelques incidents insignifiants, le Préfet déposséda Labussière, maire de Limoges, de ses fonctions de police, et mit la ville en état de siège. La collision était alors inévitable entre la troupe et les grévistes : les charges de cavalerie, et, pour finir la fusillade, l'assassinat du malheureux Vardelle. La dépression inévitable, qui suit ces incidents violents, l'interpellation à la Chambre, enfin, l'influence conciliante de Labussière, amenant M. Haviland, à consentir au renvoi de Penaud : tels sont les faits saillants de cette grève.

A vrai dire, au point de vue économique, aucun résultat n'a été obtenu, les revendications touchant les questions de salaire, ayant été d'un commun accord remises à une date ultérieure.

Il semble que le lendemain du jour où le sang avait coulé, les deux parties ont éprouvé le besoin de cesser les hostilités. Le patronat, effrayé des responsabilités qu'il avaient endossées, les ouvriers, comme déprimés, au lendemain de leur effort violent, cèdent les uns et les autres, et déposent momentanément les armes.

Il est à présumer que cela ne sera qu'un armistice, car la situation déplorable faite aux céramistes de Limoges — artisans d'une industrie si prospère — appelle une amélioration considérable, qui probablement ne pourra s'obtenir sans de nouveaux conflits. La question des fours, toujours pendante, en sera peut-être l'occasion.

Mais souhaitons du moins que ces conflits n'amènent point de nouveaux massacres ouvriers, que la liste ne s'allonge pas de ces noms sanglants, gravés dans les mémoires. Des journalistes bourgeois qui n'avaient point trouvé de mot assez fort pour stigmatiser le bris de l'automobile de M. Haviland, ont accepté comme un fait divers, comme un incident accoutumé des grèves, la mort du malheureux Vardelle. Les ouvriers, eux, n'oublient point. Les responsabilités administratives et militaires, dans le conflit de Limoges, sont énormes. Si le gouvernement se refuse à les établir et à les juger, il accumulera, pour les conflits à venir, les colères et les haines, il préparera de nouvelles batailles, plus sanglantes et plus terribles.

LE MOUVEMENT A L'ÉTRANGER

LA GRÈVE DES FERROVIERI

On se souvient de l'effort tenté par les employés des chemins de fer italiens en février : le projet de loi Giolitti sur le rachat des chemins de fer contenant des clauses restrictives du droit de grève, les employés avaient répondu en paralysant, par la stricte application du règlement, tout le service des communications. Mais leur tentative n'avait pas obtenu un plein succès. La question n'était pas tranchée.

On se rappelle aussi qu'à la suite de ces événements, le ministre Giolitti se retira. Un ministère Fortis se constitua qui apporta à son tour un projet de loi sur le rachat. Ce projet était loin de tenir compte des revendications des ferrovieri.

Non seulement les améliorations concédées pour les pensions et les salaires étaient dérisoires, mais encore le droit de coalition des ferrovieri était réduit à néant. Le projet les assimilait, en effet, à des fonctionnaires de l'État et les soumettait ainsi à l'article 181 du Code pénal. Cet article frappe d'une amende de 500 à 3.000 lires et d'une suspension temporaire tout employé de l'État qui, après une entente, abandonne son service, avec plus de trois de ses collègues.

L'émotion fut grande parmi les ferrovieri : une délégation auprès du ministre Ferraris n'obtint rien, le 15 avril.....qu'une invitation à se laisser faire. Le Comité d'agitation décida la grève : le 17 avril, au matin, elle éclatait. Les provocations réactionnaires avaient abouti.

Dès le premier moment, l'échec fut à peu près certain. L'obstruction avait indisposé l'opinion publique, surtout les intérêts bourgeois qui la mènent. Les organisations étaient affaiblies par les efforts antérieurs. Le secrétariat national de la Résistance, organisation centrale du syndicalisme italien, tout en invitant le prolétariat à soutenir les ferrovieri dans leur résistance, se refusait à proclamer immédiatement la grève générale.

Au bout de six jours, les grévistes cessèrent la lutte. Ils sentirent qu'il devenait inutile de la prolonger. Malgré les efforts de plusieurs députés socialistes, la loi avait été adoptée par la Chambre. Le ministère Fortis s'engagea à ne point frapper de grévistes, à consulter les représentants des organisations pour les requêtes du personnel, à confier au Conseil du travail l'étude d'une commission arbitrale.

La lutte est maintenant suspendue. Les ferrovieri n'ont plus qu'à renforcer leurs organisations, pour les batailles prochaines. Souhaitons qu'elles puissent être engagées dans des conditions plus favorables.

Une nouvelle union syndicale aux États-Unis

Un événement de quelque gravité va troubler le mouvement syndical aux États-Unis. La *Western Federation of Miners*, qui se tient à l'écart de l'organisation centrale américaine, et qui a mené récemment la lutte du Colorado, a pris l'initiative de fonder, d'accord avec les Fédérations des Boulangers, des Brasseurs et des Métallurgistes, une nouvelle union syndicale, en opposition déclarée avec la vieille Fédération américaine du Travail. Les organisateurs de l'union nouvelle reprochent à l'*American Federation of Labor* de s'en tenir au principe de l'organisation par métiers, et à plusieurs de ses membres les plus notoires d'avoir adhéré à la *Civic Federation* (Alliance de la paix), la grande association mixte de capitalistes et d'ouvriers. L'Union nouvelle a surtout pour but de confondre tous les prolétaires dans une même action commune contre la classe bourgeoise. Une seule carte, un seul label, un seul journal, un seul fond de défense : pour le reste, tous les travailleurs répartis en huit grands groupes d'industrie, dont quelques-uns sont subdivisés en métiers.

Il est toujours délicat de porter un jugement sur les événements qui s'accomplissent dans un pays étranger. Mais on peut s'étonner de voir reparaître des projets et des formes d'action qu'on aurait pu croire dépassées, dans un pays comme l'Amérique. La division artificielle des métiers, cette agglomération de tout le prolétariat, dans un même groupement, en dépit de la diversité des métiers, rappelle étrangement les projets anglais de 1834 ou celui de Schweitzer, en Allemagne, en 1869. On sait quel en fut alors l'insuccès. Il semble, en outre, que l'adhésion de Gompers et de quelques autres à la *Civic Federation*, adhésion qui fut, selon nous, une erreur certaine de tactique, n'ait pas eu sur les pratiques des syndicats américains une bien grande influence. Dans tous les cas, il vaut mieux toujours combattre pour une idée à l'intérieur d'une organisation, que de lutter contre elle, au nom même de cette idée. Surtout, ce qu'il est permis de déplorer partout où elle se produit, c'est la division des forces, c'est la rivalité de deux organisations sœurs, et à plus forte raison, lorsqu'elle a lieu en face des forces capitalistes formidables, comme les trusts américains.

ORGANISÉS & NON-ORGANISÉS EN AMÉRIQUE

L'organe patronal américain « *Independent* » a tiré des comptes-rendus des syndicats et du dernier « *Census* » la liste suivante sur le rapport des ouvriers organisés ou non organisés, dans les principales industries des États-Unis :

	Organisés	Non organisés
Bâtiment	500.000	1.000.000
Mineurs	400.000	200.000
Chemins de fer	300.000	1.000.000
Transports	175.000	425.000
Fondeurs de fer	150.000	200.000
Imprimeurs	100.000	100.000
Vêtements	75.000	225.000
Tramways	50.000	50.000
Cordonniers	50.000	100.000
Tabacs	50.000	100.000
Textiles	50.000	500.000
Mécaniciens	40.000	260.000
Fer et acier	25.000	325.000

La conclusion que l'organe patronal tire de cette statistique, c'est qu'il faut lutter à outrance contre les syndicats. Un tiers de la classe ouvrière serait, en effet, d'après lui, organisée. Si les syndicats faisaient de nouveaux progrès, s'ils groupaient un nouveau tiers du prolétariat, de graves changements sociaux seraient à craindre. Les temps sont proches !

LE CONGRÈS DE LA FÉDÉRATION OUVRIÈRE SUISSE

ET LES ÉMIGRANTS ITALIENS

Le Congrès de la Fédération ouvrière suisse, qui compte aujourd'hui plus de 200,000 membres, s'est tenu, le 24 avril dernier, à Olten. Elle a eu surtout à s'occuper de la revision de la loi fédérale sur les fabriques. L'extension de la loi à toutes les entreprises, quel que soit le nombre d'ouvriers ou d'ouvrières qu'elles occupent ; la journée de dix heures ; la protection des ouvriers travaillant à domicile ; l'établissement d'inspectrices du travail, telles sont les principales résolutions qui ont été prises.

La question de la propagande dans la Suisse italienne a vivement préoccupé le Congrès. Jusqu'à ce jour, en effet, tandis que l'organisation progressait dans la Suisse allemande et la Suisse romande, cette région et en particulier le canton du Tessin, restait impénétrable, malgré les efforts du secrétariat ouvrier suisse. Il s'ensuit que les lois protectrices du travail sont demeurées là inappliquées.

Mais cette question de la propagande dans la Suisse italienne se double d'une autre : celle de l'immigration. En 1888, il y avait en Suisse 41.881 Italiens admis au domicile ; en décembre 1900, il y en avait 117.059. Enfin, 5 à 6.000 ouvriers de saison viennent chaque année passer l'été en Suisse.

Or, on le sait, la plus grande cause de l'émigration c'est la misère. Dans nos pays occidentaux surtout, si l'homme s'arrache au sol natal, c'est qu'il ne peut plus y vivre. Ce sont les éléments les plus pauvres du prolétariat italien qui tous les ans, ou pour toujours, quittent leur village. Aussi constituent-ils un véritable danger pour les organisations syndicales qui luttent péniblement pour la défense des salaires. Combien de fois, en Suisse, en Allemagne, en France, n'a-t-on pas entendu les patrons vanter le peu d'exigence et l'ardeur au travail des émigrants italiens ? Et les camarades allemands du bâtiment peuvent être sûrs de voir débarquer, au milieu de leurs grèves, sous la conduite d'un louche *padrone*, une troupe de malheureux inconscients qui viennent « briser » leur effort.

Les organisations professionnelles ont à se défendre d'eux et à les défendre tout à la fois. En Allemagne, un gros effort a été fait par la Commission générale : un journal syndicaliste, *l'Operaio italiano* (*l'Ouvrier italien*) a été rédigé par ses soins, pour éduquer les nouveaux arrivants. Et des relations régulières ont été établies entre les syndicats et eux.

En Italie même, au point de départ, la *Societa Umanitaria* de Milan a contribué, elle aussi, à cet effort. Elle a composé, à l'usage des émigrants partant en Allemagne ou en Suisse, deux guides leur donnant des indications pratiques pour le voyage et la vie de chaque jour, mais aussi des conseils inspirés d'un esprit syndical très net. Le guide indique les adresses des organisations locales ou générales et invite à y recourir. Surtout, il indique les tarifs en usage.

L'émigrant ainsi ne se laissera pas si souvent tromper. Il aura la tentation de toucher, lui aussi, le salaire en vigueur.

C'est une propagande analogue que veulent mener aujourd'hui les syndicats suisses. Le secrétariat ouvrier ayant été un de leurs principaux outils de propagande et leur ayant rendu d'incontestables services, ils demandent au Conseil Fédéral qu'une augmentation annuelle de 5,000 fr. permette de créer un poste d'adjoint de langue italienne.

Ainsi, peu à peu, par une propagande active, les émigrants italiens cesseront de retarder et de contrarier l'action syndicale. Ils deviendront, à leur tour, dans leur pays, des militants du syndicalisme. Et l'initiative ouvrière aura été autrement féconde et autrement efficace que toutes les lois prohibitives, d'esprit étroitement nationaliste. Déjà, ce mouvement a porté ses fruits. Depuis six semaines, avec une opiniâtreté que rien ne décourage, les maçons de Zurich font grève, et ce sont en majorité des ouvriers italiens. Il faudra peu de temps pour que les émigrants d'Italie aient perdu leur déplorable renommée de « kroumirs », comme on dit chez eux.

JURISPRUDENCE

On sait qu'à Paris, depuis la loi du 14 mars 1904, les bureaux de placement auxquels s'adressaient les travailleurs de l'alimentation, les coiffeurs, les teinturiers et les cordonniers ont été supprimés, moyennant indemnité. Mais un grand nombre de bureaux payants, plaçant les uns des « domestiques », les autres des « employés et domestiques » ont subsisté. Certains titulaires de bureaux pour « employés et domesti-

ques » ayant prétendu pouvoir placer des « employés de l'alimentation »,
par exemple des bonnes d'hôtels, des cuisinières de marchands de
vin, etc...., le préfet de police le leur interdit et déféra l'un d'eux au
tribunal correctionnel. Ce placeur avait une autorisation du 2 avril
1890, pour placer des « employés et domestiques ».

Acquitté par le tribunal correctionnel, il a été condamné par la Cour
d'appel de Paris. La Cour d'appel a estimé comme la préfecture de
police que les mots « employés et domestiques » ne pouvaient signifier
que les gens de maison. Mais la Cour de cassation a cassé l'arrêt.

« Attendu, dit-elle, que le mot « employés » dont le sens n'est pas
limité par les termes de l'arrêté d'autorisation a une portée générale, à la
différence du mot « domestiques » qui désigne les seules personnes dites
« gens de maison » ;

« Qu'en l'espèce, l'expression d' « employés » se présente évidemment
dans son acception usuelle, puisque le même arrêté s'est servi, d'autre part,
des expressions de « patrons ou maîtres » corrélatives à celles d'*employés
et domestiques*, dont le sens encore précisé ne peut dès lors comporter les
restrictions admises dans l'arrêt » ;

« D'où il suit que, en faisant le placement, sous le couvert de l'autorisation précitée [du 2 août 1890], d'employés, notamment de marchands de
vins, de restaurateurs et d'hôteliers et en faisant offre d'emplois de cette
nature, le prévenu n'a pas pu violer l'ordonnance de police du 10 juin 1904,
ni encourir les pénalités prévues dans l'article 9 de la loi du 14 mars précédent, dont il lui a été fait application ;

Par ces motifs casse ».

Si cette jurisprudence subsiste, la ville de Paris devra supprimer,
avec indemnité, on le sait, les bureaux autorisés à faire le placement des
« employés ou domestiques » ou bien il faudra se résigner à voir la loi
votée il y a un an, annulée en fait pour un nombre considérable de
travailleurs de l'alimentation. Il suffira qu'on les puisse considérer
comme employés.

Tout l'effort de mars 1904 aura-t-il donc été vain ?... Le prudent
Machiavel conseillait aux princes de son temps de ne conquérir que ce
qu'ils étaient sûrs de pouvoir conserver. La maxime vaut aussi pour la
classe ouvrière : il serait urgent d'avoir un solide placement syndical
pour défendre efficacement la conquête de 1904.

VARIÉTÉS

FRÈRES DE TRAVAIL

C'est le titre d'une poésie d'un mineur allemand, à l'occasion de la grève de Westphalie. On sait que, dans le dernier mouvement, les syndicats de toutes nuances marchèrent tous unis : socialistes, chrétiens, libéraux, Polonais. Ce sont ces sentiments d'unanimité dans la lutte que Kämpfchen exprime ici. Nous avons tenu à traduire, vers par vers.

> Nous piochons, nous grattons la terre,
> unis, dans la fumée épaisse et dans la nuit.
> Unis encore, la faim nous pousse
> quotidiennement au fond du puits.
>
> Nous supportons le froid et la chaleur ;
> nous supportons fatigues et misères
> ensemble ; et nous mourrons
> de la même mort, prématurée.
>
> Oui, tout ce qui nous accable,
> c'est le même fardeau ;
> la même oppression, la même souffrance
> Nous saisit tous également.
>
> Et si nous sommes *uns* en douleurs,
> nous serions des fous, vraiment
> si dans la lutte pour le mieux
> nous voulions encore nous diviser,
>
> si nous n'étions pas solides ensemble,
> si nous n'unissons pas nos forces
> pour le combat, pour la victoire,
> pour une forte fraternité.
>
> Ce ne sont que les fous et les traîtres,
> qui veulent nous diviser
> en « *Chrétiens* et en « *Non-chrétiens !* »
> Oui, nous ne sommes que des frères !

KÄMPCHEN.

Première Année.　　　　N° 2.　　　　15 Juin 1905.

La Revue Syndicaliste

ABONNEMENT	Paraissant	ABONNEMENT
Un an ... . **2 fr. 40**	le 15 de chaque mois.	Un an ... . **2 fr. 40**
Six mois .. .. **1 fr. 20**	Le numéro : **0 fr. 20**	Six mois .. .. **1 fr. 20**

LA CONFÉRENCE INTERNATIONALE
DE BERNE

On se fait souvent des idées fausses sur la nature et la portée de la récente Conférence Internationale de Berne : il importe de bien marquer d'abord dans quelles conditions le gouvernement suisse a pris l'initiative de la convoquer.

En l'année 1900, s'est fondée à Paris l'*Association internationale pour la protection légale des Travailleurs* : elle se donnait pour mission d'aider au progrès de la législation ouvrière internationale. Cette Association établit son siège à Bâle. Comme elle répondait à des aspirations partout manifestées, des associations nationales, sections de l'Association mère se fondèrent en Europe, et par des souscriptions annuelles ou des subsides gouvernementaux, assurèrent le fonctionnement de l'Association centrale. Depuis lors, le bureau ou office de l'Association internationale a élaboré un programme d'études pour préparer la voie à une législation internationale sur des questions susceptibles de rallier tous les Etats.

Dans ce but, des Congrès ont été tenus en 1902 à Cologne, en 1904 à Bâle. Les travaux de l'office international et les rapports rédigés par des membres des sections nationales, en ont alimenté les discussions et provoqué les résolutions relatives à la suppression du travail de nuit des femmes et à la suppression de l'emploi du phosphore blanc. Les études faites depuis trois ans et la publication de rapports documentés sur ces deux questions permettaient donc de les soumettre à l'examen des gouvernements pour aboutir à une législation commune.

Aussi, le dernier Congrès de Bâle donna-t-il mission au bureau de l'Association internationale de pressentir le gouvernement de la Confédération helvétique, en vue de l'organisation d'une Conférence internationale officielle. Réussir dans cette tentative, c'était donner une preuve nouvelle, non seulement de la vitalité de l'Association, mais aussi de l'utilité de son action et de la considération dont elle jouissait auprès des gouvernements.

La résolution du Congrès de Bâle eut un succès complet : le gouvernement suisse prit bonne note de cette demande d'une Conférence internationale et, entrant en rapport avec les États européens, leur soumit le programme des questions qu'aurait à examiner la Conférence : suppression du phosphore blanc, suppression du travail de nuit des femmes. Quatorze États répondirent favorablement, et le gouvernement helvétique, assuré de leur consentement, fixa au lundi 8 mai 1905 l'ouverture de la conférence.

Ce fut M. Deucher, conseiller fédéral, attaché au département du Commerce, qui l'ouvrit à cette date. Dans son discours d'ouverture, il fit le sommaire historique des diverses tentatives de législation sociale et rappela la Conférence de Berlin en 1890. Il fit remarquer que les deux questions portées à l'ordre du jour avaient été très sérieusement étudiées par les délégués de l'Association internationale, et que les mémoires rédigés en vue de la Conférence offraient cette fois un excellent terrain de discussions. « Notre conférence, dit-il en terminant, est » appelée à faire un pas, petit mais décisif, en avant. Si nous voulons » réussir, il ne faut pas nous contenter de belles phrases platoniques, — » il faut que nous proposions aux Etats des solutions pratiques qui » puissent devenir le texte de Conventions ».

Les différentes nations, à l'appel nominal, se trouvèrent ainsi représentées : Allemagne, 4 délégués ; Autriche, 5 ; Hongrie, 5 ; Belgique, 5 ; Danemark, 2 ; Espagne, 1 ; France, 5, 2 adjoints et 1 secrétaire ; Angleterre, 2 ; Italie, 2 ; Luxembourg, 1 ; Norvège, 1 ; Pays-Bas, 2 ; Portugal, 1 ; Suède, 1 ; Suisse, 8, 3 adjoints. M. Deucher fut nommé président permanent et M. le Colonel Frey, vice-président. Les discussions eurent lieu en français et en allemand. On commença par discuter la suppression du phosphore blanc.

Dès les premiers instants, il apparut dans quelles conditions diverses les États représentés se trouvaient à l'égard des mesures à prendre. Les délégués de l'Autriche, de la Hongrie, de la Belgique, montrèrent à quelles réserves ils étaient tenus en ce qui concerne la suppression du phosphore blanc. Ces pays de grande production d'allumettes, subissaient en effet une redoutable concurrence de la part des pays orientaux : Japon, Indes britanniques, Turquie, Bulgarie.

Ils déclarèrent ne pouvoir se rallier à la proposition de la suppression de l'emploi du phosphore blanc, bien que cette mesure fût d'une urgente nécessité en raison des ravages exercés sur les ouvriers par cette dangereuse matière, que si tous les gouvernements représentés adhéraient à une Convention en y ajoutant tout au moins le Japon.

La Suisse, la France, l'Italie, n'employant plus le phosphore blanc dans la fabrication des allumettes, n'eurent qu'une déclaration favorable à faire.

Les représentants des autres nations ne furent pas hostiles, mais des réserves s'imposaient, et ils annonçaient que des explications seraient données en séance de Commission.

La discussion générale sur la suppression du travail de nuit des femmes, ne fut pas longue, car tous les délégués se déclarèrent favorables, en principe, à cette mesure. Il fallait seulement fixer les moyens d'application, et alors surgirent les difficultés, signalées par un certain nombre de délégués, notamment par ceux de la Belgique, parmi lesquels se trouvaient deux industriels importants représentant l'industrie textile. La concurrence extérieure, l'élévation des frais généraux, le renouvellement de l'outillage, même l'intérêt des ouvriers furent invoqués par divers délégués.

Une fois la discussion générale close, il fut procédé à la nomination de deux commissions : la première, de 26 membres, chargée de préparer un rapport et les bases d'une convention pour la prohibition du phosphore blanc ; la deuxième, de 36 membres, chargée de la question du travail de nuit des femmes.

Les commissions se réunirent et élaborèrent un texte qui, adopté. devra servir de base aux conventions à intervenir entre les États contractants.

C'est assez péniblement que la Commission du phosphore parvint à se mettre d'accord. Enfin, après de laborieuses discussions, au cours desquelles se manifestaient avec une grande intensité les intérêts en concurrence, la Conférence adopta le texte suivant :

BASES d'une Convention internationale sur l'interdiction de l'emploi du phosphore blanc (jaune), dans l'industrie des allumettes.

Art. 1er. — A partir du 1er janvier 1911, il sera interdit de fabriquer, d'introduire ou de mettre en vente des allumettes contenant du phosphore blanc (jaune).

Art. 2. — Les actes de ratification devront être déposés au plus tard le 31 décembre 1907.

Art. 3. — Le Gouvernement du Japon sera invité à donner son adhésion à la présente Convention avant le 31 décembre 1907.

Art. 4. — La mise en vigueur de la Convention reste subordonnée à l'acceptation de tous les Etats représentés à la Conférence et du Japon.

Treize Etats se prononcèrent pour ce texte, trois s'abstinrent et un seul se prononça contre.

Vint ensuite l'examen de la convention préparée par la deuxième commission, dont les discussions furent extrêmement intéressantes ; elles démontrèrent, avec évidence, qu'il ne suffit pas d'être animé de bonnes intentions pour aboutir facilement à une solution pratique de ces graves questions, où les raisons d'intérêts particuliers et nationaux dominent souvent toute considération sociale. Malgré cela, tous les délégués, on peut dire tous les Gouvernements représentés, parurent décidés à participer à une réglementation internationale du travail de nuit. — Les nations directement atteintes par la suppression du travail de nuit des femmes, et tout particulièrement la Belgique, firent de sérieuses concessions pour permettre à la Conférence internationale de se prononcer avec une entière unanimité. C'est ainsi, après des efforts répétés, que la Conférence adopta, par une majorité de treize voix, et deux abstentions, le projet de convention qui suit :

BASES d'une convention internationale sur l'interdiction du travail de nuit des femmes employées dans l'industrie.

Article premier. — Le travail industriel de nuit sera interdit à toutes les femmes, sans distinction d'âge, sous réserve des exceptions prévues ci-après.

La convention s'appliquera à toutes les entreprises industrielles où sont employés plus de dix ouvriers et ouvrières ; elle ne s'appliquera en aucun cas aux entreprises où ne sont employés que les membres de la famille.

A chacune des parties contractantes incombera le soin de définir ce qu'il faut entendre par entreprises industrielles. Dans celles-ci seront comprises les mines et carrières, ainsi que les industries de fabrication et de transformation des matières ; la législation nationale précisera sur ce dernier point la limite entre l'industrie, d'une part, l'agriculture et le commerce, d'autre part.

Art. 2. — Le repos de nuit visé à l'article précédent aura une durée minimum de onze heures consécutives ; dans les onze heures, quelle que soit la législation de chaque Etat, devra être compris l'intervalle de 10 heures du soir à 5 heures du matin.

Toutefois, dans les Etats où le travail de nuit des femmes adultes employées dans l'industrie n'est pas actuellement réglementé, la durée du repos ininterrompu pourra, à titre transitoire et pour une période de trois ans au plus, être limitée à 10 heures.

Art. 3. — L'interdiction du travail de nuit pourra être levée :

1, en cas de force majeure, lorsque dans une entreprise se produit une interruption du travail, impossible à prévoir et n'ayant pas un caractère périodique ;

2. dans le cas où le travail s'applique à des matières susceptibles d'altération très rapide, chaque fois que cela sera nécessaire pour sauver ces matières d'une perte inévitable.

Art. 4. — Dans les industries soumises à l'influence des saisons et, en cas de circonstances exceptionnelles pour toute entreprise, la durée du repos ininterrompu de nuit pourra être réduite à dix heures, 60 jours par au.

Art. 5. — Les ratifications de la convention à intervenir devront être déposées au plus tard le 31 décembre 1907.

Pour la mise en vigueur de la convention, il sera stipulé un délai de trois ans à dater du dépôt des ratifications.

Ce délai sera de dix ans :

1. pour les fabriques de sucre brut de betterave ;

2. pour le peignage et la filature de la laine ;

3. pour les travaux au jour des exploitations minières, lorsque ces travaux sont arrêtés annuellement, quatre mois au moins, par des influences climatériques.

Pour compléter son œuvre et assurer le contrôle, la Conférence adopta à l'unanimité le vœu suivant proposé par M. Millerand :

VŒU

Il est à désirer qu'une autorité de surveillance chargée de contrôler l'interdiction du travail de nuit des femmes soit instituée ou, s'il y a lieu perfectionnée par chacune des parties contractantes de manière qu'elle offre toute garantie pour la stricte observation de ses dispositions. Il est, en outre, à désirer que les divers Etats échangent entre eux les rapports annuels de leurs inspecteurs.

On le voit, la Conférence de Berne, par une affirmation presque unanime, a sanctionné le principe de la prohibition de l'emploi du phosphore blanc et celui de la suppression du travail de nuit des femmes.

Certes, les dispositions de ces conventions ne sont pas absolument conformes aux aspirations des travailleurs ; mais je considère, pour ma part, que c'est une œuvre décisive qui fut accomplie à Berne. Il y manque encore la sanction des parlements et des gouvernements ; mais c'est la première fois qu'une affirmation aussi importante s'est produite de la part des représentants officiels autorisés.

J'arrête là mes appréciations sur cette œuvre d'un réel intérêt, base utile pour la législation sociale. Je me réserve, dans un autre article, d'examiner par le détail la portée de ces deux conventions. Je dirai ainsi quelques mots sur la nation suisse dont l'accueil a été si cordial et marqué d'un sincère esprit démocratique.

A. KEUFER.

L'INSPECTION DU TRAVAIL

Si l'on peut, avec juste raison, critiquer bien souvent le service de l'Inspection du travail et faire peu de cas des résultats obtenus jusqu'ici par lui, personne ne peut, sans parti pris, nier l'utilité de l'institution même.

Le rôle du service d'Inspection est de faire observer les lois et décrets qui régissent l'hygiène dans les ateliers, les garanties protectrices à prendre pour éviter les accidents, et aussi la durée du travail.

Connaissant l'esprit tardigrade de la plupart des industriels français, on se rend immédiatement compte que le service d'inspection a fort à faire et qu'il serait nécessaire que tous les intéressés — dont les premiers sont les travailleurs eux-mêmes — unissent leurs efforts pour arriver à un résultat vraiment pratique.

Mais le service d'inspection a des ennemis partout, même dans son sein ; j'ai parlé des industriels, premiers ennemis des réformes qui cependant leur permettraient d'avoir un personnel mieux portant, moins souvent mutilé, ce qui compenserait largement les frais des mesures de sécurité qu'ils prendraient ; il faut y ajouter les fonctionnaires chargés de cet important service.

Sans vouloir englober tous les Inspecteurs du travail dans cette catégorie de fonctionnaires ennemis de leur fonction même, on peut dire que ceux qui sont réellement soucieux de faire rendre à la loi tous les résultats, attendus pour les travailleurs, sont assez rares.

Pourquoi cet état d'esprit chez ces fonctionnaires ?

L'ancien mode de recrutement a introduit dans ce service une foule de gens qui sont là par le fait d'amis bien en cour, et ils se souviennent que ceux qui facilitèrent leur introduction ne le firent pas dans le but d'une application rigoureuse de la loi.

Les ministres, qui pendant de nombreuses années se sont succédé au Commerce, ont fait peu de chose, au contraire, pour que les Inspecteurs du travail fissent observer les lois dont ils avaient la charge. Le mot d'ordre était : pas d'affaires, ne troublez pas l'industrie nationale, vous la ruineriez.

Avec de pareils ordres, les Inspecteurs les plus résolus se tenaient cois ; s'ils passaient outre, leurs procès-verbaux étaient tout simplement déchirés.

Depuis quelques années cependant, les ordres partis d'en haut ne veulent plus avoir le même caractère ; les réclamations des organisations ouvrières — trop peu nombreuses encore — qui s'occupent de cette inportante question, ont amené une amélioration et des procès-verbaux plus nombreux ont été faits. On se heurte maintenant à la magistrature réactionnaire, ennemie de toutes les lois sociales, qui fait tout pour entraver le rôle des Inspecteurs remplissant sérieusement leur fonction. Chaque fois qu'un magistrat peut ridiculiser l'Inspecteur assez osé pour avoir dressé contravention à un industriel, il ne manque pas de le faire. Une partie importante des affaires sont classées par le parquet, les constatations les plus sérieuses sont jugées insuffisantes, et si parfois, malgré la meilleure bonne volonté, le magistrat ne peut passer outre, c'est pour l'industriel une condamnation dérisoire, avec sursis, même en cas de récidive !

On sait comment enfin un arrêt de la Cour de Cassation a supprimé tout contrôle pratique sur la durée du travail des adultes dans les ateliers mixtes : c'est de haut en bas de la magistrature un évident parti-pris d'empêcher les lois, dites de protection ouvrière, d'être appliquées.

Ainsi donc tout conspire pour que les lois, en ce qui concerne l'hygiène et la protection des travailleurs, au double point de vue de leur sécurité et de leur temps de présence à l'atelier, ne soient pas observées.

Devons-nous abandonner la partie, devons-nous laisser souffrir dans des ateliers mal aérés, parmi les poussières pernicieuses, livrés presque sans défense au péril des machines modernes, nos camarades de travail ? Non.

Il faudrait que les travailleurs eux-mêmes, par leurs syndicats, tous leurs syndicats si possible, harcèlent le service d'inspection, signalant atelier par atelier les défectuosités, les illégalités innombrables qu'ils renferment. Il faudrait aussi que des textes clairs et précis, ne laissant aucune échappatoire aux juges, remplacent l'amas de lois et de décrets

— détruits en partie par les dérogations données, sous une foule de prétextes, par divers ministres — dans lequel les intéressés ont peine à se reconnaître.

Une campagne énergiquement menée par les organisations ouvrières contre l'insuffisance, à tous les points de vue, de l'inspection du travail et des lois qui le régissent, pourrait amener de sérieuses améliorations ; les ateliers seraient assainis, les blessés du travail seraient moins nombreux et nous ne verrions pas des ouvriers faire encore 14 ou 15 heures par jour, préludant ainsi bien mal à l'établissement de la journée de 8 heures. La santé du travailleur, son seul capital, vaut bien que cet effort soit fait.

L. Prost.

LES SYNDICATS ALLEMANDS

En une même semaine, les syndicats libres (à tendances socialistes) d'Allemagne, viennent de manifester tout à la fois leur force matérielle et leur esprit. Ils ont publié le 27 mai leur statistique annuelle ; du 22 au 27, ils ont tenu, à Cologne, leur Congrès général, qui a lieu tous les trois ans.

Depuis 1894, si l'on excepte l'année de crise de 1901, le nombre des adhérents aux grandes Unions allemandes n'a jamais cessé de grandir. Ils étaient en 1894, 246.494 ; ils étaient 887.698, le 31 décembre 1903 et 1.052.108 le 31 décembre 1904. La Commission générale a pu célébrer joyeusement son premier million de membres. Les Unions les plus nombreuses sont les ouvriers en métaux (176.221), les maçons (128.850), les travailleurs du bois (97.105), les mineurs (75.364), les ouvriers du textile (53.568), les ouvriers de fabrique (49 181), les typographes (38.976), les ouvriers des transports (36.325).

Mais, on le sait, ce qu'il faut surtout considérer pour l'action professionnelle, c'est la proportion des syndiqués par rapport au nombre total d'ouvriers que comprend la profession. A cet égard, les syndiqués d'Allemagne ont atteint déjà des proportions remarquables : les graveurs de musique 95,32 ; les sculpteurs 76.50 ; les stucateurs, 73,33 ; les typographes 70,45 ; les paveurs 61,20 ; les verriers 58,62 ; les lithographes 57,04 ; les maçons 51,30 ; les chaudronniers 51,45.

Les caisses des 63 Unions sont fortes. Leurs recettes ont été en 1904 de 20.190.630 Marks (soit plus de 25 millions de francs), leurs dépenses de 17.738.756 Marks (soit plus de 22 millions) : il y avait dans les caisses, à la fin de 1904, 16.109.903 Mk. (plus de 20 millions).

Les dépenses se répartissent de la manière suivante :

Grèves . . . .   5.714.222 Mk.

Œuvres de solidarité. . . .   5 241.506 Mk.

Journaux . . . .   1.097.257 Mk.

Parmi les œuvres de solidarité, ce sont les secours de chômage qui ont le plus coûté aux syndicats : 1.599.424 Mk.

Telle est la force matérielle des Unions centralisées d'Allemagne : le Congrès de Cologne, auquel assistaient 210 délégués, élus selon le système de la représentation proportionnelle, a bien montré dans quel esprit cette force considérable est ou sera mise en œuvre.

Une analyse, même sommaire, des débats, serait ici impossible. Nous tâcherons d'en dégager seulement les traits principaux.

Les syndiqués des grandes Unions sont, en majorité, des socialistes. Beaucoup de secrétaires sont des députés; un nombre considérable des syndiqués sont affiliés à l'organisation politique de la *Social-Demokratie*. De là, l'habitude qu'ont les syndiqués d'Allemagne de faire toujours un départ très net, entre l'action politique et l'action syndicale. De là, le caractère presque purement professionnel de leurs Congrès syndicaux, même lorsque, comme à Cologne, des questions, aussi politiques que syndicales, comme celle de la grève générale et celle du 1er mai, sont mises en discussion. Faire un prolétariat matériellement et moralement fort, voilà, selon eux, le but de de l'action syndicale. Politiquement, ce prolétariat fort pourra voir ensuite comment il réalisera son idéal, comment il pourra atteindre le *but final*. Mais les syndicats, comme tels, n'interviendront, ne diront leur mot dans des questions politiques, que dans la mesure où ces questions peuvent contrarier ou favoriser leur œuvre d'amélioration de la condition ouvrière. Tels sont les principes souvent exprimés par les syndiqués d'Allemagne : il faut les avoir présents à l'esprit pour juger équitablement les débats de Cologne.

Ces débats, on pouvait s'y attendre, ont porté sur des questions essentiellement pratiques. Et d'abord, les syndicats d'Allemagne contiennent un million de membres; c'est bien déjà : mais comment atteindre les millions d'ouvriers encore inorganisés ? Voilà la pensée qui hantait les congressistes, et qui a inspiré leurs premières résolutions : propagande méthodique parmi les ouvrières, établissement d'un secrétaire permanent en Westphalie; second point: Les souscriptions facultatives, lors des grèves, n'ont pas donné de bons résultats : les secours sont insuffisants, on arrivait trop tard. Faut-il fonder une Caisse centrale, sous le contrôle de la Commission générale? Ou faut-il simplement régulariser le système des souscriptions ? Après une discussion de plus d'un jour, le Congrès a décidé que les syndicats devaient s'efforcer de pouvoir toujours soutenir leurs grèves avec leurs propres ressources; mais que dans les cas de grands conflits, la Commission générale pourait lancer des listes de souscriptions, et recommander de lever une cotisation spéciale.

Autre question : les coopératives ont pris, aujourd'hui, dans le monde ouvrier, une grande extension. Dans quelle mesure vont-elles aider au travail syndical? Une résolution de von Elm, syndiqué et coopérateur, fut votée par le Congrès : les coopératives devront tenir compte des revendications des syndicats ; elles ne devront entrer en relations commerciales qu'avec des maisons qui tiennent compte de ces revendications.

Ce furent là des problèmes purement ouvriers, que l'organisation syndicale avait seule à résoudre. Trois autres intéressaient aussi le parti politique : je veux parler des Chambres du Travail, de la grève générale, et de la fête de mai. Le Congrès de Cologne s'est prononcé pour des Chambres du Travail purement ouvrières, alors que le parti politique était intervenu pour des Chambres mixtes. Il s'est prononcé contre toutes les formes de grève générale, alors que le parti politique admet la grève générale dans un but politique précis. Il a exprimé, sinon par une résolution précise, du moins par une discussion, son vœu que l'usage de chômer le 1er mai fût officiellement aboli.

Que penser de ces résolutions ? D'après ce que nous avons dit plus haut, ce serait une erreur d'imaginer une sorte d'esprit séparatiste dans les syndicats. Leur « union personnelle » avec la démocratie socialiste reste, à n'en pas douter, profonde. Ce sont, pour de pures raisons de pratique syndicale, qu'ils se sont trouvés en désaccord avec le parti. Je crois même qu'il serait inexact de dire que par ces votes, les syndicalistes allemands se sont placés à droite du parti : en maintes circonstances, ils ont prouvé, et ils prouveraient, je crois encore, qu'en fait, dans le socialisme allemand, c'est souvent d'eux que sont venues l'initiative et l'action. Mais, à mon sens, ce que signifient les résolutions de Cologne, c'est que, dans le cas où une démonstration politique quelconque engage les syndicats, les syndicats veulent être d'abord consultés. Le parti peut commander les plus belles manifestations : qui paiera ? Les syndicats. Ce sont eux qui ont payé, de toutes manières, moralement et financièrement, lors des premiers chômages de mai. Le parti a joué sur le velours, comme on dit. La revendication est donc légitime ; mais, il importe qu'en ces cas, la question de la caisse ne prime pas toujours toute autre décision.

Nous avons assez de confiance dans l'esprit *pratique* des syndicats d'Allemagne, pour espérer que, l'heure venue, ils n'hésiteraient pas à vider leurs caisses, afin d'obtenir des résultats nécessaires. Ils ont prouvé, maintes fois, leur esprit de sacrifice ; ils le prouveront encore.

Albert Thomas.

LA JOURNÉE DE DIX HEURES ET LES SALAIRES

L'action engagée pour les huit heures donne une actualité singulière aux documents récemment publiés par le *Bulletin de l'Office du Travail* (n°ˢ de mars et mai), sur les conséquences, au point de vue des salaires, de l'application de la journée de dix heures dans les établissements mixtes (loi du 30 mars 1900).

L'enquête de l'*Office du Travail* a porté sur un nombre relativement petit d'établissements, mais non arbitrairement choisis. Elle a compris, en effet, ceux où l'application de la journée de dix heures a coïncidé avec des grèves.

Or, il ressort des renseignements recueillis, que sur 95.570 ouvriers, dont les salaires, avant et après l'application de la loi, ont pu être déterminés avec exactitude, 87.250 soit **91,3 pour 100** ont eu leur salaire journalier antérieur maintenu ou augmenté ; 8.320 seulement ont vu leur salaire diminué, lorsqu'ils ne travaillèrent plus que 10 heures.

Sans exagérer l'étendue ni la portée de cette enquête, il importe d'en retenir le résultat. Aux camarades, qui, par crainte d'une diminution des salaires, hésitent à agir pour la diminution des heures de travail, il faut citer ces chiffres. D'aucuns allègueront peut-être qu'en ce cas précis, les ouvriers eurent pour eux l'autorité morale de la loi. Ce surcroît d'autorité nous semble indéniable. Mais il ne faut pas oublier qu'aucun article de loi ne prévoyait le maintien du salaire journalier. Et les grèves prouvent que c'est à l'action ouvrière elle-même qu'il faut, en grande partie, rapporter les résultats obtenus.

LE MOUVEMENT EN FRANCE

LES CONGRÈS

Congrès ! Congrès ! Voici venir les mois où s'assemblent de préférence les représentants des organisations ouvrières. D'avril à septembre, chaque année, la *Revue syndicaliste* aura à donner beaucoup de ses pages à ces manifestations de la conscience et de la force ouvrières.

Malgré nos efforts pour être complets, nous ne pourrons, cela va de soi, donner des comptes-rendus détaillés et étendus, mais nous tâcherons d'extraire des débats et des résolutions de chaque Congrès tout ce qui peut intéresser l'effort d'ensemble de la classe ouvrière. Nous indiquerons, d'après les chiffres publiés souvent à cette occasion, le nombre de membres, les ressources, les dépenses de chaque organisation : il ne peut être indifférent, en effet, au *typo*, par exemple, que l'organisation des *lithos* soit forte ou faible : des luttes communes peuvent surgir. Nous indiquerons encore les expériences faites et les résultats qui ont paru en résulter. Nous indiquerons enfin les grandes résolutions prises. Matériellement comme moralement, tous les prolétaires sont solidaires : une action strictement corporative peut avoir des répercussions sur le sort de tous.

Les **mineurs** ont tenu en mai leurs deux Congrès. On sait, en effet, que cette corporation, dont le rôle peut être décisif, dans une action d'ensemble de la classe ouvrière, est en France, séparée en deux organisations. A la suite de longues négociations, la vieille Fédération nationale n'a pas été admise à la Confédération du Travail : une Union fédérale, adhérente à la Confédération, a été fondée sur l'initiative du syndicat de Montceau-les-Mines.

L'Union fédérale a ouvert, la première, son Congrès, à la Bourse du Travail de Paris, le 7 mai. 12 syndicats y furent représentés, annonçant 10.000 cotisants. Le Congrès a revendiqué le droit de tout ouvrier mineur à une retraite d'au moins deux francs par jour, après 25 ans de travail. Il a protesté contre la loi votée par le Sénat, le 8 novembre 1904, et qui n'accorde la journée de huit heures qu'aux ouvriers du fond. Il a décidé de faire les démarches nécessaires pour que le million des mineurs, voté par le Parlement à la suite de la grève générale de 1902, pour améliorer la situation des ouvriers mineurs, soit attribué aux seuls pensionnés ayant des retraites comprises entre 10 fr. et 360 fr. Après s'être occupé des délégués mineurs, à l'occasion du projet de loi voté au Sénat le 24 mars 1905, le Congrès a décidé que l'Union fédérale prendrait une part active à l'agitation en faveur des huit heures, le 1er mai 1906. Enfin, la division ouvrière pesant toujours lourdement sur tout groupement partiel, la question de l'unité minière a été discutée. Une résolution a été prise, déclarant que « le seul moyen d'unifier les forces minières est de demander à tous les syndicats français qu'ils évitent d'envoyer des camarades nantis de mandats politiques rétribués comme délégués dans les Congrès corporatifs ». Ce que demande clairement cette résolution, c'est le sacrifice par la Fédération nationale des députés Lamendin et Basly.

Le Congrès de la dite *Fédération nationale*, — section de la Fédération internationale, — qui s'ouvrait quelques jours plus tard, le
10 mai, à Gardanne (Bouches-du-Rhône), a prouvé, par la conduite
même de ses débats et le rôle accordé aux élus miniers, la difficulté
d'une entente à ces conditions. 31 syndicats, dont 4 Fédérations
nationales, étaient représentés au Congrès : ils annonçaient 61.625
cotisants. Le Congrès a eu, naturellement, à s'occuper des mêmes
questions que l'Union fédérale, et des résolutions, parfois analogues
ont été prises, par exemple en ce qui concerne l'élection des délégués
mineurs, — ou la nationalisation des mines. Le chiffre de 2 francs par
jour a été demandé aussi pour les retraites, mais après trente années de
service. La Fédération, tout en demandant que le projet de loi sur les
huit heures soit voté le plus tôt possible, décide de faire effort pour
l'obtention des huit heures, par tous les ouvriers, de la surface comme
du fond. Une campagne parallèle à celle de la C. G. T. sera menée
en vue du 1er mai 1906.

Le Syndicat National des Travailleurs des **Chemins de fer** a
tenu à la Bourse du Travail de Paris, du 11 au 14 mai, son 16e Congrès annuel. 90 groupes de France et d'Algérie, sur 127 que compte le
syndicat, étaient représentés par 72 délégués. Le rapport du Conseil
d'administration, lu au Congrès, a montré la situation prospère du
syndicat qui, très affaibli en 1898, après l'échec d'une tentative de
grève, voit depuis plusieurs années le nombre de ses adhérents augmenter dans une forte proportion.

Dix-neuf questions étaient portées à l'ordre du jour du Congrès ;
nous ne relaterons ici que les principales.

C'est à l'unanimité d'abord que le Congrès a décidé de continuer à
admettre dans le syndicat les femmes employées qu'un groupe proposait d'exclure à l'avenir. — Le syndicat, adhérent au Comité international des Chemins de fer, était sollicité de s'inscrire également à la
Fédération internationale des Transports. Le Congrès a décidé de
soumettre la question au prochain Congrès international des Chemins
de fer qui se tiendra à Milan en 1906. — La cotisation syndicale a
donné lieu à un long débat. On sait qu'elle est extrêmement faible :
4 francs par an, répartis entre le siège et les groupes. Le Conseil
d'administration proposait de la porter à 6 francs par an. Par 216
voix contre 393, le Congrès a repoussé cette augmentation.

Le Congrès était appelé enfin à se prononcer sur l'importante
décision de la Confédération du travail, relative à l'application de la
journée de 8 heures, par les travailleurs eux-mêmes, à partir du 1er

mai 1906. Il a admis cette méthode en principe et fera la propagande nécessaire pour arriver au résultat désiré. Toutefois, ne voulant promettre son concours à la Confédération qu'avec la certitude que la corporation sera en mesure de se mêler au mouvement projeté, il décida en outre de se réunir en congrès avant le 1er mai 1906, de manière que tous les groupes du syndicat fassent connaître l'opinion de leurs membres.

Parmi les autres questions discutées au Congrès, notons : le repos hebdomadaire, la loi Berteaux — relative aux retraites des ouvriers et employés des Chemins de fer et à la réglementation du travail — et la juridiction prud'hommale. Sur ces diverses questions, le Congrès de 1905 a renouvelé les résolutions des congrès antérieurs. — E. G.

Le 7e Congrès du groupe syndical des Travailleurs des *Chemins de fer de l'État* a eu lieu les 12 et 13 mai 1905 à la Bourse du Travail de Paris. Le groupe, qui comptait à la fin de décembre 1903, 1253 membres, en compte aujourd'hui 1648. Le Congrès s'est occupé des salaires, des conditions de l'avancement, de la réglementation du travail, et a émis un vœu pour l'application de l'appareil automatique Doirault, destiné à supprimer les innombrables écrasements entre deux tampons.

Le 3e Congrès de la **Fédération de la maçonnerie** s'est réuni le 15 mai à Clermont-Ferrand. 57 syndicats étaient représentés. Le Congrès a décidé d'organiser une vive agitation pour les huit heures ; il a émis un vœu, réclamant la suppression du Conseil supérieur du travail, organe qui n'offre, à son sens, aucune garantie à la classe ouvrière ; et un autre vœu pour la création de sous-inspecteurs du travail, rétribués par l'État, choisis par les syndicats. Il s'est prononcé pour le principe de statuts uniformes, pour l'institution du viaticum, et pour une entente entre la Fédération de la maçonnerie et la Fédération du bâtiment, sur le modèle de l'entente conclue entre la Fédération de la métallurgie et de la section du cuivre.

L'alliance universelle des **diamantaires** a tenu à la Bourse du Travail de Paris son premier Congrès, du 22 au 26 mai. 32 délégués représentant 12.000 syndiqués-cotisants, soit 95 % environ des travailleurs du diamant, assistaient au Congrès. Notre camarade Henri Polak devant entretenir prochainement nos lecteurs de l'organisation diamantaire, nous nous bornerons à noter que le Congrès a résolu une action énergique pour l'application universelle de la journée de huit heures et du repos hebdomadaire ; qu'il a adopté, pour la représentation aux

Congrès, le système proportionnel : une voix par cent ou par fraction de cent membres représentés ; enfin, qu'il s'est prononcé en faveur de l'extension à toute l'Alliance du système d'assurance mutuelle en vigueur à Anvers (3oo fr. de rente après 55 ans ; 1ooo fr. à la veuve).

LE MOUVEMENT A L'ÉTRANGER

ANGLETERRE

LE BILL SUR LES TRADE-UNIONS. — L'EXODE DES CORDONNIERS DU LEICESTER

Le « Trade-Union Bill » qui a été récemment le sujet de beaucoup de discussions dans le Parlement Britannique, a été rédigé pour remédier à certains abus dont souffrent les Trade-Unions par suite de certaines décisions récentes des tribunaux. Il cherche à restaurer le droit de *picketing*, le droit de discuter avec les ouvriers durant la grève et de leur donner des informations. Ce droit, les ouvriers l'ont à présent, mais seulement de nom, parce que les juges ont décidé qu'il doit s'exercer dans des conditions qui lui ôtent toute valeur pratique. Le bill réforme aussi la loi de façon à donner à un nombre d'hommes agissant ensemble, le droit de faire ce qu'un homme peut faire légalement, pourvu naturellement, qu'aucune stipulation de la loi commune ne soit enfreinte.. Enfin, il stipule qu'aucune action ne pourra être ouverte contre la caisse des Trade-Unions pour dommage fait aux intérêts du capital pendant un conflit industriel. Cette clause est la plus litigieuse du Bill. C'est la conséquence logique, nécessaire, du droit de grève, et le Congrès annuel des Trade-Unions a déclaré à plusieurs reprises qu'une telle clause est essentielle à n'importe quel Bill *réformant* la loi relative aux coalitions. Si le parti libéral après les élections a une majorité, il semble bien que le gouvernement n'acceptera pas le point de vue des Trade-Unions sur ce point. — *J. Ramsay Macdonald.*

L'exode des chômeurs du Leicester vers Londres a provoqué en Angleterre un vif intérêt.

La dépression industrielle générale semble cesser et l'industrie est plus active à présent qu'elle ne l'a été pendant longtemps. Mais le Leicester est dans une situation exceptionnelle. Son industrie principale est la chaussure, qui subit aujourd'hui une révolution complète, toujours plus grande par suite de l'application de la *machine* et des transformations qu'elle cause dans le travail. Ainsi, bien que la *production* de la chaussure à Leicester soit plus grande que jamais, la demande de travail est moindre qu'elle n'a jamais été, depuis des années. — Des milliers d'ouvriers travaillent pendant un temps très court, et 500 environ sont sans emploi.

On dit que 300 d'entre eux ne retrouveront jamais de travail dans l'industrie de la chaussure. Cet état de choses a été aggravé encore par une dépression sérieuse dans l'industrie du bâtiment pour la localité. L' « *Independent Labour Party* » a été actif à soutenir les revendications ouvrières auprès du public : des meetings ont été tenus chaque jour sur la place du marché, suivis de défilés à travers les principales rues de la ville. A la fin, de désespoir, les ouvriers ont adopté le plan de marcher vers Londres, soit une distance de 100 milles (un peu moins de 161 kilomètres). Ils n'ont en vue aucun objet défini, sinon de démontrer leur existence et de forcer le public à faire quelque chose pour régler leur condition. Il reste à savoir quel sera le résultat.   J.R.M.

Les grèves du batiment en Suisse

Depuis six semaines, un fort mouvement de grèves a eu lieu dans l'industrie du bâtiment, en Suisse. Le printemps, époque de la reprise du travail, est naturellement aussi l'époque des grèves : mais, jamais, les revendications ouvrières ne se sont affirmées avec tant de force que cette année.

Au début de mai, déjà, les menuisiers et les maçons de Zurich avaient cessé le travail; les menuisiers réclamaient la journée de 9 heures et un minimum de salaire de 5 fr. A Lucerne, à Zürich, à Interlaben, les plâtriers; à Interlaben, les peintres s'étaient mis également en grève. A Zürich, du 7 au 13, on put craindre des complications : les patrons multipliaient les provocations, parlaient de former une garde civique. Les ouvriers, à force de calme et de discipline, déjouèrent ces plans.

Mais c'est à Bâle surtout que la lutte fut ardente : charpentiers, serruriers, menuisiers, 1.200 travailleurs environ furent d'abord en grève. Les maçons exprimèrent alors leurs revendications : diminution du temps de travail, fixation d'un salaire minimum, établissement d'un tarif. Le 8 mai, après s'être refusé à toute négociation et malgré l'intervention du gouvernement bâlois, les patrons décidaient, en réponse, de fermer tous leurs chantiers, ce qui fut fait le 11. A vrai dire, le lock-out ne fut pas général; sur 6.000 ouvriers, 12 à 1.500 seulement furent atteints. Mais du côté ouvrier, la solidarité fut admirable : « la Société de consommation » vota, pour 5 semaines, une subvention hebdomadaire de 2.000 fr. aux ouvriers atteints; les typographes votèrent une cotisation supplémentaire de 1 fr. la semaine. Le 14, « la Société suisse des entrepreneurs du bâtiment » décidaient d'étendre le lock-out à toute la Suisse, si les ouvriers de Bâle ne cédaient pas.

Mais rapidement, le bloc patronal se désagrégeait : les entrepreneurs des deux gares, actuellement en construction à Bâle, voulaient fermer leurs chantiers : les directions des chemins de fer fédéraux et badois leur déclarèrent que le lock-out ne serait pas considéré comme cas de force majeure et que, s'il y avait du retard dans la livraison des travaux, les entrepreneurs en subiraient les conséquences. Enfin un des principaux maîtres charpentiers, se désolidarisait d'avec ses collègues et rouvrait ses chantiers. Sous la pression de l'opinion publique tout entière, le lock-out cessait le 28 mai. A Zurich, la coalition patronale éprouvait le même échec. Une convention était signée : les ouvriers maçons obtenaient des augmentations de salaires, des majorations pour les heures supplémentaires, la journée de dix heures en été, de huit en hiver.

Mais, à côté de ce succès immédiat, il importe de bien marquer les conséquences plus profondes de ce mouvement. Dans la lutte, ce sont les petits entrepreneurs qui ont été les plus âpres. De plus en plus, ils ne se maintiennent, en face de l'outillage supérieur de la grande entreprise, que par l'exploitation de l'ouvrier : bas salaires, obligation de loger chez le maître et de s'y nourrir, etc.... L'augmentation des salaires et la diminution du temps de travail seront, ils le pressentent, leur ruine. D'où leur résistance désespérée, d'où leur lamentation auprès des pouvoirs publics. Que les ouvriers de ces petits entrepreneurs, en effet, aient pris part à la bataille, qu'ils aient, syndiqués chrétiens ou syndiqués socialistes, revendiqué de plus hauts salaires, c'est là, en effet, un événement historique. Les habitudes patriarcales qui s'étaient conservées, là, viennent de recevoir leur coup de mort. Comme l'écrivait un camarade, c'est une corporation qui vient encore de réclamer sa constitution, ainsi qu'un peuple qui se réveille.

Ce n'est là cependant que le commencement de la lutte : les patrons, petits et grands, s'organisent pour la résistance aux grèves. Les ouvriers, eux aussi, auront à se grouper pour les luttes futures. De jour en jour, l'idée d'une union de tout le bâtiment suisse fait des progrès dans la masse ouvrière.

———————

LES SYNDICATS DANOIS

Un petit pays admirablement organisé au point de vue syndical, c'est le Danemark. Depuis le jour où les premiers militants danois, adhérents aux principes de l'Internationale, groupèrent, en 1871, 359 syndiqués, l'organisation n'a cessé de croître. Elle a connu des luttes terribles : on se rappelle le lock-out de 1899, qui frappa plus de 40.000 ouvriers et dont la durée fut de 4 mois. Aujourd'hui, 75 % des travailleurs sont organisés ; dans certaines corporations même, le pourcentage atteint 95 %. En

1903, 19.429 membres des syndicats ont pris part à des mouvements de salaires ; 14.566 ont obtenu des résultats ; 1.215 seulement avaient dû faire grève. C'est indiquer la puissance de la pression syndicale. Au Congrès de cette année qui eut lieu le 20 avril, 47 organisations centrales, et 66.930 syndiqués se trouvaient représentés. Mais quel est l'esprit de ces puissantes organisations ? Car c'est toujours cette question qui, avant tout, passionne les syndicalistes.

A leur dernier Congrès, les syndicats danois ont résolu de faire un gros effort pour la réduction du temps de travail : l'emploi toujours croissant des machines qui rend le travail quotidien plus accablant, et le développement des villes, qui par la distance entre l'usine et l'habitation ouvrière allonge notablement la journée, rendent urgente cette action. Les syndicats danois réclameront la réglementation de la durée du travail par une loi : mais ce recours à la loi doit être, déclarent-ils, soutenu par l'action énergique des syndicats, en cette matière. Les corporations, dans lesquelles la journée de travail dépasse encore dix heures, sont invitées à envisager une action immédiate. Une vaste enquête, sur la journée de travail sera ouverte par l'organisation centrale qui s'adressera à tous les centres nationaux. Méthodiquement, et en emportant un à un chacun des retranchements capitalistes, la lutte sera poursuivie.

Les secours de chômage sont une des grandes préoccupations des syndicats danois. En 1904, par exemple, des sacrifices énormes ont été faits par quelques organisations : 411.962 kronen (1 krone vaut fr. 1,33), plus d'un demi-million de francs ont été payés aux chômeurs. Mais les ouvriers danois, partant de ce principe que tout homme a droit à l'existence, et que la société capitaliste doit remédier au chômage, qui menace cette existence, réclament aujourd'hui une subvention de l'Etat pour leurs caisses de chômage. Une proposition de loi, rédigée dans ce sens, a été déposée au Folkething. Renvoyée à la commission d'assurances, elle tarde fort à être votée. Les syndiqués danois sont résolus à agir pour hâter le vote.

VARIÉTÉS

LE SWEATING-SYSTEM

Juif de Pologne, échoué après mille douloureux hasards, dans le *ghetto* de New-York, dans ce *Jewtown* où plus de trois cent trente mille âmes s'entassent sur un mille carré, Morris Rosenfeld fut une des innombrables victimes du *sweating-system*. Il connut l'ignominie du travail que « les sueurs », dans leurs ateliers malsains, imposent aux plus misérables des ouvriers. Mais au milieu de ce labeur avilissant, il ne perdit point pourtant son énergie morale : soutenu par la lecture des grands poètes de jadis, il garda la force encore de décrire en vers sa servitude, et de chanter sa peine. . Nous reproduisons ici la traduction d'une pièce intitulée : *Die Schap*, l'Atelier, où, par un rythme martelé et ininterrompu, il s'appliqua à rendre l'obsession terrible du ronflement des machines et cette espèce d'affolement que causent les fatigues excessives. La traduction, fatalement, affaiblit beaucoup l'impression ; mais les oreilles ouvrières retrouveront la sensation que le poète-ouvrier a voulu rendre (1).

L'ATELIER

Dans l'atelier, les machines grondent si furieusement,
que souvent, dans ce grondement, j'oublie que j'existe.
Je me perds dans l'effroyable tumulte ;
mon moi disparaît, je deviens une machine.
Je travaille et travaille et travaille sans fin ;
je peine et peine et peine sans compter.
Pourquoi ? Pourquoi ? Je ne sais, je ne le demande pas.
— Comment une machine pourrait-elle être douée de pensée ?

A l'heure de midi, l'atelier m'apparaît
comme un sanglant champ de carnage où tout repose désormais :
autour de moi, je vois, gisants, les cadavres ;
de la terre crie le sang répandu.... ·
Un instant après, on sonne l'alarme ;
les morts s'éveillent, la bataille renaît ;
les cadavres luttent pour des étrangers, pour des inconnus ;
ils combattent, ils tombent, ils s'effondrent dans la nuit.

---

(1) Traduction d'André Créhange qui a publié, en 1902, dans la *Revue de Paris*, un bel article sur Rosenfeld.

Je contemple le champ de bataille avec un amer ressentiment,
avec terreur, avec un désir de vengeance, une infernale torture ;
L'horloge, à présent, je l'entends clairement, elle crie :
« Il y aura un terme, un terme à l'esclavage ! »
Elle vivifie en moi la raison, le sentiment,
elle me montre la fuite des heures :
je resterai un misérable tant que je demeurerai muet,
je serai un déshérité tant que je demeurerai ce que je suis.

L'homme, qui dormait en moi s'éveille ;
l'esclave qui veillait en moi s'endort :
allons, l'instant propice est venu !
Il faut mettre un terme, un terme à la misère !
Mais soudain — le sifflet, le « boss (1) » — une alarme !
Je perds la raison, j'oublie où je suis ; —
C'est un tumulte, une bataille ; hélas ! mon moi s'égare,
je ne sais rien, ne me soucie de rien, je suis une machine !...

L'Apparition du Prolétaire

« Dans la matinée du 25 février, nous étions occupés de l'organisation des mairies, lorsqu'une rumeur formidable monta vers l'Hôtel de Ville. Bientôt la porte de la chambre du Conseil s'ouvrit avec fracas et un homme entra qui apparaissait à la manière des spectres. Sa figure, d'une expression farouche alors, mais noble, expressive et belle, était couverte de pâleur. Il avait un fusil à la main et son œil bleu, fixé sur nous, étincelait. Qui l'envoyait ? que voulait-il ? Il se présenta au nom du peuple, montra d'un geste impérieux la place de Grève et, faisant retentir sur le parquet la crosse de son fusil, demanda la reconnaissance du droit au travail.... M. de Lamartine, qui est fort peu versé dans l'étude de l'économie politique, s'avança vers l'étranger d'un air caressant, et se mit à l'envelopper des plis et replis de son abondante éloquence. Marche — c'était le nom de l'ouvrier — fixa pendant quelque temps sur l'orateur un regard où perçait une impatience intelligente, puis, accompagnant sa voix d'un second retentissement de son mousquet sur le sol, il éclata en ces termes : « Assez de phrases comme ça ! » Je me hâtai d'intervenir ; j'attirai Marche dans l'embrasure d'une croisée, et j'écrivis devant lui le décret.... »

Louis Blanc,
Révélations historiques. T. I, p. 135-136.

---

(1) Le contremaître.

Première Année. N° 3. 15 Juillet 1905.

La Revue Syndicaliste

ABONNEMENT	Paraissant	ABONNEMENT
Un an .. .. .. **2 fr. 40**	le 15 de chaque mois.	Un an .. .. .. **2 fr. 40**
Six mois .. .. **1 fr. 20**	Le numéro : **0 fr. 20**	Six mois .. .. **1 fr. 20**

LA LIBERTÉ DU TRAVAIL

Il ne se produit pas une grève de quelque importance sans que les organes conservateurs ne réclament immédiatement la protection de la force publique contre les atteintes à la liberté du travail.

On sait en quoi consistent les moyens propres à assurer cette liberté. On procède d'abord à l'envoi de troupes qui ont moins pour mission de protéger les usines, les propriétés, que de soutenir ceux qui veulent travailler. La présence des troupes dans une grève est destinée surtout à influencer les grévistes : les patrouilles qui sillonnent les rues, et tout le déploiement de l'appareil militaire ont plutôt pour objet de déterminer des défections parmi eux, que protéger le travail des non-grévistes, des renégats.

L'article 414 du code pénal ensuite, punit d'un emprisonnement de 6 jours à 3 ans et d'une amende de 16 à 3.000 fr., ou de l'une de ces deux peines seulement, quiconque tente à l'aide de menaces, violences, voies de faits, ou manœuvres frauduleuses une cessation concertée du travail dans le but de hausser ou de baisser les salaires. L'article 415 aggrave les peines par la surveillance de haute police.

Et les statistiques indiquent comment la loi fut appliquée. D'' 25 mai 1864 au 21 mars 1884, 10.027 poursuites ont été exercées, 2.293 se sont terminées par des condamnations à la prison. Le ticien a omis d'indiquer le nombre de patrons qui ont été cr Il est infime. Enfin, de 1884, époque de l'abrogation de l' 1896, les articles 414 et 415 ont permis d'engager 1.320 remarquera que leur nombre a sensiblement augmen' correspondant à la moitié seulement de la précéd

On voit que les pouvoirs publics ne se ménagent pas pour faire respecter la liberté du travail. Il est vrai que les libéraux doctrinaires proclament qu'aucune liberté n'est plus digne de respect. « Il faut, disait, par exemple, Jules Simon en 1864, que ceux qui se rendent coupables d'un pareil attentat soient réprimés au nom de la liberté, au nom du travail, au nom de l'humanité.... Il est nécessaire de protéger ceux qui ne veulent pas se coaliser malgré eux ».

Il semblerait donc, à entendre les économistes bourgeois si ardents à défendre cette liberté, que la classe ouvrière seule y peut porter atteinte et tenter de la limiter.

Mais que vaut-elle donc, cette liberté fameuse, dans la société actuelle ? Et les limitations que la classe ouvrière en de certaines circonstances prétend y apporter, sont-elles par hasard moins légitimes que les limitations constantes et souvent arbitraires que le patronat y apporte, plus ou moins ouvertement ?

Est-ce que tout d'abord le patron ne limite pas la liberté du travail d'un ouvrier, lorsqu'il le renvoie sous le prétexte que ses commandes diminuent ? Et ne serait-ce pas respecter effectivement cette liberté du travail que d'éviter les renvois par un arrangement ?

Mais, dans l'atelier même, la liberté du travail, sous une autre forme, est restreinte. L'ouvrier n'est presque jamais libre du choix des procédés, pour accomplir un travail ; même si ces procédés devaient augmenter la production, même s'ils devaient favoriser parfois les intérêts patronaux, l'ouvrier n'est pas libre de les appliquer. Enfin faut-il parler encore des atteintes portées à sa liberté par la volonté arbitraire, par la tyrannie du contre-maître ou du directeur ?

Allons plus loin. L'ouvrier est atteint dans sa liberté du travail, lorsque le patron par sa seule volonté renvoie l'ouvrier au moment où il estime que, par la quantité ou la qualité de son travail, sa production ne lui donne plus assez de bénéfices. Les économistes prétendent que la liberté du travail est intangible : elle n'est limitée selon eux, que par l'intérêt patronal.

Mais surtout, lorsqu'au cours d'une grève les chefs d'une industrie, ne parvenant pas à vaincre la résistance ouvrière, cherchent à réduire par le lock-out l'organisation de cette résistance, lorsqu'ils ferment définitivement leurs ateliers, en se rendant solidaires de leurs confrères plus particulièrement menacés par la grève, quand ils jettent à la rue avec l'intention de démoraliser les grévistes, les ouvriers mêmes qui désireraient continuer le travail, ne portent-ils pas alors évidemment la plus grave atteinte qui soit à la liberté du travail ?

Et c'est encore une atteinte du même genre à la liberté du travail que cette mise à l'index qui oblige les grévistes vaincus à s'éloigner de la région pour pouvoir travailler, ou qui, souvent même, les poursuit de région en région.

Enfin le Gouvernement qui, par l'appareil de la force publique, intervient si souvent pour assurer le respect de la liberté du travail, ne porte-t-il pas, à son tour, une grave atteinte à cette liberté, quand il convoque, contre leur gré, les travailleurs, pour accomplir des périodes dites d'instruction militaire, variant maintenant de deux ans à treize jours ? Se préoccupe-t-il, à ce moment, de la situation particulière de ces travailleurs ? S'apitoie-t-il sur les salaires perdus, sur les souffrances endurées par les familles, privées alors de leur tête ?

Il n'y a pas de doute : par la volonté patronale ou gouvernementale, disons plus, au gré des intérêts patronaux et capitalistes, la liberté du travail est à chaque instant limitée.

Examinons donc alors, par opposition, en quoi consiste la limitation que le syndicat ou le comité de grève prétend apporter à la liberté du travail. On se plaît à relater, en temps de grève, des contraintes qui vont parfois jusqu'aux voies de fait, contraintes motivées, de la part des grévistes, par le désir impérieux de voir assurer le succès de leurs revendications, en diminuant le plus possible le nombre des défections dans leurs rangs.

Ces contraintes, dont la classe bourgeoise accuse sans cesse les ouvriers, ne sont, il faut le dire, que l'héritage des habitudes que le patronat lui-même a créées dans l'industrie. Elles datent du temps où la grande industrie moderne se substituait à l'artisanerie, du temps où l'ouvrier fut contraint par la misère et quelquefois par la force d'abandonner son foyer pour aller subir la dure et inflexible discipline de l'usine.

Ces contraintes et voies de fait, elles disparaîtront certainement, quand la conscience ouvrière sera plus développée, quand elle se sera dégagée des servitudes mauvaises du régime d'aujourd'hui. Mais il n'en reste pas moins que le travailleur a le devoir de chercher à entraîner à la grève la majorité des ouvriers de sa profession, quand il lutte pour obtenir un avantage certain. La minorité, en fait, peut se trouver contrainte, mais cette contrainte exercée par des hommes qui luttent pour leurs intérêts, sur des hommes qui ont les mêmes intérêts et qui, demain, auront les mêmes avantages, y compris même les renégats, qui ne se sont imposé aucun sacrifice, n'est-elle pas autrement légitime, en équité, que la contrainte exercée par les patrons dans le lock out ?

Ce n'est pas tout : l'action syndicale, en se développant, apportera tous ses efforts à limiter les heures de travail comme elle le fait en ce moment par la campagne des *huit heures*. Elle tendra encore de supprimer les heures supplémentaires, faites au détriment des chômeurs. Et ce sont là encore, sans doute, des atteintes à la liberté du travail. Mais n'est-il pas évident que ces limitations ont un tout autre caractère ? Elles servent un intérêt collectif, l'intérêt d'une classe, dont aucun individu n'est exclu et non plus l'intérêt d'un industriel. Elles procèdent d'une règle librement consentie, égale pour tous, et non de l'arbitraire.

L'action syndicale encore défend la liberté humaine, la dignité de tous les travailleurs. C'est elle qui défend les ouvriers et ouvrières victimes des abus immoraux des directeurs et contre-maîtres. C'est elle qui se substitue à l'individu lorsqu'il est inapte à se défendre ou lorsque sa cause présente un caractère d'intérêt général. Encore ici, elle attente parfois à la liberté du travail, mais c'est pour respecter la liberté plus haute de la personne humaine.

Enfin l'action syndicale interviendra de plus en plus, sans doute, dans la réglementation du travail, tant au point de vue de la limitation des heures qu'au point de vue de l'hygiène. Elle s'efforcera de rendre plus salubres les ateliers, où actuellement un trop grand nombre d'ouvriers contractent les germes de la tuberculose. Et quand sa force, sa puissance le lui permettront, le syndicat interviendra aussi pour réglementer la production, pour la rendre moins anarchique, pour diminuer jusqu'à leur suppression, les causes de chômage, c'est-à-dire pour aboutir, par une évolution réglée, à la socialisation des moyens de production et d'échange. Et c'est à l'énoncé de ce but que les défenseurs du régime capitaliste peuvent jeter les hauts cris.

Que d'atteintes à la liberté du travail ils ont encore à constater là !

Mais qu'ils s'attardent à relater au cours de la marche ascendante du prolétariat, quelques incidents, quelques contraintes inévitables et inhérentes à tous les mouvements de progrès, ou qu'ils suivent avec angoisse le pouvoir croissant du syndicat, un fait éclate à tous les yeux : c'est la différence qu'il y a entre la discipline librement consentie par les syndicalistes, et la contrainte subie par les ouvriers dans les ateliers, et parfois même jusqu'en leurs foyers.

Le syndicat impose une règle : c'est évident. Il n'y a point de groupement humain qui n'ait ses règles. Chaque ouvrier entrant au syndicat abandonne nécessairement une partie de ses préférences personnelles. Mais c'est en vue de l'intérêt général, disons mieux, de l'intérêt de tous et de chacun tout à la fois, que les syndiqués s'imposent librement une discipline. Loin de porter atteinte à la liberté du travail, ils ne font que préparer la vraie liberté : celle de l'individu qui développe librement toutes ses facultés dans la société harmonieuse et juste de demain.

Pierre Coupat.

LA RÉFORME
DES CONSEILS DE PRUD'HOMMES

A Paris, ainsi que dans toutes les grandes villes industrielles, le patronat a supprimé la juridiction prud'homale. On connaît le moyen employé, qui est celui de la demande reconventionnelle.

Un ouvrier cite son patron devant le Conseil des Prud'hommes afin d'obtenir réparation d'un préjudice causé ou le respect d'engagements pris; le patron fait défaut, puis introduit une demande reconventionnelle, supérieure à 200 francs, qu'il ne soutient pas à la barre, et ainsi il peut traîner l'ouvrier devant le tribunal d'appel. Là, on n'examine pas la demande reconventionnelle que l'on sait introduite pour la forme, pour permettre l'appel ; on n'examine seulement que la demande principale, l'action première introduite par l'ouvrier. C'est donc le tribunal de Commerce qui juge *seul*, c'est donc un tribunal nommé par les commerçants qui juge les différends entre ouvriers et patrons.

Par conséquent, la juridiction prud'homale ne compte pas pour les patrons, puisque par ce procédé on peut facilement l'éluder.

Cette situation anormale et intolérable qui tous les jours va s'aggravant ne pouvait durer. Ou les conseils de prud'hommes sont inutiles, et alors point n'est besoin de nommer des conseillers et d'aller devant eux ; ou ils ont une existence utile et un rôle qui s'impose à tous, et alors il faut faire cesser le scandale de la demande reconventionnelle.

Depuis plusieurs années la question a été portée au Parlement, les protestations ouvrières y ont eu leur écho. Pas un député, pas un sénateur n'a osé prendre la défense des tribunaux de commerce en tant que tribunaux d'appel. Députés et sénateurs étaient presque tous unanimes à condamner leur action. Et pourtant aucune solution définitive n'était intervenue, la réforme faisait la navette entre le Luxembourg et le Palais Bourbon, et les juges commerçants continuaient leur triste besogne !...

Après bien des discussions et hésitations, le Comité de vigilance de la Seine s'était rallié à la proposition de l'Union Corporative des ouvriers mécaniciens, qui consistait à envoyer au Préfet de la Seine la démission des Conseillers ouvriers. C'était la meilleure solution, la possibilité de faire cesser les abus des juges commerçants qui infirmaient presque toutes les sentences prud'homales, c'était le refus des Conseillers ouvriers de continuer à siéger tant qu'une loi ne venait pas mettre fin à cette situation ridicule et intolérable.

Et c'est cette menace qui incita le Ministre du Commerce à déposer sur le bureau de la Chambre un projet élevant la compétence des Conseils de Prud'hommes de 200 à 300 francs et portant l'appel au tribunal civil, dispositions sur lesquelles les deux Chambres étaient d'accord.

Les députés adoptèrent ce projet.

Au Sénat, on y a mis plus de temps, moins d'empressement ; le rapporteur a fait preuve d'un mauvais vouloir manifeste. Après s'être contenté de promesses et après avoir remis plusieurs fois sa décision, le Comité de vigilance a adressé au Préfet de la Seine la démission des Conseillers Prud'hommes ouvriers.

Cette décision a produit un effet salutaire. Malgré l'opposition constante aux réformes et revendications sociales, après les déclarations haineuses contre les Syndicats et le Comité de vigilance qui troublaient leur quiétude, et cela pour démontrer que la pression des organisations les inquiétait peu, nos pères conscrits ont voté la loi : mais comment ?

Ils ont voté la loi, voté le texte adopté par la Chambre, mais ils ont introduit des dispositions qui changent complètement la prud'homie.

Ces dispositions sont de deux sortes : l'une plaçant les Conseils de prud'hommes dans les attributions et la surveillance du Ministère de la justice et leur appliquant les dispositions du Code Civil, du Code de procédure civile et du Code pénal qui ont trait à la discipline des tribunaux et des magistrats. Le Ministère du Commerce est donc dessaisi ; on veut faire des Conseillers prud'hommes de vrais magistrats.

Enfin la deuxième, la plus importante, a trait à la composition du bureau général qui doit avoir un nombre égal d'ouvriers et de patrons : on y introduit le Juge de Paix pour départager les deux parties lorsqu'il n'y aura pas majorité.

Cette intrusion du Juge de Paix est inquiétante, inacceptable. Les Conseillers prud'hommes sont élus par les intéressés, c'est même ce qui séduit, ce qui fait leur force. Les juges élus par les justiciables, voilà le meilleur système, celui qui donne le plus de garanties. C'est au moment où les partis d'avant-garde luttent pour la réforme judiciaire et demandent l'élection des juges que le Sénat introduit le juge de carrière ou de faveur dans un corps élu !

C'est la violation du principe même des Conseils de prud'hommes qui ont toujours à examiner des différends portant sur des questions de métiers, d'usage de salaire ou de travail.

Est-ce que les Juges de Paix sont qualifiés pour juger cela ? Non, ils n'ont aucune qualité, ils n'ont pas les connaissances nécessaires.

Ils n'ont été introduits que pour discréditer les Conseils, que pour répondre au désir de la classe bourgeoise de diminuer cette juridiction ; ils n'ont été introduits que pour marquer cette institution du sceau réactionnaire. Cela est si vrai, si évident qu'on les a assimilés à l'administration judiciaire, on les a mis sous la direction — sous la coupe devrait-on dire — du Ministère de la Justice. Les Conseillers exerceront sous la menace des articles du Code Pénal qui régissent les magistrats, qui, eux, ne sont pas élus ; ils auront à choisir entre le respect du Code ou celui des engagements librement pris.

Le contrôle des Syndicats disparaîtrait. C'est bien ce que l'on a cherché, ce que le patronat désire.

Ainsi la victoire obtenue est à moitié ruinée. La suppression du tribunal de commerce comme tribunal d'appel ne peut se payer un tel prix, il faut refuser pareil marchandage.

Redoublons d'efforts. Que l'action ouvrière se manifeste encore pour la suppression de cette disposition réactionnaire. D'aucuns diront peut-être qu'il faut accepter… et voir ensuite.

Je crois au contraire qu'il faut immédiatement s'inscrire contre cette atteinte, qu'il faut forcer la Chambre devant qui doit revenir cette loi, à refuser la disposition réactionnaire du Sénat.

Et nous verrons qui aura raison, qui capitulera. Nous verrons si ce seront les travailleurs organisés ou les adversaires de toutes les réformes économiques, les défenseurs acharnés des privilèges et des iniquités sociales, en un mot, les capitalistes qui triompheront.

Sans méconnaître les inconvénients et la valeur des intérêts momentanément lésés, il vaut mieux encore demander aux travailleurs ces sacrifices que d'accepter bénévolement ce qui n'est pas acceptable. L'atteinte portée par les Sénateurs à la prud'homie ne peut être subie, il faut qu'elle disparaisse.

Quand les syndicats, agissant au nom des travailleurs lésés, engagent une action pour arracher une réforme, une revendication, ils connaissent les sacrifices à faire, ils en ont mesuré tous les inconvénients. Toutes les précautions prises, l'action engagée, ils ne doivent point, sans avoir usé de toutes les armes et de tous les moyens, s'arrêter à mi-chemin. En l'occurrence c'est ce qu'ils ne feront pas. Ils n'accepteront pas la solution bâtarde du Sénat, car ce serait trahir la cause ouvrière, ce serait faire faillite aux engagements pris et ruiner les espérances qu'on avait fait naître.

J. LAUCHE.

LA CONFÉRENCE INTERNATIONALE DE BERNE

EXAMEN CRITIQUE

Il se pourrait que le résultat encore éloigné de cette conférence de Berne dont nous exposions la dernière fois les débats et les conclusions, ne soulevât aucune curiosité chez beaucoup de nos camarades, si même elle ne provoque pas de critiques de la part de ceux qui n'ont aucune foi en la vertu d'une législation quelconque, fût-elle internationale.

Quelle que soit cependant l'opinion, sur ce point, de ceux qui ont suivi les travaux de la conférence, il y a intérêt à connaître quelque peu les dispositions d'esprit des hommes qui représentèrent là les différents gouvernements, et les efforts nécessaires pour arriver à un accord sur des questions où les intérêts avaient plus de part que les sentiments.

Tous ceux qui ont l'expérience des difficultés auxquelles se heurtent les représentants ouvriers chargés de soutenir les revendications corporatives, connaissent l'argument, souvent invoqué par les patrons, de la concurrence étrangère. C'est la « tarte à la crème » des résistances patronales : point n'est besoin d'autre raison contre les démonstrations ouvrières.

Il est donc de toute évidence que les réformes, les mesures de protection qui recevront une application internationale mettront un terme à ces critiques intéressées, et qu'elles deviendront un encouragement à une protection ouvrière de plus en plus complète. Un Etat ne craindra plus de prendre des dispositions prématurées, capables de limiter son champ d'opérations commerciales, en favorisant la concurrence des pays où les conditions de la production sont moins onéreuses.

D'ailleurs, comme le rappelait M. Deucher, dans son discours d'ouverture, ces arguments patronaux ne sont pas conformes le plus souvent à la réalité des faits. « Les nations, disait-il, qui progressent le plus dans « le domaine de la protection ouvrière sont aussi celles qui développent « leurs aptitudes physiques et intellectuelles et sont le mieux armées « dans la lutte pour l'existence ». Si la relation n'est peut-être pas rigoureuse, elle offre pourtant une grande part de vérité. Mais la législation nouvelle ne peut que lui donner plus de force.

*
* *

Les délégués aux différents Congrès de l'Association internationale étaient pour la plupart des fonctionnaires, attachés au Ministère du

Commerce de leurs Etats respectifs, des inspecteurs du travail, des professeurs d'économie politique ou sociale, et quelques industriels importants.

Jusqu'à ce jour, en effet, peu d'ouvriers, peu d'organisations syndicales y ont des représentants, malgré l'éclectisme qui règne dans la direction de cette institution. Tous, je dois le reconnaître, sont des hommes d'étude, que les questions économiques intéressent, et c'est souvent avec une réelle expérience des choses qu'ils collaborent aux travaux de l'Association internationale. Il n'y a pas de meilleure preuve à en donner que l'acceptation, par le gouvernement suisse, d'organiser la conférence internationale.

La réunion de ces représentants officiels de dix-sept nations européennes — la Russie, la Turquie et les pays balkaniques, faisaient seuls défaut — est certainement un heureux symptôme ; mais il ne faudrait pas en déduire témérairement la disparition de toute difficulté politique ou économique.

Le but de la Conférence internationale était, on le sait, de prendre des mesures communes de protection dans un domaine où l'accord semblait le plus facile, où la réglementation était le plus réalisable.

Parmi les professions que la manipulation des matières toxiques rend les plus dangereuses, la fabrication des allumettes à phosphore blanc, figure au premier rang. Elle engendre des maladies horribles : le phosphorisme fait d'effroyables ravages parmi les ouvriers qui emploient le phosphore blanc ou jaune. Malgré les progrès considérables dus à une rigoureuse hygiène, le nombre des ouvriers et des ouvrières atteints de nécrose reste énorme, et le seul moyen véritablement préventif est la suppression totale du phosphore blanc.

La France, l'Allemagne, la Suisse, la Norvège l'ont supprimé totalement. Mais les autres pays n'ont pu encore se résoudre à cette mesure radicale. L'Autriche, la Hongrie, la Belgique notamment, font un commerce considérable d'allumettes, et la réglementation qui a été proposée avait soulevé, de la part de leurs représentants, de vives observations. Malgré leur bonne volonté, ils ne pouvaient consentir, au nom de leur gouvernement, à la suppression du phosphore blanc avec toutes ses conséquences financières, en raison surtout de la redoutable concurrence que leur font dès maintenant l'Égypte, le Japon, les Indes britanniques.

Dans la Commission, les délégués de ces nations ne voulaient s'engager à la suppression du phosphore qu'à la condition que tous les pays producteurs fissent également adhésion à la convention qui pourrait intervenir. Contre les partisans de la suppression absolue du phosphore blanc, les délégués de l'Angleterre, de la Suède, de la Belgique, prétendaient toujours que de sévères prescriptions d'hygiène supprimaient la nocivité du phosphore et diminuaient sensiblement le nombre des malades.

Finalement, grâce aux dispositions conciliantes de l'Autriche, de la Hongrie, de la Belgique, et grâce aussi au délai de six années qui a été accordé, la grande majorité des délégués ont accepté les bases de la Convention que nous avons publiée dans notre dernier article. La seule restriction qui a été maintenue, c'est de subordonner la mise en vigueur de la Convention, à l'acceptation de tous les États représentés et du Japon. — Il est permis de supposer que les gouvernants de ce remarquable pays, qui s'assimile avec une merveilleuse facilité, la science, le commerce, l'industrie occidentales, s'associeront volontiers, d'ici à 1907, aux mesures prévues par la Convention.

C'est la meilleure méthode de pénétration de notre civilisation ; méthode autrement féconde que la pénétration violente, que la conquête par les armes.

*
* *

La question de la suppression du travail de nuit des femmes, en apparence plus difficile encore que la précédente, a rencontré plus d'unanimité malgré les longues résistances de la Belgique.

On peut dire que tous les délégués étaient convaincus de la nécessité de supprimer le travail de nuit des femmes : la cause était gagnée avant tout débat. Il ne s'agissait que de fixer les conditions par lesquelles on établirait le repos de nuit, et de savoir si l'industrie seule serait l'objet de cette interdiction.

Sur ce point délicat, la conférence laissa aux États la faculté de préciser les limites entre l'industrie, l'agriculture et le commerce. Délimitation assurément difficile, mais il est regrettable en tous cas, que le commerce échappe à cette interdiction, car il s'y commet de graves abus.

Sont également exempts de l'interdiction du travail de nuit les ateliers de famille et les ateliers qui comptent *dix* ouvriers et ouvrières.

Ces restrictions encore sont regrettables ; elles favorisent à coup sûr le travail à domicile et le travail de nuit et en empêcheront la suppression complète pourtant si désirable. Mais était-il possible et raisonnable de demander une interdiction absolue et générale ? Le bon sens et l'existence de certaines difficultés indiquent la nécessité de procéder par étape, par progrès successif.

Malgré quelques résistances, la conférence a fixé à onze heures la durée totale du repos de nuit avec des exceptions très limitées. Quelles que soient les circonstances et les conditions nationales du travail, de 10 heures du soir à 5 heures du matin il sera interdit de faire travailler les femmes, et les 4 heures complémentaires pourront être prises soit le matin, en ne commençant le travail qu'à 9 heures, ou bien le soir en cessant la journée à 6 heures, suivant les exigences de l'industrie locale ou nationale.

La majorité des délégués avait proposé un repos de douze heures consécutives ; mais apercevant l'importance morale que donnerait une résolution prise d'un commun accord, ils se rallièrent à la durée de onze heures. La délégation belge elle-même se décida à accepter le repos ininterrompu de onze heures, à la suite de nouvelles instructions reçues de son gouvernement. Mais en échange de cette concession elle demanda que le repos ne fût que de *dix* heures, *pendant trois années* dans les pays où le travail de nuit des ouvrières n'est pas encore réglementé. Ce qui fut accepté.

Il est bon de faire ressortir encore le nombre très limité des exceptions pour lesquelles le travail de nuit sera toléré ; il était impossible de les refuser : les cas visés justifient, en effet, une intervention urgente pour éviter des désastres ou des pertes irréparables.

Enfin, la conférence — et je ne saurais l'en blâmer — a accordé la faculté aux industries saisonnières, et à toute entreprise en cas de circonstances exceptionnelles, de réduire *d'une heure*, c'est-à-dire à dix heures, le repos de nuit ; mais cette dérogation ne peut être accordée que 60 fois par an.

Le délai d'application pour certaines industries a été fixé à dix années (1).

* *
*

Quelle que soit l'opinion que l'on professe en matière de législation internationale, il est impossible de méconnaître l'importance des deux conventions que j'ai analysées trop superficiellement. Si les gouvernements intéressés les acceptent et se décident à ouvrir des négociations diplomatiques en vue de leur application, c'est un progrès considérable dans la protection ouvrière qui se trouvera accompli. Outre ce résultat immédiat, la législation internationale exercera, dans l'avenir, une influence morale réelle pour améliorer les rapports entre les nations. Les travailleurs doivent puissamment aider au développement de relations pacifiques internationales : il faut que leur action contribue aussi à rendre plus féconde et plus efficace la législation.

---

(1) Cf. le texte du projet dans notre dernier numéro.

Qu'on me permette un dernier mot. Cette fois encore j'ai pu apprécier les conditions relativement satisfaisantes de la vie économique et sociale de cette belle et laborieuse population suisse, aussi attachée à ses institutions démocratiques qu'à son pays si merveilleusement varié et si pittoresque.

J'ai pu constater, au cours d'intéressantes conversations avec les hommes les plus distingués, avec les fonctionnaires les plus autorisés, une sincérité de mœurs démocratiques et une bienveillance de sentiments, qui n'excluaient aucunement la diginité du caractère et ne diminuaient en rien l'importance de leur fonction. Ils ne peuvent ainsi, à mon avis, que gagner en estime et en considération auprès de leurs concitoyens et auprès des étrangers.

Du reste, au cours des travaux de la conférence, dans leurs rapports avec les délégués des diverses gouvernements, les représentants de la Confédération helvétique n'ont cessé un instant de prouver leur expérience et leur haute valeur politique.

Je ne dois pas terminer enfin cette sommaire étude sans rendre hommage également aux délégués officiels des autres Etats : tous ils ont témoigné de leur désir réel d'aboutir à des résultats tangibles, et même les industriels intéressés ont marqué leur sincère intention d'accepter les solutions pratiques capables d'apporter une amélioration sérieuse à la situation des travailleurs des deux sexes. L'avenir dira si ces espérances sont fondées.

A. Keufer.

LE MOUVEMENT EN FRANCE

Les Congrès

Quelques Congrès importants à signaler encore en juin, et dont quelques-uns méritent une place particulière.

L'association générale des agents des **Postes et Télégraphes**, qui a tenu son 5ᵉ Congrès du 3 au 5 juin, à la Bourse du Travail de Paris, n'est pas, à proprement parler, un syndicat. Mais il importe de marquer, chez ces employés de l'Etat, le très vif souci des relations internationales ; et surtout la résolution prise, à l'unanimité moins six voix, de transformer l'association générale en syndicat.

Le Congrès de la **Fédération du Livre** s'est tenu à Lyon du 5 au 10 juin. Sur les 162 sections de la Fédération, 138 étaient représentées avec 148 délégués, dont le camarade Stautner, secrétaire typographique international, et le confrère Somat, de la Fédération de la Suisse romande.

Après avoir voté 5oo francs pour les différentes corporations en grève, le Congrès a abordé son ordre du jour. Nous ne parlerons que des questions qui offrent un caractère d'intérêt général.

Avant toutes, la réduction de la journée du travail. Plus peut-être qu'aucune autre corporation, la typographie souffre en effet du malaise causé par le machinisme. Un grand nombre de confrères se trouvent de ce fait sans emploi, si bien qu'au cours des cinq années qui viennent de s'écouler, la Fédération à dû débourser des sommes considérables pour secourir ses chômeurs. Or, quelle que soit l'utilité d'une caisse de chômage, ce ne peut-être qu'un palliatif, et le premier devoir d'une corporation organisée est de rechercher les moyens d'atténuer le chômage lui-même. Sur ce point, tous les délégués étaient d'accord.

Mais s'il y avait accord, quant au principe de la réduction de la journée de travail, les avis étaient partagés sur la forme à donner à cette revendication et sur les moyens à employer.

Se fondant sur la décision du Congrès de Bourges et la campagne menée par la C. G. T. en faveur de la journée de 8 heures à partir du 1er mai 1906, un certain nombre de congressistes demandaient que la Fédération s'associât purement et simplement à ce mouvement, afin de lui donner plus de force et de cohésion. Si au contraire le Congrès se prononçait pour la journée de 9 heures, ainsi que concluait le rapport fait au nom du Comité central par Hamelin, les camarades de la Confédération ne manqueraient pas de faire ressortir l'acte d'indiscipline commis par les typographes, et essaieraient de faire retomber sur eux, le cas échéant, l'échec de la campagne menée pour l'obtention des 8 heures.

Tout en se déclarant partisan de la journée de 8 heures, le rapporteur fit ressortir les raisons qui avaient poussé le Comité central à proposer au Congrès la réduction à 9 heures au lieu de 8.

La Fédération du Livre ne saurait, dit-il, se contenter d'une affirmation de principes, et si elle revendique une diminution de la journée de travail, c'est qu'elle est fermement résolue à l'obtenir. Or, de l'examen attentif de la situation, il ressort que l'on ne peut actuellement exiger du patronat la journée de 8 heures, et qu'il faut tout d'abord arriver à l'étape des 9 heures. Ce sera là, d'ailleurs, un progrès immense, non seulement pour la typographie mais pour le prolétariat entier, qui ne saurait tarder à s'engager à son tour dans la voie ainsi frayée. D'étape en étape, on arrivera non seulement à la journée de 8 heures, mais à une journée correspondant aux nécessités d'une production rationnelle, basée sur les besoins de la consommation.

D'autre part, continue le rapporteur, la Fédération appartient à une organisation internationale dont elle doit prendre avis avant de se lancer dans un mouvement de cette importance, sous peine de ne pouvoir compter que sur ses seules forces. Et il est certain que les organisations typographiques étrangères se refuseraient à soutenir leurs camarades de France pour la revendication des 8 heures, qui leur paraîtrait un véritable saut dans l'inconnu, alors qu'au contraire nous sommes assurés de leur appui moral et financier pour la revendication des 9 heures, dont toutes ces organisations bénéficient déjà.

Quant au reproche qui nous est fait par certains intransigeants de rechercher l'entente avec les patrons, n'en ayons cure : les pourparlers avec les employeurs n'attentent en rien à la dignité ni à l'indépendance des travailleurs, qui ont conscience de traiter non avec des maîtres, mais d'égal en égal.

La tactique préconisée par la Confédération pour obtenir la journée de 8 heures est peut-être séduisante, mais elle est trop simpliste, et l'expérience des faits nous a appris que jamais réforme, si minime fût-elle, n'a été obtenue autrement que par des tractations entre patrons et ouvriers. Aussi, poursuivant l'action méthodique qu'il a toujours suivie, le Comité central demandait-il au Congrès de l'autoriser à s'aboucher avec l'Union des Maîtres-Imprimeurs pour la nomination d'une commission mixte ayant pour mission spéciale d'examiner la réduction de la journée de travail à 9 heures. En cas de refus des patrons, la Fédération reprendrait alors sa liberté d'action et n'hésiterait pas à aller jusqu'à la grève générale de la corporation pour obtenir satisfaction.

Le Congrès, après s'être prononcé à l'unanimité pour le principe des 8 heures, vota les conclusions du rapport du Comité central demandant la journée de 9 heures à partir du 1er mai 1906. Il décida en outre qu'une cotisation supplémentaire de 10 centimes par semaine serait versée par tous les fédérés à partir du 3 juillet 1905, et sur la proposition de Sergent que les sections feraient abandon de la moitié de leur avoir social à la Fédération.

Si l'on tient compte que l'avoir social de la seule section parisienne dépasse à l'heure actuelle 120,000 francs ; que celui de la Fédération s'élève à 200,000 francs ; si l'on tient compte ensuite du produit de la cotisation supplémentaire votée par le Congrès, et surtout de l'appoint formidable qu'apporteraient 80.000 adhérents du Secrétariat international, on conviendra que rarement une corporation aura affronté la lutte dans d'aussi encourageantes conditions.

Espérons toutefois que de même que leurs confrères allemands, les maîtres-imprimeurs français auront la sagesse d'accepter cette revendication plutôt que d'acculer les ouvriers à une lutte qu'ils sont fermement et unanimement décidés à mener jusqu'au bout.

Laissons de côté les questions purement corporatives et même celles qui comme la caisse fédérative de chômage touchent des questions générales de tactique syndicale. Nous aurons du reste l'occasion d'y revenir. Mais il importe de relater ici le débat qui fut soulevé par l'attitude de la Fédération dans le monde ouvrier.

Après les attaques passionnées dont il avait été l'objet, le Comité central tenait à ce que le Congrès se prononçât de façon catégorique sur son attitude.

Un seul orateur, Villeval fils, délégué des correcteurs de Paris, critiqua la méthode et les tendances de la Fédération.

Il s'attacha à mettre en relief l'antagonisme irréductible qui existe entre patrons et ouvriers, ce qui doit exclure toute idée d'entente entre eux. Que les travailleurs se cantonnent donc sur le terrain exclusif de la lutte de classes, et au lieu d'énerver les énergies par des compromis sans valeur qu'ils s'attaquent résolument au seul obstacle qui barre la route de leur émancipation, au patronat exploiteur. Mais pour cette œuvre, les travailleurs ne doivent compter que sur eux-mêmes et se mettre en garde contre toute ingérence législative. Aussi, en passant, s'élève-t-il contre les syndicats qui s'en vont quémander des subventions aux pouvoirs publics. Quant à la méthode réformiste suivie par la Fédération, il estime que si elle a donné quelques résultats, elle est du moins impuissante à réaliser l'idéal ouvrier, et que c'est plutôt par l'action directe, non celle qui consiste à casser des vitres, mais celle qui s'exerce constamment et uniquement contre le patronat, qui se traduit par une propagande et une agitation incessantes dans tous les milieux sans s'embarrasser du choix des moyens et de la sacro-sainte légalité, par l'action révolutionnaire enfin, que les travailleurs conquerront de haute lutte leur intégrale émancipation par la suppression du patronat et du salariat.

Labat de Bordeaux réfute l'argumentation. L'action directe, dit-il, n'a donné que des résultats éphémères, souvent annihilés par les reprises patronales. Les militants sont coupables lorsqu'ils affirment aux travailleurs qu'il suffira d'une agitation énergique et d'une action révolutionnaire pour transformer la société : c'est ainsi qu'on aigrit les individus et qu'on en fait des révoltés ou des indifférents désabusés. Le problème économique est infiniment plus complexe. Pour faire évoluer les masses prolétariennes, il faut d'abord les instruire, car sans cela nous n'aurions qu'une société d'inconscients incapables de se diriger eux-mêmes et forcés de remettre les destinées entre les mains de quelque sauveur. Si l'action réformiste est parfois trop lente à notre gré, du moins elle a fait ses preuves, aussi bien chez nous qu'à l'étranger et comme toute amélioration appelle fatalement une amélioration plus grande, de réforme en réforme nous nous rapprocherons de l'idéal poursuivi.

Keufer se réjouit de la tolérance mutuelle qui se manifestait dans ce débat, et qui est un facteur indispensable de l'émancipation ouvrière. Quelles que soient nos conceptions politiques et philosophiques, nous poursuivons un même but, un même idéal, et tous nos efforts doivent tendre à nous rapprocher, à écarter ce qui nous divise. Ainsi, il partage plusieurs des opinions émises par Villeval et notamment en ce qui concerne l'action législative. Toutefois il ne saurait nier que cette action est utile lorsque les organisations ouvrières sont fortes, car elles peuvent aider alors à la protection des travailleurs et surtout veiller à leur application. On a reproché à la Fédération de provoquer des commissions mixtes, comme s'il était possible d'obtenir des améliorations des patrons sans accord préalable avec eux. Les camarades révolutionnaires nous font grief de ce qu'ils appellent nos temporisations, nos compromissions : le cas échéant ils n'agissent et ne peuvent d'ailleurs agir autrement que nous-mêmes, tout en s'en défendant dans les réunions publiques, où ils ne cessent de crosser les réformistes. Et pourtant si nous répudions l'action violente, l'appel à la force comme ne pouvant aboutir qu'à d'inévitables réactions, nous ne cessons d'appliquer l'action directe de nos syndicats sur le patronat pour l'obtention des réformes qui ont été décidées, ne reculant jamais devant la grève lorsque nous avons épuisé tous les moyens de conciliation.

Keufer ajoute qu'il a conscience d'avoir accompli tout son devoir, sans préoccupation d'intérêts personnels, et qu'il se fût très volontiers retiré du poste de combat qu'il occupe depuis plus de vingt ans s'il avait cru un seul instant être un obstacle à la marche ascendante de la Fédération.

Après l'intervention de plusieurs confrères dans le même sens et une réplique de Villeval, le Congrès, par appel nominal et à l'unanimité moins 2 voix — celles du syndicat des correcteurs — « approuva entièrement la conduite du Comité central au cours de sa gestion, félicita particulièrement Keufer pour son attitude toute de dévouement :

» Affirma enfin sa volonté de voir la Fédération du Livre continuer son œuvre d'émancipation sociale par la méthode qu'elle a employée jusqu'ici, avec une énergie toujours soutenue. »

On nous pardonnera d'avoir étendu ce compte-rendu, l'importance du Congrès est notre excuse. Au reste, les questions mêmes dont nous avons parlé, intéressent toute la classe ouvrière : et nos camarades pourront extraire, de l'analyse que nous avons tentée, des arguments ou des faits, utiles pour leur action. — Amicus.

Du 9 au 11 juin, à Saint-Etienne, se tenait le Congrès de la **Fédération lithographique**. La Fédération a adopté un projet pour régler ses rapports avec la Fédération sœur du Livre. Elle a décidé de prendre une part active à la campagne des huit heures pour le 1er mai 1906, et elle s'est préoccupée aussi du minimum de salaires.

Les **Ouvriers sabotiers et galochiers** ont tenu leurs assises à Châteauroux les 11 et 12 juin. Le Congrès a pris des résolutions pour la suppression du travail aux pièces, du travail en chambre. Il a décidé de prendre part à la campagne des 8 heures pour le 1er mai 1906. Enfin la cotisation fédérale a été fixée, par mois et par membre à 0.20 (dont 0.10 pour la caisse de résistance, et 2 centimes et demi pour le viaticum).

Aux mêmes dates du 11 et 12 juin, où les vieilles fêtes traditionnelles de la Pentecôte accordent aux travailleurs quelque répit, plusieurs corporations tenaient aussi leurs Congrès.

Citons les **céramistes** à Montereau, les **ouvriers du tonneau** (5e Congrès national) à Perpignan, enfin les **ouvriers du bâtiment** à Narbonne. Dans ces Congrès, des résolutions furent prises en faveur de la campagne des huit heures. Celui du bâtiment se prononça en outre pour l'établissement d'une fédération d'industrie, et contre les sections autonomes de métier. Enfin il déclara approuver le sabottage et l'action directe.

Deux Congrès régionaux signalèrent aussi ces journées : celui des Vosges à Moyenmoutier et celui de la région de Rouen.

Du 12 au 20 juin enfin se sont tenus à Paris toute une série de congrès, intéressant la plupart des **Travailleurs de l'État** : Congrès des ouvriers des Magasins administratifs de la Guerre ; congrès du personnel civil de la Guerre ; congrès des ouvriers auxiliaires des Poudreries et Raffineries de France ; congrès des ouvriers de la Marine de l'État ; et en même temps eut lieu le 3ᵐᵉ Congrès de l'Union fédérative qui englobe, en plus des organisations déjà citées, la Fédération des allumettiers, le Syndicat des ouvriers en Monnaies et Médailles et le Syndicat des agents de service des Lycées. Les travaux de ce Congrès résumant en quelque sorte ceux de tous les autres, nous nous bornerons à en rendre compte. Parmi les 10 questions qui ont fait l'objet de ses débats, il en est trois qui présentent une importance capitale pour les travailleurs de l'État : la réduction de la journée de travail à 8 heures ; la fixation d'un minimum de salaire en rapport avec les conditions d'existence ; les retraites.

La journée de 8 heures dont bénéficient déjà les travailleurs des Postes et de la Marine a fait l'objet d'une ample discussion, portant surtout sur les moyens à employer pour en rendre l'application générale dans tous les établissements de l'État. Après avoir envisagé l'éventualité de la grève générale et en avoir admis le principe, le Congrès a estimé qu'il n'y aurait lieu cependant de recourir à ce moyen qu'après l'échec de tous les autres. En conséquence, le Conseil central a été chargé de poursuivre l'action en faveur de cette réforme par les voies parlementaires, et de faire des démarches pressantes auprès des Pouvoirs publics pour obtenir d'eux une réduction uniforme dans les heures de travail. Des démarches seront faites aussi auprès de la Commission parlementaire du travail pour lui demander de hâter la discussion de la proposition de loi Vaillant relative à cette question de la journée de 8 heures.

Pour le minimum de salaire le Congrès a décidé de s'en tenir aux dispositions de la proposition Vaillant, fixant le minimum indispensable à cinq francs, et de demander à la Commission du travail de prévoir des indemnités de résidence pour les ouvriers des villes où la vie est plus coûteuse que dans les bourgades ou les campagnes.

Pour les retraites, le Congrès a estimé qu'il y aurait injustice à laisser subsister plus longtemps l'état de choses actuel. Chaque organisation étant régie par des règlements spéciaux qui ne donnent satisfaction à aucune d'elles, un rapport unique élaboré par le Conseil central au moyen de documents fournis par chaque organisation intéressée devra être soumis aussitôt que possible à l'approbation du Parlement.

D'autres questions d'une moindre importance, telles que la suppression de la main-d'œuvre militaire, le service médical et pharmaceutique gratuit, la demande de congés payés, etc., ont aussi été discutées et sanctionnées conformément aux résolutions des Congrès antérieurs.

En somme, un Congrès très utile, et qui marque le point de départ d'une action d'ensemble des travailleurs de l'État, conscients de leur force et de leur droit. — L. Gervaise.

LE MOUVEMENT A L'ÉTRANGER

LE MOUVEMENT SYNDICAL EN HOLLANDE

La Hollande est un des pays où la division syndicale entrave, à l'heure actuelle, le progrès ouvrier. L'antiparlementarisme déclaré du National-Arbeitssecretariat a peu à peu détaché de lui de nombreuses organisations et les syndicats hollandais les plus forts ne se trouvent plus aujourd'hui rattachés à l'organisation centrale. Il est même question de fonder une autre organisation centrale et ce projet semble devoir réussir.

Le nombre des membres des organisations adhérentes au secrétariat, tel qu'il nous est fourni par les chiffres de son rapport a subi les variations suivantes :

1894	15 728	répartis dans 22 organisations.
1895	18.700	31
1896	12.700	31
1900	12.444	52
1905	5.000	44

La diminution brusque de 1896 est due à l'exclusion des organisations politiques, qui furent contraintes de se retirer du secrétariat. Celles qui se sont produites depuis sont dues au départ des grandes organisations.

A l'heure actuelle, les organisations non-adhérentes et qui songent à fonder un nouveau groupement central sont les suivantes :

Diamantaires.	7.000	membres.
Travailleurs municipaux.	3.000	»
Ouvriers des ports.	2.000	»
Charpentiers	1.800	»
Cigariers	1.900	»
Boulangers	1.000	»
Textiles.	2.000	»
Ouvriers des beurreries et fromageries. .	600	»
Chemins de fer.	1.200	»
Tailleurs et couturières.	1.000	»
Typographes	1.600	»
Menuisiers	600	»
Brasseurs	500	»

Le Secrétairiat national ne réunit donc plus que la minorité des travailleurs organisés de Hollande.

LA GRÈVE DES GANTIERS DE BRUXELLES

La grève des ouvriers gantiers de Bruxelles, commencée le 3 mars, s'est terminé le 19 juin. Elle a donc duré 3 mois et demi, comprenant 350 grévistes sur environ 800 ouvriers gantiers que renferme Bruxelles.

La principale cause de la grève était une diminution de salaire qui avait cette particularité de frapper l'ouvrier, sans que, pourtant, les tarifs du syndicat soient en rien modifiés.

A Bruxelles, comme dans la plupart des centres de ganterie de France, beaucoup d'ouvriers travaillent à domicile et, comme la besogne se fait aux pièces, l'ouvrier doit l'exécuter en un certain temps, pour assurer son salaire. Or, des difficultés toujours grandissantes pour la coupe ou pour le fini du travail prolongent le temps ordinairement nécessaire à cette exécution et si, par exemple, un ouvrier peut couper 5 douzaines de gants en quatre jours, ces difficultés le tiennent pendant cinq jours au même travail, et il perd ainsi une journée de salaire, bien que le prix de la douzaine de gants reste le même. De plus, on demandait aux ouvriers, dans le lot de peaux qui leur était remis, un nombre exagéré de gants : les ouvriers devaient chaque fois venir à la fabrique faire constater par le contremaître qu'il leur était impossible de trouver le compte de gants demandé, et tout le temps inutilement perdu en allées et venues ou attentes pour cette constatation l'était aux frais de l'ouvrier.

Des plaintes unanimes s'élevèrent contre ce scandaleux état de choses et les réclamations ouvrières étant restées sans résultat, la grève fut décidée. Différentes autres revendications furent jointes à la principale. Une partie des patrons donnèrent satisfaction aux ouvriers, mais cinq des plus importants fabricants résistèrent. Le puissant syndicat des ouvriers gantiers de Bruxelles soutint donc la lutte et avec une remarquable énergie, aidé en cela par la Fédération internationale des ouvriers gantiers et aussi par le Parti Ouvrier Belge qui, devant la persistance de la grève, mit à la disposition des gantiers de Bruxelles une somme de 50,000 francs. Cette somme, il est vrai, n'était remise qu'à titre de prêt, mais cet acte de solidarité n'en a pas moins une réelle valeur.

Le résultat de la grève n'a pas été aussi heureux que nous l'espérions ;

quelques revendications n'ont pu être obtenues. Les patrons ont cédé sur le point principal, en promettant de rendre le travail plus facile aux ouvriers et de leur garantir ainsi leur salaire. Il est probable qu'ils tiendront leur promesse, car ils ne doivent pas se soucier de voir recommencer la grève, mais de nouvelles réclamations pourront se produire à ce sujet dans l'avenir et l'ouvrier n'aura encore de recours que dans la grève pour lutter contre l'abitraire patronal.

La grève des gantiers de Bruxelles montre une fois de plus les abus dont souffre l'ouvrier qui travaille à domicile. Nul doute que les gantiers de Bruxelles sauront combattre de nouveau, et avec la même persistante tenacité contre ces abus, mais le véritable remède serait la suppression du travail à domicile, sans quoi, l'ouvrier gantier continuera à voir sa situation déjà inférieure — malgré qu'il appartienne à une industrie de luxe — s'abaisser encore devant l'âpreté capitaliste. — A. VERHAERT.

L'Attaque patronale

Le lock-out sévit en ce moment de tous côtés. Partout où la classe patronale possède un commencement d'organisation, partout où elle commence de redouter l'action syndicale, elle tente d'épouvanter les travailleurs, de détruire, par la misère, les organisations prolétariennes. Lock-out des métallurgistes de Buda-Pesth, lock-out de 17.000 métallurgistes suédois, lock-out des métallurgistes encore en Bavière, lock-out des tailleurs de toute l'Allemagne, lock-out des 5.000 cigarières de Dresde, lock-out des ouvriers en marbre de Carrare, en tous pays, le patronat européen a montré tout ce mois une singulière ardeur combative.

Ce qu'il faut bien marquer surtout, c'est en Allemagne et ailleurs, l'organisation systématique de la lutte. Le lock-out ne procède plus seulement d'un mouvement de colère et de dépit du patron, dont l'autorité ou les bénéfices sont menacés par les revendications ouvrières. Il n'y a plus seulement des lock-out de défense, mais des lock-out d'attaque, médités à l'avance bien préparés, et contre lesquels les Fédérations doivent préparer également la résistance.

Au Congrès des métallurgistes allemands à Stuttgart, Schliecke a donné lecture du projet sur les lock-out préparé par un industriel outrancier fameux, Mencke, d'Altona. Tout s'y trouve réglé, prévu. Lorsqu'une décision de lock-out aura été prise, tous les ouvriers dont le nom commence par une certaine lettre, seront exclus des usines jusqu'à nouvel ordre ; et dans aucune usine, ces travailleurs ne pourront être réoccupés, sans une nouvelle décision. Les patrons qui contreviendraient à cette disposition paieraient une amende de 10 mark par jour ; et cet argent formerait un fonds de grève, qui serait mis à la disposition du comité de l'Union des industriels. Quelle singulière neutralité que celle de ces industriels proposant ainsi de frapper tous les ouvriers du métier, dont le nom commence par un L ou par un B ! Mais quelle affirmation aussi, de la solidarité ouvrière, quel hommage involontaire lui rend ainsi le patronat !

Première Année.   N° 4.   15 Août 1905.

La Revue Syndicaliste

ABONNEMENT	Paraissant	ABONNEMENT
➡	le 15 de chaque mois.	➡
Un an ... ... 2 fr. 40		Un an ... ... 2 fr. 40
Six mois ... 1 fr. 20	Le numéro : 0 fr. 20	Six mois ... 1 fr. 20

LA BOURSE DU TRAVAIL DE PARIS

L'interpellation que le 14 avril M. F. Roussel développait au Conseil municipal a été le signal d'une ardente campagne contre la Bourse du Travail. Les modérés, les réactionnaires, ont pris prétexte des faits cités par l'interpellateur pour demander la fermeture de la Bourse ; et dans leurs journaux, ils se flattaient de réussir. On a assisté à la même manœuvre qu'en 1893. Sans contrôler les assertions portées contre la Bourse, sans rechercher même si la responsabilité en remontait aux syndicats, on demandait sa fermeture.

Les accusations méritaient cependant une sérieuse et minutieuse enquête. Mais, fussent-elle vraies, pour empêcher le retour des mêmes faits, était-il indispensable de fermer la Bourse ?

Si les gouvernants, si tous ceux qui le poussaient à prendre pareille mesure ne cherchaient point seulement des prétextes pour arrêter ou contrecarrer l'action ouvrière, si leur intervention avait vraiment pour but d'empêcher le retour d'actes regrettables et répréhensibles, ne serait-il pas préférable de rechercher le remède d'accord avec les intéressés ?

* *
*

Lorsqu'en 1893 le réactionnaire Dupuy ferma la Bourse, il prit pour prétexte le refus opposé par les syndicats d'adhérer pleinement à la loi de 1884. Il voulait le respect de la loi, il exigeait que l'on se soumît à toutes les formalités, que tous les syndicats eussent une existence légale. C'était le motif invoqué. En vérité, ce qu'il cherchait, c'était à briser l'action socialiste de l'époque, qui le gênait sérieusement. Les syndicats préférèrent quitter la Bourse plutôt que de se plier aux exigences du gouvernement.

Une Bourse indépendante fut alors fondée; mais son action fut presque nulle. Sans locaux, sans ressources suffisantes, les syndicats perdirent de leur puissance, et l'action ouvrière s'en ressentit fortement. Aussi, lorsque par décret, le 7 décembre 1895, M. Mesureur rouvrit la Bourse, tous les syndicats, à part quelques-uns, reprirent leur place rue du Château-d'Eau.

Deux ans après s'être refusés à accepter la loi de 1884, deux ans après la belle résistance opposée au ministre Dupuy, on acceptait la loi de 1884 pour revenir à la Bourse, on acceptait un règlement bien plus réactionnaire, puisque le Préfet était devenu administrateur de la Bourse, et que la Commission consultative comprenait six membres du Conseil municipal, deux représentants de la Préfecture de la Seine, deux représentants de l'Office du travail désignés par le ministre, et dix membres élus par les syndicats.

Seuls, quelques syndicats refusèrent d'entrer et d'adhérer à la loi de 1884 (1), restant fidèles aux engagements pris. Quels reproches eurent-ils alors à subir! Mais les temps sont changés. Ce sont les organisations qui furent les premières à accepter loi et règlements qui, aujourd'hui, font griefs à d'autres de ne pas protester assez. Espérons que les suites seront meilleures qu'en 1895.

La présence, à la Commission consultative, de conseillers municipaux devait entraîner un conflit. Tant que les conseillers délégués furent des républicains et des socialistes aucun heurt ne se produisit. Les élections de 1900 ayant donné la majorité aux nationalistes, ces réactionnaires voulurent mettre la main sur la Bourse. Ils connaissaient bien la campagne que les syndiqués avaient menée contre eux, ils savaient que la propagande nationaliste n'avait pu trouver d'écho dans les syndicats et que les syndiqués étaient, pour leur action néfaste, de sérieux et rudes adversaires. Devant le refus des syndicats d'accepter de siéger à la Commission consultative avec les élus nationalistes, M. Millerand, ministre du commerce, promulgua le décret du 17 juillet 1900.

C'est l'élection des nationalistes, c'est leur volonté obstinée de collaborer à la gestion de la Bourse du Travail qui valut à celle-ci son autonomie. Sans eux, sans leurs prétentions, peut-être aurait-on attendu longtemps encore.

Dans ce décret, c'est l'article 10 qui est le plus important.

---

(1) Les ébénistes, les mécaniciens, les tonneliers.

Il est institué, disait cet article, une commission administrative de la Bourse du Travail de Paris.

Cette commission est composée de quinze membres, élus pour une année, par les délégués des syndicats admis à la Bourse.

La commission administrative est chargée, dans les limites fixées par le présent décret, de l'administration générale de la Bourse du Travail et examine toutes les questions relatives à son fonctionnement.

Elle prononce notamment, en se conformant aux dispositions du décret et du règlement général qui régissent la Bourse, sur l'admission ou l'exclusion des syndicats, sur la distribution des locaux, sur le roulement à établir pour l'attribution des salles de réunion et de la grande salle, sur les plaintes et les réclamations des personnes qui ont accès à la Bourse du Travail.

Elle règle la participation des subventions accordées aux chambres syndicales. Elle dirige les services du bureau de statistique et de la bibliothèque. Elle assure la publication de l'annuaire et du bulletin de la Bourse. Elle transmet copie de ses délibérations au préfet de la Seine. Elle adresse tous les ans un rapport sur le fonctionnement et la situation de l'institution. Elle propose tous les ans un projet de budget à soumettre aux délibérations du Conseil municipal.

Cet article réglait la situation. C'étaient les syndicats qui obtenaient la libre gestion de la Bourse du Travail ; l'administration et la municipalité en étaient exclues. Les nationalistes se vengèrent, on le sait, en supprimant la subvention.

Mais l'article 9 du même décret disait :

« Un règlement général, délibéré par le Conseil municipal de Paris, en conformité du présent décret, arrêtera les mesures de détail propres à assurer le bon fonctionnement de la Bourse. »

Or ce règlement ne fut jamais élaboré : la Bourse a fonctionné sans lui.

En réponse à l'interpellation Roussel, le Préfet de la Seine supplia le Conseil de faire un règlement. La deuxième Commission, dont le rapporteur était Lajarrige, rédigea ce règlement qui a été adopté au Conseil par la gauche contre la droite, avec quelques modifications de détail.

L'article premier qui fixe, comme le décret, à 15 le nombre des membres de la commission administrative, règle aussi son élection. La représentation proportionnelle est introduite. L'article 2 institue une commission de cinq membres nommée comme la commission administrative qui devra établir la liste électorale. L'article 3 stipule bien que seuls les syndicats pourront être admis à la Bourse conformément au décret du 17 juillet 1900, et sur rapport favorable de la commission ; que les syndicats non admis auront le droit d'en appeler devant le Conseil municipal, et l'article 3 *bis* donne le droit à la commission d'exclure tout syndicat qui aura compromis les intérêts des travailleurs ; mais les exclus pourront faire appel de la décision devant le Conseil municipal.

L'article 4 a trait au stationnement dans les salles où patrons et ouvriers auront accès. L'article 5 exige de la Commission un rapport annuel qui devra porter sur la gestion morale et financière, sur le placement des chômeurs et sur la marche générale de la Bourse. L'article 6 maintient le droit à la Commission administrative de répartir la subvention, mais les fédérations et unions de syndicats ne pourront y participer.

L'article 7 établit une commission de contrôle. Après ce règlement, est aussi adoptée une motion invitant la commission administrative à élaborer et à présenter au conseil municipal un règlement intérieur, et à ramener la Bourse du travail dans la bonne voie. Tous les socialistes ont voté contre cette motion.

De l'examen de ces articles il ressort que la représentation proportionnelle est introduite pour l'élection de la commission, qu'une commission de contrôle contrôlera la gestion de la première et que les syndicats exclus ou non admis à la Bourse pourront en appeler au Conseil municipal.

***

Quel accueil lui ont fait les syndicats parisiens ? A la réunion du 2 août, organisée à cet effet, et où chaque organisation était représentée par cinq délégués, tous les orateurs se sont prononcés contre ce règlement ; tous ont demandé qu'il fût repoussé par l'assemblée. Et des ordres du jour en ce sens étaient déposés sur le bureau. Ce n'est que le dernier orateur, le citoyen Griffuelhes, qui a fait entendre une note un peu différente. Il a rappelé qu'avant la loi de 1884 des syndicats existaient, que cette loi ainsi que règlements et décrets avaient toujours été violés parce que l'action domine et passe au-dessus de toute réglementation gouvernementale et dirigeante. Pour lui, le règlement n'existe pas, il l'ignore. Les syndicats ne doivent point s'en préoccuper. On ne doit, d'après lui, ni voter pour, ni voter contre le règlement. Il n'y a qu'à continuer l'action, qu'à faire la propagande sans s'arrêter aux cadres étroits d'une réglementation. Et comme conclusion à son exposé il a présenté l'ordre du jour suivant qui a été adopté :

Les Syndicats, réunis le 2 août, après examen de la situation créée par le règlement voté par le Conseil municipal, tiennent à proclamer que l'action ouvrière devant être autonome n'a jamais été et ne saurait être contenue dans les cadres d'une réglementation extérieure quelconque; que, comme dans le passé, à l'avenir, cette action se déroulera, selon les circonstances, uniquement inspirée par l'intérêt ouvrier;

Affirment leur ferme volonté de continuer la lutte au mépris de tout règlement;

Et, considérant que le règlement imposé constitue une atteinte à l'autonomie syndicale;

Les Syndicats estiment que, dans la situation actuelle, il est de leur devoir et de leur intérêt de ne pas participer aux élections de la commission administrative.

Ainsi le règlement n'est pas adopté, il n'est pas repoussé. On ne participera pas aux élections de la commission administrative, dit l'ordre du jour, mais il ne dit pas si on subira les autres dispositions. La question est éludée, très adroitement, j'en conviens, mais non solutionnée. Il eût été préférable, ainsi que le proposaient les orateurs qui précédèrent Griffuelhes, que l'on se prononçât nettement contre le règlement, contre tout règlement. La situation eût été plus claire, plus fière. Peut-être s'est-on rappelé les défections d'autrefois et n'a-t-on pas voulu les voir se renouveler. Peut-être aussi a-t-on tenu compte de l'appel du citoyen Landrin, élu peu suspect à la Bourse.

Landrin, dans un article du *Socialiste* du 25 juin, s'exprimait en effet ainsi :

« Malgré la prétendue ignorance du Préfet de la Seine sur les intentions du ministère de fermer la Bourse du Travail, ce n'est un secret pour personne que — sans l'intervention des députés socialistes dont Jaurès était, dans la circonstance, le porte-parole, — la Bourse du Travail de Paris eût été fermée le jour de la Pentecôte et rouverte peu de temps après avec un règlement imposé par le ministère.

Et, après avoir démontré que c'est dans l'intérêt des syndicats que les socialistes avaient dû prendre part au vote de ce règlement, afin d'en éviter un de la droite, il conclut :

« On n'osera pas toucher aux syndicats tant qu'ils seront à la Bourse du Travail. C'est ce qui fait leur force. Il faut qu'ils s'en rendent bien compte. Les faits regrettables qui s'y sont produits et qui ont été dévoilés avec tant d'art à la tribune du Conseil municipal, sont des incidents déplorables, il est vrai, mais qui ne se renouvelleront pas si les syndicats, le Conseil municipal et l'administration préfectorale le veulent. En tous cas, ils ne justifieraient pas la fermeture de la Bourse.

Ce que nous demandons à nos camarades des syndicats, c'est de bien comprendre la situation. Il ne s'agit pas, en ce moment, de chercher à paraître plus énergiques ou plus révolutionnaires les uns que les autres, mais de défendre ersemble et d'un commun accord les avantages acquis après tant de luttes, afin de marcher avec une nouvelle ardeur à la victoire finale ».

Est-ce ce conseil qui a motivé l'ordre du jour adopté ? Est-ce pour cela qu'on a refusé de se prononcer nettement contre le règlement, ainsi qu'on le proposait ?

*
* *

Ce règlement ne vise que l'administration de la Bourse officielle, de l'immeuble. Il ne saurait viser l'Union des Syndicats de la Seine qui, pourtant, est la vraie Bourse du Travail. C'est l'Union et non la Bourse qui est représentée à la Fédération des Bourses. C'est elle qui organise réunions, meetings ; c'est elle qui dirige l'action générale dans le département, qui imprime affiches, appels et brochures, et c'est cette action qu'on a voulu atteindre. On s'est grossièrement trompé, car l'administration de la Bourse est étrangère à toute cette action : quels que soient les règlements érigés, quel que soit le mode d'élection des membres de la Commission administrative, l'action ouvrière ne sera pas atteinte, elle ne sera pas changée, ni modifiée.

Mais il y a un autre aspect de la question,

La minorité des syndicats de l'Union, qui réunit peut-être la majorité des syndiqués, avait soumis un projet de revision des statuts. La cotisation étant proportionnelle au nombre des adhérents, il est demandé que la représentation le soit aussi. Sous peu ce projet viendra en discussion. Tenant compte de cette intention, de cette proposition, d'aucuns s'étaient imaginé que les syndicats partisans de ce projet, accepteraient le règlement du Conseil municipal. Ils commettaient une erreur grave. C'est aux syndicats que le projet est soumis, c'est eux seuls qui doivent se prononcer. Ce n'est ni du Conseil municipal, ni du Gouvernement que l'on en attend l'adoption, pas plus que l'on n'attend d'eux aucune modification dans l'organisation syndicale.

C'est sur leur action, sur leur propagande au sein de l'Union des Syndicats, sur leurs efforts, que les syndicats de la minorité actuelle comptent pour aboutir. Les partisans de la représentation proportionnelle sont, au même titre que ses adversaires, jaloux de l'autonomie syndicale. Pour modifier la tactique actuelle, si elle déplaît, pour mettre fin à des abus, s'il y en a, on ne peut et on ne doit avoir recours qu'à la propagande en faveur des changements ou des modifications désirées, et compter sur la libre et courtoise discussion au sein des organisations centrales. Tous les syndicats doivent être les adversaires de l'ingérence extérieure, tous seront unis pour s'opposer à toute atteinte contre leur autonomie, tous lutteront unis pour sauvegarder la pleine et entière liberté nécessaire à l'œuvre à accomplir.

*
* *

Mais si l'on veut que cette liberté soit réelle, si l'on veut s'opposer à toute ingérence extérieure dans l'organisation intérieure, il faut savoir faire son devoir, il faut faire les sacrifices qui s'imposent.

Vivre dans un immeuble officiel, administré et entretenu par la ville, avoir recours aux subventions pour organiser les services de placement et de propagande, est une mauvaise tactique. Il faut l'abandonner, il faut s'en libérer définitivement, si on ne veut plus avoir à redouter l'ingérence officielle et gouvernementale. Que les subventions aient été nécessaires, indispensables, d'accord. Mais il ne faudrait pas être à la merci du bon plaisir des gouvernants. L'organisation actuelle, si on veut faire les efforts qui s'imposent, peut, d'ores et déjà, subvenir à ses besoins.

Déjà, en effet, un courant se dessine nettement en faveur des fortes cotisations syndicales et fédérales. On veut rompre avec les faibles cotisations, on veut rompre avec le passé. Tant mieux. Que résolument on s'engage dans cette voie, qu'avec le ferme désir de réussir, on refuse toutes les subventions, par l'appât desquelles on cherche à tenir en tutelle l'organisation ouvrière et, l'on appréciera vite les bienfaits de cette mission. D'ailleurs, on peut rendre l'organisation et le mouvement ouvrier indépendants, même sans compter avec l'élévation du tarif de cotisations. Il s'agit de vouloir.

Plus de soixante-dix mille ouvriers sont syndiqués dans le département de la Seine. Tous sont obligés de consommer; mais, à part quelques exceptions, tous ont recours au commerce. Que l'on organise la consommation, que des sociétés soient fondées, capables de donner à tous les syndiqués les produits indispensables que l'on achète au commerce, et les ressources pour la vie et l'action d'une Bourse indépendante seront trouvées. Soixante-dix mille syndiqués, en comptant même sur une faible consommation donnant une moyenne de cinquante francs de bénéfices annuels, qui seraient arrachés au commerce, on obtiendrait une forte somme, suffisante pour faire vivre l'œuvre.

Est-ce impossible ?

Nous livrons notre idée pour ce qu'elle vaut, nous prions nos camarades de l'étudier, de la modifier ou la compléter. Mais c'est dans la recherche des moyens qui mettront l'organisation ouvrière en dehors et au-dessus de tout contrôle officiel, c'est en créant pour son action les ressources indispensables et nécessaires que le prolétariat s'organisera fortement et sûrement. Et alors la campagne réactionnaire aura été bonne pour l'organisation ; elle aura incité les syndicats à un travail de libération, d'émancipation, qui sera fécond pour l'avenir de la classe ouvrière.

J. LAUCHE.

LA JOURNÉE DE HUIT HEURES
AUX ÉTATS-UNIS

Quelques-uns de nos camarades s'imaginent volontiers que la journée de huit heures fut conquise par la majorité des ouvriers américains le 1er mai 1886, et que, depuis lors, sur toute l'étendue des États-Unis, le prolétariat put jouir de sa conquête. Il faut préciser : la lutte pour les huit heures a commencé bien avant 1886 ; depuis 1886, elle continue, quotidienne, rude et âpre. Il y a quelques mois, un arrêt de la Cour suprême remettait en question les lois des États qui avaient établi une durée maximum de la journée de travail et les récents renseignements qui parviennent d'Amérique indiquent bien tout à la fois la difficulté du problème et l'énormité de l'effort, qu'il faudra faire pour le résoudre.

Aux États-Unis, la loi du 1er avril 1892 a établi la journée de huit heures pour les ouvriers des ateliers de l'État. Actuellement un projet de loi est déposé au Congrès, pour étudier la journée de huit heures à tous les travaux exécutés pour le compte de l'État. C'est l'origine des enquêtes et des recherches nouvelles actuellement faites aux États-Unis. Les entrepreneurs qui travaillent habituellement pour l'État ont, en effet, protesté ; ils ont déclaré que la nouvelle loi « porterait atteinte à l'industrie nationale », « qu'elle entraînerait de nouveaux frais », « qu'ils se refuseraient désormais à travailler dans ces conditions ».

Le Congrès décida alors de tenter une expérience pratique. Il avait voté la construction de deux cuirassés de même type, la *Louisiane* et le *Connecticut*. Il confia la construction de la *Louisiane* à un chantier privé, où les ouvriers faisaient dix heures, celle du *Connecticut* aux chantiers de l'État où l'on fait huit heures.

L'essai permettrait d'établir la durée et le coût du travail, dans les deux cas.

La coque du *Connecticut* (chantier de l'État : 8 heures) fut lancée au bout de 570 jours.

Celle de la *Louisiane* (chantier privé : 10 heures) fut lancée au bout de 568 jours.

Il faut marquer que le travail n'était pas également terminé sur les deux coques et qu'il était plus avancé sur la coque sortant du chantier privé. Mais, en comparant la somme des matériaux mis en œuvre sur les deux chantiers, et la somme en heures de travail, on établit que la production fournie en une heure par les ouvriers travaillant huit heures, dépassait de **24,48** o/o, c'est-à-dire de près d'un quart la production dans le même temps des ouvriers travaillant dix heures. Une fois de plus, il est donc démontré, et dans un cas où la machine n'intervient pas, où il s'agit seulement du travail de l'ouvrier, que la production en huit heures a été presque exactement le même qu'en dix heures. Il se peut, comme le fait remarquer le rapport du ministère du commerce américain, que le plein emploi des huit heures, la stricte surveillance exercée par le personnel, et les sentiments d'émulation qui animaient directeurs et ouvriers, sont pour quelque chose dans ce résultat. Notons cependant, qu'il est conforme aux nombreuses expériences antérieures, rapportées par Raë et par les autres auteurs qui se sont occupés des huit heures.

En même temps que s'accomplissait cette expérience, le ministère du Commerce ouvrait une enquête sur les entreprises qui, dans les dernières années, avaient réduit la durée du travail à 9 heures ou à 8 heures. L'enquête porta sur 396 maisons, dans lesquelles 129.102 personnes avaient bénéficié de réductions du temps de travail.

Sur ces 396 entreprises, 292, soit 73 o/o, avaient réduit le temps de travail à 8 heures et demie ou 9 heures ; 47 (11 o/o) avaient introduit la journée de huit heures ; 57 (24 o/o) avaient réduit la journée à moins de huit heures, ou plus exactement la semaine à moins de 48 heures. Il s'agit surtout dans cette catégorie des maçons qui ne font que 44 heures (8 heures par jour et 4 heures le samedi matin).

La même enquête démontre que 316 entreprises, sur les 396 qui ont introduit une réduction du temps de travail, *soit 79,8 o/o ont accordé cette réduction, du temps de travail, sans aucune diminution de salaires.* Dans 25 entreprises seulement, les salaires furent diminués, mais dans une proportion moindre que la réduction de la journée ; et il n'y a que 13 maisons où les salaires aient été diminués d'une manière équivalente à la réduction du temps de travail.

Dans 42 entreprises, les salaires ont été augmentés.

Il importe de relater, enfin, pour être complet, que dans 297 entreprises, l'introduction de la journée plus courte a amené une augmentation du coût de la production.

Du point de vue particulier où il se place, le Ministère du Commerce n'ose se déclarer nettement pour une extension immédiate de la législation sur les huit heures. Il n'en ressort pas moins avec netteté des faits rapportés et des chiffres cités que les courtes journées de travail n'ont point pour corollaire de bas salaires, — que la production ne diminue pas, ou pour le moins, pas proportionnellement à la diminution du temps de travail.

Ceux sont là deux vérités qu'il ne faut jamais se lasser de répéter.

Mais il ne faut point non plus se lasser de répéter que le 1er mai 1906 ne sera que le renouvellement d'une bataille incessante, qui ne finira, qui ne peut finir qu'avec le régime capitaliste. — A. T.

UN TÉMOIGNAGE OFFICIEL
EN FAVEUR DES HUIT HEURES

C'est de Königsberg, c'est de la Prusse réactionnaire qu'il nous arrive.

Il y a quelques années, la journée de huit heures fut établie dans le service du gaz. Lorsqu'on en connut les résultats, on l'introduisit dans les usines d'électricité, et le temps de travail des ouvriers de tramways fut aussi diminué. Récemment le *Magistrat* (c'est-à-dire la municipalité) soumettait à l'assemblée élue de la ville un rapport sur l'application des huit heures qui montre les remarquables résultats obtenus.

On lit en effet dans ce document officiel :

« Dans les deux années, où la nouvelle durée du travail a été établie, l'expérience a été faite que la tenue des travailleurs a été tout à fait remarquable, tandis qu'avec l'ancien temps de travail, et particulièrement parmi les ouvriers employés aux fours, *l'ivrognerie était fréquente.* »

C'est la démonstration que l'alcoolisme est en raison directe de la longueur de la journée de travail. Les bourgeois prétendent souvent que les ouvriers, ayant des loisirs, les emploieront « à se soûler ». Les travailleurs ne prennent le plus souvent l'habitude de l'alcool que pour réparer leurs forces usées par les journées excessives.

On lit, plus loin :

« Dans l'ancienne exploitation de l'usine à gaz, et d'après les renseignements des directeurs d'usines encore plus grandes, où existe la journée de douze heures, l'expérience a été faite que particulièrement au printemps et à l'automne, la section des fours, y compris le transport de charbon, présente le plus grand nombre de malades ; il s'agit là surtout de rhumatismes et de sérieuses maladies des voies respiratoires.

D'une manière frappante, nous avons remarqué que dès la première année de l'établissement des huit heures et depuis, le système des trois équipes a fait disparaître ce fait. Et nous avons appris de l'usine à gaz de Mayence, où la journée de huit heures a été également introduite, que la même remarque y a été faite.

Enfin, la remarque déjà souvent faite :

« Dans les conditions actuelles, le travail fourni par les équipes de travailleurs ne s'est pas trouvé diminué ; et en ce qui concerne les ouvriers mêmes, à considérer un espace de temps suffisant, la production par homme et par jour s'est accrue. »

L'administration municipale de Königsberg est aux mains des libéraux démocrates. Et ce n'est pas spécialement dans ce parti que l'on rencontre en Allemagne « des politiques sociaux. » Leurs constatations sont donc d'autant plus intéressantes. Enfin, il faut bien noter que le passage de 12 à 8 heures a eu lieu, sans transition, mais par la substitution de trois équipes à deux.

LE MOUVEMENT EN FRANCE

Les Congrès

Le Congrès de la Fédération des Tabacs s'est tenu à la Bourse du Travail de Paris du 3 au 8 juillet ; les 21 manufactures étaient représentées par 65 délégués.

Ce Congrès a été marqué par un fait capital, la conquête de la journée de 9 heures qui sera introduite à la date du 1er novembre 1905 dans l'ensemble des manufactures, et la promesse formelle faite par le Ministre des Finances que la journée de 8 heures serait appliquée aussitôt que les machines nécessaires pour assurer les besoins de la consommation seront installées ; le tout, naturellement, sans diminution de salaire.

C'est de haute lutte, peut-on dire, que le personnel des Tabacs a conquis cette diminution des heures de travail. Au Congrès de 1904, en effet une résolution avait été adoptée décidant que si satisfaction n'était pas donnée, la grève générale serait déclarée. Aussi le Ministre des Finances, se rendant aux considérations formulées par les représentants de la Fédération, qui avaient déclaré ne se séparer qu'après avoir reçu la déclaration formelle que satisfaction leur serait donnée, a dû prendre une décision conforme aux desiderata présentés. Cette satisfaction est donc due surtout à l'esprit de cohésion du personnel des Tabacs. Il faut rappeler aussi le concours du citoyen Gervais, député d'Issy, et des citoyens Dejeante et Charpentier, délégués par le groupe socialiste parlementaire, qui ont accompagné la délégation ouvrière dans les démarches faites près le Ministre des Finances. — *L. Malardé.*

LA GRÈVE DE LONGWY

Dans le bassin minier de Longwy, à Hussigny, à Godbrange, à la Côte Rouge éclatait dans la seconde quinzaine de juillet, une grève qu'on pouvait prévoir. Les causes de la grève, c'étaient les vols du patronat : vol sur la quantité du minerai extrait, car les ouvriers réclamaient à la bascule un contrôleur choisi par eux ; vol sur le prix de la poudre, puisqu'il n'était le même dans aucune des mines du bassin ; vol sur les denrées nécessaires à la vie ouvrière, par le système des économats, cette plaie de la région de l'Est.

Ce fait caractéristique de la grève, ce fut la solidarité des ouvriers italiens et des ouvriers français. Le temps est passé où le patronat pouvait faire appel aux émigrants italiens pour faire baisser les salaires, et où les rixes se multipliaient entre prolétaires. Peu à peu les ouvriers de tous pays s'instruisent ; et la nationalité, la race ne sont plus des obstacles à la solidarité prolétarienne. De là une dure déception pour les patrons.

La grève de Longwy et les événements qui l'ont accompagnée, ont prouvé qu'ils n'acceptaient point sans colère cette situation nouvelle. Ils ont tout fait pour exaspérer le conflit, pour avoir eux aussi leur journée. Le baron Dreux, usant de toutes ses influences gouvernementales, a obtenu l'expulsion d'un militant italien, qui, plus qu'aucun autre, avait contribué à l'éducation et à l'union ouvrières, dans la région : le docteur Tullo Cavalazzi. Cavalazzi, délégué de la *Societa Umanitaria* de Milan, avait empêché les patrons ou leurs représentants de voler aux ouvriers italiens, victimes d'accidents de travail, leurs maigres rentes et leur avait enseigné, à toute occasion leur devoir syndical ; expulsé le 19 juillet de France, il le fut d'Allemagne, il le fut du Luxembourg, il le fut de Belgique. Cet homme était trop dangereux. Au même temps, les troupes occupaient le bassin de Longwy ; et les jaunes, reçus au ministère de l'Intérieur, avaient part aux conseils gouvernementaux.

L'énergie des militants ouvriers permit de doubler ce cap de tempêtes. Le conflit avec la troupe fut évité, malgré les provocations des officiers. Les grévistes, soutenus par la solidarité des mineurs luxembourgeois, qui ralentirent leur production, purent tenir bon. Sur quelques points, à Villerupt, par exemple, des grèves nouvelles obtinrent immédiatement satisfaction ; les patrons s'appliquaient à faire la part du feu. Enfin, après un mois, l'accord vient de se conclure. Les grévistes obtiennent satisfaction : prix uniforme de la poudre ; contrôleur choisi par eux ; réduction de prix à l'économat ; paie tous les quinze jours ; et des concessions particulières dans les diverses mines.

Le Délai-Congé

Le Conseil supérieur du Travail a été convoqué en session extraordinaire, du 26 juin au 1er juillet, pour discuter sur l'avant-projet de loi concernant le délai-congé, et que rapportait au nom de la commission permanente, le citoyen Manoury. Cet avant-projet a pour but de compléter l'article 1780 du Code civil, qui, dans le cas de la résiliation du contrat de travail sans détermination de durée, ne faisait que renvoyer aux « us et coutumes du métier » dans chacun des cas. Il s'agissait de savoir en outre si un patron a le droit de déroger à ces coutumes par la voie d'un simple règlement d'atelier.

Le Conseil a repris les deux premiers paragraphes de l'article 1780 :

« On ne peut engager ses services qu'à temps ou pour une entreprise déterminée. Le louage de services fait sans détermination de durée peut toujours cesser par la volonté d'une des parties contractantes. »

Puis il a fixé la durée du délai-congé à une semaine pour un ouvrier ou un serviteur, à un mois pour un employé ou un ouvrier assimilé à un employé, c'est-à dire payé au mois. Il a, en outre, soumis à l'obligation du délai-congé les parties qui auraient conclu un contrat de travail à durée déterminée mais continuellement renouvelé. Ainsi se trouvera évitée la fraude par laquelle des industriels auraient pu se soustraire à la loi. Il ne leur suffira plus d'engager chaque jour un ouvrier : la répétition même des engagements leur impose l'obligation du délai. La période d'essai, jusqu'à l'expiration de laquelle il n'y a point lieu à délai-congé, a été fixée à 15 jours.

La question qui préoccupe vivement la classe ouvrière, la question de savoir si, conformément à certains arrêts de tribunaux, la grève doit être considérée comme une rupture brusque du contrat de travail, qui place les grévistes sous le coup de poursuites, a été résolue par le conseil dans le sens de la négative. « La grève n'est qu'une suspension du contrat de travail. Le délai de prévenance n'est pas obligatoire. »

Enfin le droit de déroger au délai-congé par règlement d'atelier n'a pas été admis. Ce n'est que par une décision du patron et des ouvriers, se prononçant dans des scrutins séparés, décision enregistrée par le conseil des prudhommes, qu'il pourra être dérogé au délai fixée par la loi.

Dans la mesure où cela est possible dans la société d'aujourd'hui, ce projet tient un assez grand compte des revendications ouvrières. Mais à quand maintenant la décision des Chambres ? Et quelles manifestations faudra-t-il encore, pour obtenir un vote ?

LE MOUVEMENT A L'ÉTRANGER

Le Congrès international du textile.

Le 6e Congrès international du textile s'est tenu à Milan du 26 juin au 1er juillet 1905. Les diverses nations étaient représentées comme suit :

	Nombre de syndiqués :	Nombre de délégués :
Belgique	4	7.900
Italie	11	9.200
Suisse	3	10.000
Autriche	3	16 000
France	8	24.000
Allemagne	12	60.000
Angleterre	40	200.000

Après une assez vive discussion, le rapport du secrétaire international Wilkinson, fut approuvé, mais, sur la proposition du camarade V. Renard, le Congrès émit le vœu que le secrétariat devînt un organe plus actif entre les diverses Fédérations. Sur la question des huit heures, V. Renard posa nettement la question ; il fit l'historique de l'application en France de la loi de 10 heures et montre l'effort actuellement fait par la C. G. T. pour les huit heures. Il demanda enfin, de quelle manière les nationalités représentées participeraient à ce mouvement et comment elles aideraient les Français dans leurs efforts. La discussion qui eut lieu, les observations de nombreux délégués étrangers qui rappelèrent la longueur des journées de travail dans leurs divers pays amenèrent le rejet par 4 voix contre 4 de la motion française engageant à une propagande active en faveur des huit heures, et le vote par 6 voix contre 2 de la motion suivante déposée par l'Allemagne :

« Le Congrès international, réuni à Milan, invite les ouvriers textiles de tous les pays à faire leur possible en se servant de tous les moyens et surtout de leurs syndicats pour réduire la journée de travail ;

Invite le secrétariat international à publier aussitôt qu'il lui sera possible une statistique détaillée sur la longueur de la journée de travail dans les divers pays et sur le nombre des ouvriers occupés dans l'industrie textile ;

Invite tous les camarades à participer aux luttes politiques, aux élections parlementaires et municipales, afin que le prolétariat textile s'unissant au prolétariat conscient de tous les métiers et de tous les pays, sache s'emparer des pouvoirs politiques pour briser les chaînes du capitalisme ».

Le Congrès vota ensuite l'unification du numérotage des filés, par l'adoption du système métrique ; l'abolition des heures supplémentaires dans toutes les branches de l'industrie textile par l'action syndicale et parlementaire ; l'abolition par les mêmes moyens du travail aux pièces et du système des primes ; l'établissement d'un minimum de salaires établi sur une moyenne du coût de la vie dans chaque région ; le repos du samedi après-midi et la reprise du travail à 8 heures le lundi matin. Après avoir examiné les comptes qui attestent un restant en caisse de 25.000 francs, le Congrès a approuvé une proposition de V. Renard de réunir les renseignements statistiques sur les heures de travail et les salaires dans les différents pays. Un règlement définitif pour le fonctionnement de la caisse de grèves a été préparé et sera soumis à un referendum. Après une vive discussion le secrétariat international fut laissé à l'Angleterre, et le camarade Marsland élu secrétaire. La contribution pour le secrétariat international est fixé par o fr. oi par membre et par an. Le prochain Congrès international du textile aura lieu à Vienne en 1908. Notons enfin que ce Congrès, outre qu'il a attesté l'accroissement des forces numériques et organiques des fédérations du textile, a été une puissante manifestation en faveur de la solidarité internationale ouvrière et de la paix.

Le Congrès international des mineurs.

Le XVIe Congrès international des mineurs s'est réuni à Liège du 7 au 11 août. Les nations représentées étaient les suivantes :

France	7	délégués	160.000	ouvriers
Grande-Bretagne	49	»	557.500	»
Allemagne	9	»	130.000	»
Etats-Unis	2	»	35.000	»
Belgique	31	»	110.000	»

Après la séance d'ouverture, où, selon l'antique tradition les délégués dirent la situation dans leur pays et les progrès faits dans la dernière année, le Congrès discuta la proposition déposée par les mineurs de la Grande-Bretagne, en vue de la réduction progressive des heures de travail, jusqu'à l'obtention de la journée légale de huit heures. La délégation française rappela l'insuffisance de la loi récemment votée et marqua que la Fédération nationale prendrait part au mouvement de huit heures le 1er mai 1906. Au vote, la fixation de la journée à huit heures par la loi fut adoptée. Le Congrès vota également l'interdiction, par la loi, du travail des femmes dans les mines et celle du travail des enfants de moins de 14 ans à la surface, de moins de 16 ans, au fond. Relevons encore la demande d'un minimum *légal* de salaires, d'une réforme de l'inspection des mines, d'une retraite suffisante pour les vieux ouvriers. Le Congrès s'est prononcé en faveur de la nationalisation des mines. Il a renvoyé au Congrès de l'an prochain, à Londres, la réglementation de la production, qui sera fort utile en cas de grève, dans un pays voisin. Enfin le secrétariat international, tout en demeurant confié à l'Angleterre, a été réorganisé et rendu plus fort.

L'assemblée internationale des mineurs a été, en outre, commé l'année dernière, une puissante manifestation en faveur de la paix. Le grand pacifiste Thomas Burt, ancien ouvrier mineur, a prononcé un grand discours, où il a affirmé que les syndicats établiraient la paix dans le monde comme ils établissent la paix, par les commissions de conciliation, dans les diverses industries. Anglais, Allemands, Français ont affirmé leurs sentiments de fraternité, leur volonté pacifique.

« Les Ouvriers Industriels du Monde »

Nous avons annoncé naguère (n° 1, p. 17) la formation d'une nouvelle union syndicale aux Etats-Unis, en face de la Fédération américaine du travail (*American Federation of Labor*). Le Congrès constitutif de cette Union nouvelle s'est tenu à Chicago du 29 juin au 7 juillet.

Les adhésions reçues à la Conférence ont été moins nombreuses que ses partisans, escomptant la propagande faite et les tiraillements au sein même de la Fédération Américaine, avaient pu l'espérer. Les organisations directement adhérentes ne comprenaient qu'un total de 51.000 syndiqués, et même 35.000 seulement, d'après le *Worker* et quelques autres journaux. Là-dessus, la Fédération des mineurs de l'Ouest comptait à elle seule 27.000 membres. Venaient ensuite « l'Union internationale de la métallurgie » avec 3.000 membres ; la « Fraternité des employés des chemins de fer » 2.087 ; « l'Alliance des syndicats socialistes » 1.400 ; « l'Union ouvrière américaine » (American Labor Union), 1675 membres. Cette dernière Union a représenté déjà depuis plusieurs années la tendance hostile à la Fédération américaine du travail. A côté de ces organisations purement coopératives, les groupements révolutionnaires, connus sous le nom de « Clubs d'ouvriers industriels » et dont le père Hagerty est le porte-parole, adhéraient au Congrès. Enfin il faut citer les organisations ou les militants socialistes qui adhérèrent en bloc ou individuellement : la *Socialist Trade and Labor Alliance*, dirigée par de Léon, et qui mena jadis une si rude guerre contre les Trades-Unions ; E. V. Debs, le candidat socialiste aux élections présidentielles ; A. M. Simons ; la mère Jones, une militante célèbre aux Etats-Unis. Enfin 72 délégués représentant 91.000 syndiqués, dont les organisations adhèrent à la Fédération Américaine du travail, avaient donné « leur adhésion morale ». Au total 207 délégués.

Le vote a eu lieu selon le système de représentation proportionnelle, appliquée aux États-Unis, en Allemagne, en Angleterre : une voix par 1000 adhérents. Il n'y a pas eu de lutte sur ce point.

Il faut marquer que dans ce congrès se sont fait jour des tendances analogues à celles qui se manifestent en France. Hagerty s'est déclaré partisan de l'action directe. De Léon, qui a été pendant de longues années partisan d'une action socialiste et strictement politique, a soutenu une thèse syndicaliste révolutionaire. Le parlementarisme a été combattu comme inefficace et comme corrupteur de l'action ouvrière. Des résolutions recommandant de ne s'affilier à aucun parti politique, préconisant la grève générale, interdisant de faire partie de la milice, ont été votées.

La nouvelle Union a pris le titre de « Union des ouvriers industriels du Monde ».

Hagerty et ses amis proposèrent alors de la diviser en sections, fixées d'avance et malgré la résistance de Coates, plus réaliste, plus instruit de l'expérience syndicale, on résolut comme dans les vieux projets d'Owen et de Schweitzer, de déterminer à l'avance les catégories où seraient répartis les ouvriers.

D'après ce plan, les ouvriers industriels du monde seront répartis dans les 13 sections industrielles internationales suivantes :

1. Employés de bureau, commerce, ouvriers du tabac, emballeurs, moulins, raffineries de sucres, laiteries, boulangeries et industries assimilées.

2. Brasseurs, marchands de vins, distillateurs.

3. Horticulteurs, ouvriers agricoles en général.

4. Mines, travail du charbon, minerais, salines, fer.

5. Transports : chemins de fer à vapeur, transports électriques, marine, navigation, attelages.

6. Tous les ouvriers du bâtiment.

7. Tous les ouvriers du textile.

8. Tous les ouvriers du cuir.

9. Tous les ouvriers du bois, excepté ceux travaillant dans le bâtiment.

10. Tous les ouvriers en métaux.

11. Tous les ouvriers du verre et de la céramique.

12. Toutes les industries du papier, industries chimiques, caoutchouc, brosserie, orfèvrerie.

13. Entretien des parcs, des routes ; travailleurs municipaux, postes, télégraphes, téléphone, écoles, établissements d'enseignement, jeux, salubrité, imprimerie, hôtels, coiffeurs, restaurateurs, blanchisseurs.

Il reste à voir en pratique toute cette organisation. A lire son journal, l'*American Federation of Labor* ne semble point beaucoup redouter les coups de cette union antagoniste, qui lui paraît ignorer l'esprit du trade-unionisme américain, et l'attachement des ouvriers à leurs vieilles organisations.

LA NOUVELLE UNION SYNDICALE DE HOLLANDE

Nous avons marqué dans notre dernier numéro (p. 68) la division syndicale qui existait en Hollande, et nous annoncions la fondation prochaine d'une Union syndicale nouvelle. Les grandes organisations, qui, préoccupées de ne point créer une scission entre le mouvement socialiste et le mouvement syndical, s'étaient tenues loin du secrétariat national, viennent, en effet, de fonder leur nouvelle confédération.

Une conférence préparatoire avait eu lieu le 26 février. Le 30 juillet, une assemblée des comités de Fédération s'est réunie, sous la présidence de notre camarade Polak, des diamantaires, et a accepté les statuts de la nouvelle *Ligue hollandaise des Unions professionnelles* (Nederlandsch Verbond van Verkvereenigingen). Les comités des Fédérations suivantes étaient représentés : diamantaires, travailleurs municipaux, industries laitières, textiles, ameublement, charpentiers, cigariers, chemins de fer et tramways, boulangers, couturières et tailleurs, peintres. La fondation définitive de l'Union a été décidée ; le siège en sera Amsterdam. Les statuts ont été adoptés. L'Union commencera à fonctionner à partir du 1er janvier 1906. Jusqu'à ce jour, le comité provisoire expédiera les affaires.

LÉGISLATION

A PROPOS DES CONSEILS DE PRUD'HOMMES

Dans ses articles de la *Voix du Peuple*, où il montre bien les avantages et les défauts de la nouvelle loi sur les prud'hommes, notre camarade Quillent fait bon marché du transfert de la discipline des conseils du ministère du commerce au ministère de la Justice. « On devrait bien nous dire ce que nous avons à perdre à ce changement ».

La situation nous paraît plus inquiétante qu'à Quillent.

L'article 5 de la loi dit :

« Les dispositions du Code civil, du Code de procédure civile, et du Code pénal, qui ont trait à la discipline des tribunaux et des magistrats, sont applicables aux conseils de prud'hommes et à leurs membres ».

Or, l'article 185 du Code pénal dit :

« Tout juge ou tribunal.... qui, sous quelque prétexte que ce soit, même du silence ou de l'obscurité de la loi, aura dénié de rendre la justice qu'il doit aux parties, après en avoir été requis, et qui aura persévéré dans son déni, après avertissement et injonction de ses supérieurs, pourra être poursuivi et sera puni d'une amende de 200 francs au moins et de 500 francs au plus, et de l'interdiction de l'exercice des fonctions publiques depuis 5 ans jusqu'à 20 ».

N'est-ce point le cas qui s'est présenté à la dernière grève des mouleurs ? le cas qui peut se présenter demain, lorsque le patronat usera du moyen dont il usa alors ? Les prud'hommes ouvriers, sous le nouveau régime, seraient frappés.

L'article 127 du Code pénal dit encore :

« Seront coupables de forfaiture et punis de la dégradation civique, les fonctionnaires publics qui auront, par délibération, arrêté de donner leur démission, dont l'objet ou l'effet serait d'empêcher ou de suspendre soit l'administration de la justice, soit l'accomplissement d'un service quelconque».

Les grèves de prud'hommes ne sont sans doute point un moyen dont on peut user en toute occasion : leur rareté même fait leur efficacité. Mais aujourd'hui ou demain, pour une affaire ou une autre, dans la lutte quotidienne des classes, les représentants de la classe ouvrière peuvent être amenés, pour une question de dignité, à donner leur démission. Le Code impitoyable de la bourgeoisie les menace. Et qui donc espérerait qu'un ministère bourgeois faillira à l'appliquer ?

Deux garanties valent mieux qu'une, dit le proverbe. La garantie légale avait bien son utilité. La loi du 13 juillet a supprimé celle-là.

VARIÉTÉS

LA MAISON DES SYNDICATS A BERLIN

A l'heure où la question des Bourses du Travail et de l'installation matérielles des organisations se pose d'une manière si aiguë dans le monde syndical français, nous avons cru utile de traduire cette simple description de la Maison des syndicats de Berlin, où ceux-ci se trouvent rassemblés, comme ceux de Paris, dans la Bourse du Travail. Mais la Maison des syndicats est, comme on le verra, une entreprise privée, due à l'initiative syndicale seule, et où la ville de Berlin n'a rien à voir.

Ne serait-il pas souhaitable que chez nous, les syndicats de chaque grande ville eussent aussi leur maison ? Ce n'est pas commode évidemment. Est-ce impossible ?

Dans le Sud-Est de Berlin, là où l'étranger, qui s'est abandonné aux charmes de l'Ouest (1), croit trouver devant lui une autre ville, il y a quelques années, une maison s'ouvrit, qui semble bien destinée, comme ses sœurs dans d'autres villes, à demeurer comme un symbole de l'histoire sociale de notre temps : je veux parler de la maison des syndicats de Berlin. Quiconque cherche à comprendre sérieusement le mouvement ouvrier moderne, ne peut nulle part mieux saisir son caractère que par cette réalisation dans la pierre de l'idée syndicale. J'ai l'impression qu'à elle seule la description de l'édifice et un regard dans l'intérieur révélera mieux ce qu'est le mouvement syndical que tout un long chapitre de déductions théoriques,

Je souhaiterais de pouvoir communiquer au lecteur l'impression de contentement et de joie que je ressentis, lorsque, par un matin ensoleillé d'avril, sous la conduite amicale du docteur Leo Arons, un des pères intellectuels de l'entreprise, il me fut donné de parcourir les halls aérés et spacieux, les bureaux, les salles magnifiques de cet ensemble de bâtiments, répartis en trois grandes ailes, séparées par des cours spacieuses. Au lieu d'une relation détaillée des impressions que je reçus, impressions que les mots écrits sûrement atténueraient encore, il me faut me contenter de l'énumération méthodique des usages auxquels les nombreuses salles de la maison doivent servir. Cela d'ailleurs suffira.

Avant tout, le bâtiment contient les bureaux des syndicats particuliers de Berlin. Selon la grandeur et l'importance des diverses Unions, une, deux salles et plus encore, sont mises à leur disposition et installées comme bureaux, où l'on s'occupe du placement, de la comptabilité, des affaires du syndicat. La distribution même des pièces donne ainsi une image exacte, géométrique du degré de développement des syndicats berlinois. A leur tête se trouve l'importante Union des ouvriers en métaux, qui n'occupe pas moins de six pièces, dont une bibliothèque. C'est une vue intéressante que celle de cette série de coffre-forts où l'argent des syndicats trouve un abri passager. Ces « Rochers de bronze », sur lesquels les unions ouvrières modernes établissent leur puissance, donnent fort à penser ! Mais aussi, combien de métiers n'en sont encore qu'aux débuts de l'organisation, combien n'ont à montrer qu'une simple table dans la salle unique à laquelle ils ont droit dans la grande maison ! Autour de cette table, aux heures fixées, c'est tour à tour le placement ou le paiement des cotisations qui s'effectue. De cette table aux six bureaux des métallurgistes, quel long chemin à parcourir encore, quel long chemin semé d'épines !

W. SOMBART (2).

(Traduit de l'Allemand)   (A suivre).

---

(1) Les quartiers riches de Charlottenburg et du Thiergarten.

(2) En appendice à la brochure : **Dennoch !** Fischer, Iéna, 1900.

Première Année.   N° 5.   15 Septembre 1905.

La Revue Syndicaliste

ABONNEMENT	Paraissant le 15 de chaque mois.	ABONNEMENT
Un an .. .. .. **2 fr. 40**		Un an .. .. .. **2 fr. 40**
Six mois .. .. **1 fr. 20**	Le numéro : **0 fr. 20**	Six mois .. .. **1 fr. 20**

LE PROLÉTARIAT
ET LA JOURNÉE DE 8 HEURES

De toutes les revendications qui intéressent le prolétariat, la réduction du temps de travail est à notre avis la plus importante; et l'on ne peut qu'applaudir aux efforts que font les militants des organisations ouvrières de France, dans le but d'obtenir la journée de 8 heures à une date très rapprochée.

Quelque conception que l'on ait du syndicalisme, quelque pressé que l'on soit de réaliser la justice sociale ici-bas, il faut reconnaître qu'il est nécessaire de ne pas parler seulement de la révolution sociale si l'on veut faire vraiment de la besogne pratique, mais encore de s'appliquer avec méthode à faire aboutir quelques-unes des réformes qui, en donnant aux masses exploitées le moyen d'augmenter leur degré d'éducation, leur permettent en même temps de concevoir un état social différent de celui dont elles souffrent aujourd'hui.

Les militants l'ont bien compris. Ils ont senti qu'il ne suffisait pas de faire la critique des rapports sociaux dans des articles de presse, dans des brochures, dans des discours, où, par des déclamations vaines, on obtient des applaudissements aussi faciles qu'inutiles, mais qu'il fallait aussi travailler, avec une ardeur de tous les instants, à modifier ces rapports en attendant d'apporter un plan complet de réorganisation sociale.

A ce point de vue, la décision prise au congrès de Bourges relativement à la journée de 8 heures a une importance qui ne peut échapper. Le prolétariat, dans quelques mois, en vertu de cette décision, va être appelé à manifester sa puissance. Au 1er mai 1906, tous les exploités ne devront pas fournir à leurs patrons un travail dépassant 8 heures.

Ainsi l'on ne verra plus, comme aujourd'hui dans certaines corporations, des hommes travailler pendant 16, 18 et même 20 heures.

L'on ne verra plus de pauvres mères de famille, dont la place ne peut être à l'atelier dans une société équitable, travailler non seulement pendant les 10 heures de la journée légale, mais aussi pendant toutes les heures supplémentaires qu'il plaît à leurs patrons de leur imposer.

L'on ne verra plus de jeunes adolescentes à peine sorties de l'enfance être dans l'obligation, malgré leur délicatesse et leur fragilité, de prendre leurs repas dans l'établissement industriel où elles sont employées, et de passer des nuits au travail dans des locaux spéciaux quand le patron a dit qu'il en serait ainsi.

A partir du 1er mai 1906 : 8 heures de travail, rien que 8 heures. C'est clair et c'est précis.

Mais que l'on prenne garde cependant que le prolétariat ne fasse défaut. Prendre des décisions quand ces décisions sont applicables, c'est bien ; mais quand elles sont inapplicables, il vaudrait mieux les réserver pour des jours meilleurs.

Si le prolétariat, au 1er Mai prochain, manifeste sa volonté de ne plus faire que 8 heures de travail, il est certain qu'il vaincra toutes les résistances. Mais il faut qu'il le veuille. Il faut qu'il ait un degré d'éducation assez élevé pour comprendre tout l'intérêt qui s'attache à la réforme.

Que les militants ne s'arrêtent pas, qu'ils fassent sur tous les points du territoire la propagande qui nous paraît indispensable pour amener tous les exploités à faire comprendre à leurs patrons que la décision du congrès de Bourges a été prise par des hommes connaissant très bien les aspirations de la classe dont ils sont, sachant très bien de quoi elle souffre, et la croyant capable de s'affranchir à échéance fixe.

Que l'on n'oublie pas qu'en cas d'échec, c'est la désorganisation ouvrière provoquée cette fois par des ouvriers mêmes dont l'idéal sans doute est tout autre. Mais que vaut l'idéal quand, en vertu de cet idéal, on tue les organisations que l'on a pour mission de faire vivre et grandir ?

Je sais bien que cette interrogation n'embarrassera nullement ceux de nos camarades dont la fougue dépasse le raisonnement. De l'action, tel est le mot d'ordre chez eux. De l'action utile, tel est le mot d'ordre chez nous. Et quand nous voyons à la suite d'un mouvement quelconque une corporation affaiblie, désorientée, nous ne pouvons concevoir, comme résultat de ce mouvement, qu'un échec lamentable, quelles que soient les arguties mises en œuvre pour nous y faire voir un succès.

C'est parce que nous ne voulons pas, au lendemain du 1er mai 1906, être consolés au moyen de ces arguties que nous avons toujours dédaignées, que nous demandons qu'on nous aide dans les efforts que nous faisons pour donner à la classe ouvrière la pleine conscience de sa force et de ses droits.

Des indices malheureusement trop probants nous apprennent que nous devons nous dépenser plus que jamais, pour que la décision prise à Bourges, au lieu de montrer la puissance ouvrière ne montre pas, au contraire, son impuissance.

Déjà il nous revient que, dans certains syndicats, des ouvriers quittent l'organisation, par crainte que le mouvement annoncé ne se fasse à leur désavantage. Il faut relever le courage de ces timides ; il faut dissiper leurs craintes.

Un indice plus grave, c'est la résolution que l'on a pu lire dans *La Voix du Peuple*, résolution du Congrès du textile qui s'est tenu récemment à Rouen (1). Par 575 voix contre 227, le Congrès a repoussé la décision prise à Bourges « et adopté, conformément au Congrès international de Milan, une résolution tendant à obtenir des pouvoirs publics la diminution de la journée de travail ».

Ce sont là des faits avec lesquels il faut compter. Il ne faut pas les cacher à la classe ouvrière, pas plus qu'il ne lui faut cacher la résistance certaine du patronat.

Il serait en effet extraordinaire, quand nous voyons toutes les difficultés que rencontrent les travailleurs de l'Etat pour arracher cette journée de 8 heures à des administrateurs qui n'ont pas cependant les mêmes intérêts que des industriels pour s'y opposer, que ces derniers ne fissent pas tout ce qui dépendra d'eux pour arrêter le prolétariat dans sa marche vers la liberté.

Malgré leur organisation puissante, les travailleurs de l'Etat n'ont pas obtenu encore la journée de 8 heures pour tous. Grâce au syndicat national des Postes, Télégraphes et Téléphones, et grâce aussi à M. Millerand, qui était ministre du commerce à cette époque, la journée de 8 heures expérimentée le 16 septembre 1899 dans les ateliers du boulevard Brune à Paris, fut généralisée le 16 juillet 1901 dans les services des Postes, malgré l'hostilité d'administrateurs rétrogrades.

Le 21 octobre 1902, M. Pelletan, alors ministre de la Marine, prenait en faveur des ouvriers de son département une décision semblable à celle prise par M. Millerand en faveur des ouvriers des Postes, et décrétait que « la durée de la journée de travail était fixée provisoirement, et à titre d'essai, à 8 heures de travail effectif pour le personnel ouvrier employé dans les services suivants :

---

1. Cf. plus loin, p. 108.

Toulon, Atelier de la petite chaudronnerie.

Lorient, Direction d'artillerie navale.

Cet arrêt devait être exécutoire à dater du 1er novembre 1902 ».

Par la circulaire du 25 octobre 1902, M. Pelletan reconnaissait l'existence et les fonctions nécessaires, jusqu'alors méconnues par l'administration de la Marine, des syndicats ouvriers.

La circulaire du 7 janvier 1903 étend la journée de 8 heures à tous les arsenaux. « En raison, disait M. Pelletan, des résultats très satisfaisants obtenus par l'essai de la journée de 8 heures, j'ai décidé d'étendre cette mesure à tous les arsenaux et établissements hors des ports. La présente décision entrera en vigueur à dater du 15 janvier 1903. »

Plus tard le Ministre de la guerre prenait une décision fixant la journée à 9 heures dans tous les établissements de la guerre.

Le ministre de la justice prenait la même décision en faveur des ouvriers de l'Imprimerie nationale.

Seuls les ouvriers des finances, ouvriers des manufactures des Tabacs, des Allumettes, des Monnaies et Médailles, malgré les nombreuses démarches faites par eux, malgré les arguments mis en avant pour bénéficier des mêmes mesures que tous autres travailleurs de l'Etat, continuent à faire 10 heures.

Cette situation ne peut durer bien longtemps. Il y a promesse ferme de réduction pour le 1er novembre prochain. Mais il se pourrait que le ministre des finances oubliât sa promesse, et que les intéressés dussent recourir à l'action pour l'en faire souvenir. S'il en doit être ainsi, il ne faut pas laisser la responsabilité du mouvement à une minorité seulement. Il faut que tous interviennent, et nous ne devons pas oublier que, si la minorité peut déterminer les actes nécessaires, c'est la majorité et ce n'est que la majorité qui peut les faire.

Et ce qui est vrai pour les travailleurs de l'État doit être vrai aussi pour les travailleurs de l'industrie privée. C'est pourquoi nous ne cessons de répéter qu'il faut plus que jamais — en raison du peu de temps dont on dispose pour cela — activer la propagande sans laquelle le 1er mai 1906 ne donnera pas les résultats que tous avec impatience nous attendons.

L. GERVAISE.

UNE LACUNE DE LA LOI DU 31 MARS 1905

De l'examen de la loi du 31 mars 1905, modifiant et complétant les lois du 9 avril 1898 et du 22 mars 1902 sur les accidents du travail, il semble ressortir que le législateur a voulu, en ce qui concerne l'indemnité temporaire et la rente, délimiter une fois pour toutes les pouvoirs des divers tribunaux : au tribunal de paix, tout ce qui concerne l'indemnité temporaire, les frais médicaux et pharmaceutiques, ainsi que les frais funéraires ; au tribunal civil tout ce qui concerne les rentes...

Eh bien ! cette loi qui devait mettre fin aux conflits entre les juges précités ne remplira pas son but, du fait d'un mot impropre inscrit au paragraphe 3 de l'article 15 de la nouvelle loi et cela au grand préjudice des blessés dont on voulait en somme, par des textes précis améliorer la situation.

L'article 15 dit en effet ceci : « Sont jugés en dernier ressort par le juge de paix du canton où l'accident s'est produit, à quelque chiffre que la demande puisse s'élever et dans les quinze jours de la demande, les contestations relatives tant aux frais funéraires qu'aux indemnités temporaires.

Les indemnités temporaires sont dues jusqu'au jour du décès ou jusqu'à consolidation de la blessure, c'est-à-dire jusqu'au jour où la victime se trouve, soit complètement guérie, soit définitivement atteinte d'une incapacité permanente ; elles continuent, dans ce dernier cas, à être servies jusqu'à décision définitive prévue à l'article suivant, sous réserves des dispositions du quatrième alinéa du dit article ».

Le quatrième alinéa dont il est question concerne le cas où, la blessure étant consolidée, le président du tribunal peut faire continuer le demi-salaire journalier, ou ordonner le versement d'une provision au blessé en attendant l'issue du procès.

Ceci est donc très net : le juge de paix est compétent en dernier ressort pour tout ce qui concerne l'indemnité temporaire qui doit être payée jusqu'à la consolidation de la blessure, et ce n'est qu'en cas de contestation sur la date de la consolidation que le président du tribunal civil doit être saisi.

S'il en était ainsi, tout irait bien ; mais le paragraphe 3 de l'article 15 détruit tout ce qui précède ; il dit en effet :

« Si l'une des parties soutient, avec un certificat médical à l'appui, que *l'incapacité est permanente*; le juge de paix doit se déclarer incompétent par une décision dont il transmet, dans les trois jours, expédition au président du tribunal civil. Il fixe en même temps, s'il ne l'a fait antérieurement, l'indemnité journalière. »

Ainsi donc, aussitôt qu'une des parties soutient que l'incapacité est permanente, le juge de paix peut et doit se dessaisir ; la première partie de l'article 15 qui dit que le juge de paix est compétent en dernier ressort pour tout ce qui concerne l'indemnité temporaire jusqu'au jour de la consolidation de la blessure, est détruite.

On aurait compris que le paragraphe sus-visé dise : « Si l'une des parties soutient, avec un certificat médical à l'appui, que *la blessure est consolidée*, le juge de paix doit transmettre l'affaire au tribunal civil. » Cette rédaction permettait au tribunal civil de fixer lui-même le point de départ de la rente, en fixant la date de consolidation. Mais, avec la rédaction actuelle, il se passe ceci : c'est qu'un ouvrier blessé grièvement peut ne pas toucher son demi-salaire si, dès le début de l'accident, une déclaration est faite portant que la blessure entraînera une incapacité permanente de travail.

Dans le département de la Seine où les juges de paix ont, en général, accueilli la loi sur les accidents comme une charge dont ils ont toujours essayé de se dégager, le paragraphe 3 de l'article 15 arrive comme une aubaine inespérée : certains ne voudront plus connaître des indemnités temporaires quand il y aura blessure grave.

Déjà le juge de paix du canton de Courbevoie, qui a dans son ressort un nombre considérable d'ateliers, sans attendre d'être saisi d'une demande de l'une des parties, s'est déclaré incompétent dans un cas d'incapacité permanente, alors que le blessé demandait son demi-salaire pour la période de traitement, n'ayant pas encore touché un centime depuis sa blessure.

Malgré que, dans la discussion, les articles concluant à la compétence du juge de paix aient été examinés, malgré que la circulaire du ministre du commerce aux préfets, sur l'application de la loi ait été invoquée, en ce qui concerne l'indemnité temporaire, rien n'a pu influencer le juge qui, s'appuyant sur le seul paragraphe 3 de l'article 15, a rendu, le 18 juillet 1905, le jugement suivant :

« ... Attendu qu'il résulte des débats que les parties reconnaissent que la blessure survenue à P... a déterminé une incapacité permanente partielle; Attendu que toutes parties sont d'accord pour reconnaître que le demi-salaire journalier de P... doit être fixé à quatre francs quatre-vingt-dix centimes, Attendu que P... justifie d'une dépense de sept francs soixante centimes pour frais de médicaments. Par ces motifs, statuant en premier ressort, condamnons la Société J. et Cᵢᵉ à payer à P..., la somme de sept francs soixante-dix centimes pour frais de médicaments. Pour le surplus de la demande nous déclarons incompétent et renvoyons les parties devant les juges qui doivent en connaître. Donnons acte aux parties de ce qu'elles reconnaissent que le demi-salaire de P... est de quatre francs quatre-vingt-dix centimes. Ordonnons enfin qu'une expédition de ce jugement sera envoyée à M. le Président du tribunal civil de la Seine, conformément à la loi du 31 mars 1905. »

Le juge ne fait que fixer le quantième du demi-salaire journalier mais n'ordonne aucun paiement.

Ainsi la loi du 31 mars 1905 n'apporte pas sur ce point l'amélioration désirée, mais encore elle détruit ce qui existait en fait par la jurisprudence établie et sanctionnée déjà d'ailleurs par un arrêt de la Cour de cassation, établissant que le juge de paix était compétent pour l'indemnité temporaire, qu'il y ait ou non incapacité permanente.

Tous les juges de paix ne sont heureusement pas comme celui de Courbevoie qui semble se précipiter sur un texte qui le débarrasse d'une partie des affaires d'accidents. Le juge de paix du sixième canton de Lyon, dans son audience du 27 juin dernier, a rendu un jugement motivé dans lequel, après avoir longuement commenté les trois premiers paragraphes de l'article 15, il déclare que c'est la consolidation de la blessure que le législateur a entendu viser et il conclut :

« Attendu que de tout ce que dessus il résulte bien clairement que le législateur en disant : « le juge de paix se déclare incompétent et fixe s'il ne l'a fait antérieurement, l'indemnité journalière », a entendu que la déclaration d'incompétence du juge de paix se réfère seulement à la fixation de la rente et de son point de départ et que ces mots : fixe, s'il ne l'a fait antérieurement, l'indemnité journalière, doivent s'entendre ainsi : alloue en même temps l'indemnité journalière qui devra être servie, jusqu'à décision définitive du tribunal :

Qu'entendu autrement le mot « fixe » serait vide de sens puisque cette fixation n'accorderait rien à l'ouvrier blessé qui ne pourrait, de par elle, exiger et obtenir aucun paiement :

Qu'on ne voit pas comment le président pourrait être ensuite appelé à abaisser suivant les circonstances, comme l'y autorise l'art. 16, une indemnité journalière au paiement de laquelle le patron ne serait point contraint par la décision du juge de paix dont il doit être immédiatement informé :

. . . .

Retenant la demande d'indemnité de demi-salaire et y faisons droit; condamnons, etc. ».

Pour un juge de paix qui voudra étudier la question et la résoudre dans un sens favorable au blessé, nous en aurons dix qui, hypnotisés par le paragraphe 3 de l'article 15, rendront des jugements de tout repos et se déclareront incompétents.

Les juges du tribunal civil peuvent, à leur tour, interprétant la loi en sens inverse des premiers juges et dans les cas où la question de la consolidation de la blessure ne sera pas soulevée, renvoyer les affaires aux juges, qui selon eux, doivent en connaître pour tout ce qui concerne les indemnités temporaires, c'est-à-dire aux juges de paix ; alors nous assisterons au renouvellement des conflits qui ont signalé le début de la loi de 1898. Les malheureux blessés, toujours, en subiront les conséquences par des retards sérieux dans le paiement de leur indemnité journalière.

Il est nécessaire, il est urgent que les travailleurs fassent entendre, par l'intermédiaire de leurs syndicats, par leurs journaux corporatifs et autres, les plaintes que peut susciter une lacune, nous dirons même une faute aussi grosse, dans l'application de la loi sur les accidents.

Malheureusement, ainsi que nous l'écrivait récemment M. Mirman, rapporteur de la loi en question devant la Chambre, et auquel nous soumettions le cas du juge de paix de Courbevoie, les questions comme celle que nous signalons ne semblent pas émouvoir beaucoup les travailleurs ; et, pendant qu'elles sont en discussion, les journaux même avancés traitent plutôt les questions de politique générale. Ce n'est qu'à l'application qu'on voit les défauts et que l'on s'aperçoit souvent que le Sénat, sur lequel il aurait fallu peser au moment décisif a, d'un trait de plume, modifié un article qui passe ensuite devant la Chambre, lasse de revenir sur les mêmes questions, alors que les travailleurs n'ont pas fait sentir eux-mêmes l'importance qu'ils attachaient à ces questions.

Dans une matière qui touche de si près la classe ouvrière, les organisations ne doivent pas se désintéresser des questions posées. Il faut qu'elles travaillent à la modification du paragraphe 3 de l'article 15 de la loi du 31 mars. Ce faisant, elles empêcheront que des travailleurs grièvement blessés, n'attendent, pour toucher régulièrement leur indemnité journalière, la solution de conflits qui ne manquent pas d'être soulevés entre les divers tribunaux.

L. PROST.

LE MOUVEMENT EN FRANCE

Les Congrès

Les 13, 14 et 15 août, ont été des jours féconds en Congrès : les travailleurs organisés ont utilisé le *pont*, pour discuter à loisir les questions de leur profession.

A Rouen, tout d'abord, s'est tenu le VIIe Congrès de la Fédération nationale du textile.

Soixante dix-huit syndicats y avaient envoyé quarante-cinq délégués et l'on peut, et l'on doit dire tout de suite — bien que les deux tiers seulement des syndicats adhérents à la Fédération y fussent représentés — que ce Congrès prend, par suite des résolutions votées, une importance exceptionnelle.

Les deux courants qui se partagent le monde syndical, les deux tendances, s'y sont heurtés dès le début avec quelque âpreté.

Si on a pu, pour plusieurs résolutions et notamment pour les retraites ouvrières, pour l'antimilitarisme, trouver un terrain d'entente et réunir l'unanimité des suffrages, pour d'autres questions, pour les questions de méthode, les discussions y furent souvent ardentes, voire même passionnées.

Après le vote à l'unanimité d'une adresse au prolétariat russe et une protestation contre la guerre, la discussion du rapport fédéral mit aux prises les deux éléments.

Les uns louaient, les autres désapprouvaient ce rapport. Ceux-là cependant l'emportèrent à une assez forte majorité sur ceux-ci. Cette majorité d'ailleurs se retrouva par la suite dans tous les scrutins mettant en jeu des questions de principe, soit que le vote ait eu lieu à mains levées, soit que statutairement, on ait eu recours au vote par cartes et en tenant compte de la représentation proportionnelle.

La Fédération du textile est l'une de celles qui perçoivent de leurs membres les plus faibles cotisations : cinq centimes par syndiqué et par mois. Encore le Comité fédéral doit-il prélever sur cette maigre cotisation de quoi faire le service du journal, l'*Ouvrier textile*, aux vingt-cinq mille adhérents à la Fédération.

On comprend facilement qu'avec d'aussi faibles ressources le comité, bien souvent, se trouve paralysé et qu'il ait fort à faire pour assurer l'administration de la Fédération et le paiement des cotisations confédérales et internationales.

Cependant les diverses propositions tendant à augmenter les cotisations fédérales, furent écartées, la plupart des délégués ayant, sur ce point, des mandats fermes qu'ils ne pouvaient pas faire autrement que d'exécuter.

Il appartiendra au Comité fédéral et aux militants de faire cette année la propagande nécessaire pour que l'an prochain, les syndicats soient moins réfractaires à cette idée de l'augmentation des cotisations.

Sur la journée de huit heures au premier mai 1906, c'est-à-dire sur l'application de la décision du Congrès confédéral la bataille fut rude. Pour un peu on se serait cru à Bourges. Partisans et adversaires de la DATE, — car le principe de la journée de huit heures ne fut pas en cause et il ne l'a d'ailleurs jamais été, — fournirent leurs meilleurs arguments.

Finalement par 575 voix contre 294, on adopta la résolution suivante, présentée par le syndicat textile de Roubaix :

Le Congrès :

Considérant que le prolétariat textile n'est pas encore suffisamment organisé pour pouvoir imposer, par un arrêt du travail, la résolution de Bourges, après huit heures accomplies,

Repousse la tactique préconisée à Bourges et décide de faire une campagne d'éducation et de recrutement pour permettre au prolétariat textile d'imposer des conditions meilleures au patronat, et déclare faire sienne la résolution du Congrès de Milan.

La *Revue Syndicaliste* du mois dernier ayant rapporté cette décision du Congrès de Milan, j'en rappelle seulement le sens. Par six nationalités contre deux, le Congrès international du textile a repoussé à la fois la date et la méthode indiquées par le Congrès de Bourges pour l'obtention de la journée de huit heures et engagé les travailleurs de textile à ne se désintéresser d'aucune forme d'action pour arriver à la diminution des heures de travail, pas même de la forme électorale et parlementaire.

En votant comme il l'a fait, le congrès de Rouen, s'il a méconnu les décisions du Congrès de Bourges, a respecté celle du Congrès international du textile.

Après le vote de plusieurs résolutions ou vœux qui sont plutôt des rappels de décisions antérieures, comme la condamnation du travail aux pièces, de la rémunération par le système des primes, du projet Waddington, le congrès aborda la révision des statuts.

La représentation proportionnelle est appliquée à la Fédération du textile d'une façon mathématique : une voix par vingt-cinq cotisants. Un syndicat en demandait la suppression. Par 592 voix contre 227, la représentation proportionnelle fut maintenue et les autres modifications renvoyées au prochain congrès qui se tiendra à Tourcoing en 1906.

Avant de se séparer le Congrès affirma cependant une fois de plus ses tendances en remplaçant le délégué de la Fédération au comité confédéral, le citoyen Desjardins par le camarade Renard, secrétaire fédéral. — *E. Guernier*.

Les 13, 14, 15 et 16 août également, se tenait à Perpignan le IIIe Congrès des **Travailleurs agricoles**. Plus de 80 organisations avaient envoyé des délégués. Les Fédérations sœurs, horticole et bûcheronne, étaient représentées. Après le vote de deux résolutions en faveur des grévistes condamnés pour faits de grève, et des prolétaires espagnols et russes, on passa à la discussion du rapport du comité fédéral : il fut approuvé par 56 voix contre 7 et 10 abstentions (les membres du Comité n'ayant pas pris part au vote).

Sur la réglementation des travaux agricoles, le Congrès a maintenu les décisions du Congrès de Narbonne (6 heures ; 0 fr. 50 l'heure ; 2 litres de vin). Pour l'obtention des revendications ouvrières, le principe du boycottage et du sabottage a été accepté, mais liberté d'action fut laissée aux syndicats pour l'application de ces moyens. — Après lecture d'un rapport du camarade Ader, le Congrès décida à l'unanimité d'incorporer les ouvrières paysannes dans les organisations.

Le rapport du camarade Baux de Perpignan sur la question des retraites ouvrières donna lieu à une curieuse et vive discussion. Baux protesta contre l'inégalité de traitement des ouvriers agricoles vis-à-vis de leurs camarades de l'industrie et du commerce ; il combattait la participation obligatoire des ouvriers à la constitution des retraites et demanda que si l'extension de la loi sur la prud'homie et les accidents du travail n'était pas accordée aux ouvriers agricoles dans le courant de la législature présente, le Congrès prochain abandonnât l'action parlementaire. En attendant, l'organisation aurait à faire sur les représentants au Parlement la pression nécessaire pour les obliger à s'occuper de ces lois.

Les camarades Cheytion et Marty combattirent alors vivement les conclusions de ce rapport. Ils s'efforcèrent de démontrer l'inefficacité des lois dites de protection ouvrière et conseillèrent de répudier, dès à présent, toute action législative pour employer exclusivement l'action directe. Mais, après une longue discussion, cette proposition fut repoussée et les conclusions du rapport adoptées.

Adopté fut aussi le rapport Rull, au sujet de la main-d'œuvre étrangère : il concluait à une active propagande auprès des ouvriers étrangers pour les amener à entrer dans les syndicats et proposait de traiter en jaunes ceux qui se refuseraient à cette entente internationale.

Après un rapport de Veuillat (secrétaire de la Fédération des bûcherons), le Congrès vota la création de l'union fédérale terrienne, par la réunion des Fédérations agricole, horticole et bûcheronne, en leur laissant toutefois leur autonomie respective pour leurs intérêts régionaux. Le comité interfédéral sera formé des trois secrétaires généraux. Il se réunira tous les six mois et à tour de rôle au siège de chacune des Fédérations.

Enfin, sur la question de l'attitude des syndicats fédérés au moment du 1er mai 1906, après lecture d'un rapport d'Ader et un long débat, il fut décidé que les travailleurs agricoles participeraient au mouvement non seulement à titre de solidarité, mais encore pour l'obtention des revendications particulières du Congrès de Narbonne non encore acceptées par le patronat. Une agitation pour la journée de six heures dans les campagnes devra être menée parallèlement à l'agitation pour les huit heures dans les centres industriels : des comités de propagande seront créés dans chaque syndicat.

Le Congrès prit enfin diverses résolutions : en faveur du principe de la grève générale ; sur l'attitude des organisations ouvrières dans la crise viticole ; sur l'expulsion du docteur Cavalazzi. Notons enfin que la cotisation fédérale a été portée de un à deux centimes par membre et par mois. Le siège de la Fédération est établi à Perpignan pour 1905-1906.

Le Xe Congrès national des **employés** tenu, lui aussi, les 13, 14 et 15 août, à la Bourse du Travail de Nantes, marque une phase nouvelle dans le développement de la Fédération nationale des Syndicats d'employés qui l'avait organisé. Il a établi, en effet, un lien nouveau et puissant entre les syndicats fédérés en décidant la création d'une Caisse fédérale de chômage ; il a révélé d'autre part l'augmentation considérable du nombre des syndicats d'employés et leur plus grande vitalité. 76 syndicats y étaient représentés par 53 délégués. A Lyon, l'année dernière, il n'y avait que 53 syndicats représentés par 33 délégués.

Les principales questions examinées par le Congrès sont : le repos hebdomadaire, la prudhomie, l'hygiène des bureaux et magasins, l'unité fédérale, la représentation proportionnelle, le Conseil supérieur du travail et la Caisse fédérale de chômage. La plupart des résolutions votées n'ont fait que confirmer, sinon reproduire littéralement, l'avis exprimé par de précédents Congrès. Il est d'autant plus intéressant de noter que la résolution concernant le repos hebdomadaire diffère sensiblement de celle adoptée à Lyon l'année dernière. Le Congrès de Lyon s'était abstenu de marquer une préférence pour la fixation du repos au dimanche ou même pour le repos collectif nécessitant une interruption générale du travail. La résolution du Congrès de Nantes, qui n'a d'ailleurs rencontré aucune opposition, n'indique pas seulement une préférence pour le repos du dimanche comme le Congrès d'Amiens en 1903, elle exprime l'avis :

« Que le repos hebdomadaire soit fixé au dimanche dans toutes les professions où l'interruption simultanée du travail n'est pas empêchée par une impérieuse nécessité sociale. »

C'est l'affirmation que le repos hebdomadaire ne doit pas seulement avoir pour objet la réfection de l'individu mais aussi la facilité des rapports sociaux et que, par conséquent, il ne doit être alternatif que si un intérêt social supérieur l'exige.

La question de l'unité fédérale a été simplifiée et même résolue en quelque sorte par l'attitude du Congrès de la Fédération dissidente réuni à Tours à la même date. Dès sa première séance, le Congrès de Tours a adopté, à *l'unanimité*, un ordre du jour répudiant « toute solidarité avec tous les groupements syndicaux révolutionnaires. » Le Congrès de Nantes y a répondu en déclarant « se solidariser avec tous les éléments composant le prolétariat organisé en lutte pour son émancipation. » Il a décidé, en outre, de mettre en demeure la Fédération internationale des employés de « répudier » les auteurs de la répudiation de Tours et donné mandat aux délégués au Congrès international de Londres, en 1906, de faire les réserves nécessaires dans le cas où satisfaction ne serait pas donnée.

Une proposition de revision des statuts de la Fédération émanant du Syndicat de Troyes, a provoqué une intéressante discussion sur le principe de la représentation proportionnelle qui a été maintenu à l'unanimité moins 7 voix.

La création d'une Caisse fédérale de chômage a été décidée à la suite d'une discussion un peu confuse. Le Congrès s'est prononcé à l'unanimité moins quatre voix pour la participation obligatoire de tous les syndicats fédérés à cette Caisse de chômage ; mais il a reculé devant la difficulté d'en organiser dès maintenant le fonctionnement, et il a invité le nouveau Comité fédéral à l'établir, à titre d'essai, le plus tôt possible.

Il est à prévoir que cette nouvelle institution de solidarité, en créant un perpétuel échange de services entre les syndicats fédérés, effacera les injustes défiances à l'égard des syndicats les plus importants. Ceux-ci, en effet, contribueront ainsi plus largement au recrutement des syndicats moins importants et il s'établira entre tous les employés syndiqués, d'un bout à l'autre du territoire, un sentiment plus vif de la solidarité et des obligations qu'elle crée.

Le Congrès de Nantes, n'aurait-il fait que préparer ce résultat, mérite de retenir un instant l'attention des syndiqués. — *Léon Martinet.*

Enfin, et toujours aux mêmes dates, s'est tenu à Toulouse le Congrès de la **Fédération de l'Ameublement**. Dix-neuf délégués représentaient vingt-six syndicats adhérents au Congrès. Le rapport du Conseil Fédéral a été approuvé, ainsi que ceux des sections régionales. La proposition de constituer une caisse fédérale de grève ne fut pas adoptée, surtout à cause de la haute cotisation demandée : mais le Conseil fédéral fut chargé par le Congrès de soumettre un questionnaire sur cette proposition aux syndicats fédérés. — Le

Congrès aborda ensuite la discussion sur les moyens d'application de la journée de huit heures : un grand nombre de délégués firent alors valoir dans quelles conditions particulières se trouvaient les régions qu'ils représentaient. Au vote, sur une résolution disant que les syndicats de l'ameublement devraient faire le nécessaire pour appliquer la journée de huit heures au 1er mai 1906, dix-sept syndicats se prononcèrent pour, cinq contre, et cinq s'abstinrent. — Après une longue discussion, la proposition faite par les syndicats de former une Fédération du Bois fut repoussée par 19 voix contre 1 et 8 abstentions : mais si les autres Fédérations d'ouvriers travaillant le bois, adhèrent au Congrès projeté, le Conseil fédéral a mandat de s'y faire représenter. — Enfin, le Congrès, refusant de revenir sur la question des Conseils du travail, posée de nouveau par les camarades de Pau, a invité les syndiqués fédérés à participer au mouvement en faveur de l'extension de la prud'homie.

En même temps que ces quatre Congrès fédéraux, se tenait, à la Bourse du Travail de Cette, un Congrès convoqué par cette Bourse, pour délibérer sur les **accidents du Travail**. Une soixantaine d'organisations ouvrières et dix-sept Bourses étaient représentées. Le camarade Niel, soucieux d'une exacte division du travail et des droits, posa la question de savoir si les organisations particulières peuvent prendre ainsi l'initiative de Congrès nationaux. Après discussion, — considérant que, dans l'espèce, la Confédération n'avait pas répondu aux lettres du Comité d'organisation, qui demandait si la Bourse du Travail de Cette devait organiser le Congrès, — le Congrès décida qu'il tiendrait ses assises et poursuivrait ses travaux, mais qu'il n'aurait de suite qu'à la condition que les statuts de la Confédération, révisés au prochain Congrès, le permettent. — Le Congrès, abordant, ensuite son ordre du jour, s'est prononcé en faveur de l'extension à tous les ouvriers et employés du droit à l'indemnité pour accidents de travail, en faveur d'une rente égale au salaire annuel, en cas d'incapacité permanente et absolue, en faveur de l'assimilation des maladies professionnelles aux accidents du travail. Il a émis également un vœu pour l'application intégrale de la loi sur les accidents à l'Algérie et à la Tunisie.

LE MOUVEMENT A L'ÉTRANGER

MASSACRE DE TRAVAILLEURS EN SICILE

Presque chaque mois ajoute des morts à la liste déjà si longue des victimes de la société capitaliste. Notre revue à peine née enregistrait le drame de Limoges. Aujourd'hui, c'est en Italie, dans une petite ville sicilienne de la province de Catane, à Grammichele, que plus de

20 ouvriers ont été tués et 200 autres blessés par les fusils de quelques soldats. Le 16 août, la maladresse d'un policier, dispersant les travailleurs assemblés en un grand meeting devant la Chambre du Travail, irrita la foule qui brûla le cercle, le *casino*, où se réunissaient les maîtres du lieu ; et le fonctionnaire royal ne trouva pas d'autre moyen de rétablir l'ordre que de mitrailler les ouvriers. Ces lamentables événements ont appelé une fois de plus l'attention sur la condition des travailleurs de l'Italie du Sud et de la Sicile. Une odieuse tyrannie des seigneurs (*cappelli*) sur les paysans (*villani*), une classe privilégiée, maîtresse de tout, achevant le dépouillement méthodique de la classe pauvre, et trouvant dans les rouages de l'administration moderne de nouveaux moyens d'oppression, des journées de 12 heures rapportant aux ouvriers 0,85 centimes, une nourriture immonde : telle est la situation. Les syndiqués italiens et les socialistes ont résolu de tenter dans ces pays un vaste effort d'organisation. Ce sera le meilleur moyen d'imposer enfin à la monarchie italienne un travail de réformes, qui aurait dû être fait, il y a déjà de longues années.

LES SYNDICATS NORVÉGIENS

L'organisation nationale des syndicats norvégiens a tenu son 4e Congrès à Christiana du 20 au 24 juillet. Hermann Lindquist y représentait les syndicats suédois, Martin Olsen le Danemark, Karjalainen la Finlande. Grâce à une active propagande et à l'adhésion d'organisations qui jusque-là s'étaient tenues à l'écart, le nombre des membres a passé de 7941 en 1903 à 14.989 : il faut signaler en particulier l'adhésion de l'Union des travailleurs du fer et des métaux, dont les 4.939 membres représentent 60 °/o de tous les travailleurs du métier. Les organisations norvégiennes avaient en caisse à la fin de 1904, 295.250 kronen. En 1904, les dépenses furent les suivantes, et, comme toujours, elles reflètent assez clairement l'esprit de l'organisation :

Grèves et différends	84.083 kronen
Chômage et viaticum	49.873 »
Maladie	23.033 »
Décès	19.919 »
Propagande	5.701 »
Presse corporative	10.411 »

Après quelques discours prononcés dans ce sens, une résolution fut prise affirmant l'attachement de la classe ouvrière norvégienne à la liberté et à la paix et remerciant les camarades suédois pour les grands efforts faits par eux en vue du maintien de la paix, pendant les derniers mois.

Un projet de réforme des statuts fut renvoyé au prochain Congrès. — Puis la question du chômage donna lieu à un important débat. Finalement, le Congrès se prononça pour l'établissement de caisses de chômage dans les organisations adhérentes, et invita le secrétaire à suivre attentivement les débats de la commission du chômage, instituée par le gouvernement. Le projet élaboré par cette commission tend à faire verser par l'État comme subvention, le tiers des secours déjà payés par les caisses des organisations. — Enfin, le Comité directeur de l'organisation fut chargé d'entrer en rapport avec l'Union des patrons norvégiens pour chercher les moyens d'établir un système de conciliation et d'arbitrage dans les conflits du capital et du travail. — Le camarade Pedersen a été réélu président.

Amérique

Grèves pour la réduction de la durée du Travail

Le 16e rapport annuel du *Bureau du Travail* contient un tableau intéressant sur les luttes pour la réduction des heures de travail aux États-Unis de 1881 à 1900.

Ce tableau, que reproduit notre *Bulletin de l'Office du Travail* d'août indique, en effet, le nombre d'établissements dans lesquels des grèves faites dans ce but ont réussi complètement, réussi partiellement, ou échoué.

Il faut en tirer quelques faits intéressants.

Sur 117.472 établissements affectés par les grèves, dans ces années 1881-1900, 13.116 soit 11,2 %, l'ont été par des grèves ayant pour objet exclusif la diminution de la durée du travail. Si on ajoute à ce chiffre celui des grèves qui ont été motivées par des demandes de réduction du temps de travail en même temps que par d'autres causes, le total des établissements atteints a été de 37.113 soit 31,6 pour 100 des établissements affectés par des grèves. En envisageant ces 37.113 établissements, on trouve que les grévistes ont obtenu des réussites complètes dans 59,3 pour 100 des établissements, des réussites partielles dans 14,7 p. 100 et qu'ils ont échoué dans 26 p. 100.

Ces chiffres marquent bien tout à la fois l'importance que les travailleurs américains ont toujours attachée à la réduction des heures de travail et les succès que leur assurent leurs formidables organisations.

Mais il faut examiner le tableau dans son détail. A première vue, l'on s'aperçoit qu'il y a eu dans ce mouvement trois grands moments : 1886-87, — 1890-91, — 1899-1900.

En 1886, on remarque d'abord une montée subite du nombre total des grèves ou plus exactement des établissements affectés par elles. Leur nombre variait de 2 à 3.000 dans les années précédentes : brusquement, on en compte 10.038. Or, sur ce nombre, dans 3.795 cas, la grève était uniquement motivée par la demande de réduction de la journée de travail ; dans 1.431 cas, elle avait la même cause et d'autres causes en même temps.

Or, si l'on prend les chiffres de réussites, on a pour les 3.795 grèves ayant eu pour cause unique la demande d'une journée plus courte :

690 réussites complètes
966 réussites partielles
et 2.139 échecs.

On voit qu'à s'en tenir à ces chiffres, les échecs furent nombreux en 1886. Mais, dès lors, les travailleurs américains étaient, on le sait, solidement organisés. Grâce à leurs organisations, ils purent poursuivre le mouvement commencé. En 1887, 1.117 grèves analogues eurent lieu : et les travailleurs enregistrèrent :

636 réussites complètes,
26 réussites partielles,
455 échecs.

Depuis lors, le mouvement n'a jamais été complètement interrompu. En 1891-92 et en 1899-1900 il atteignit sa plus grande intensité. Mais il faut dégager du tableau même une évolution assez curieuse : tandis qu'en 1886-87, les grèves motivées par l'*unique* demande d'une réduction du temps du travail étaient les plus nombreuses, ce sont celles où cette demande est mêlée à d'autres qui dominent en 1891 ou en 1900. La réduction de la journée du travail fait corps désormais avec les autres revendications syndicales. Surtout il faut bien marquer qu'à ces deux époques, grâce à l'expérience acquise, grâce à la puissance accrue des organisations, la proportion des succès est autrement considérable qu'en 1886.

En 1899, par exemple, sur 293 grèves pour diminution de la durée du travail journalier, on a eu :

219 réussites complètes,
16 réussites partielles,
58 échecs.

et sur 5.302 grèves pour la diminution du temps de travail et pour d'autres causes, on a eu :

4.737 réussites complètes,
399 réussites partielles,
166 échecs.

Nous livrons ces chiffres à la méditation de tous.

VARIÉTÉS

LA MAISON DES SYNDICATS A BERLIN

(Fin) (1)

Tels sont les lieux où s'accomplit le travail quotidien des Unions ; les salles de réunions ou de conférences nous montreront d'autre part comment la Maison des syndicats donne abri au travailleur organisé, quand son Union tient séance, ou lorsqu'une question doit être discutée, dans un cercle d'auditeurs plus nombreux. C'est pour lui un avantage très appréciable d'avoir ici des salles de réunion, dont la location ne dépend pas de la bonne volonté de la police ou de la bonne grâce d'un hôtelier quelconque. La grande salle de l'étage supérieur du puissant bâtiment de côté peut donner place dans ses galeries à 1200 ou 1300 personnes.

Mais ce n'est pas seulement à des affaires sérieuses que servent ces bâtiments : c'est aussi à des muses joyeuses qu'ils sont consacrés. On peut dire que les salles de jeux sont partie intégrante de la Maison des syndicats. Dans ces grandes ou petites salles, toutes élégantes et ornées d'agréable façon, à l'aide de moyens très simples, chant et danse, musique et représentations théâtrales, rassemblent les travailleurs dans d'amicales réunions. Trois jeux de quilles fort bien installés, invitent à jouer, et dans le grand restaurant qui se trouve au rez-de-chaussée, dans le bâtiment de devant, on trouve à fort bon marché et à toutes les heures du jour, des plats et des boissons. C'est à la brasserie Schultheiss, à la tête de laquelle se trouvait le conseiller de commerce, bien connu, Rösicke, qu'est louée l'exploitation du restaurant. C'est aussi, comme les autres pièces, un modèle d'élégance sobre et par sa couleur, par son étendue, il exerce à sa manière, une influence éducative sur ceux qui y entrent.

Comment surtout la propreté si difficile à maintenir de toutes les salles, et comment la sobre beauté de toutes choses dans cette maison peuvent exercer une première influence sur la vie extérieure, c'est ce que va montrer la dernière partie de notre bâtiment : celle qui contient l'hôtel, l'auberge. A vrai dire, celle-ci ne fait pas partie intégrante de l'institution. Elle pourrait aussi bien manquer ou se trouver à un autre endroit. Mais qu'elle fasse corps avec la maison des syndicats, cela lui

---

(1) Voir *Revue syndicaliste*, 1905. P. 93.

donne, comme d'ailleurs à cette dernière, une signification beaucoup plus haute. L'ouvrier qui vient du dehors, et qui, au lieu d'une vie peu alléchante dans les effroyables cavernes des auberges sales, trouve un logis propre et bien installé, se sent d'un seul coup convaincu par là même de l'importance de son organisation et l'on pourrait dire aussi, de son adhésion à son syndicat. Pour donner une idée de l'aspect extérieur de ce premier hôtel ouvrier allemand, il suffit de citer ces quelques traits :

L'auberge a de la rue une entrée particulière, directe. Une deuxième porte cochère, percée sur le côté du premier bâtiment, donne accès à un large passage pour piétons et voitures ; ce passage est séparé de la première cour par une grille en fer, ornée de plantes grimpantes. De l'autre côté, le mur de la maison voisine est garnie jusqu'à une hauteur remarquable de vigne-vierge, fort jolie. On arrive par ce passage à une deuxième porte-cochère, percée dans le bâtiment du milieu, et qui ouvre sur une seconde cour. C'est ainsi, entre ces murs garnis de fleurs, que l'on arrive en droite ligne de la rue à la vaste cour qui s'étend devant l'auberge : l'accès à celle-ci est, on le voit, complètement séparé des autres constructions. Le bâtiment de l'auberge a encore par derrière deux ailes, ménageant une troisième cour, ce qui donne à toutes les chambres une remarquable clarté. Au rez-de-chaussée se trouve, à gauche de l'entrée, d'abord la salle de réception, à laquelle font suite les appartements des employés, et dans l'aile voisine, la cuisine pour le restaurant de l'auberge. A droite de l'entrée, nous trouvons les salles de bains (13 bains-douches, 2 baignoires); par derrière, une salle de désinfection avec un appareil à désinfecter, et une buanderie.

Au premier étage, sur le devant, se trouve d'un côté la salle de restaurant de l'auberge, — c'est la société même qui a l'entreprise du restaurant, — de l'autre côté, la grande salle de lecture où il est interdit de faire venir des plats ou des boissons, de sorte que les hôtes de la maison des syndicats, au contraire de ce qui se passait dans leurs anciennes auberges, peuvent ainsi prendre quelque repos ou se sentir au large sans être contraint de boire ou de manger. Dans les deux ailes, toujours au premier étage, on trouve déjà des chambres, et les trois autres étages sont aussi complètement occupés par des chambres. Les chambres contiennent 2, 4, 6 et 11 lits ; en tout, il y en a 200. Le prix diffère selon le nombre de lits qu'il y a dans les chambres ; dans les plus grandes, on paie 40 pf., soit 0 fr. 50 ; dans les plus petites 1 mk., soit 1 fr. 25. Dans les chambres se trouvent des lavabos, avec robinets, et pendant l'hiver, l'eau peut être chauffée. L'auberge, comme le reste, est toute bâtie de fer et de pierre ; tout le sol est couvert de linoleum.

Cette description rapide de l'imposant bâtiment laisse deviner déjà la grandeur de l'entreprise. Il a fallu, pour la réaliser, le travail incessant, et pendant de longues années, d'un grand nombre d'hommes, avant que le plan primitif d'une installation chez elle de la classe ouvrière organisée de Berlin pût être réalisé d'une manière aussi complète. La force la plus agissante dans toute l'affaire, ce fut le Docteur Leo Arons, qui, encore aujourd'hui, même après que la gérance a été confiée à l'intelligent camarade Sassenbach, continue d'être l'esprit conseilleur et ordonnateur qui règne dans la maison. La firme de la société est : « Maison des syndicats, société à responsabilité limitée ». Deux gérants-auxiliaires aident le camarade Sassenbach dans sa tâche; une commisson de contrôle dirige et signe les pièces. Le capital de fondation s'élève à 64.000 marks, soit 80.000 francs, qui ont été apportés par 29 actionnaires. Naturellement ce ne sont pas là toutes les sommes engagées dans l'entreprise ; outre le capital de fondation, il y a les hypothèques prises sur le bâtiment, et dont la somme totale atteint presque 1 million 1/2. La caisse d'assurances-invalidité et vieillesse de Berlin a pris une hypothèque importante, au taux de 3 o/o.

Telle est cette maison, — fier symbole d'une grande époque. Elle n'est point modeste, chaude et familiale comme les vieilles maisons des gildes ou des confréries, à demi cachées au fond des rues étroites de la ville du Moyen-Age. Non, mais haute et fière, lumineuse, ensoleillée, rapidement élevée avec tous les moyens d'une technique prodigue, pratique et confortable, rationnelle jusque dans les moindres coins ; c'est ainsi qu'elle se dresse dans la ville moderne, expression authentique de notre époque de clarté, de lumières et parfois aussi un peu de sagesse. Et dans cette époque même, elle est un symbole de la lutte émancipatrice, que mènent les classes travailleuses. Oui, – un symbole de combat et même un boulevard, une citadelle dans ce combat. Mais non pas un endroit où l'on fabrique des bombes et d'infernales machines, mais où au contraire, les livres de comptes et de caisses forment les armes de ce nouvel arsenal; une maison de combat, mais une maison qui renferme « trois jeux de boules parfaits » dans laquelle aussi on rit, on plaisante et où l'on sait donner sa part à la gaîté. C'est qu'ils veulent regarder la vie en face, ceux qui vont et viennent dans cette maison, prendre la vie comme elle est, et la rendre supportable, combattre et rire, selon les cas, et toujours demeurer debout, sur les deux jambes, en hommes.

W. SOMBART (2).

(Traduit de l'Allemand)

---

(1) En appendice à la brochure : **Dennoch** ! Fischer, Iéna, 1900.

Première Année. N° 6. 15 Octobre 1905.

La Revue Syndicaliste

ABONNEMENT	Paraissant	ABONNEMENT
	le 15 de chaque mois.	
Un an .. .. .. **2 fr. 40**		Un an .. .. .. **2 fr. 40**
Six mois .. .. **1 fr. 20**	Le numéro : **0 fr. 20**	Six mois .. .. **1 fr. 20**

MUTUALITÉ ET SYNDICAT

Les discussions passionnées de ces deux dernières années, qui ont tant agité le monde syndical français, et surtout ses dirigeants, semblent s'être apaisées quelque peu. Loin de moi la pensée de vouloir rouvrir cette ère de combats oratoires et journalistiques, sans profit aucun pour la lutte syndicale, mais permettant les digressions faciles et les excommunications d'autant plus majestueuses qu'elles sont le fait de comités plus haut placés.

Mon ambition bien moins grande tend simplement à vouloir rechercher très impartialement et très brièvement les causes qui entravent souvent le recrutement de nos forces syndicales et empêchent la plupart de nos organisations ouvrières de se hausser au niveau des syndicats correspondants de quelques pays étrangers.

Pour que nos militants soient à même de lutter victorieusement, pour que leur propagande active puisse s'exercer utilement, il est nécessaire que nous nous habituions à regarder *réellement* ce que nous voyons, et à ne pas nous bercer de fausses réalités. — Il faut surtout que tous les faits de la vie syndicale soient étudiés sérieusement, sans parti pris, et que toutes les observations intéressantes soient notées, communiquées et propagées. — C'est là un travail préparatoire long et difficile qui incombe à chacun de nous et qui est trop souvent négligé en France. Avant que de vouloir créer de vastes mouvements d'ensemble, avant d'escompter les bénéfices d'un acte révolutionnaire quelconque, il est indispensable d'organiser cette foule de prolétaires, de l'organiser méthodiquement, patiemment, de tenir compte aussi bien, sinon plus, de ses défauts que de ses qualités.

Or, plus que jamais, pendant le cours de ces discussions passionnées, relatives aux différentes méthodes d'action syndicale, on a omis de tenir compte exactement de l'état d'esprit et du degré d'instruction sociale des syndiqués français. Combien avons-nous vu de comités, de réunions motiver des ordres du jour, condamnant, flétrissant même, l'*esprit mutualiste* en honneur dans certaines organisations.

Il serait peut-être utile de se demander si ces ordres du jour de comités ou de réunions reflètent exactement l'opinion de *la masse* des travailleurs. Se poser la question, c'est presque la résoudre dans un sens négatif, si on veut bien réfléchir sincèrement et s'aider un peu de ses souvenirs d'expérience personnelle ou de faits notoires, de grèves mémorables et malheureuses, de mouvements avortés.

Chacune de ces expériences doit nous être une leçon de faits, une leçon utile, dont nous pouvons tirer de grands enseignements à condition que nous sachions et que nous voulions regarder et comprendre.

Nous pourrons éviter ainsi ces fameux « coups d'épée dans l'eau » si préjudiciables à la cause syndicale. Moins que personne, le prolétariat, sujet à tant de critiques, à tant d'observations intéressées, a le droit de commettre des maladresses, et il appartient à chacun de nous d'aider à les éviter.

C'est pourquoi au risque de passer pour un esprit dénudé de tout idéalisme, ne se préoccupant que de viles questions matérielles, j'essaierai d'attirer l'attention de mes camarades sur un point d'intérêt qui a sa valeur.

*
* *

La critique capitale, que l'on a formulée contre les militants syndicalistes qui ne font pas la révolution tous les jours trois fois régulièrement c'est de vouloir détourner le prolétariat organisé d'une action révolutionnaire et féconde, en l'entraînant vers un vague mutualisme qui lui accorde des satisfactions passagères et illusoires et qui émousse son énergie.

Je ne prétends point prouver en quelques lignes laquelle des deux méthodes est *absolument* supérieure à l'exclusion de toute autre. De même que je n'accepte pas de *credo* religieux, je n'accepterai pas, en matière d'organisation ouvrière, un dogme tout fait, quel qu'il soit et par conséquent je ne dirai point que telle méthode est mauvaise et que telle autre est bonne. Cependant on est obligé de faire des constatations qui peuvent paraître concluantes.

En premier lieu celle-ci : que dans la préparation d'un mouvement quelconque on ne tient pas suffisamment compte de deux facteurs qui ont une importance capitale : des *besoins* et de *l'intérêt* des individus. En négligeant cette précaution élémentaire on voue fatalement, à moins de circonstances particulières, tout mouvement à un échec certain, tout au moins à l'époque présente et jusqu'à ce que l'éducation sociale et l'esprit de sacrifice soient plus développés dans la masse prolétarienne.

Cette contestation est plus aisée à faire à Paris et dans certains grands centres où les mouvements naissent plus facilement grâce à une minorité active, agissante et capable d'entraîner quelquefois une masse hésitante. Par contre, plus le mouvement est facile à provoquer, plus il est sujet à avorter, lorsque les organisateurs ont négligé de se préoccuper sérieusement des besoins personnels et de famille de ses participants.

En province ou dans les campagnes, rien de même. Là, la nature hésitante, le caractère positif, l'esprit d'intérêt des habitants laisse moins de place à un entraînement rapide, spontané ; mais lorsque le mouvement est né, il se développe, se maintient, car les intéressés auront pris des précautions, exigé des garanties. Il n'est donc pas rare de voir des mouvements en province et même dans les campagnes, durer et aboutir plus normalement et plus heureusement que dans les grands centres tels que Paris. Chez des ouvriers agricoles, dans les grandes agglomérations industrielles de quelque coin perdu de Bretagne ou des Ardennes, la résistance aux exactions capitalistes est beaucoup plus vive lorsque le mouvement est déchaîné. Mais aussi quelles précautions, quels pourparlers avant d'y arriver !

C'est qu'ici nous nous trouvons en face de ce sentiment simpliste mais raisonnable, qu'avant d'entamer une action quelconque, il faut lui assurer le maximum de garanties ; avant de partir en guerre, ces hommes veulent disposer de munitions indispensables.

Ce sentiment, moins simpliste, mais beaucoup plus développé et très méthodiquement cultivé, nous le retrouvons parmi les travailleurs des organisations anglaises et allemandes. De même chez les Suisses, chez les Danois surtout aussi, nous trouvons cette discipline extraordinaire qui permet aux directeurs d'organisations ouvrières de ne fixer le débat d'une grève que pour le jour où tout est prêt, où toutes les précautions auront été prises. Moins inflammables que nos cervelles latines, les esprits positifs et pratiques des Anglo-Saxons ne se paient pas de mots. Au lieu de discuter si quelque parcelle de leur action syndicale s'appellera *mutualité*, réformisme ou action directe, ils s'organisent ; et leur puissance ne se calcule pas d'après le nombre de leurs réunions plus ou moins violentes, mais d'après le contenu de leurs coffres-forts alignés dans les bureaux de leurs Bourses du travail qui sont leurs propriétés et ne dépendront pas, comme les nôtres, des caprices municipaux ou gouvernementaux. — Si dans leurs règlements, dans leur action, ils condamnent la mutualité officielle et la combattent très vigoureusement comme une ennemie implacable, par contre ils savent donner aux travailleurs organisés tous les avantages, tous les bénéfices que la mutualité proprement dite pourrait leur concéder.

Par ce moyen, ces organisations que nous pourrions et que nous devrions prendre comme modèles sur ce point, ont réussi à grouper la grande majorité et dans certaines corporations, presque la totalité des travailleurs, dans une vaste organisation de combat, « Kampfverein », comme les Allemands la dénomment eux-mêmes pour la distinguer nettement des unions ouvrières plus ou moins chrétiennes ou mutualistes. Pourquoi ce qui est admis et constitue une force en Allemagne, en Angleterre et dans d'autres pays, serait-il une sorte de tare en France ? Pourquoi ce seul mot de mutualistes est-il jeté comme une injure à toute une catégorie de bons militants plus avisés et plus prévoyants que bruyants ? Tout simplement parce que notre éducation sociale est encore si imparfaite, si imprécise que nous ne savons pas marquer la limite entre cette mutualité officielle et la prévoyance syndicale, corollaire nécessaire et complément indispensable de tout syndicat ouvrier bien constitué.

Autant que quiconque je suis adversaire de tout mutualisme tendant à transformer l'action syndicale en quelque chose d'innommable, à la solde d'un maître, gouvernement ou patronat. Dans bien des congrès j'ai exprimé ma pensée à ce sujet, mais aussi combien de fois ai-je préconisé et l'institution des caisses de chômage et celle de secours de maladie dans nos syndicats comme le meilleur moyen de recruter des adhérents, de les intéresser à la lutte syndicale et aussi d'y intéresser leurs familles. On a beau dire et faire, on n'empêchera jamais la famille de jouer un rôle prépondérant, d'exercer une influence capitale sur les hommes, membres de nos syndicats. — Les préjugés, l'hostilité d'une femme, craintive de tout bruit, ont détourné plus d'un syndiqué de son organisation et de son devoir en cas de conflit.

Il faut ne pas avoir vécu des jours de grèves parmi les exclus de l'usine, de l'atelier, pour ne pas savoir combien l'influence de la femme s'exerce tous les jours, sur le mari, sur le fils, sur le frère, lorsque celui-ci ne peut pas opposer le secours régulier du syndicat et la force morale qui découle de son organisation solide.

Le patronat, lui, ne se trompe pas sur l'utilité des caisses de secours parmi les travailleurs. Aussi dans les centres manufacturiers, dans les grandes usines, voyons-nous éclore de plus en plus de ces mutualités vagues, tout entières sous l'influence patronale, et qui bénéficient de quelques largesses de nos exploitants. C'est un instrument de domination de plus entre les mains du maître qui enchaîne l'ouvrier par l'intérêt direct. L'argent que l'on verse au syndicat, sous forme de cotisation et qui sert à fomenter des grèves, cause de ruines, est de l'argent perdu : tandis qu'en versant ses petites économies à la mutualité, à la tontine, à tous les rayons divers de cette caisse officielle, on est assuré contre le chômage, contre la maladie ; on touche des secours mortuaires en cas de décès et l'épargne produit tant pour cent. Voilà la cloche patronale.

Que l'on ne s'y méprenne pas. Avec l'institution des Retraites ouvrières, les syndicats auront déjà fort à lutter, car bon nombre d'ouvriers touchant un faible salaire préféreront conserver leur cotisation syndicale par devers eux pour la transformer en versement obligatoire à la Caisse des Retraites. Avec les nombreuses mutualités qui se créent sur tous les points du territoire, sous l'influence de la vaste campagne mutualiste qui se mène actuellement et qui réunit dans un même mouvement hommes politiques de tous les partis et journaux capitalistes de toutes opinions, bon nombre de syndicats qui ne dispensent aucun secours de chômage ou de maladie, verront se produire, à leur détriment, la disette des cotisations, car l'ouvrier français en général est réfractaire au versement de cotisations nombreuses et élevées, s'il n'en voit pas un bénéfice immédiat. Si je ne craignais pas d'émettre un paradoxe, je dirais volontiers que l'ouvrier français a une âme de capitaliste, et je n'en retiens pour preuve que les nombreuses sociétés d'épargne, boules de neige, etc., etc., qui ne vivent que par l'argent fourni par les travailleurs.

J'estime donc qu'il est nécessaire de se préoccuper de cet état d'esprit. Loin de nous laisser intimider par des cris, par des opinions plus ou moins violentes et sans fond, il convient de mettre nos syndicats à même de jouer un rôle plus actif au point de vue économique. Les exemples ne nous manquent pas pour ce faire ; il suffit de prendre les statistiques des grandes organisations allemandes et anglaises et aussi d'une ou de deux de nos organisations françaises qui sont entrées dans cette voie. — Un observateur conscient et loyal sera immédiatement fixé sur la valeur des méthodes d'action à employer pour faire du syndicalisme sérieux. D'un côté des *syndicats de combat* conservant toute leur fierté, n'acceptant aucune compromission capitaliste et gouvernementale, ne vivant que de leur propre force et capable de garantir à leurs membres des indemnités de chômage, de grève, de maladie ; de l'autre des syndicats énonçant de grandes formules, faisant beaucoup de bruit, mais obligés, à la moindre épreuve, de faire appel aux souscriptions de tout le prolétariat, et incapables d'attacher solidement leurs adhérents à l'organisation.

Le syndicalisme français, s'il veut réellement aboutir, aura à choisir à brève échéance, et si, pour sortir des formules toutes faites, des encycliques souveraines des grands comités, il veut choisir sa route, qu'il se paie un peu moins de mots et qu'il regarde, qu'il étudie, ce que font les organisations des pays qui nous entourent.

E. DREYFUS.

LE CONGRÈS DES TRADE-UNIONS ANGLAISES

Le trente-huitième Congrès trade-unioniste s'est tenu à Hanley (Staffordshire) le 4 septembre, et ses séances ont duré toute la semaine. 457 délégués étaient présents, représentant 205 Trade-unions, avec un total de 1.541.000 membres. C'est le plus grand Congrès qui ait jamais été tenu, la grande affluence des membres étant due à ce fait que les mineurs de Durham et l'Union des mécaniciens, absents depuis plusieurs années, étaient représentés à Hanley.

A le juger, d'après le nombre des assistants, le Congrès est certes la plus importante réunion qui ait jamais eu lieu des représentants de la classe ouvrière anglaise, mais jugé d'après son réel effet, il n'occupe certainement pas cette première place. Le mouvement ouvrier le plus vivant en Grande-Bretagne en ce moment est assurément celui qui s'occupe de la représentation ouvrière au Parlement, et le Congrès n'a traité de cela qu'indirectement. La résolution la plus importante parmi les très nombreuses qui furent présentées, avait pour objet d'unir le Comité pour la représentation ouvrière au Congrès. Or, le Comité contient des organisations socialistes que le Congrès ne peut reconnaître, et les plus sages trade-unionistes — des hommes comme le citoyen Sexton, qui présidait à Hanley, Shackleton, des ouvriers du coton, et Barnes, des mécaniciens, — savent bien, d'autre part, qu'il ne peut exister de mouvement politique trade-unioniste en dehors des socialistes. Le parti trade-unioniste, qui veut subordonner les Trade-unions au parti libéral en politique, aurait voulu tuer le Comité de représentation ouvrière et faire passer au Congrès toute la besogne politique. Ce parti fut l'auteur de la résolution de fusion. Mais cette résolution fut cependant repoussée par une écrasante majorité.

Une tentative fut faite alors pour amender les règlements existants du Congrès, de manière à donner à son Comité exécutif le pouvoir de dresser une liste de candidats parlementaires, qu'il approuve. Cette liste serait ajoutée à celle qui sera publiée par le Comité de représentation ouvrière et, bien qu'elle doive contenir les noms de tous les candidats pour lesquels le Comité pour la représentation ouvrière se porte garant.

A cet égard, il est de quelque importance de noter que le Président, le citoyen Sexton, des ouvriers des docks, dans son discours d'ouverture, déclara définitivement que le mouvement trade-unioniste en politique doit rester indépendant des autres partis politiques, excepté du parti socialiste.

Les autres résolutions étaient d'importance secondaire. Plusieurs ont déjà été votées les années précédentes, mais resteront sans effet tant que la classe ouvrière ne sera pas mieux représentée au Parlement qu'elle ne l'est à présent.

Divers vœux furent encore votés, touchant l'existence de freins de sûreté pour les wagons de chemin de fer — des amendements aux actes des manufactures (factory acts), — l'abolition du travail des Chinois dans l'Afrique du Sud, — la nourriture des écoliers pauvres aux frais du public, — la journée de huit heures, — les habitations ouvrières, — le contrôle public de la fabrication et du commerce des boissons, — l'extension de l'industrie municipale, — les retraites ouvrières.

On se prononça en faveur du Bill annulant l'effet du Taff-Vale et autres décisions analogues (1), et on accepta la demande du parti irlandais au Parlement, demande tendant à ce que le Bill devienne général afin de garantir la liberté de toutes coalitions ou ententes. Il nous semble, quant à nous, que ce soit là une grande bévue ; car, cette éclosion ne fera qu'augmenter les difficultés pour le vote du Bill, même si nous avons un gouvernement libéral. On traita aussi du chômage, mais cette question a été prise surtout à cœur par l'Independent Labor Party et le Comité pour la représentation ouvrière. Surtout la résolution du Congrès n'a pas été très bien rédigée.

Comme une indication sur les idées et les desseins de la partie du Congrès qui représentait la politique avancée pour le mouvement ouvrier, je veux citer une résolution présentée par le camarade P. Walls en faveur de son union, celle des ouvriers des hauts-fourneaux : « Que le Congrès demande au groupe ouvrier parlementaire d'introduire un

____

(1) Il s'agit des poursuites judiciaires intentées au syndicat, et dont la première en date fut celle engagée par la société de chemin de fer de la Vallée de la Taff contre la Fédération des employés de chemin de fer. Les décisions des tribunaux tendent à faire un délit de l'établissement de simples postes de surveillance, en cas de grève, quand même il n'y a ni attroupement, ni acte de violence, ni la moindre tentative d'oppression. Elles tendent également à rendre les syndicats responsables de la conduite de leurs membres.

Bill dont l'objet serait de nationaliser tous les chemins de fer, canaux, mines et carrières dans le Royaume-Uni. »

Cette résolution a été acceptée.

Le seul autre incident valant la peine d'être noté est l'élection du nouveau secrétaire. Les mineurs avaient désigné un candidat et le citoyen Steadman, des constructeurs de bateaux de Londres, avait aussi été désigné. Les mineurs furent accusés d'employer leur pesante force de vote pour dominer le Congrès, contrairement à la règle, et la défaite de leur candidat, que peu espéraient, fut reçue avec une sincère joie. Les deux candidats se suivaient de très près : 770.000 votes se sont prononcés en faveur de celui qui fut élu, et 752.000 pour celui qui échoua.

J. Ramsay Macdonald,
Secrétaire du Comité pour la représentation ouvrière.

ENCORE SUR LA MUTUALITÉ

En dépit des condamnations dont elle a été l'objet de la part d'assez nombreux militants, la mutualité s'impose souvent à l'attention des syndicats. Nous parlons, bien entendu, de la mutualité syndicale, de celle qui a pour but l'influence à exercer sur le marché du travail, et qui est une arme dans la lutte ouvrière.

Notre collaborateur E. Dreyfus s'en occupe dans le présent numéro. Il nous faut signaler encore, pour aider les camarades à se faire une opinion, un article de V. Bruguier, dans le Bulletin de la Bourse du Travail de Nîmes du 2ᵉ trimestre 1905. Bruguier, montre, d'après des exemples pris à Nîmes même, comment ce sont les syndicats où existent des secours de maladie, de chômage et de grève, qui seuls parviennent à grouper la presque totalité des membres de leurs corporations. Il montre surtout comment la mutualité isolée, sur laquelle la bourgeoisie a mis la main, devient une prime à l'indifférence ouvrière pour l'action du prolétariat, et comment les mutualistes cherchent à attirer à eux les ouvriers pour les détacher à jamais des syndicats. Il voit là une raison nouvelle pour ceux-ci d'incorporer les œuvres de mutualité à leurs institutions.

Cela ne se fera-t-il pas sans danger ? L'esprit mutualiste n'émoussera-t-il point les énergies syndicales ? C'est la question qui préoccupa souvent les syndicalistes révolutionnaires. C'est celle que se pose, dans un

récent article du *Mouvement socialiste* de septembre, le camarade
G. Sorel, qu'ils reconnaissent comme un de leurs théoriciens. Sorel
craint l'esprit mutualiste comme l'esprit petit-bourgeois. Il craint le rôle
des hommes importants, des financiers, des comptables, qui gagnent le
respect de la foule : il craint leur esprit de « sacristain », comme il dit,
de bedeaux convaincus de l'importance de leurs moindres actes. Mais il
reconnaît que si les associations mutualistes, à l'heure actuelle manquent
de sens, elles auront au contraire une importance énorme quand on leur
donnera « *une raison d'être socialiste,* en les reliant aux syndicats, d'une
manière plus ou moins étroite suivant les conditions locales et les traditions ».

Mais nous sommes sur ce point d'accord avec Sorel ! Les syndicats
adhérents à la C. G. T. et qui pratiquent la mutualité, dans le but d'obtenir de meilleures conditions de travail, n'ont point d'autre théorie. —
Alors, qui sont les « *reformistes-nés* » qui menacent les syndicats ?
quelle est la propagande « réformiste » qui s'oppose à la tendance
socialiste ? — Il faudrait bien le préciser !

LE MOUVEMENT EN FRANCE

Nouveau crime

Une Revue syndicaliste est d'abord un martyrologe. Point de
mois où il ne faille enregistrer quelque lugubre assassinat de travailleurs en grève. L'agitation que le patronat entretient systématiquement
dans l'Est, pour anéantir la poussée syndicale qui s'y manifeste ; les
menées des syndicats jaunes, à la solde de capitalistes sans scrupules ;
et l'esprit de brutalité et d'hostilité à la classe ouvrière qui anime la
plupart des officiers, ont encore une fois produit le résultat trop
habituel. Un ouvrier belge, Huard, a été tué par la lance d'un dragon,
à Longwy. Les grévistes s'étaient rendus à la gare pour attendre des
renégats : des dragons chargèrent sur ces manifestants paisibles. Un
officier, que les exploits des cosaques empêchent sans doute de dormir,
frappait la foule à coups de câble. Huard, adossé contre un mur, ne
put prendre la fuite et fut transpercé par la lance d'un dragon. Le
ministre de la guerre, qui avait quelques jours auparavant envoyé une
circulaire d'une inspiration honnête sur l'attitude des officiers dans les
grèves, a fait lui-même une enquête sur les lieux, s'est entretenu avec
les grévistes, et a finalement mis en non-activité l'officier coupable.

Cette conduite est approuvable. Mais quand donc comprendra-t-on qu'il faut une mesure plus radicale, qu'il faut cesser de transformer les grèves en inutiles révolutions, en y envoyant l'armée ? Elle n'y a jamais fait que du mal.

Les Congrès Fédéraux

Septembre a été encore fécond en Congrès. Avant que ne recommencent les luttes pénibles de l'hiver, les organisations se ressaisissent, se reprennent, calculent leurs forces, estiment les efforts nouveaux qu'elles vont être appelées à fournir.

A Rive-de-Gier, la Fédération nationale des **verriers** a tenu son quatrième Congrès, du 31 août au 3 septembre. 32 syndicats étaient représentés par 34 délégués. Le Congrès s'est sectionné d'abord en trois commissions : travailleurs du verre blanc, travailleurs du verre noir, travailleurs du verre à vitre.

Le Congrès s'est occupé de très nombreuses questions. Nous signalons, conformément à notre méthode, les plus importantes, celles qui ont un caractère général ou intéressent le prolétariat dans son ensemble. Le Congrès s'est élevé contre l'exploitation honteuse, dont les enfants sont victimes, dans les verreries ; il s'est élevé également contre le travail de nuit, qui, comme certains exemples l'ont prouvé, peut être supprimé sans bouleverser toute l'industrie.

Sur la question des huit heures, le Congrès a décidé, conformément à la décision de Bourges, de chômer le 1er mai 1906 et de ne plus travailler que huit heures après cette date. — Le principe de la cotisation de tant pour cent en cas de grève a été accepté. Il a été décidé de faire effort pour unifier les salaires par région et par catégorie. Enfin sur la question des retraites ouvrières, tout en se prononçant comme de nombreuses organisations, contre la contribution ouvrière, le Congrès a demandé que l'âge du droit à la retraite fût abaissée au-dessous de 60 ans, 10 %, à peine des ouvriers verriers parvenant à cet âge.

Au point de vue de la vie même de la Fédération, le Congrès a été chargé de rendre si possible, la *Voix des Verriers* bi-mensuelle, de nouer et entretenir de solides relations internationales. Le siège de la Fédération a été transporté d'Aniche à Fresnes-sur-l'Escaut.

Le troisième Congrès national des **ouvriers gantiers** s'est tenu à Saint-Junien (Haute-Vienne) les 6, 7, 8 et 9 septembre

Toutes les sections y étaient représentées : Chaumont, Grenoble, Millau, Niort, Paris et Saint-Junien. Bruxelles y avait aussi un représentant, le journal *Le Gantier* étant l'organe commun des gantiers français et belges, et la question de la direction que doit suivre le journal devant être réglée par le Congrès.

La question de la **réglementation** de l'apprentissage a d'abord fait l'objet d'un examen au Congrès, le travail diminuant considérablement dans la ganterie par suite de la continuelle réduction et de la prochaine disparition des exportations vers les États-Unis, qui développent considérablement leur fabrication de gants. Le Congrès a décidé de limiter l'apprentissage.

L'affiliation des ouvrières gantières à la Fédération a été adoptée, et un bon effort a été fait en vue d'un minimum raisonnable de cotisations dans toutes les sections.

Sur la question du journal, il a été décidé qu'il ne traiterait que les questions syndicales, sociales, coopératives et scientifiques, et en dehors de toute politique.

Il a été convenu aussi que chaque section s'efforcerait de rendre le syndicat obligatoire.

A propos de la résolution du Congrès de Bourges sur la journée de 8 heures, le Congrès a adopté l'ordre du jour suivant :

« Le Congrès, considérant que pour arriver à la conquête de la journée de 8 heures, préconisée par le Congrès de Bourges, il importe, pour la corporation des gantiers, de commencer par la suppression du travail à domicile, s'engage, aussitôt cette réforme accomplie, à se servir de tous les moyens d'action pour réaliser la journée de 8 heures. »

Sur la propagande antimilitariste à faire par le journal, le Congrès a repoussé cette proposition, laissant à chaque section la liberté de faire par elle-même cette propagande, et il a voté un vœu en faveur de l'établissement du *Sou du soldat*, dans toutes les sections.

En somme, le Congrès a fortifié la Fédération, par le soin qu'il a eu d'éviter les divisions sur les questions de tendances politiques, et par l'esprit de tolérance qu'il a montré pour les diverses conceptions sociales de ses membres.

La situation professionnelle des ouvriers gantiers est de plus en plus mauvaise, et il n'y aura pas trop de l'entente de tous les intéressés pour vaincre les difficultés qui s'opposent à l'amélioration de cette situation. — *A. Verhaert.*

Le XII⁰ Congrès national de l'Union fédérale des ouvriers **métallurgistes** qui s'est tenu à Paris, du 6 au 10 septembre, avait été préparé avec un grand soin et il a eu du retentissement. C'est sur une propagande incessante et non, comme nous l'avons toujours préconisé ici sur des services de mutualité réguliers et solides, que comptent les militants de cette Fédération pour grouper les ouvriers de leur industrie. Il comptait logiquement que le Congrès lui-même eût une valeur de propagande et rien n'a été négligé dans ce sens.

Des représentants de nombreuses Fédérations étrangères assistaient au Congrès : nos camarades Schlicke, d'Allemagne, secrétaire international de la métallurgie ; Kelly et Cuthbertson, d'Angleterre ; Domes, d'Autriche ; Solau, de Belgique ; Verzy, d'Italie ; Huggler, de Suisse. Le Congrès s'est terminé par une conférence de Gustave Hervé sur l'idée de patrie.

119 délégués étaient présents, représentant 159 syndicats. D'après les rappprts donnés au Congrès, l'Union fédérale (y compris la section du Cuivre) compte aujourd'hui 190 syndicats, et une moyenne de payants de 14.000. Les rapports ont été approuvés.

Le problème général du Congrès était le problème de réorganisation de l'Union. Le souci qui se manifestait dans presque tous les points de l'ordre du jour, était de développer les rouages de l'organisation, afin de pouvoir intensifier la propagande et l'action.

Tout d'abord, par 131 voix contre 18 et 7 abstentions, la cotisation fédérale a été portée de 20 centimes à 30. On calcule que les ressources fédérales se trouveront ainsi augmentées de vingt mille francs par an. Les orateurs, favorables à l'augmentation, ont surtout insisté, sur le nombre croissant et sur l'âpreté toujours plus grande des luttes économiques.

Cette question résolue, il devenait plus facile d'aborder celle du viaticum. Le système adopté a été celui de 1 fr. par jour pendant deux jours en province et trois jours à Paris. Le voyageur ne pourra toucher plus de 25 fr. par an. Le contrôle sera assuré par le livret et le timbre de la Fédération.

On aborda ensuite le projet de décentralisation de la propagande et d'institution de secrétariats régionaux, toujours afin d'intensifier la propagande, particulièrement dans les régions où la lutte syndicale n'existe pas encore ou ne se développe que péniblement. Deux essais seront faits immédiatement dans l'Est.

Après s'être prononcé une fois de plus contre le marchandage et le travail aux pièces, le Congrès s'est occupé de la journée de huit heures et du 1er mai 1906. La discussion a été courte : presque tous les délégués étaient fixés. L'Union a été une des premières à organiser la propagande pour l'application de la décision de Bourges.

Du dehors, à l'apparence, par l'augmentation des cotisations, par le livret fédéral, par le viaticum, il semblerait bien que l'Union fédérale entre dans les voies suivies par des organisations fondées sur des principes différents, et qui se réclament d'une méthode autre. Les métallurgistes, dans leurs rapports, et au Congrès même, s'en sont défendus. Et il est certain que ce qui vaut, dans une organisation, c'est son esprit.

Mais qui sait si les institutions ne portent pas en elles-mêmes une forme particulière? Qui sait si, par leur jeu même, elles n'exercent pas, à leur tour, une influence sur les hommes, et une influence contraire à l'esprit même de ceux qui les ont établies? C'est ce que l'avenir dira.

Du 7 au 10 septembre, les **travailleurs municipaux** ont tenu à Tours le Congrès de leur Fédération. 3o syndicats étaient représentés. Les recettes de la Fédération se sont élevées dans le dernier exercice à 1.474 fr., les dépenses à 836 fr. Les rapports ont été approuvés. Après avoir voté la réintégration d'un syndicat, celui des Services réunis, le Congrès a exclu le camarade Copi gneaux, pour son attitude dans la question de la Bourse. Le Congrès a fixé un minimum de salaire de 1.5oo fr. par an pour les villes de moins de dix millions au budget total, et de 1.8oo fr. pour les villes dont le budget dépasse ce chiffre. Sur la question des huit heures, il a été décidé que les organisations adhérentes devraient lutter pour l'obtenir dans le plus bref délai possible, mais au plus tard le 1er mai 1906 ; mais liberté d'action a été laissée à chacune pour l'obtenir avant cette date, si cela est en son pouvoir. — D'autres vœux en faveur du personnel hospitalier de France, — de la municipalisation des services d'assistance, — de la régie directe, — de la stabilité des agents (2e commission), — de la retraite à 5o ans d'âge et 2o ans de service, — d'un service médical gratuit — et de l'extension aux travailleurs municipaux de la loi de 1884 (3e commission) ont été adoptés. Le principe de la représentation proportionnelle a été écarté.

Du 10 au 12 septembre, s'est réuni à Paris, le premier Congrès de la Fédération nationale des corporations réunies des **Transports**, manœuvres et manutentions diverses. 3o syndicats étaient représentés. Des revendications ont été formulées, pour la suppression du couchage et de la nourriture par les patrons, pour une réglementation des charges portées et traînées par un homme, pour l'abrogation du décret-loi de 1848 sur les douze heures, pour la fermeture régulière des gares de marchandises, pour l'extension de la pru-d'hommie. Le sabotage a été reconnu entre autres moyens de lutte. Sur la question des huit heures, une enquête sera ouverte près des syndicats fédérés pour faire connaître quels moyens permettront de les appliquer.

A Chaumont, les 18 et 19, le 3e Congrès national de la Fédérations des **Cuirs et Peaux**. 37 syndicats représentés par 42 délégués. Une proposition de diminution des cotisations a été repoussée. Le projet d'un livret fédéral sera étudié et soumis à un referendum. Un referendum sera ouvert également, pour savoir si les groupements veulent payer les cotisations nécessaires pour l'adhésion à la Fédération internationale. — D'ici le prochain Congrès, les syndicats similaires d'une même ville appartenant distinctement à la cordonnerie ou au travail de la peau devront fusionner. Ces syndicats pourront s'organiser en sections par spécialité. — Le Congrès a voté l'application des huit heures au 1er mai 1906, selon l'esprit de la C. G. T. — Enfin, des résolutions ont été prises, contre le marchandage; contre le principe des caisses de chômage, contre le travail des prisons et des ateliers régimentaires, pour la fixation d'un tarif minimum, applicable aux deux sexes, et pour l'action anti-militariste.

Nous rendions compte dans notre dernier numéro, du Congrès des Travailleurs agricoles. Les deux autres grandes Fédérations terriennes, les Bûcherons et les Horticoles, ont tenu, à leur tour, en septembre, leurs deux Congrès.

Les **Bûcherons** se sont réunis à La Guerche, le 24 septembre. 80 syndicats étaient représentés par 64 délégués. C'était leur 4e Congrès, Une importante discussion a eu lieu sur les conditions du travail et les moyens les plus efficaces pour amener l'État à traiter directement avec les organisations syndicales pour les coupes de bois lui appartenant. Le Conseil fédéral a été invité à tenter une expérience sous la forme d'une société coopérative, fonctionnant sous le contrôle de la Fédération, et, en attendant, des clauses spéciales, concernant les conditions du travail, devront être insérées dans les adjudications. Le Congrès a demandé l'extension aux travaux agricoles de la loi de 1892 sur le travail des enfants ; de la loi de 1898 sur les accidents. (Les professions agricoles sont, en effet, de celles où les accidents sont le plus nombreux) : enfin de la prud'hommie. D'accord avec la Fédération des travailleurs agricoles, une circulaire sera adressée à tous les élus, et une agitation sera menée par tous les groupements ouvriers pour le triomphe de ces revendications. Le Congrès a ensuite recommandé la coopération et examiné les moyens d'intensifier la propagande. Il a décidé de faire toute l'agitation nécessaire pour obtenir la journée de huit heures au 1er mai 1906. L'Union du travailleur de la terre préparée à Bourges et rectifiée récemment par la Fédération des travailleurs agricoles, a été aussi acclamée à La Guerche. La Fédération des travailleurs agricoles et la Fédération horticole y étaient représentées.

Les 29 et 30 septembre, à Orléans, c'était le tour des **Horticulteurs**, dans leur 2e Congrès national. 7 syndicats sur 8 adhérents à la Fédération étaient représentés. En ce qui concerne l'unification des cotisations syndicales, le soin a été laissé aux syndicats de fixer eux-mêmes les cotisations de leurs membres en tenant compte des salaires qui leur sont accordés. Contre une proposition faite, il a été décidé de maintenir dans le journal les articles techniques. Le principe du viaticum a été voté. Voté également le principe de l'Unité fédérale terrienne, ainsi que des motions préconisant la grève générale, la coopération à bases communistes, l'anti-patriotisme et le sabotage. Sur la question des huit heures, enfin, le Congrès, acceptant le principe de la journée de huit heures pour le 1er mai 1906, donne mandat au

Comité fédéral de faire une active propagande dans la corporation pour réaliser cette amélioration, et le charge également de déterminer l'attitude des Syndicats fédérés à cette date.

L'UNION FÉDÉRATIVE TERRIENNE.

Conformément aux décisions prises par les Congrès des trois Fédérations agricole, bûcheronne, horticole, les trois secrétaires se sont réunis à l'issue du Congrès des horticulteurs. Avec un sens très sûr des réalités, ce Comité interfédéral, tenant compte de la grande diversité du travail agricole dans les diverses régions, n'a pas cru de son pouvoir de créer un organisme unique qui, « dans les circonstances présentes, pourrait ne pas répondre aux nécessités de l'organisation paysanne ». Tout en considérant qu'en principe l'Union terrienne existe, le Comité n'a donc pas voulu créer une administration nouvelle, avec statuts, règlements, cotisations, etc....

Mais, condensant pour ainsi dire les résolutions des divers Congrès, le Comité a pris les résolutions suivantes :

1° Solidarité morale et matérielle entre tous les syndicats fédérés ;

2° Propagande syndicaliste commune. Les délégués de chacune des fédérations devront faire tout le possible pour la création de syndicats de travailleurs de la terre, quelle que soit leur catégorie. Dans les régions où les éléments constitutifs seront peu nombreux, ils devront s'attacher à la création d'un syndicat unique, avec division en sections, si cela est nécessaire. Dans ce cas, il devra adhérer à la Fédération dont le siège est le plus rapproché ;

3° Pression, par tous les moyens, sur les pouvoirs publics, pour l'application des lois dites de protection ouvrière (prud'homie, accidents du travail, etc., etc.), à tous les travailleurs de la terre ;

4° Mise à l'étude d'une brochure commune de propagande terrienne ainsi que de la fusion des organes corporatifs terriens ;

5° Présentation par le Comité interfédéral d'un rapport sur ses travaux aux Congrès respectifs des trois fédérations ;

6° Les secrétaires fédéraux resteront en continuelles relations et pourront se réunir en conférence si de graves circonstances l'exigeaient.

Les travailleurs des champs savent profiter, on le voit, des expériences souvent rudes qu'ont faites les travailleurs des villes. Les résolutions de leur comité interfédéral prouvent leur souci d'une solidarité étroite, permanente, mais qui réserve à chaque organisation son autonomie, et elles révèlent d'autre part une intelligence exacte des points sur lesquels l'action commune peut être engagée avec succès. L'Union fédérative terrienne a un bel avenir devant elle !

LE SYNDICALISME DANS LES POSTES

Le mois de septembre a été signalé par un vigoureux mouvement syndical parmi le personnel des **Postes**. Nous avons noté à son heure (1), que le 5ᵉ Congrès de l'Association générale des agents des postes et télégraphes avait décidé en principe à l'unanimité, moins six voix, la transformation de leur Association en syndicat.

Au sein de l'Association générale des sous-agents, des tendances analogues se manifestaient depuis quelque temps. Mais le Conseil d'administration de l'Association, le président Débin et le secrétaire général Courbon, résistaient de toutes leurs forces. Ils estimaient qu'un syndicat des sous-agents était illégal, et serait dissous par les tribunaux. Ils avaient ouvert une consultation à ce sujet, consultation qui avait donné des résultats divers, mais qui avait suscité un grand nombre de sympathies au syndicat.

La crise postale donna à ce mouvement une nouvelle force. Il apparaissait que l'A.G., placée sous la tutelle de l'administration était impuissante à obtenir de sa protectrice les satisfactions que les sous-agents réclamaient : décentralisation des services, augmentation du personnel, relèvement des traitements, avancement régulier. Beaucoup de travailleurs n'avaient plus confiance, pour aboutir, que dans l'organisation syndicale.

Cette organisation, cependant, par une circulaire publiée le 9 septembre, le ministre du commerce, consulté par le Conseil de l'A.G., et s'appuyant sur la jurisprudence de la Cour de Cassation, lui déniait tout caractère légal.

Ce fut dans ces conditions que s'ouvrit le 28 septembre le Congrès de l'A.G. des sous-agents. Le conseil sortant fut vivement critiqué : il est impossible qu'une question de principe et de tendances ne s'exprime pas par une question de personnes, au sein d'une organisation. Après une véhémente discussion, l'ordre du jour des syndicalistes, demandant la transformation immédiate de l'A.G. en syndicat fut repoussé, et le *statu quo*, que recommandait de maintenir le Conseil d'administration, fut maintenu par 444 voix contre 189. Tous les groupes de Paris (sauf 2) et 41 groupes de province s'étaient prononcés pour le syndicat.

Sur le champ, les syndicalistes décidèrent de se retirer de l'A.G. et de fonder le syndicat.

On a blâmé cette scission, qui détruit l'unité d'organisation des sous-agents. Seuls, ceux qui luttent pour une idée, sont juges de l'opportunité

(1) Revue syndicaliste, juillet 1905, p. 62.

de demeurer ou de scissionner. Il ne faut pas plus être dupes de préjugés que d'élans sentimentaux. Une chose est certaine : c'est que si le syndicat peut vivre, — et il vivra, — il fera beaucoup pour rapprocher le prolétariat postal du prolétariat des usines et des champs, pour développer là aussi cet esprit de liberté et de dignité, qu'est l'esprit syndical. L'abîme que l'Etat cherche à créer entre ses prétendus fonctionnaires et les... fonctionnaires de l'industrie privée doit être comblé.

Les caisses de chômage

Le mal du chômage est le mal endémique de la société capitaliste : si elle n'y prend garde, c'est de ce mal qu'elle périra, et le passage à une société meilleure s'accomplira par des catastrophes. Partout, en Angleterre, en Allemagne, dans les pays scandinaves, le problème est désormais posé devant l'opinion. Il suffira de parcourir les numéros de notre Revue pour retrouver les mesures prises par les gouvernements ou les revendications exprimées par les groupements ouvriers.

.En France, après de nombreuses propositions, déposées à la Chambre, et qui firent l'objet d'un rapport de la Commission des Assurances et de la prévoyance sociale, le Parlement, s'inspirant d'un vœu du Conseil supérieur du Travail, a inscrit au budget de 1905, un crédit de 110,000 fr. en faveur des caisses de chômage, et ce crédit, qui figurera désormais au budget, sera augmenté à mesure que les caisses de chômage acquerront un plus grand développement. L'État a reconnu ainsi qu'il est du devoir de la Société de venir en aide aux sans-travail.

Par un décret en date du 9 septembre 1905, le ministre du commerce a réglé l'emploi de ce crédit. Les subventions sont accordées : 1º aux caisses composées de membres exerçant la même profession, des métiers similaires ou des professions connexes concourant à l'établissement de produits déterminés, à condition que le nombre des membres soit de 100 au minimum ; 2º aux caisses locales composées comme les précédentes et comprenant au moins 50 membres, à condition qu'elles soient subventionnées par les communes ; 3º dans les communes de moins de 20,000 habitants, aux caisses locales composées de membres appartenant à diverses professions, à condition qu'elles soient subventionnées par les communes et comprennent au moins 50 membres ; 4º aux caisses organisées en vue des secours de route par des unions d'associations et alimentées par des cotisations de chaque association adhérente, à condition que les ressources normales de ces associations soient constituées par les cotisations de leurs membres.

Telle est l'économie générale du décret. Il est, on le voit, inspiré du système connu sous le nom de système de Gand, c'est-à-dire de la majoration des secours fournis par des caisses ouvrières, qui doivent être, autant que possible, des caisses corporatives.

Nous signalons à tous nos camarades deux fascicules récemment parus, de notre ami Fagnot, sur ce sujet. On y trouvera un excellent commentaire du décret lui-même et des idées qui présidèrent à son élaboration; — et, d'autre part, des indications précieuses sur la manière dont les organisations syndicales pourront profiter de ce crédit (1).

LE MOUVEMENT A L'ÉTRANGER

Les Cotonniers de Gand

La grève des cotonniers de Gand, qui a duré du 23 juin à la fin de septembre, a été un mouvement admirable de ténacité et de solidarité. « Les dures têtes flamandes » ont montré aux patrons, comme jadis à leurs seigneurs-ducs, avec quelle obstination ils savaient revendiquer leurs droits. Les prolétaires modernes n'ont point démérité de leurs ancêtres du xive siècle.

Pour obtenir la journée de dix heures, 4000 tisseurs firent grève. Pour les soutenir, eux et leurs familles, il fallut, en secours modestes, 17.000 fr. par semaine. Des souscriptions furent organisées; les organisations syndicales ou coopératives prêtèrent, donnèrent. L'entrain des militants gantois permit de suffire à tout... Les grévistes firent des promenades éducatives, à la campagne. Au milieu de juillet, Anseele porta la question à la Chambre, dans un discours admirable. Il rappela comment partout, à l'étranger, la journée de dix heures se généralise; il montra le salaire lamentable des tisseurs; il insista sur l'intransigeance des patrons gantois. Il obtint que le ministre insistât auprès des patrons pour les amener à négocier. Des négociations furent ouvertes (fin juillet). Les ouvriers s'engageaient à reprendre immédiatement le travail, si les patrons s'engageaient formellement à adopter, au bout de six semaines d'enquête, le système des 63 heures par semaine avec maintien des salaires existants. Les patrons persistèrent dans leur intransigeance, refusèrent tout essai, toute expérience. Dans toute la Belgique ouvrière, on comprit l'importance de la lutte. Les souscriptions

---

(1) *Le chômage*, par F. Fagnot. — 1re partie : Institutions de secours et d'assurances; Caisses syndicales; leurs résultats. — 2e partie : Les subventions de l'État aux caisses syndicales; le décret du 9 septembre 1905. — Nos 34 et 35 de la Bibliothèque socialiste. Chaque numéro o fr. 5o. — Paris, Société nouvelle de librairie de l'édition, 17, rue Cujas, Paris.

affluèrent. Enfin, dans les derniers jours de septembre, les patrons cédèrent en partie, promettant après un referendum la semaine de 64 heures 1/2. Le referendum eut lieu le 30 septembre : dans 14 usines, 665.736 broches se prononcèrent pour la réforme, 76.000 contre.

Une grande manifestation, une manifestation, comme savent les faire les camarades belges, célébra cet heureux événement. Saluons-le comme la première atteinte au système capitaliste belge si obstiné toujours à maintenir les longues journées.

AMÉRIQUE

LES REVENDICATIONS DES MINEURS

Le Congrès des mineurs d'anthracite chargé de formuler les nouvelles revendications qui devront être soumises aux compagnies propriétaires des mines, le 1er avril prochain, lorsque la convention en vigueur devra être renouvelée, se tiendra du 5 au 10 novembre.

Le Congrès sera appelé à se prononcer sur les revendications suivantes :

1° Reconnaissance de l'union des mineurs par les propriétaires des mines de charbon, reconnaissance qui devra être fait par écrit, dûment signé ;

2° Substitution de la journée de huit heures à la journée de neuf heures accordée par la commission de la grève et qui prévaut actuellement dans l'exploitation des gisements de charbon dur ;

3° Augmentation du minimum de salaire actuellement payé aux hommes et aux jeunes gens qui ne sont pas des mineurs, soumis à un contrat qui les lie mais qui sont généralement classés comme manœuvres ;

4° Une échelle uniforme de salaires pour les houilleurs dans toutes les mines.

EN NOUVELLE-ZÉLANDE

Dans la Nouvelle-Zélande, les enfants au-dessous de 14 ans ne peuvent être employés dans les fabriques.

Entre 14 et 16 ans ils doivent être munis d'un certificat de capacité physique et avoir atteint le quatrième degré dans les écoles publiques, ce qui indique qu'ils ont reçu une bonne éducation commune.

Aucune femme ni aucun enfant au-dessous de 16 ans ne peut travailler la nuit. Tous ont de plus droit à six jours pleins de congé chaque année et à une demi-journée par semaine sans réduction de salaire.

VARIÉTÉS

Le pale apprêteur

Nous avons dit naguère (1) ce qu'était Morris Rosenfeld, le poète-ouvrier. Nous donnons aujourd'hui, toujours d'après l'exacte et expressive traduction d'André Créhange une nouvelle pièce. Nos camarades y retrouveront ce rythme ininterrompu, monotone, qui exprime la monotonie du même travail, toujours poursuivi, sans joie, sans goût, jusqu'à la mort, jusqu'à ce qu'un autre reprenne l'aiguille, et sacrifie une vie nouvelle au profit capitaliste.

Je vois, là, un pâle apprêteur,
usé par l'atroce labeur !
Depuis que je me souviens de lui, toujours il coud,
consumant jusqu'au bout ses forces.

Les mois ont fui,
les années passent en courant,
et l'homme pâle est toujours là, penché,
luttant contre la machine brute.

Je m'arrête et j'observe son visage,
son visage couvert de poussière et de sueur,
et je sens qu'en lui aucune vigueur physique ne travaille,
que seule, à présent, l'énergie morale le soutient.

Cependant les pleurs tombent en pluie drue
depuis le lever du soleil jusque tard le soir ;
ils pénètrent les étoffes
ils imprègnent les points de la couture.

Dites-moi combien de temps encore poussera-t-il,
cet homme affaibli, la roue sanglante ?
Oh ! qui peut me dire quand viendra pour lui la fin ?
Qui connaît la clef de cette angoissante énigme ?

Hélas ! c'est difficile, bien difficile à dire.
Pourtant une chose est sûre et claire :
quand le labeur aura tué celui-ci,
un autre prendra sa place et coudra.

Morris Rosenfeld.

---

(1) Voir la *Revue syndicaliste* de juin : n° 2. Page 45.

Première Année. N° 7. 15 Novembre 1905.

La Revue Syndicaliste

ABONNEMENT	Paraissant	ABONNEMENT
	le 15 de chaque mois.	
Un an .. .. .. **2 fr. 40**		Un an .. .. .. **2 fr. 40**
Six mois .. .. **1 fr. 20**	Le numéro : **0 fr. 20**	Six mois .. .. **1 fr. 20**

LES
RETRAITES OUVRIÈRES ET LES SYNDICATS

La discussion du projet de loi des Retraites ouvrières est revenue à l'ordre du jour de la Chambre des députés. Elle est, pour les mutualistes bourgeois, l'occasion de bruyantes manifestations ; elle ne semble pas, par contre, attirer suffisamment l'attention des travailleurs. Nos camarades syndiqués devraient cependant prendre garde à l'esprit qui domine certains membres de la commission de Prévoyance et d'assurance sociales. Il ne faudrait pas, comme le citoyen Vaillant en manifestait récemment la crainte, que l'on fît une loi de paix sociale, c'est-à-dire de réaction.

Il serait inexact de dire que la question des retraites ouvrières n'a pas été sérieusement étudiée par les syndicats. Dès 1896, la proposition Escuyer-Zévaès avait été soumise à l'étude des travailleurs, avait été vivement discutée au Congrès de Toulouse. Cette proposition qui avait joui d'une grande faveur fut brusquement laissée de côté, et M. Millerand, qui l'avait acceptée autrefois, se ralliait, comme ministre du commerce, au projet de la Commission, rapporté par M. Guicysse. On avait, semble-t-il, fait bon marché de l'opinion des syndicats ; on adressa, lors de l'enquête de 1901, un questionnaire fort mal conçu, où on leur posait cette étrange question : « Voulez-vous payer une cotisation pour vos retraites ». Placés dans l'alternative de payer ou de ne pas payer, il était tout naturel qu'ils choisissent la deuxième solution. Après cette enquête faite, fort rapidement, et pour la forme, on ne s'occupa plus de l'opinion des syndiqués. On avait assez à faire de flatter les encombrants mutualistes.

Le projet de loi sur les retraites ouvrières a donc été élaboré en dehors de l'opinion ouvrière. Un de ses auteurs, M. Guieysse, est un actuaire. Il ne s'est guère préoccupé que d'établir, en s'appuyant sur les savants calculs que lui a fournis l'Administration, la carte à payer. Son plus grand souci a été de démontrer à la bourgeoisie qu'elle pouvait sans trop de sacrifices donner des rentes aux travailleurs, et que la paix sociale, qu'il faisait miroiter au bout de la loi, ne coûterait pas trop cher. M. Millerand, autre grand promoteur du projet de loi, s'efforçait surtout de faire accepter le principe de l'obligation. Il ne se tourna pas vers les travailleurs, dont certains autrefois ayant accepté le projet Escuyer, avaient comme adhéré implicitement à cette idée. Il s'adressa aux mutualistes bourgeois, à ceux qui protestaient au nom de la Liberté si chère depuis quelques années aux partis de réaction. Les mutualistes se sont laissés convaincre; mais ils veulent faire payer cher leur adhésion. Il faudra que la loi soit favorable à leurs intérêts qui s'identifient, nous le montrerons, avec ceux du grand patronat.

Il appartient maintenant aux travailleurs de se défendre. Il faut que l'organisation administrative qu'établira la loi ne soit pas dirigée d'une manière plus ou moins directe contre le mouvement syndical. Il faut, d'autre part, que de larges ressources soient mises à la disposition du service des retraites, et qu'on ne se dissimule pas que la question des retraites est aussi une question fiscale.

Nous rappellerons brièvement l'économie du projet de la commission. L'assurance est obligatoire ; elle est alimentée par un versement ouvrier de 2 % du salaire et une cotisation égale du patron. L'âge d'entrée en jouissance de la pension est fixé à 6o ans. Tout salarié ayant atteint cet âge et ayant effectué un versement annuel minimum de 20 francs, aura droit à sa pension. L'État garantit des pensions de 36o francs au minimum. En cas d'invalidité prématurée, survenant après deux années au moins de versements, l'État garantit une pension variant entre 5o et 200 francs. Les salariés agricoles ne paieront qu'une cotisation uniforme de 0,05 par jour de travail, à la charge du patron et de l'ouvrier ; l'État ne leur garantira dans la condition précitée qu'une retraite de vieillesse de 240 francs, ou une retraite d'invalidité de 15o francs.

Le système organise une assurance, c'est-à-dire qu'il laisse à chaque participant la propriété de ses cotisations qui fructifieront dans les caisses de l'État et constitueront des retraites dont le montant sera en rapport avec la quotité des versements. D'autres projets, ceux des citoyens Vaillant, Fournier, Contant, par exemple, constituaient des retraites pour tous les Français invalides ou indigents, à l'aide de ressources fournies par un impôt général. On aurait organisé ainsi un service public de retraites. La Commission et la Chambre des députés ont jusqu'ici repoussé cette idée, et s'en sont tenues au système d'assurance subventionné par l'État.

Nous n'insistons pas sur l'obligation imposée aux salariés de verser une cotisation. Il est certain que la majorité de la classe ouvrière s'est prononcée contre le principe de la cotisation ouvrière. Mais il est non moins certain que la Chambre et le Sénat en feront en quelque manière une des conditions de l'établissement de la loi. Cependant, il sera juste, il sera nécessaire, et ce fut dans la discussion de juin dernier le vœu de plusieurs députés d'opinions diverses, d'exempter certains salaires trop bas de cette charge qui incombera alors à l'État ou à la Commune.

Les retraites seront constituées sous le contrôle de l'État, par la caisse des retraites, les caisses patronales, les sociétés de secours mutuels, les caisses d'épargne, les sociétés d'assurances. La loi laisse donc une grande liberté aux intéressés de choisir leur institution de prévoyance. En principe l'idée est heureuse et l'expérience allemande montre qu'il ne faut pas laisser le salarié isolé en face d'une organisation administrative. Par nonchalance ou intimidation, il lui arrivera de ne pas faire valoir ses droits, que peut-être il connaît mal. Il est bon qu'une association prenne ses intérêts en main, l'incite à agir et à se défendre si on veut le frustrer. Mais il faut que ces organisations qui fonctionneront en vue d'une stricte application de la loi, soient purement ouvrières, que l'administration en appartienne aux seuls intéressés. Or le projet de loi est loin de satisfaire à cette exigence. Il n'est pas besoin de parler des Caisses patronales, des Caisses d'épargne, des Sociétés d'assurances qui sont, en fait, entre les mains de la classe bourgeoise. Les Sociétés de secours mutuels ne sont pas non plus des institutions ouvrières, et elles ne peuvent guère l'être dans l'état actuel de notre législation. En effet, l'art. 3 de la loi de 1898 qui régit les Sociétés de secours mutuels, les autorise à recevoir des dons et cotisations de membres honoraires et à confier à ceux-ci leurs fonctions électives. Dès lors, la tactique des patrons est simple : fonder des Sociétés de secours mutuels, s'y introduire comme membres honoraires, prendre ou faire donner à leurs créatures la direction de ces sociétés. Et nous voyons ce mouvement commencer : dans bien des endroits, les anciennes caisses de secours patronales se transforment en Sociétés de secours mutuels, et les ouvriers se trouveront dans l'alternative ou d'aliéner leur liberté, d'adhérer à la Société jaune, — la plus avantageuse, d'ailleurs, car elle sera riche des cotisations patronales, — ou d'aller à la Société rouge, la plus pauvre, en butte aux tracasseries des chefs d'entreprises.

Et c'est sur ce point que semble devoir porter désormais l'effort des syndiqués. Ils peuvent accepter l'intermédiaire d'organisations entre la caisse de l'Etat et les assurés ; mais il faut que ce soient des organisations ouvrières.

C'est à la modification de la loi du 1er avril 1898, à la suppression de cet article 3 qui introduit la charité dans les Sociétés de secours mutuels, qui les jette sous la dépendance de la classe possédante, qu'il convient de s'attacher maintenant. Il est intéressant de remarquer qu'il se produit en Allemagne un mouvement analogue : socialistes et syndiqués s'efforcent d'obtenir l'indépendance, l'autonomie des caisses locales, qui sont la base de tout le système d'assurance, et ils ont trouvé dans ce milieu un excellent terrain pour la propagande de leurs idées.

L'action des travailleurs devra s'exercer aussi sur l'élévation des pensions pendant la période transitoire. La loi ne peut entrer en pleine vigueur qu'au bout de 3o ans. Pendant cette période, des crédits spéciaux permettront de servir des pensions aux vieux ouvriers. Les pensions prévues par le projet de loi sont trop faibles : elles varient de 5o fr. à 12o fr. Il faudra trouver des ressources nouvelles pour augmenter ces pensions dérisoires. On peut espérer qu'une pression du monde des travailleurs déterminera enfin le Parlement à entreprendre les réformes fiscales qui seront la conséquence logique de la loi des retraites ouvrières.

A l'heure actuelle, la discussion du projet de loi est assez molle. On sent que la commission de prévoyance, pressée d'aboutir, voulant rallier des voix nombreuses, est prête à bien des concessions. Il appartient aux travailleurs de manifester leur volonté et de faire un effort pour que la loi des retraites ouvrières soit, non pas une loi de paix sociale, d'économie, une réforme bourgeoise, mais la source d'une expansion toujours plus vivante des organisations ouvrières.

DES FAITS ! [1]

Dans un article publié par *La-Voix du Peuple*, et intitulé : « Des chiffres ? » le secrétaire de la Confédération générale du Travail, de France, le camarade V. Griffuelhes, a exprimé assez longuement son opinion sur la tactique des syndicats allemands, à l'occasion du récent

---

[1] Cet article paraît en même temps dans le *Correspondenzblatt*, l'organe central des syndicats allemands.

conflit qui s'est produit dans l'industrie électrique à Berlin. Dans *L'Humanité*, le camarade Albert Thomas avait décrit l'issue de la lutte, comme une défaite des syndicats. Il écrivait en effet :

« Ainsi 80.000 travailleurs allaient être privés de travail, quand les « grévistes cédèrent. Le 13 octobre, vaincus et avouant leur défaite, ils ren- « trèrent à l'atelier. »

Cette interprétation du camarade Thomas n'est point tout-à-fait juste. Les ouvriers de l'industrie électrique de Berlin ne rentrèrent pas à l'atelier vaincus, avouant leur défaite ; mais ils reprirent le travail, à des conditions qui, il est vrai, leur avaient été accordées en partie dès le début du conflit, mais qui leur avaient été de nouveau refusées, lorsque commencèrent les lock-out de masses. Ils n'ont pas obtenu, il est vrai, ce qu'ils voulaient obtenir, mais ils ont conservé les améliorations qu'on leur avait accordées pendant les négociations, avant la grève. Ce fut un armistice, mais non une défaite, car le patronat lui non plus, n'avait pas atteint son but. Ses lock-out de masses avaient pour but, en effet, d'effrayer, d'intimider l'organisation ouvrière et de la rendre désormais incapable de lutte. Le conflit a démontré que la tactique de terrorisme, employée par les patrons, est demeurée sans effet. Et même les extensions successives du conflit n'ont pas réussi à dégoûter de la lutte les organisations syndicales. De nouveaux conflits gigantesques éclatent dans toutes les parties de l'Empire. Et la capacité de combat des syndicats allemands n'a été diminuée en rien par l'interruption d'une bataille, dans laquelle à aucun moment on n'a fait intervenir les réserves dont disposait l'ensemble des organisations. Chaque jour peut amener de nouvelles batailles, que les syndicats envisagent sans peur. Ils emploieront toujours les moyens que la situation leur permettra d'employer, mais ils n'iront jamais jusqu'à l'épuisement complet de leurs forces de résistance, de telle manière que le capital puisse leur dicter ensuite les conditions du vainqueur.

Ainsi, le jugement de l'*Humanité* sur l'issue du combat est inexact ; il faut voir maintenant comment le camarade Griffuelhes l'utilise, pour railler la tactique allemande. Griffuelhes écrit en effet :

« Le conflit des électriciens de Berlin a pris fin sur l'ordre des militants « des Syndicats ouvriers qui, dit l'*Humanité*, « se sont laissés surprendre. « Ils n'étaient pas prêts et nos camarades d'Allemagne *n'aiment que les* « *luttes pour lesquelles ils sont prêts.* Surpris, ils n'ont pas voulu étendre « la bataille ; ils n'ont pas voulu engager, dans une mélée incertaine, des « masses ouvrières plus nombreuses. »

« Il faudrait déduire de ces lignes que la reprise du travail, devant la

« généralisation imprévue du conflit provoqué par les décisions patronales,
« a été proposée et adoptée parce que les travailleurs n'étaient pas prêts
« pour la résistance à la coalition de leurs adversaires.

« Je n'entends pas m'inscrire en faux sur ce point. J'ignore si les Syndicats
« allemands étaient prêts ou s'ils ne l'étaient pas. Cependant, je dois avouer
« mon étonnement. Les camarades allemands n'étaient pas prêts avec leurs
« 1.500.000 syndiqués et leurs millions. C'est possible, mais, alors je me
« demande si un jour viendra où ils seront prêts. Quel est le nombre de
« syndiqués nécessaires pour la résistance ? Quel est le nombre de millions
« indispensables pour la résistance ?...

« Je me pose ces questions parce que, être prêts, pour les Syndicats
« allemands, c'est avoir un nombre considérable de syndiqués et de millions.

« Je serais désireux de connaître ces chiffres, car je ne suis pas arrivé
« à comprendre que les luttes sociales se résolvent avec la même simplicité
« qu'un théorème algébrique.

« Croire que, dans un cabinet, en tablant sur des statistiques, on peut
« déterminer les conditions d'un conflit, marquer, à l'avance, les différentes
« phases qui le caractériseront, tracer la voie qu'il suivra, me paraît étrange.
« Certes ! on peut, dans une certaine mesure, préjuger de la marche d'un
« conflit, mais il y a dans les luttes sociales une large part d'imprévu. Dans
« cette part d'imprévu rentre, pour une bonne partie, la vigueur des com-
« battants. Toute l'histoire de nos luttes, tant économiques que politiques,
« montre que c'est là un facteur important qui décide le plus souvent du
« résultat.

« Je sais bien qu'en Allemagne ce facteur est quantité négligeable ou,
« plutôt, il n'existe pas et c'est pourquoi nos camarades ne sont pas prêts. »

L'auteur de cette polémique, née d'une relation inexacte des faits
prend évidemment plaisir à déformer les méthodes allemandes, pour
les rendre grotesques. Que les syndicats allemands sont prêts pour
la lutte, cela même se trouve démontré par les luttes de plus en
plus nombreuses qu'ils mènent, *en dehors même des très nombreux
mouvements de salaire, dans lesquels ils obtiennent*, sans lutte, des
améliorations. Dans les cinq dernières années, les syndicats allemands
ont conduit 2,583 grèves d'attaque, auxquelles ont pris part 277,388
ouvriers, et 2,433 grèves de défense, avec 93,054 ouvriers, tandis que le
nombre des lock-out atteignait 331, comprenant 107,046 ouvriers. Ainsi
5,347 luttes avec 477,488 ayant-part, c'est-à-dire la moitié de tous les
membres engagés dans la bataille en l'espace de cinq années pendant
lesquelles la situation économique fut particulièrement mauvaise ; et la
majorité des ouvriers compris dans les mouvements se trouvant dans
les grèves d'attaque, voilà les faits ! En outre, dans l'année 1904 seulement, 249,382 ouvriers ont pris part à des mouvements de salaires qui

se sont terminés sans grève. Pour les années précédentes cette statistique fait défaut. Il est cependant certain que d'une manière générale, ces mouvements pacifiques dépassent de beaucoup les grèves ou lock-out, comme nombre d'ouvriers y compris. Pendant l'année 1904, 385,339 membres des syndicats prirent part soit à ces mouvements de salaires, soit à ces luttes de défense et d'attaque, — 385,339, c'est-à-dire 36,7 % du total des membres. Enfin, dans l'année présente, le nombre des luttes économiques atteindra une hauteur qu'il n'a jamais atteinte. Rien que dans les cinq années que nous avons déjà citées, 18 millions 1/3 de marks (soit près de 23 millions de francs) ont été consacrés à ces luttes ; la dépense de l'année en cours ne peut encore être fixée d'une manière exacte ; mais elle pourrait bien ne pas être inférieure de beaucoup à 8 millions de marks (10 millions de francs) — c'est-à-dire la moitié des ressources qui se trouvaient dans les caisses syndicales, à la fin de 1904. Il faut qu'on ait passé négligemment par-dessus ces faits pour pouvoir demander quel nombre d'organisés et combien de millions de francs sont nécessaires aux syndicats allemands, pour qu'ils soient prêts à la lutte, pour qu'ils soient prêts à résister. Les luttes des syndiqués français demeurent, comme nombre de membres et comme signification, bien loin derrière celles des syndicats allemands. La supériorité que Griffuelhes manifeste à l'égard des luttes allemandes, n'est donc point appuyée sur une connaissance exacte des faits.

Et les résultats, dira-t-on, de cette ardeur au combat ? Ils ne sont établis statistiquement que pour les grèves de défense et d'attaque. Mais dans les années 1900-1904 sur 5.016 grèves, comprenant 370.442 ouvriers, 2.396, comprenant 135.676 ouvriers se sont terminées, par un succès complet ; 1.044 grèves, comprenant 120.734 ouvriers, par un succès partiel. Ainsi 3.440 grèves (soit 68,5 %) apportèrent des améliorations à 256.410 ouvriers (soit 69,2 %). De même, sur les lock-out, 60,2 % se terminèrent par un succès complet ou partiel pour les ouvriers. Dans l'année 1904, 171.786 ouvriers obtinrent des augmentations de salaires ou une réduction du temps de travail, sans qu'aucune lutte se soit engagée, à ce sujet. La proportion du succès est donc nettement à l'avantage des ouvriers.

Mais ce ne sont pas simplement ces chiffres, qui prouvent que les syndicats allemands sont prêts à la lutte et souvent victorieux. Écoutons ce que les organes reconnus du patronat allemand disent des syndicats. *Le Journal des Patrons Allemands (Die Deutsche Arbeitgeber-Zeitung)* dit dans un appel (n° 38, de cette année).

« L'année de grève 1905, c'est ainsi que cette année sera désignée dans
« l'histoire économique de l'Allemagne, car le nombre et l'étendue des grèves
« y ont atteint dès maintenant une hauteur que l'on n'avait jamais eu à
« signaler, jusqu'à ce jour. D'innombrables blessures, et des blessures qu'il
« sera difficile ou même impossible de guérir ont été portées à l'activité
« économique de l'Allemagne. La grève, autrefois phénomène rare, excep-
« tionnel, rentre aujourd'hui parmi les faits de tous les jours, et le patronat
« allemand serait presque stupéfait, si un jour, ce journal pouvait annoncer,
« dans sa statistique régulière, que dans une semaine, ou même pendant un
« jour, aucune grève n'a éclaté contre lui. »

Au Congrès du placement, à Brême, M. Von Reiswitz, le rédacteur
de l'organe que nous venons de citer, avait été chargé du rapport sur la
« Question de tactique ». Après avoir estimé le nombre de membres des
syndicats, il s'exprime ainsi :

« L'influence prédominante des chefs de syndicats, sur la classe ouvrière,
« comme nous l'avons établi antérieurement, conduira à ce résultat que pro-
« chainement les petits patrons s'ils ne sont pas défendus avec persévérance
« par l'ensemble du patronat, seront vaincus dans leur lutte contre les reven-
« dications syndicales, et qu'ils seront contraints à céder, même si leurs con-
« cessions doivent les ruiner économiquement ».

Une autre preuve encore, du succès de la tactique des syndicats allemands, est cette idée exprimée encore par le *Journal des Patrons*, que
les syndicats patronaux ne peuvent plus éviter désormais les négociations directes et les armistices avec les comités ou conseils directeurs
des syndicats. Il n'existe plus au dire de ce journal, une représentation
ouvrière quelconque, qui ne soit dominée et dirigée par les syndicats ; et
le nombre des non-organisés qui veulent continuer de travailler est très
petit. « En fait, ceux qui veulent travailler, lors des grèves, forment une
partie de plus en plus faible de la masse ouvrière. En fait les ouvriers
sont menés par les syndicats social-démocrates ». Tels sont les termes
textuels du numéro 39 du journal cité, qui pour recommander la conclusion de traités avec les syndicats, se fonde surtout sur cet argument
que la reprise du travail peut alors avoir lieu d'une manière plus tranquille. C'est l'aveu que l'action de nos syndicats a ébranlé et renversé
la doctrine du « maître chez soi » que soutenaient avec entêtement les
syndicats patronaux. Sans doute, dans l'organe de l'Union centrale des
industriels allemands, le Secrétaire général de l'Union, M. Bueck,
affirme que la tactique qui consiste à repousser toute négociation avec
les syndicats, a encore toujours assuré la victoire au capital et qu'ainsi
les patrons sont sortis de tous les grands combats, en vainqueurs ;

sans doute aussi le docteur Leidig a écrit qu'on ne peut, sans coup d'épée, abandonner des positions qu'il est possible de garder. Mais à peine quelques semaines plus tard, ces deux messieurs devaient prendre garde que les patrons cotonniers d'Augsbourg, en introduisant la journée de dix heures « pour une raison très plausible de contrainte extérieure » comme le représentant de ce groupe l'avoua, — avaient abandonné, sans coup d'épée, une position que l'Union centrale avait unanimement décidé, encore en mai, de défendre jusqu'au bout.

Telle fut la crainte qui les saisit à ce moment, qu'ils convoquèrent en toute hâte une séance de comité, pour discuter, si, dans ces conditions, la résistance à la journée de dix heures devrait être maintenue. On s'avoua résigné à ce que, en dépit de la résistance récemment encore proclamée, la journée de dix heures fît son entrée aussi dans l'industrie textile. Or, tout cela se produisit sous la pression des luttes actuellement soutenues par les ouvriers du textile en Silésie, en Saxe, en Thüringe. Et cela prouve l'opinion que le patronat allemand s'est faite de l'ardeur au combat et de la force au combat, des syndicats allemands !

En fait, il semble étrange que l'on puisse croire que les luttes syndicales en Allemagne soient calculées, réglées à l'avance dans un cabinet et à l'aide des tableaux de statistique. Une telle exagération témoigne d'une complète ignorance des forces du mouvement syndical allemand, qui reposent avant tout sur une organisation d'atelier bien conduite. Mais une bonne statistique est aussi nécessaire pour apprécier les chances de succès que des moyens en argent suffisants, pour soutenir les combattants. Sans doute, tout mouvement a à compter avec des événements et des circonstances, qui ne peuvent être prévus, — mais il rentre dans la stratégie des syndicats allemands de réduire au minimum cet imprévisible, afin d'engager le combat avec des armes éprouvées et une connaissance suffisante du champ de bataille. En Allemagne, les conflits économiques sont beaucoup plus qu'en France une lutte d'organisation à organisation. L'organisation patronale est chez nous incomparablement plus développée qu'en France et beaucoup moins disposée à des concessions. C'est une lutte pour la puissance, dans laquelle le plus fort demeure vainqueur. Mais précisément les luttes gigantesques des dernières années ont démontré que les forces des deux adversaires le cèdent peu l'une à l'autre. Le patronat décrète des lock-out de masses, qui lui portent à lui-même de profondes blessures, sans parvenir à abattre les syndicats. Ainsi finissent la plupart de ces combats, par des traités qui reconnaissent aux travailleurs une partie de leurs revendications. Dans la grève de l'électricité, à Berlin, il n'en a pas été autrement. La supériorité économique se trouvait indubitablement du côté des trusts électriques, qui par leur lock-out de masses firent de la grève une question de puissance. Néanmoins ils se virent contraints eux aussi à des concessions, lorsque dans le bloc des « audacieux » (1) de sérieuses fissures se firent remarquer. La classe ouvrière interrompit la lutte pour ne pas épuiser ses forces dans une épreuve de sa puissance dont le succès, si douteuse que l'issue restât toujours, ne pouvait en aucune manière être en rapport avec les sacrifices faits.

V. Griffuelhes dit encore :

« Les Syndicats allemands ne sont prêts ni pour l'offensive, ni pour la « défensive : les Syndicats français, sans recourir à la lutte pour un vain « plaisir, l'acceptent ou la provoquent et ne reculent qu'après avoir com- « battu. »

Après tous les faits que nous avons cités, il n'est point nécessaire de réfuter cette affirmation ; elle sonne d'une manière plutôt absurde, après une lutte qui a englobé près de 40.000 ouvriers. Les chances de la lutte varient partout, même dans les pays où la classe ouvrière est bien organisée. En Danemark, en Angleterre, dans l'Amérique du Nord, de pareils combats se sont terminés au détriment des ouvriers, et cela s'est produit même en France. Nulle part peut-être plus qu'en ce dernier pays, il n'y a eu pour les travailleurs de défaites aussi sensibles et qui précisément brisaient leur résistance et paralysaient leur force d'action pour des années. Nous rappellerons seulement la grève générale de Paris, en 1898, la grève générale des mineurs en 1902 et la grève générale de Marseille en 1904.

Quelle est donc la différence de la tactique allemande et de la tactique française ? Les syndicats français, faibles en nombre et plus faibles encore de moyens, cherchent d'abord à entraîner les masses ouvrières à des actions soudaines, en surexcitant toutes leurs misères, puis par des souscriptions dans toutes les classes de populations, ils s'efforcent de créer les secours les plus indispensables ; enfin, par la pression sur les municipalités, sur les organes du gouvernement, au besoin même par des calamités publiques, ils tentent d'amener les patrons à céder. Si cela réussit, alors la lutte se termine par des promesses, qui, par suite du manque de fortes organisations, ne sont pas tenues. Et bientôt reparaissent les anciennes conditions. Si le

---

(1) Les « audacieux » dont parle ici Umbreit sont les grands patrons outranciers, ceux qui voulaient faire fermer toutes les usines métallurgiques de Berlin. On se rappelle que beaucoup de patrons refusaient déjà de se soumettre à la décision du lock-out général. (N. d. l. R.).

patronat tient bon, alors, « les ouvriers reculent », souvent même jusqu'en dehors de l'organisation, et le résultat est encore plus désolant.

Les syndicats allemands ont depuis longtemps dépassé cette tactique et ce ne sont que les organisations arriérées, qui de temps à autre y retombent. Leur stratégie consiste à être *toujours prêts au combat*, et à sortir du combat malheureux, encore prêts au combat. Ils rassemblent les travailleurs dans une organisation permanente, rassemblent des ressources pour un but de combat, rassemblent des documents statistiques pour la connaissance de leurs propres forces et des forces adverses, et rassemblent même si l'on peut dire de l'influence dans tous les organes de représentation publique. Ils s'attaquent constamment aux conditions existantes de la classse ouvrière, et souvent dans des centaines d'endroits à la fois, mais s'efforcent toujours d'introduire des améliorations par des ententes pacifiques.

Cela n'exclut pas naturellement de sérieux combats ouvriers, qui doivent souvent être menés dans de nombreuses localités en même temps. Les syndicats s'efforcent cependant à ne laisser éclater de tels combats que dans la mesure où ils peuvent espérer de les conduire victorieusement avec leurs propres moyens, et ils s'efforcent d'éviter les combats qui seront certainement perdus. Ce n'est que dans des cas extraordinaires qu'ils font appel aux ressources et aux moyens dont dispose l'ensemble de la classe ouvrière. Et il est à craindre que les lock-out de masses du patronat uni ne leur rendent plus souvent nécessaires ces actions de solidarité. Mais chaque fois cependant, ils n'ont confiance qu'en leur propre force, — ils savent en effet qu'ils ne peuvent aussi, que par leur propres forces, conserver leurs conquêtes. Toute pression politique faite sur les patrons, tout secours efficace d'une municipalité ou de fonctionnaires quelconques sont pour ainsi dire presque complètement exclus de leur tactique. Ils interrompent le combat quand des concessions suffisantes ont été faites, et qu'ils ne peuvent plus obtenir davantage, ou qu'ils ne peuvent l'obtenir qu'au prix de sacrifices hors de proportion avec cet avantage nouveau. Combattre jusqu'à épuisement complet, leur semble un crime contre l'organisation, — car une défaite complète signifie la perte de dix années de travail. Et ils savent que ce sont seulement des syndicats forts qui contraignent le patronat à des concessions, ainsi qu'à la reconnaisance de l'égalité de droit des organisations.

Les syndicats allemands ont obtenu par cette tactique depuis quinze années des succès remarquables, des succès reconnus même par leurs ennemis les plus acharnés. Ils continueront à travailler et à combattre selon cette méthode. Ils ont déjà même la satisfaction de constater que leur tactique est imitée dans les autres nations ouvrières et même en France. La pauvreté du mouvement syndical français a conduit beaucoup de militants ouvriers des plus capables à fonder leur action, comme celle des Allemands, sur la base de solides organisations et de caisses suffisantes, et ce mouvement de rétablissement fait chaque jour des progrès. Et même si toutes les luttes économiques d'Allemagne ne se terminent point par la défaite des capitalistes, cela ne suffira pas à faire dévier ou arrêter le travail d'organisation. L'ardeur au combat qui anime de tous côtés la classe ouvrière allemande, la cohésion qui se manifeste dans ses rangs, même après des luttes gigantesques jusqu'ici sans exemple, peuvent même encore servir d'excitant à la classe ouvrière de tous pays.

Mais la classe ouvrière allemande a aussi conscience que sa lutte est la lutte commune à toutes les nations ouvrières : la lutte contre la puissance illimitée du grand capital. Elle n'a point eu de cesse ni de repos, que la ligue internationale du travail ne fût établie, ligue qui doit augmenter la force de résistance des nations respectives. C'est rendre un mauvais service à cette solidarité internationale de la classe ouvrière que de chercher comme on le fait, à déprécier par des attaques les méthodes des syndicats allemands, et particulièrement à des moments, comme le moment présent, où nos syndicats se trouvent en face de trusts et d'unions patronales formidables. Bientôt les camarades français éprouveront que la lutte de la classe ouvrière allemande est aussi leur lutte, et qu'il est utile de s'armer en vue de cette lutte. Puissent les syndicats français ne point s'en apercevoir trop tard et puissent-ils ne pas rompre les relations qui leur assurent, à eux aussi, un avenir plus certain.

Paul UMBREIT (Berlin),
membre de la Commission générale
des syndicats allemands.

LE MOUVEMENT EN FRANCE

LA BOURSE DU TRAVAIL DE PARIS

Le désintéressement, manifesté par les syndicats parisiens, sur le règlement, l'administration et la gestion de l'immeuble de la rue du Château-d'Eau, par une Commission gouvernementale, ne pouvait que compliquer la situation. Aussi, les mesures et décisions de cette Commission ne surprennent personne ; de sa part, il fallait s'attendre à tout. Son désir, disons plus, sa raison d'être, est de contrecarrer la propagande syndicale, de bien faire sentir aux travailleurs syndiqués que la Bourse officielle ne leur appartient pas et qu'ils ne doivent y faire que ce qu'il plaît en haut lieu.

Et c'est sous le couvert de la loi de 1884 et des décrets qui régissent la Bourse que la Commission provisoire empêche la propagande et l'action syndicales. Mauvais prétexte !

En effet, pour empêcher, à la Bourse du Travail, la réunion des sous-agents des postes qui voulaient constituer un syndicat, on a invoqué décrets et loi de 1884. Seuls, a dit la Commission, les syndicats constitués conformément à la loi et adhérents à la Bourse, conformément aux décrets qui la régissent, peuvent organiser des réunions dans l'immeuble municipal. Ainsi comprise, ainsi gérée, la Bourse ne pourra plus être d'aucune utilité aux travailleurs qui voudront s'organiser pour la défense de leurs intérêts. Tous les militants savent les difficultés qu'il faut vaincre pour constituer un syndicat dans une profession, et le concours précieux qu'apportait la Bourse. Forcer les travailleurs à se syndiquer avant de pouvoir se réunir à la Bourse, c'est augmenter les difficultés, c'est gêner et empêcher la constitution de nouveaux syndicats.

Mais où la provocation se montre avec netteté, c'est bien dans la mesure prise contre la Confédération générale du Travail. Le prétexte pris pour l'expulsion de la Confédération est ridicule, enfantin, et personne ne s'est laissé prendre au jeu. Chaque année, au tirage au sort et au départ de la classe, un numéro spécial de *La Voix du Peuple* est consacré aux jeunes conscrits, aux nouvelles recrues. Et c'est parce que cette année encore, on a fait appel à nos jeunes camarades de travail appelés à la caserne, c'est parce qu'on leur a donné des conseils qu'on chasse la confédération de la Bourse !

Légalement, d'après sa nomination et sa constitution, la fameuse commission ne doit s'occuper que de la *gestion de l'immeuble* et non de l'action propre des organisations ouvrières ayant leur siège à la Bourse. Au lieu de cela, on s'inquiète de ce qu'écrivent les militants dans l'organe confédéral, on juge les articles publiés ! De quel droit ? Je le répète, la commission n'a jamais eu cela dans ses attributions, et elle n'a pas le droit de prendre une mesure contre une organisation qui publie des articles qui lui sont désagréables. Il y a des lois qui s'appliquent à la presse, qui répriment les excès, et alors que le parquet ne trouve pas lieu à poursuites, la Commission, elle, juge et condamne une organisation syndicale sur ses écrits, sur ses publications ! Cela est invraisemblable, mais cela est. On invoque, je le sais bien, que la propagande antimilitariste n'est pas du ressort des syndicats et qu'en faisant de l'antimilitarisme les syndicats dérogent à la loi de 1884. La réponse est facile, elle a été faite bien des fois. La défense des intérêts professionnels oblige les syndicats à s'intéresser à l'antimilitarisme, et cela parce que la classe dirigeante met l'armée à la disposition du patronat, chaque fois que des travailleurs font grève pour la défense de leurs intérêts. Pour exemple, les grèves de la vallée de la Meurthe, où la résistance aux revendications ouvrières est appuyée par la force armée.

Ah oui, nous comprenons les appréhensions des gouvernants, de la bourgeoisie : si les travailleurs d'hier et de demain que sont les soldats, se refusent à voir des ennemis dans leurs camarades de travail, en grève, si nettement ils manifestent leur répulsion pour la triste besogne qu'on leur impose, l'arrogance et la résistance patronales cesseront. Les grèves seront plus souvent victorieuses, et ces victoires engageront le prolétariat à plus d'action.

Et les syndicats ouvriers abandonneraient cette propagande ? Ils se désintéresseraient de l'armée toujours mise au service du capital contre le travail ?

Non. Le devoir syndical impose cette propagande, elle est indispensable. La propagande antimilitariste est du domaine syndical et ni règlements, ni mesures mesquines comme celle dont a été l'objet la Confédération n'en détourneront les syndicats. Et encore en cette occasion tous les syndicats seront unis pour protester contre l'ingérence de l'administration dans le mouvement syndical, dans les Bourses du Travail.

N'empêche que le problème de la vie, de l'action et de l'organisation syndicale devient plus pressant. Cette sujétion au gouvernement, aux municipalités, des groupements syndicaux, et cela pour recevoir des subventions toujours insuffisantes doit être brisée.

Rendre les Bourses du Travail absolument indépendantes, demander à tous les syndiqués, à tous les groupes syndicaux les éléments de vie et d'organisation nécessaire, voilà le salut, voilà l'affranchissement de toute tutelle.

Les moyens sont nombreux. Dans cette revue nous en avons indiqué, d'autres camarades aussi ont pressé les syndicats de se libérer définitivement.

Que résolument on s'attelle à cette besogne avec la ferme volonté d'aboutir : ainsi aura disparu une des plus grandes entraves au développement des syndicats, à la force de leur action.

J. LAUCHE.

Dans les Vosges

Depuis quatre semaines, les ouvriers textiles de la Vallée de la Meurthe, au nombre de 3.500, sont en grève pour l'obtention d'une augmentation des salaires de 10 °/₀ et d'un règlement d'atelier plus équitable.

Devant ces revendications d'ordre purement matériel et si légitimes, MM. Géliot et Cⁱᵉ, les patrons, sont demeurés jusqu'aujourd'hui intraitables, moins, sans doute, pour les obligations financières qu'elles comportent, que pour l'atteinte morale que porterait à leur autorité toute puissante le triomphe des ouvriers.

Depuis plus d'un demi-siècle, la Maison Géliot dicte ses volontés à toute cette population ouvrière, sans que jamais la plus petite protestation se soit élevée. M. Géliot en était arrivé à considérer ses ouvriers comme un bétail avec cette aggravation que l'entretien de ce bétail lui était tout à fait indifférent. Les salaires étaient ridiculement bas; de plus, l'ouvrier n'avait pas la libre disposition de son argent : des économats appartenant au patron fonctionnaient et l'ouvrier était obligé d'y dépenser sa paie en totalité. Il m'a été permis, à ce sujet, de faire une constatation étrange. Quand la paie de l'ouvrier comportait une fraction de franc, par exemple 21 fr. 80, la dépense à l'économat se trouvait, comme par hasard, être de 20 fr. 80, d'où cette conclusion que pendant de longues années, M. Géliot n'a dû faire la paie à ses ouvriers qu'avec des pièces de 0 fr. 50 et de 1 fr.

Au point de vue moral, la situation des ouvriers n'était pas meilleure ; il était notoire qu'aucun candidat ne pouvait être élu sans être agréé par M. Géliot,

Cependant, malgré les précautions prises par les patrons pour que le bruit des luttes sociales qui se livrent un peu partout ne vienne éveiller leurs ouvriers, l'écho devait un jour ou l'autre s'en répercuter dans la vallée. C'est ce qui est arrivé il y a un peu plus d'une année.

Quelques bons camarades, parmi lesquels l'infatigable Mégel, actuellement encore secrétaire, jetèrent les bases d'un syndicat, et, après quelques semaines de tâtonnements, de pas indécis, bien naturels après tant d'années d'obscurité, le jeune syndicat s'engagea résolument sur la route lumineuse du progrès avec une activité fébrile, brûlant les étapes, semblant vouloir rattraper le temps perdu. Le succès d'une réclamation présentée par le Syndicat, au mois de février dernier, redoubla encore son essor. Une coopérative fut installée en face du vieil économat tous les jours un peu plus abandonné.

C'est cette marche triomphale que, dans un suprême effort, M. Géliot tente d'arrêter.

La grève actuelle de la vallée de la Meurthe, c'est le duel du passé contre l'avenir, aussi tout le prolétariat vosgien en attend la conclusion avec anxiété.

Le succès des ouvriers dans cette décisive épreuve, c'est l'espoir, la confiance en soi, si nécessaires aux jeunes syndicats ; l'échec, c'est le découragement, l'aveu d'impuissance, capables de paralyser pour long-temps nos groupements nés d'hier.

C'est pourquoi je profite de l'occasion que m'offre *La Revue Syndicaliste* pour remercier tous les militants, tous les syndicats, qui sont venus et viennent encore en aide aux grévistes des Vosges, et dont l'intervention fraternelle facilitera le succès.

C. Pernot,
Secrétaire de la Fédération
des Syndicats ouvriers des Vosges.

Historique du Mouvement Syndical chez les Instituteurs

L'histoire du mouvement syndical chez les instituteurs tient tout entière dans le rappel de quelques faits qui sont loin d'avoir eu, dans le temps où ils se sont produits, l'importance et le retentissement que vient d'avoir la constitution d'un Syndicat d'instituteurs dans la Seine.

C'est au lendemain même de la promulgation de la loi sur les Associations professionnelles, et dans ce même département de la Seine, qu'on trouve la première tentative de ce genre ; il ne reste plus du mouvement d'alors des traces bien nettes, et il est certain que les intentions des instituteurs syndicalistes d'alors étaient loin d'être aussi définies et aussi révolutionnaires — ce mot étant pris dans son sens absolu — que les intentions des instituteurs syndicalistes d'aujourd'hui, qui profitent d'ailleurs de l'expérience, déjà longue, des syndicats ouvriers et des syndicats de fonctionnaires préexistants.

Pourtant, M. Spuller, ministre de l'Instruction publique, crut nécessaire d'interdire la formation de ce syndicat et d'étouffer dans l'œuf cette première tentative d'émancipation. C'est dans la circulaire qu'il lança à cet effet que se trouvent ces singulières affirmations : « L'autonomie des fonctionnaires a un autre nom, elle s'appelle l'anarchie ; et l'autonomie des sociétés de fonctionnaires, ce serait l'anarchie organisée ». Et M. Spuller attribuait « un caractère séditieux à une association de fonctionnaires qui aurait le triple but que résument ces trois mots : Autonomie, Fédération, Syndicat professionnel » (septembre 1887).

Pendant quelques années, les instituteurs semblèrent avoir aban-donné leur projet de formation d'associations professionnelles. Cependant les premières Amicales avaient paru. Stéphane Becquerelle, qui est un des militants les plus connus du syndicalisme universitaire, et qui a suivi avec attention le développement de nos associations corporatives, définit ainsi leur esprit : « Il faut bien avouer, dit-il, que lorsque les instituteurs fondèrent leurs premières *Amicales*, ils ne s'étaient pas rendu un compte bien exact du rôle qu'elles pourraient jouer un jour. Les sociétés de Secours mutuels étaient alors le dernier mot de la sagesse, et les nouvelles venues faisaient à beaucoup d'instituteurs l'effet d'une organisation parasite parfaitement inutile à la vie du corps enseignant. Ce fut la cause du peu d'enthousiasme qu'elles excitèrent d'abord dans le personnel. Ceux qui adhérèrent les premiers le firent sans trop de conviction et n'y virent surtout qu'une occasion de se retrouver avec d'anciens collègues dans un fraternel banquet. »

Il ne faudrait pas croire pourtant que les Amicales conservèrent longtemps leur caractère étroitement « amical » ; elles s'essayèrent bientôt à surveiller les actes du pouvoir administratif et à formuler les doléances des membres de l'enseignement ; elles le firent d'abord avec d'infinies précautions, dans les banquets ou « agapes fraternelles », où l'on avait pris l'habitude de convier les inspecteurs des divers rangs, « afin, disait-on, que la famille fût complète. » Il fut visible bientôt que le ton des discours devenait chaque jour plus ferme, et les récriminations portèrent sur la déplorable situation matérielle de l'instituteur, sur le défaut de liberté réelle, sur la nocivité des programmes et des manuels d'enseignement..

Même, on institua des séances dites de travail, dans lesquelles on prétendit examiner toutes questions se rattachant directement ou indirectement à l'éducation du peuple et aux intérêts du corps enseignant ; on émit des vœux ; on les renouvela ; on s'aperçut qu'ils restaient lettre morte ; on parla plus fermement, et cela valut aux instituteurs d'être rappelés par des fonctionnaires-journalistes, qui prétendent diriger et modérer à leur guise, l'évolution des idées dans le corps enseignant, à ce qu'ils appelaient « le tact et la mesure. »

Sous l'impulsion de quelques camarades, certaines Amicales arrivèrent plus tôt que les autres à ce degré d'émancipation où l'on veut connaître de tout ce qui touche aux intérêts matériels et moraux de la corporation à laquelle on appartient, et où l'on a la ferme volonté de vaincre par l'action collective les résistances passives ou actives qui s'opposent à la réalisation de l'idéal de justice qu'on s'est formé.

Il y eut donc de nouvelles tentatives, soit de syndicalisation d'Amicales, soit de constitution de fédérations régionales ou nationales. A chacune de ces tentatives, l'Administration « sévit », c'est à-dire qu'elle s'opposa, par de nouvelles circulaires, aux intentions des instituteurs ; on était encore — il n'est pas superflu de le rappeler — au temps où une « circulaire » ministérielle était considérée comme ayant force de loi ; aujourd'hui, bien heureusement, les circulaires, toutes ministérielles qu'elles sont, ne valent plus aux yeux de la majorité des instituteurs que par la légalité et la moralité des instructions et arguments qu'elles contiennent. Examinons donc, par ordre chronologique, les principales des tentatives dont nous venons d'évoquer le souvenir, et essayons de dégager par des citations succinctes l'esprit des circulaires dont elles provoquèrent l'élaboration.

C'est d'abord, en 1892, l'essai d'un *Congrès régional* d'instituteurs, à l'occasion duquel M. Bourgeois, Ministre de l'Instruction publique, écrivait au préfet de Vaucluse : « Dès le début, le gouvernement a tracé la ligne de démarcation. Il a déclaré qu'il ne laisserait pas s'introduire dans l'enseignement public, sous prétexte de « groupement des instituteurs », une organisation permanente telle qu'un *syndicat professionnel*, une ligue ou fédération aboutissant à un Comité central ou tout autre mode de concentration illégale de pouvoirs aux mains de mandataires officieux, quels qu'ils soient ».

C'est, en 1895, dans des circonstances analogues, la reproduction de cette même doctrine dans une lettre adressée à M. Gréard par le Ministre de l'Instruction publique : « Le gouvernement, était-il dit, ne saurait laisser introduire dans l'enseignement public une organisation permanente telle qu'un syndicat ou tout autre, mode de concentration illégale de pouvoirs aux mains de mandataires officieux. Il ne saurait admettre qu'une association, composée de fonctionnaires de l'Etat, eût, sous prétexte de venir en aide à ses membres, *la faculté d'intervenir entre eux et leurs chefs hiérarchiques*, d'user à un moment donné de tous les moyens en son pouvoir pour chercher à contrecarrer l'action du Ministre responsable, et à peser sur les pouvoirs publics. »

C'est, en 1897, l'essai de constitution d'une Association des membres de l'enseignement, qui amenait M. Rambaud à déclarer que « des études de ce genre (il s'agissait de tout ce qui intéresse la corporation) ne sauraient rester purement théoriques et donneraient lieu nécessairement à des délibérations, à des votes, à des démarches diverses, et qu'en conséquence, la Société dite « d'études » *deviendrait immédiatement une « Société d'action »*. Et l'on s'étonne que des instituteurs demandent encore quel intérêt ils peuvent avoir à se syndiquer lorsqu'on trouve dans cette même circulaire l'aveu suivant : M. Rambaud déniait aux fonctionnaires dépendant de son ministère le droit de « s'associer... *avec la force que donne la grande collectivité fédérée ou coalisée.* »

C'est enfin, au moment précis où, par la fondation des Universités populaires, on essayait, disait-on, d'opérer la fusion des intellectuels et des manuels, le projet formé par les instituteurs de la Somme, de s'affilier à la Bourse du Travail d'Amiens. Leur inspecteur d'Académie, M. Alliaud, leur fit connaître que l'*autorité* était décidée à interdire l'affiliation. « Nous eûmes la faiblesse de céder, écrit à ce propos Becquerelle, président de l'Amicale de la Somme, plus par déférence pour M. Alliaud, que par esprit d'obéissance et de crainte. La preuve, c'est qu'à l'assemblée générale suivante de l'Amicale, nous prenions, toujours à l'unanimité, la résolution de lutter par tous les moyens légaux en notre pouvoir, pour la conquête de tous nos droits de citoyens. C'était laisser croire que nous ne les avions pas ; et malgré l'allure un peu cassante de la motion, c'était encore de la faiblesse.

L'échec de cette dernière tentative parut décourager les instituteurs, et, pendant quelques années, on put croire le mouvement totalement arrêté. Aussi ce ne fut pas sans quelque surprise qu'on apprit, au mois de juin 1904, que le *Cercle pédagogique du Var* s'était transformé en Syndicat. La nouvelle eut un grand retentissement dans toute la France, grâce aux informations publiées par les grands journaux, — les journaux pédagogiques, dirigés par des fonctionnaires ou d'anciens fonctionnaires, s'étant systématiquement abstenus, sauf *La Revue de l'Enseignement Primaire*, qui ouvrit dès le mois d'octobre suivant une rubrique intitulée *Mouvement Syndical Universitaire*.

Bientôt la question de la transformation des Amicales en Syndicats fut à l'étude dans un grand nombre de départements, entre autres les départements du Gard, de la Haute-Garonne, des Pyrénées-Orientales, de la Corrèze, de Maine-et-Loire, de Meurthe-et-Moselle, des Deux-Sèvres, de la Somme, des Bouches-du-Rhône, du Finistère, du Vaucluse, etc. L'élection des conseillers départementaux dans la Seine se fit sur la question syndicale. Cinq candidats déclaraient : « Nos Amicales prennent le chemin des Bourses du Travail pour y recevoir, au contact des Associations ouvrières, de belles leçons de vertus syndicales, et leur donner l'exemple de notre conscience professionnelle. Nous réclamerons pour elles ce droit, s'il leur était contesté ». Tous cinq furent élus ; leurs deux collègues, élus en banlieue étaient connus comme partageant leur manière de voir à ce sujet.

Par mesure de transition, plusieurs Amicales, sans se transformer en Syndicats, adhérèrent bientôt aux Bourses du Travail de leurs régions respectives. L'Amicale du Gard donnait son adhésion morale ; celle des Pyrénées-Orientales s'installait à la Bourse de Perpignan, et quelques mois plus tard (mars 1905), la transformation de l'Amicale en Syndicat était un fait accompli.

On conçoit que ces nouveaux exemples contribuèrent à accentuer le mouvement de syndicalisation des Amicales ; on peut dire que dans toutes les Amicales la question fut posée, et, malgré la pression des autorités administratives, il fut patent qu'une majorité se manifestait ou était sur le point de se manifester dans un grand nombre de départements, en faveur de la syndicalisation.

C'est alors, que, dans des conditions que nous aurons sans doute à examiner plus tard, une petite société d'instituteurs de la Seine dite *L'Émancipation*, décida de se transformer en Syndicat. La transformation fut décidée en Assemblée générale. Les représentants du Conseil Syndical se présentèrent à la Préfecture pour effectuer le dépôt légal des statuts ; le récépissé constatant ce dépôt fut refusé par l'autorité préfectorale. Enfin, sur l'initiative des ministres compétents, les membres du Conseil Syndical furent traduits devant le Tribunal correctionnel pour constitution illégale d'un syndicat.

Cette mesure a profondément ému l'opinion publique et l'on a pu croire pendant quelques jours à l'imminence d'une crise ministérielle. A l'heure où nous remettons cet exposé aux bureaux de la *Revue*, on ne sait encore si les poursuites auront lieu ou si, par le fait du dépôt d'une proposition d'amnistie, elles seront suspendues jusqu'à la discussion prochaine du projet Barthou qui reconnaît aux fonctionnaires la capacité syndicale (1).

Antonin FRANCHET.

L'État et ses Travailleurs

Le mouvement le plus important à noter en ce moment dans les organisations ouvrières est peut-être bien celui que font les travailleurs de l'État pour essayer de vaincre l'arbitraire gouvernemental et administratif.

Les malentendus qui résultent nécessairement de l'antagonisme des intérêts ouvriers et des intérêts patronaux, représentés en l'occurrence par des administrateurs tout puissants, ont souvent fait naître entre certaines corporations d'ouvriers de l'État et les administrations dont ils relèvent des conflits plus ou moins longs, plus ou moins pénibles ; mais, jamais, à aucune époque, la lutte n'a eu ce caractère d'acuité qu'elle revêt depuis la constitution du ministère Rouvier. Cela tient, sans nul doute, à l'hostilité manifeste du

---

(1) Le dépôt de la proposition d'amnistie a eu lieu ; les poursuites sont donc suspendues jusqu'à la discussion du projet d'amnistie. Mais, vraisemblablement, cette discussion n'aura pas lieu, car il est probable que la discussion du projet Barthou sera portée prochainement à l'ordre du jour de la Chambre et que la capacité syndicale sera reconnue aux instituteurs.

cabinet actuel contre tous les groupements ouvriers en général, et contre les groupements des travailleurs de l'État en particulier.

On poursuit les sous-agents des postes coupables de vouloir transformer en syndicat une association qui ne leur donne pas toutes les garanties auxquelles ils ont droit. On poursuit les instituteurs pour le même motif. On essaie de porter atteinte à la force syndicale des ouvriers des arsenaux en leur déniant le droit de grève. On trompe les ouvriers des tabacs, des monnaies et médailles, des manufactures d'allumettes en leur laissant l'espérance d'obtenir la réduction d'une heure de travail, alors qu'on est décidé à ne pas la leur accorder du moins à *tous*.

Les travailleurs de l'État ne semblent pas disposés à laisser détruire leurs organisations et se préparent à la résistance. Un vaste mouvement d'agitation auquel prendront part toutes les corporations adhérentes à l'*Union fédérative des Travailleurs de l'État*, les travailleurs municipaux, les instituteurs, les sous-agents des postes, apprendra à l'opinion publique que les procédés de M. Rouvier n'ont pas éteint l'énergie de ceux qu'il voudrait tenir sous sa cravache.

Mais déjà la lutte bat son plein ; hier c'étaient les ouvriers des monnaies et médailles qui se mettaient en grève à la suite du refus opposé par le directeur de l'administration à une demande d'augmentation de un franc pour les ouvriers travaillant au feu. Rien de plus digne que l'attitude des ouvriers de la Monnaie en cette circonstance. Bien que la revendication n'intéressât qu'un nombre restreint de leurs camarades, tous, à part une douzaine d'inconscients, cessèrent le travail, et ne le reprirent qu'après que le ministre des finances eût donné une demi-satisfaction aux ouvriers intéressés et promis d'examiner les revendications générales du personnel aussitôt la réduction de la journée de travail, c'est-à-dire dès les premiers jours de novembre.

La grève se passa sans incidents. Mais quinze jours après la reprise du travail, le directeur de la Monnaie fit attaquer les ouvriers à la sortie de six heures du soir par les agents du préfet de police. Ceux-ci, sans raison aucune et tout simplement parce qu'il avait plu au directeur des Monnaies de vouloir qu'il en fût ainsi, tombèrent sur les ouvriers et en bousculèrent plusieurs qui ne peuvent encore comprendre aujourd'hui le motif de cette agression.

Les ouvriers attaqués dans la nuit ont montré à leur directeur qu'il s'était trompé et lui ont fait une réponse publique à laquelle son courage ne lui permettra pas de répondre publiquement.

Ce sont là des faits qui méritent d'être signalés parce que leur publicité même empêchera leur renouvellement.

Mais ce qui est plus grave, et ce qui indique assez clairement que la brutalité dont le directeur des Monnaies s'est rendu coupable envers les ouvriers de son administration, lui a été suggérée par ceux qui ont la puissance de le révoquer, c'est que des procédés identiques aux siens sont employés contre les ouvriers d'autres administrations.

Dans les arsenaux maritimes notamment, les ouvriers ne peuvent à aucun moment exercer leurs droits de citoyens sans avoir à rendre compte de l'exercice de ces droits à l'autorité maritime. Pour un discours prononcé en dehors de l'arsenal, pour les écrits publiés par eux en dehors des établissements où ils travaillent, ils sont traqués par leurs chefs, punis par eux, alors que ceux-ci ne devraient pas intervenir, l'autorité civile étant seule fondée à rechercher et à punir les délits.

C'est partout le régime du bon plaisir et de l'arbitraire. Et cela est tellement vrai que le ministre des finances vient, sans s'en apercevoir sans doute, tellement c'est l'habitude chez lui, de commettre une nouvelle injustice au détriment des ouvriers des Monnaies et Médailles.

Ne pouvant faire face aux engagements antérieurs pris par lui pour la réduction des heures de travail au 1er novembre, il vient d'accorder aux ouvriers des tabacs et aux ouvriers allumettiers une majoration d'un dixième sur leur salaire journalier. Cette compensation aura son effet jusqu'au jour où la réduction promise sera un fait accompli.

Les ouvriers des Monnaies attendront pour obtenir la même compensation que M. Merlou veuille la leur donner, à moins que les travailleurs de l'État, fatigués de subir les vexations de toute sorte, ayant enfin conscience de leur dignité, se lèvent tous, non pas pour faire valoir telle ou telle revendication particulière, mais pour exiger de leurs employeurs un peu de respect et de justice.

D'ici peu de temps nous saurons si les travailleurs de l'État veulent faire l'effort nécessaire pour cela.

L. Gervaise.

Les Congrès

Le **XIIIe Congrès national maritime** s'est tenu à Cette du 23 au 27 octobre. — 80 organisations y étaient représentées. Trois commissions avaient été nommées à l'ouverture du Congrès : commission de la navigation ; commission des pêcheurs ; commission de la législation maritime. Suivant notre méthode, nous laisserons de côté les revendications spéciales pour ne nous occuper que des résolutions qui ont une portée générale.

Les plus importantes ont été, certainement, celles qui ont trait au projet d'application de la loi de deux ans aux inscrits ; à la tactique de la Fédération ; et à ses rapports avec l'ensemble du prolétariat, représenté en l'espèce par la Confédération du Travail.

On sait d'abord que M. Flandin et un certain nombre de ses collègues ont déposé à la Chambre une proposition de loi ayant pour but l'égalisation des charges militaires, et l'application aux inscrits maritimes de la loi de deux ans. Les inscrits, sentant bien que cette égalisation ne tend à rien moins qu'à la destruction de l'inscription maritime, c'est-à-dire à la perte des droits que leur confère l'inscription, ont mené une vigoureuse campagne contre cette proposition. Et ils l'ont condamnée à nouveau dans un ordre du jour de leur Congrès.

En ce qui concerne la tactique de la Fédération nationale, un court article de notre ami Rivelli, dans le *Travailleur de la mer*, du 20 octobre, marquera l'importance de la question :

« J'estime, pour ma part, disait Rivelli, qu'après douze Congrès nationaux, discutant et votant les mêmes revendications, faisant tenir aux gouvernements et aux législateurs les vœux qui en découlaient, il n'est plus possible de se faire des illusions sur le sort de ces vœux. Ils ont été et ils sont encore voués à être jetés au panier des papiers inutiles... Or, si l'ancienne tactique, toute faite de prières, de supplications, de platitude et d'inconscience, n'a donné comme résultat que l'aggravation de la situation des marins en France, il faut la changer, la remplacer par une autre qui permettra de reprendre le terrain perdu et même d'en conquérir du nouveau... Les marins comprendront qu'il faut enfin prendre des résolutions viriles, conscientes, tendant à prouver que les 200,000 inscrits de France sont décidés à employer tous les moyens légaux et même illégaux, si, dans un délai déterminé, satisfaction ne leur est pas accordée. »

La résolution prise a été inspirée de cet esprit. Le Congrès, considérant « qu'il ne reste aucun doute sur l'apathie et la mauvaise volonté parlementaire et gouvernementale » a voté, à l'unanimité, le principe de la grève générale à une date indéterminée, si les ordres du jour votés par les Congrès, relativement au projet de loi Brisson-Le Bail, à la caisse des Invalides, au projet de réglementation du travail et des effectifs à bord, etc... ne reçoivent pas une solution favorable. Un Congrès extraordinaire aura lieu à Paris, en février 1906. L'ordre du jour a été voté, par acclamation, aux cris de : Vive la grève générale ! »

Enfin, le Congrès s'est déclaré solidaire avec la Confédération générale du Travail ; mais il n'a pu voter une adhésion complète à cette organisation, à cause de la pauvreté des syndicats maritimes. Une cotisation de 10 fr. par an cependant a été votée.

La Fédération des mouleurs en métaux de France, fondée en 1894, a tenu son VIᵉ Congrès à Bordeaux les 31 octobre, 1ᵉʳ, 2, et 3 novembre 1905.

Quarante-deux délégués représentaient effectivement 62 syndicats sur 86 actuellement affiliés et représentant environ 7.000 mouleurs. La plupart des non-participants envoyèrent leur adhésion morale, leurs encouragements et l'assurance de leur respect pour les décisions qui seraient prises.

Neuf séances furent consacrées à la discussion de l'ordre du jour audacieusement chargé qui englobait des questions purement administratives, sur la méthode d'action en période de grève, sur la journée de huit heures, sur le machinisme, la mutualité et sur les conceptions qui doivent animer et guider l'organisation ouvrière.

Par une bonne méthode de discussion, par le désir unanime de tout solutionner, toutes les questions, sans préjudice de leur place à l'ordre du jour furent l'objet d'une discussion proportionnée à leur importance et à leur complexité.

Le rôle administratif des fédérations fut suffisamment exposé dans ses multiples détails et dans ses moindres nécessités. Cette besogne un peu obscure des organisations, et dont l'utilité se trouve encore contestée, éveilla cependant l'attention, et le Congrès prouva qu'il en avait compris l'importance et les avantages en précisant son désir de voir développer et perfectionner les organes administratifs, tout en tenant compte des nécessités générales et des activités parallèles qui doivent sans cesse se manifester.

La propagande, cette action vitale et trop souvent négligée, souleva une heureuse discussion qui démontra le désir unanime de l'intensifier et de la considérer non comme une action accidentelle et périodique, mais comme une activité indispensable qui doit être régulière Des tournées plus fréquentes parmi les syndicats adhérents, une action de pénétration et de développement secondée par la propagande régionale, assurée par les syndicats de province disposant d'éléments, telle fut l'indication précise donnée au conseil fédéral par le Congrès.

Le journal *La Fonderie*, organe bi-mensuel de la Fédération, provoqua une proposition tendant à revenir à la publication mensuelle qui existait avant le Congrès de Paris de 1902 Les raisons basées sur l'économie réalisable par l'adoption de cette proposition furent jugées insuffisantes pour justifier un amoindrissement aussi sensible de l'organe qui d'après les avis émis rend de réels services et est apprécié favorablement par l'ensemble des fédérés. Le statu quo fut donc maintenu.

Le Congrès s'engagea ensuite dans l'importante question des secours de grève et dans celle de leur limitation. Question délicate, passionnante, qui se résoudrait vite par la pensée si elle n'avait comme formidable obstacle l'insuffisance des ressources, l'importance, la fréquence et la durée des conflits.

Néanmoins le Congrès considéra avec satisfaction l'effort considérable consenti pendant les 7 dernières années pour les grèves. Depuis le 1er janvier 1899 jusqu'au 31 juillet 1905 la fédération a reçu comme cotisation la somme de 135.745 fr. 45, elle a reçu comme souscription pour les grèves 56.038 fr. 40 et elle a versé à ces dernières la somme de 120.481 fr. 70. C'est donc 64.443 fr. 35 qui furent versés aux grèves sur les cotisations. En dehors de ces secours 6.680 furent également répartis comme secours de passage.

Les résultats étant relativement satisfaisants, le Congrès a jugé qu'il n'était pas puéril de maintenir le principe des secours de grève en émettant le désir que comme par le passé ils soient répartis avec le plus d'égalité et de régularité possible.

Pour la limitation une décision fut prise qui indique qu'après deux mois de grève le conseil fédéral devra envisager la situation des conflits et prendre les dispositions conformes à l'intérêt général et aux nécessités de la lutte. En cas de cessation des secours, les syndicats fédérés se prononceront en dernier ressort avec tous les renseignements utiles pour former leur conviction. Comme on le voit, la limitation des secours après deux mois de grève n'est pas une mesure qui s'imposera uniformément et sans considération, mais plutôt un moyen pour le conseil fédéral de mettre fin aux abus que crée l'incompréhension du caractère que doit revêtir la lutte et du minimum de garantie pour le succès qu'elle doit toujours contenir en elle-même. Cette décision n'ébranle en rien le principe de la longue résistance et ne fournit au patronat aucun espoir par la fin de secours.

Pour assurer le fonctionnement régulier de ces divers services pour éviter que l'activité de l'un ne se produise au détriment de l'activité des autres, le Congrès décida la constitution de deux caisses qui seront alimentées par une partie déterminée de la cotisation qui sera ainsi répartie et affectée à l'entretien normal des différentes formes d'action de la Fédération.

La cotisation mensuelle étant de 40 centimes par fédéré, 25 centimes furent ainsi réservés à l'administration, au journal et à la propagande. Les 15 cent. disponibles furent attribués aux grèves, aux secours de passage et de solidarité.

Concernant la cotisation, une proposition tendant à sa diminution fut longuement développée et vigoureusement combattue par les délégués du conseil fédéral et par l'unanimité des congressistes. Le syndicat auteur de cette proposition s'appuyait surtout sur cette erreur que les grèves étaient exclusivement soutenues par les souscriptions. La preuve du contraire établie par les chiffres que nous donnons plus haut fit effondrer cette fragile argumentation, et le Congrès, par 59 voix contre 1 et 2 abstentions, prouva qu'il entendait rechercher le remède à la précarité pécuniaire des syndicats dans l'élévation de la cotisation syndicale plutôt que dans la rétrograde diminution de la cotisation fédérale.

Le machinisme, outillage merveilleux, humain, mais homicide, fut examiné avec clairvoyance et conviction. Le temps se passe où il apparaissait comme l'ennemi irréconciliable des travailleurs. Ce n'est pas lui qui porte dans sa complexité les germes de l'insuffisance, de la misère et de la servitude. C'est l'organisation sociale qui est seule cause de ces souffrances. La discussion prouva que cette vérité était de plus en plus comprise et que les travailleurs dirigeaient enfin leurs efforts et leur haine contre les vraies causes du mal et contre les conditions qui l'entretiennent.

La journée de huit heures et l'action de la Confédération générale du Travail réunirent l'ensemble des organisations représentées en un ordre du jour d'approbation, de sympathie et d'encouragement pour la campagne si courageusement poursuivie malgré les entraves gouvernementales.

Engagé dans la délicate et passionnante question de la mutualité, les avantages et surtout les dangers de cette action furent profitablement exposés. Le Congrès manifesta d'extrêmes réserves à ce sujet en mettant les syndicats en garde contre une rétrograde absorption, tout en respectant leur entière autonomie.

En ajoutant la transformation du mode de recrutement des membres du conseil fédéral qui donnera une influence plus directe aux syndicats de province au sein de l'organisation, la nomination des citoyens Sauvage et Lénoir comme secrétaires permanents et divers vœux sur l'inspection et l'hygiène, plus une très longue discussion sur le rapport administratif du conseil qui fut adopté à l'unanimité moins une voix, on peut exprimer sa satisfaction pour la besogne accomplie.

Le Congrès fut clôturé après le vote par acclamation d'une déclaration affirmant les sentiments révolutionnaires de la corporation, protestant contre les abus d'autorité gouvernementale, favorable à l'entente internationale, à l'action antimilitariste, à l'inviolabilité de la liberté de penser et de discuter tous les préjugés, même la conception patriotique, et enfin une adresse de sympathie au prolétariat russe.

Raoul LENOIR.

LE MOUVEMENT A L'ÉTRANGER

LES ÉLECTRICIENS DE BERLIN

On lira par ailleurs la polémique instructive, bien qu'un peu vive, à laquelle a donné lieu la grève des électriciens de Berlin.

Deux groupes d'ouvriers, des magasiniers et des fileteurs, occupés dans les ateliers des deux sociétés berlinoises d'électricité, la Société Siemens et Halske et la Société générale (*Allgemeine Elektrizitätsgesellschaft*), demandèrent, au milieu de septembre, une augmentation de salaires de 2 pfennigs par heure et l'établissement d'une commission ouvrière qui serait entendue dans les questions de tarif. Il y avait 500 ouvriers d'un côté, 250 de l'autre. Les deux maisons firent cause commune. Elles accordèrent une augmentation de salaires, mais l'établissement d'une commission ouvrière fut catégoriquement refusée. Elles déclarèrent en outre qu'elles fermeraient les usines où le conflit était né, si le 21 septembre les spécialités en grève n'avaient pas repris le travail.

Les ouvriers tinrent bon ; le 21 septembre, 10,000 de leurs camarades furent jetés sur le pavé. Des négociations s'engagèrent ; mais en même temps, les deux sociétés lançaient un nouvel ultimatum. Si les ouvriers n'avaient pas, le 30 septembre, accepté leurs conditions, elles fermeraient de nouvelles usines. Le 30 septembre, les ouvriers se refusaient encore à reprendre le travail ; tous les ateliers furent fermés. 35,000 ouvriers furent ainsi réduits à la famine. Alors entrèrent en scène les patrons métallurgistes berlinois. Leur association décida de se solidariser avec les sociétés d'électricité et de fermer leurs usines, le

14 octobre, si à cette date, les ouvriers n'avaient pas accepté les conditions proposées. Ainsi 80,000 travailleurs allaient être privés de travail, quand les grévistes cédèrent. Le 14 octobre, ils rentrèrent à l'atelier.

En Esthonie

Le camarade E. Wirgo adresse de Revel à *La Revue Syndicaliste*, la note suivante, que nous traduisons de l'allemand :

« Dans les provinces baltiques, le mouvement syndical a commencé parmi les ouvriers. C'est chez les typographes d'abord qu'il a pris une forme plus ou moins nette. En septembre dernier, les compositeurs et les autres ouvriers d'imprimerie demandèrent aux patrons de Revel de reconnaître les délégués qui représentaient leurs revendications et d'entrer en négociations avec eux. Ils demandaient une augmentation de salaires, la réduction du temps de travail à neuf heures, la réglementation de l'apprentissage, un apprenti seulement pour deux ouvriers. Les patrons consentirent, mais à la condition qu'avant le 1er mars 1906, les ouvriers aient fondé une Fédération dans les provinces esthoniennes et baltiques, et aient imposé le même tarif dans les autres villes ».

En même temps, notre camarade nous envoyait une petite brochure qui n'est autre chose que la tradution esthonienne des statuts de la Chambre syndicale typographique parisienne. Dans le monde antique, c'était un peu de feu, pris au foyer sacré de la métropole, que les colonisateurs emportaient avec eux. Ce sont des brochures, ce sont des règlements et des statuts que les propagandistes emportent aujourd'hui. Ainsi s'affirme l'unité du monde ouvrier, du monde du travail, dans la confusion anarchique de nos sociétés.

AMÉRIQUE

Les Typographes et la Journée de Huit Heures

Les typographes américains se trouvent aujourd'hui engagés dans une lutte qui semble devoir être rude, pour la défense et l'extension, ou comme ils disent, pour le renforcement de la journée de huit heures. Un très grand nombre de maisons aux Etats-Unis ont la journée de huit heures ; mais il existe encore certaines catégories d'imprimeries « les maisons de labeur » où l'on travaille neuf heures.

Au Congrès de l'organisation ouvrière, l'*International Typographical Union*, tenu du 14 au 19 avril dernier, à Toronto, dans la province canadienne d'Ontario (1) la question des huit heures fut discutée. Una-

____

(1) On sait, en effet, que l'Union s'étend, comme beaucoup d'organisations américaines, aux deux pays.

nimement, les délégués soutinrent qu'il fallait engager la lutte pour l'établissement des huit heures, et de l' « atelier fermé » (c'est-à-dire composé uniquement de syndiqués) partout. Le représentant de l'organisation patronale l'*United Typothetae* déclara au Congrès que les patrons ne consentiraient jamais à cette concession, et qu'ils engageraient la lutte, si les ouvriers la réclamaient. Par contre, le président de la Confédération américaine du travail, Samuel Gompers, assura les typographes de l'aide, sans réserve, de toute la classe ouvrière américaine, pour ce combat. Il fut décidé que partout où les patrons feraient opposition, la grève serait déclarée le 1er janvier 1906.

Mais les patrons n'ont pas attendu. Ils ont sans doute médité la théorie militaire qui dit que l'attaquant a toujours un avantage. Ils ont engagé une *guerrilla* contre les organisations locales. A San-Francisco, à Chicago, à Albany, à New-York, de grandes grèves ont déjà eu lieu. La première et la dernière ont déjà été gagnées pour les ouvriers ; les autres le seront. Mais ce sont des batailles acharnées : l'association patronale a déclaré qu'elle ne reculerait devant aucun sacrifice. Elle offre des primes aux *strike-brakers*, ou aux unionistes qui voudraient trahir. Comme à San-Francisco, la solidarité ouvrière, appuyée par de bonnes caisses de grèves, aura raison des millions patronaux.

L'Organisation Internationale

L'Union internationale des **ouvriers du bois**, dont le siège est à Stuttgart, comprend aujourd'hui 12 nations et 23 fédérations adhérentes : Elle avait à la fin de 1904 un total de 169.965 membres, ainsi répartis :

	Fédérations	Membres
Allemagne	4	117.442
Autriche	1	15.770
Suède	1	7.436
Grande-Bretagne	1	5.871
Danemark	7	6.152
Hongrie	1	5.208
Suisse	2	4.300
France	1	2.264
Belgique	1	2.000
Serbie	1	400
Bulgarie	2	120

La Fédération possède un bulletin en trois langues édité à Stuttgart.

La situation de la Fédération internationale des **Gantiers** a été récemment exposée dans le *Handschuhmacher* (*Le Gantier*). Il y a actuellement 10 organisations adhérentes comprenant 5.635 membres, dont 3.000 en Allemagne.

Le secrétariat n'a pu encore nouer des relations avec les gantiers anglais ou américains.

Première Année.   N° 8.   15 Décembre 1905.

La Revue Syndicaliste

ABONNEMENT	Paraissant	ABONNEMENT
Un an .. .. .. **2 fr. 40**	le 15 de chaque mois.	Un an .. .. .. **2 fr. 40**
Six mois .. .. **1 fr. 20**	Le numéro : **0 fr. 20**	Six mois .. .. **1 fr. 20**

L'ACTION DIRECTE DEVANT LA CLASSE OUVRIÈRE SUISSE

Dès que la tactique de l'action directe eut été affirmée en France, par la décision du Congrès de Bourges, en faveur de la journée de huit heures, la classe ouvrière suisse, à qui cette question importante de la réduction de la journée de travail — aujourd'hui légalement encore fixée à onze heures — tient à cœur, s'occupa, elle aussi, de la situation qu'allait être la sienne, le 1er Mai de l'an prochain,

Quelques voix isolées s'étaient fait entendre, dans des milieux plus exclusivement politiques que syndicaux. Elles avaient soutenu la manière de voir des partisans de l'action directe. Mais ce qu'il était intéressant de connaître, c'étaient les opinions de ceux qui sont au premier rang de la bataille économique, de ceux qui font partie des syndicats ouvriers,

Une première réunion eut lieu à Berne, à laquelle assistèrent les Comités de la plupart des grandes organisations professionnelles de la Suisse. On discuta durant de longues heures le texte que voici, qui avait été distribué au moment de l'entrée en séance, et qu'il vaut de reproduire car c'est autour de lui que vont tourner toutes les opinions, et à son propos que vont se manifester toutes les divergences :

« Le comité central fédéral de la Fédération suisse des Syndicats professionnels a pris connaissance de l' « **action directe** », mise en scène par la Confédération générale française du travail, pour la mise en vigueur de la journée de 8 heures, à partir du 1er mai 1906. Il suit avec attention ce mouvement ; il considère du reste comme son devoir de s'intéresser, pour s'instruire, à tous les mouvements des organisations ouvrières des pays étrangers. Il ne lui a pas échappé dans ce mouvement-ci, que plusieurs fortes organisations fédératives françaises repoussent l'**action directe**.

Conscient de ses devoirs de solidarité internationale, le comité fédéral *veillera à ce qu'aucun ouvrier de la Suisse ne se rende en France pour y chercher du travail pendant la mise en pratique de « l'action directe », et il* fera tout ce qui lui est possible pour empêcher que *le travail de « sarrasin » ne se fasse en Suisse.*

Pour autant qu'on ne cherchera pas à entraver les droits constitutionnels de la classe ouvrière suisse, le comité ne voit jusqu'à maintenant aucun motif de changer sa tactique actuelle, et cela pour les raisons suivantes :

Chaque mouvement qui doit procurer des avantages durables doit être appuyé par une organisation ouvrière, marchant disciplinairement et conduite par une direction consciente de ses devoirs. Une organisation ouvrière ne peut lutter pour l'obtention **d'améliorations durables** que si la grande majorité des ouvriers du métier marche avec elle. Celle-ci doit créer un fonds pour la résistance et pour pouvoir lutter efficacement, si l'on ne veut pas voir une partie des lutteurs tomber dans la misère avec leurs familles

La lutte pour l'obtention de la diminution des heures de travail, qui n'est du reste qu'un épisode de la lutte pour l'émancipation de la classe prolétarienne, est entreprise par les organisations ouvrières suisses, de façon à obtenir successivement la journée de 8 heures, pour, au besoin, ne pas même s'y arrêter.

Dans tous les cas, où nos organisations poseront des revendications, elles doivent noter comme revendication primordiale, la réduction des heures du travail.

Parmi les autres points, qui militent contre l'action directe, il y a à notre avis les suivants :

La lutte pour la réduction des heures de travail ne peut absolument pas être entreprise par tous les métiers simultanément, mais plutôt au moment reconnu avantageux pour chacun des métiers.

Lors d'une grève, il est assez facile d'engager les ouvriers non organisés à se joindre spontanément au mouvement, ce qui est plus difficile, pour ne pas dire impossible, si ceux-ci doivent être surveillés trois ou quatre fois par jour, lors de la reprise et de la cessation du travail.

On obtiendra peut-être, par l'action directe, la journée de 8 heures, mais cet avantage ne sera que passager, car pour qu'il soit durable et pour pouvoir en conserver son application, il faut aussi dans ce cas une organisation professionnelle disciplinée, veillant constamment à son maintien.

Les syndicats professionnels doivent avoir constamment en vue l'amélioration du sort des ouvriers les plus mal situés. Or, ce sont précisément ceux-ci qui prennent le moins de part à l'action directe, car leurs faibles organisations auraient encore beaucoup plus de peine à subsister.

Il est certain que les patrons ne se rendront pas sans lutte, lors de l'action directe. Une tactique raisonnable doit prendre en considération quels sont les moyens à employer et quels en sont les effets. Les patrons étant avisés longtemps à l'avance du jour précis de l'action directe, ils sauront se préparer pour la lutte, et s'ils devaient se trouver dans l'obligation de céder, ils sauraient bien reprendre l'offensive au moment pour eux favorable, mais mauvais pour les ouvriers.

En Suisse, les patrons, qui sont fort bien organisés, opposeront toujours une lutte acharnée contre laquelle il serait dangereux d'employer un moyen de combat non encore éprouvé.

Chez les camarades français, dont le caractère est bouillant, l'action directe peut cependant être une démonstration en faveur de la journée de huit heures, mais chez les ouvriers suisses, de caractère bien différent, le résultat serait plutôt problématique.

Le mouvement, s'il devait avorter, serait très préjudiciable à nos organisations, qui sont réellement florissantes, et rendrait nos classes travailleuses pour longtemps impropres à la lutte, tandis que le prolétariat doit être constamment à son poste.

Les efforts de la classe ouvrière pour obtenir la revision de la loi sur le travail dans les fabriques qui, sûrement, serait des plus avantageuses pour les plus mal situés, scraient entravés et paralysés par l'action directe.

Pour ces motifs, et pour bien d'autres encore, nous invitons les fédérations professionnelles à repousser les propositions en faveur de l'action directe.

Suivons notre tactique actuelle, renforçons sans trève nos organisations ouvrières, de manière à ce que celles-ci nous procurent les avantages désirés ! La lutte pour l'émancipation des classes travailleuses ne peut pas se faire d'une part seulement comme le prétendent les adhérents à l'action directe. Faisons marcher de pair l'action économique avec l'action politique et la coopérative. C'est le seul moyen d'arriver au but que nous poursuivons, de créer un ordre social abolissant l'exploitation de l'homme par l'homme.

Je dois dire tout de suite que certains camarades, ayant combattu « l'action directe » parce que conception née, disent-ils, dans le cerveau de quelques anarchistes » il leur fut répondu que peu importait la provenance de l'idée, qu'il fallait l'examiner pour elle-même. C'est dire que la tactique préconisée par nos camarades de France fut analysée en toute objectivité. Dans cette première réunion de Berne, convoquée en quelque hâte il est vrai, aucune décision définitive ne fut prise. Et la question fut renvoyée à l'examen des organisations professionnelles elles-mêmes.

A la suite d'une nouvelle initiative due à la même Fédération suisse des syndicats professionnels, qui compte actuellement une quarantaine de mille membres payant cotisation, une seconde réunion eut lieu le 1er octobre dernier à Olten. Mais je dois avouer, en toute franchise, qu'elle présenta un mince intérêt : quelques-unes des plus importantes organisations de notre pays avaient refusé ou négligé d'y envoyer de leurs délégués invoquant comme prétexte que la question n'en valait pas la peine, *au point de vue pratique*. J'insiste sur ce mot qui dénote un état d'âme avec lequel il faut compter. Une proposition de notre camarade Greulich, le chef du secrétariat ouvrier suisse, adversaire de la tactique de l'action directe, fut combattue avec une certaine vivacité par quelques délégués de Zurich et le secrétaire général de la Fédération des industries de l'alimentation. Mais ce que tout le monde reconnut, c'est que la lutte contre le capitalisme en Suisse devait affecter dorénavant un caractère plus tranché que par le passé, devenir plus âpre. La classe ouvrière suisse n'a déjà que trop la tendance à voir dans l'organisation une fin, alors que ce ne peut être qu'un moyen. Quant aux adversaires de l'action directe, ils se contentèrent de reprendre les arguments déjà donnés à Berne en s'appuyant sur quelques grèves survenues depuis et dans lesquelles on avait fait une ample moisson d'expériences nouvelles. Tous peuvent se ramener à ces quelques formules : l'action directe n'a pas de raison d'être dans les pays de démocratie directe comme est le nôtre ; il est absurde de parler de moyens nouveaux alors qu'on ne s'est pas encore donné la peine de tirer tout ce qu'il était possible de tirer de ceux que l'on possède déjà, du droit d'initiative en particulier ; enfin on ne peut arriver ainsi de but en blanc à la journée de huit heures, sans passer par une période de transition. Et la conclusion de cette réunion fut qu'il fallait laisser aux organisations professionnelles ouvrières le temps d'étudier encore cette question, de nature essentiellement syndicale et trop grave dans ses conséquences pour ne pas être tournée et retournée sous toutes ses faces.

C'est ce qui s'est fait depuis dans quelques grandes fédérations ouvrières. Les ouvriers du *Typographenbund* (les ouvriers de la typographie de langue allemande) se sont prononcés contre l'action directe dans laquelle ils ne voient que des dangers pour l'organisation comme telle d'abord, et pour l'existence de mutualités (chômage, viaticum, vieillesse, maladie) qui leur ont coûté de gros efforts jusqu'au jour où elles furent stables, mutualités qu'ils ne veulent pas jouer sur un coup de dés.

Les *Métallurgistes* semblent partagés en deux camps presque égaux. Cependant, je crois pouvoir affirmer qu'au moment de la décision suprême, ce sont les partisans de l'organisation qui l'emporteront contre ceux de l'action directe. L'un des leurs, et non des moins influents, écrivait tout récemment encore :

« Les propagateurs de l'action directe nous reprochent d'être par trop pessimistes et se reposent sur le fait moins que certain que tout grand mouvement réveille les capacités encore endormies et l'esprit de combat des masses. A ceux-là nous devons opposer le fait incontestable que tout mouvement se justifie par le résultat qui en découle ; or, en cas de défaite il conduit à une source riche en inconvénients de l'espèce la plus grave pour ses auteurs et pour ceux qui le dirigent. Naturellement, nous ne parlons pas ici des inconvénients touchant la personne même, mais de ceux qui consistent à ce que la masse qui a subi la défaite est découragée, et *perd sa confiance en l'organisation*. Reconquérir cette confiance exigerait une somme d'efforts si considérable que le résultat ne serait en aucune façon une compensation proportionnée.

Consacrer ces efforts à affermir notre organisation, nous apportera, à n'en pas douter, non seulement la journée de huit heures, mais encore bien d'autres points qui figurent au nombre de nos revendications actuelles. En outre, il faut tenir compte que nous ne nous servons pas de notre organisation dans le but unique d'obtenir la réalisation de nos revendications d'aujourd'hui.

Nous sommes les adversaires de l'action directe, non parce qu'elle est l'œuvre des anarchistes, mais parce qu'elle nous paraît devoir détourner les camarades *des pénibles devoirs que l'organisation leur impose*. Car, nous n'oublions pas que l'organisation, avec ses fonctions innombrables, est *l'unique source d'éducation pour l'ouvrier* et qu'elle ne peut être remplacée par des actions périodiques ou des appels émouvants. »

Et ils sont nombreux, dans la métallurgie, ceux qui pensent comme l'auteur de ces lignes et agiront en conséquence

Les grandes organisations de l'*Industrie horlogère* (monteurs de boîtes, remonteurs, repasseurs, graveurs, anneaux, pendants, couronnes, émailleurs, etc.), sont toutes hostiles à l'action directe.

Quant aux ouvriers et aux ouvrières de l'*Industrie textile*, il ne faut pas compter sur eux. A peine une dizaine de mille sont-ils organisés sur plus de dix mille qui travaillent onze heures encore dans les grandes fabriques de la Suisse orientale.

L'*industrie du chocolat*, en plein essor, occupe des milliers de jeunes ouvrières italiennes qui n'appartiennent à aucune organisation professionnelle. Même situation dans l'*industrie du tabac*.

La *Fédération suisse des cordonniers* s'est prononcée pour l'action directe. Mais ils sont légion encore ceux qui, dans cette profession, travaillent à domicile. Et ceux qui s'occupent du mouvement ouvrier savent combien il est difficile, pour ne pas dire impossible, trop souvent, d'amener ces éléments-là au syndicat. C'est donc dire que le mot d'ordre sera peut-être donné. Autre chose est de savoir s'il sera suivi.

Et l'on en peut dire autant des *tailleurs, tailleuses, ouvriers et ouvrières de la confection*, dont l'organisation professionnelle est encore des plus rudimentaires, parce que là aussi c'est le travail à domicile qui est la forme dominane de la production.

La question de l'action directe a fait l'objet de nombreux et passionnés débats dans les milieux politiques zurichois. Et la conclusion à laquelle on a toujours abouti, c'est qu'en fin de compte l'application de cette tactique nouvelle nous conduirait ou au lock-out patronal ou à la grève générale ouvrière. Et, jusqu'à présent, la classe ouvrière suisse, politiquement et professionnellement organisée, s'est toujours prononcée contre la grève générale économique, qu'il ne faut pas confondre avec la grève générale politique — le *Massenstreik* de nos camarades allemands.

Que se passera-t-il, dans notre pays, le premier mai prochain ? Il n'est nullement dans mon intention de jouer au prophète. Tout au plus oserais-je, des faits observés, des articles publiés, des débats entendus, des conversations tenues, déduire quelques conclusions.

Il y aura un mouvement de grève dans quelques grandes villes de la Suisse, le premier mai prochain et peut-être les jours suivants. Mais les bataillons profonds de la classe ouvrière ne bougeront pas. Il est, dans notre pays, des milliers de salariés, travaillant à domicile, dans les petits métiers, et qui sont en dehors de toute organisation syndicale, en dehors aussi du mouvement ouvrier. Ceux-là resteront les bras ballants. Et si les cantons lèvent la troupe, les ouvriers, les *miliciens*, devront se rendre à l'appel qui leur sera adressé. S'ils refusent, c'est la grève militaire.

Nous n'en sommes pas encore là. Je n'en veux pour preuves que ce qui s'est passé depuis 1902 à Bâle, Neufchâtel et Saint-Gall, où personne n'a repris le geste simple et décidé de ceux de Genève.

Jean Sigg.

LA JOURNÉE DE HUIT HEURES EN AMÉRIQUE

L'*American Federationist* de décembre contient le rapport du président de la Fédération américaine du Travail, au vingt-cinquième Congrès annuel de cette puissante organisation. Ce Congrès s'est tenu à Pittsburg (Pensylvanie) en novembre.

Dans ce rapport, notre camarade Samuel Gompers a traité à plusieurs reprises de la question des huit heures. C'est un utile résumé des efforts récemment ou actuellement faits par les syndiqués américains, qui n'ont pas obtenu, d'un seul coup, en 1886, la journée de huit heures pour tous, mais qui, depuis lors, n'ont jamais cessé de lutter pour la conquérir. A l'heure où la propagande pour la réduction des heures de travail s'intensifie chez nous, nous avons cru utile de traduire quelques passages de cet intéressant document. On y verra comment les travailleurs américains joignent à la lutte directe contre le patronat, le souci de mesures législatives et de l'application quotidienne des lois déjà obtenues.

La Journée de Travail de Huit Heures

Dans aucun domaine peut-être, le développement, le plus grand possible, de notre activité, ne peut apporter de plus sérieux avantages pour tous (tout en ne faisant de tort à personne), que dans le mouvement en faveur de la réduction des heures de travail et l'élablissement d'un jour normal de travail de huit heures.

Depuis les origines de notre Fédération, nous avons proclamé cette revendication de la classe ouvrière : la réduction de la Journée de Travail. En 1884, nous avons poussé tous les ouvriers à s'efforcer d'établir la journée de huit heures, si possible, par entente avec les patrons. Nous avons aidé plusieurs métiers à établir les huit heures ; les heures de travail pour tous ont été réduites.

Avec les merveilleux progrès du machinisme et les applications de la force de la vapeur et de la force électrique, nos travailleurs produisent une quantité qui surpasse l'imagination, si, du moins, elle ne remplit pas l'attente d'il y a 10 ou 20 ans. Sur une terre fertile et généreuse comme la nôtre, avec son peuple ingénieux et industriel, il ne peut y avoir aucune raison valable pour que de nos jours on attende ou on exige des travailleurs qu'ils donnent plus de huit heures par jour au travail.

Il est faux de dire, comme nos adversaires le font, que la production diminuerait avec l'établissement des huit heures comme journée normale de travail. Dans le rapport du Secrétaire du Commerce et du Travail au Comité du Travail (House Committee of Labor) se trouve le témoignage de patrons qui pendant une série d'années ont éprouvé dans quelle mesure la journée de huit heures était praticable. Dans aucun cas, ces patrons ne varient dans leur appréciation sur cette durée du travail, qu'ils jugent économique, raisonnable et pratique.

Dans la construction du navire le *Connecticut* par des ouvriers sous le régime des huit heures et du navire la *Louisiane* sous le régime des dix heures, l'avantage a été pour le premier régime (1). Dans les industries où les huit heures ont été introduites, cette introduction a eu pour résultat une plus grande productivité du travail par homme, par jour, par année. Ceci n'a pas été démontré seulement dans notre propre pays,

---

(1) Cf. Revue syndicaliste, n° 4, 15 août 1905, p. 82.

mais dans n'importe quel autre où l'expérience ait été faite. En réalité, il est aisé de démontrer qu'une réduction des heures de travail à huit ne diminue pas la production, mais au contraire l'augmente ; que le pouvoir de consommation et d'usage des produits du travail se trouve ainsi augmenté ; ce qui donnera en retour à l'industrie et à la production une impulsion plus grande qu'elles n'en peuvent recevoir par aucun autre moyen. Et ainsi les huit heures excluent les rivaux de ces autres marchés du monde auxquels on a donné tant d'attention. Le loisir et le repos opportun qui suivent un jour normal de travail développent le corps, l'intelligence et la moralité et par là contribuent au bien social. Nous insistons donc vivement auprès de nos camarades unionistes, de nos camarades ouvriers et des amis de notre cause pour qu'ils concentrent et consacrent toutes leurs énergies au mouvement pour l'établissement de la journée de huit heures.

Je demande que l'introduction générale des huit heures soit le principal sujet des discussions générales dans nos unions, dans nos comités centraux, nos Congrès nationaux et internationaux ; je demande que l'on engage des négociations avec les patrons en vue d'une entente sur ce point, et que si cette tentative échoue, l'on se prépare à ce moment et dans la suite à imposer les huit heures par la volonté ouvrière. Il est de notre devoir (1) d'aider, par tous les moyens dont nous disposons, les camarades ouvriers qui tentent d'établir les huit heures.

LE MOUVEMENT DES HUIT HEURES CHEZ LES IMPRIMEURS (2)

L'Union typographique internationale se trouve engagée dans un grand conflit pour l'établissement de la journée de travail de huit heures dans les imprimeries de livres et les maisons de labeur. C'est sur ce point que porte son effort depuis qu'elle a établi en pratique la journée de sept heures dans toutes les imprimeries de journaux, où fonctionne la machine à composer. L'Union typographique internationale chercha à éviter la grève, dans laquelle elle est maintenant engagée, par tous les moyens à sa disposition. Cette grève a été provoquée et hâtée, il y a quatre mois, par l'attitude autocratique des patrons, associés, dans cette industrie, sous le nom d'*United Typothetae of America.*

On reproche quelquefois à notre mouvement, qu'il tende à arracher aux patrons des avantages abusifs, sans leur laisser un temps suffisant et des facilités pour arranger leurs affaires, de manière qu'ils puissent accorder sans dommage les demandes du travail organisé. Dans le cas des typographes, il est certain que le reproche ne porte pas, car en août

---

(1) C'est-à-dire du devoir de la Fédération.
(2) Cf. Revue syndicaliste, 15 novembre 1905, p. 173.

1902, l'Union typographique internationale, à son Congrès, déclara que la journée de huit heures devait être établie « à la date la plus rapprochée qu'il était possible, pratiquement ». Les membres de l'Union furent invités à ne pas signer, après le 1er octobre 1905, des contrats leur imposant de travailler plus de huit heures par jour.

Les fonctionnaires du Syndicat furent invités à soumettre la question à l'Association des patrons « afin que la journée de huit heures pût être mise en vigueur sans conflit ».

Les Congrès suivants de l'Union internationale ont répété cette déclaration et l'Union a manifesté chaque fois son ardent dessein d'introduire la journée de huit heures au 1er janvier 1906, et par une entente avec les patrons.

A son dernier Congrès, l'organisation chargea une commission de se rendre avec instructions au Congrès de l'Association patronale. Cette commission fut traitée avec fort peu de courtoisie, et les ouvertures faites pour un établissement pacifique de la journée de huit heures furent repoussées avec mépris.

Alors, déployant leur plan de campagne, les patrons imprimeurs des imprimeries de livres et des maisons de labeur, commencèrent à attaquer les unions ouvrières dans diverses parties du pays. Ils entretenaient l'espoir qu'en attaquant ainsi un syndicat l'un après l'autre, et avant la date fixée du 1er janvier 1906, l'Union typographique ne serait plus préparée à faire face aux patrons, à cette date. Comprenant le danger de cette tactique, si on lui permettait de se déployer sans lui offrir de résistance, les fonctionnaires du syndicat décidèrent que, partout où cela ne serait pas en violation des contrats existants, les imprimeurs travaillant dans l'industrie du livre plus de huit heures par jour demanderaient immédiatement à leurs patrons un contrat établissant ce système sur le champ ou, en tous cas, point plus tard que le 1er janvier 1906. Le résultat fut qu'un certain nombre de patrons accordèrent immédiatement la journée de huit heures ou s'engagèrent à la mettre en vigueur à la tête fixée. Dans un grand nombre d'établissements, des grèves éclatèrent. Depuis lors les secrétaires indiquent de grands succès, beaucoup d'adhésions à l'organisation, et la mise en vigueur de la journée de huit heures dans un certain nombre des établissements. Il y a encore plusieurs milliers de membres qui luttent, sans défaillance, courageusement, pour la journée de huit heures.

A notre dernier Congrès, cette question fut l'objet d'une grande attention, et on décida unanimement de donner tout le secours possible, financier et moral, à l'Union typographique internationale, dans ses efforts, et, si cela était nécessaire, dans sa lutte pour l'établissement de la journée de huit heures. Ce me fut un devoir agréable d'assister à la dernière Convention de l'Union typographique internationale, de lui apporter vos fraternelles félicitations, et l'aide offerte ; de conférer avec ses fonctionnaires sur les meilleurs moyens par lesquels nous pouvons contribuer à ce splendide mouvement ; à ce mouvement dont il peut résulter de grands avantages non-seulement pour les imprimeurs, mais pour tout le travail, pour tout le peuple.

Dans le rapport que le Conseil exécutif vous soumettra, et dont quelques-uns d'entre vous ont déjà pris connaissance nous vous communiquerons les secours que nous avons déjà donnés et que nous proposons de donner à l'Union typographique internationale dans son mouvement pour le développement de ce facteur puissant d'une vie humaine meilleure : la journée de huit heures.

Les imprimeurs ont déjà sur beaucoup de points obtenu cette journée ; leurs efforts peuvent et doivent être couronnés par une complète victoire ; c'est pour nous un devoir solennel et strict de les aider à l'obtenir.

LA LÉGISLATION DES HUIT HEURES

Un rapport a été fait lors de notre dernier Congrès sur notre bill des huit heures introduit au Sénat par L. E. Mac Comas, du Maryland, alors sénateur, et à la Chambre par le député R. R. Hitt, de l'Illinois ; ce rapport annonçait que de vastes enquêtes avaient été faites devant les deux commissions ; que la Commission du Travail de la Chambre avait résolu de transmettre un certain nombre de questions au ministère du Commerce et du Travail en lui demandant sur ces questions des réponses et des rapports. Il a été montré que les six questions posées étaient absurdes et contradictoires dans leurs termes mêmes, et qu'il était absolument impossible d'y répondre ; que c'était le dessein manifeste de la commission, d'esquiver son devoir, de rejeter la responsabilité sur une autre administration, et d'échapper de cette façon à toute action. Bien que confiant dans la position que je pris alors, la franchise m'oblige à dire que je ne pensais pas que le rapport du secrétaire du ministère du Commerce et du Travail confirmerait si pleinement mon opinion.

Le secrétaire de ce département, M. Metcalf, dans son rapport adressé à la Commission du Travail de la Chambre, le 27 janvier 1905 (rapport intitulé « Les huit heures pour les ouvriers de l'Etat ») fut forcé de dire qu'excepté en ce qui concerne l'attitude de la classe ouvrière envers le bill, les questions posées par le Comité ne pouvaient recevoir aucune réponse intelligente.....

Il peut être intéressant de constater que l'on a l'habitude de répéter et quelques journaux même l'ont publié, que la majorité de la Commission du Travail de la Chambre des représentants avait été élue avec le dessein spécial d'étouffer n'importe quelle législation favorable à la classe ouvrière. Ces questions ont été portées à l'attention du futur speaker de la prochaine Chambre des représentants. Une protestation a été déposée contre la répétition de pareils procédés, et l'on y a insisté pour que la Commission du 59ᵉ Congrès soit composé d'hommes capables, loyaux et plus inclinés à prendre en considération la législation concernant les intérêts du travail.

C'est à vous qu'il revient de prendre les décisions pour hâter notre marche future vers le bill des huit heures, et pour que la loi fédérale des huit heures soit faite non seulement pour tous les ouvriers et travailleurs employés par l'État, mais s'applique aussi à ceux employés par les adjudicataires ou sous-adjudicataires qui travaillent pour le Gouvernement fédéral. *(à suivre)*.

LE MOUVEMENT EN FRANCE

LA GRÈVE DES ARSENAUX

Un fait d'une portée considérable s'est produit pendant le mois de novembre. Les ouvriers des arsenaux de la marine ont proclamé la grève générale. Contre l'État, qui, par crainte de la grève, s'obstine à refuser à ses salariés, agents ou sous-agents des postes, instituteurs ou douaniers, le droit de se syndiquer, ils ont affirmé la plénitude de leur droit syndical : ils ont fait grève. Le scandale a été énorme : les nécessités de la défense nationale ont été invoquées par toute la presse bourgeoise et par les ministres. Les déclarations autoritaires et les circulaires comminatoires ont été impuissantes : pendant quelques jours, 16.000 travailleurs des arsenaux ont suspendu le travail.

Il nous faut décrire brièvement ce grand conflit. Le 5 octobre, le camarade Pengam, dans une réunion privée du syndicat des métallurgistes de Brest, faisait une causerie sur le rôle des armées dans les sociétés modernes. Presque un mois après, le 23, il était frappé d'une mise à pied d'un mois, pour avoir excité à l'assassinat des chefs et à la désertion : une « enquête ordonnée par l'amiral Péphau » avait révélé le fait. Le fait était faux : Pengam avait fait une conférence humanitaire et syndicaliste, maudissant la guerre et engageant les ouvriers soldats à refuser de tirer sur leurs camarades en grève.

Le 28 octobre, le Comité fédéral, prévenu de l'incident, avertissait M. Guieysse, président du groupe des députés des ports, et le priait d'intervenir près du ministre de la marine. Le ministre, informé seulement par l'amiral Péphau, répondait que Pengam avait pris la parole au milieu d'un spectacle public.

Cependant un ardent mouvement de protestation éclatait à Brest et bientôt dans les autres ports : la liberté de la parole « conquise au prix de tant de sang prolétarien », comme dit un ordre du jour voté alors, est trop chère aux ouvriers français pour qu'ils la laissent seulement restreindre. Le 25, le 28 octobre, dans des réunions tenues à la Bourse de Brest, de nombreux ouvriers de l'arsenal déclarèrent se solidariser avec Pengam. A ces déclarations énergiques, l'amiral Péphau répondit par une nouvelle provocation : le 3 novembre, Müller, Le Gall, Demeule, Le Bott et Martin furent à leur tour exclus de l'arsenal pour un mois. L'amiral avait jeté de l'huile sur le feu.

Les journaux locaux, même hostiles à la classe ouvrière, permettent d'établir que les ouvriers incriminés n'avaient pas abusé, comme le prétendaient les rapports de l'amiral Péphau, de la liberté de parole et qu'ils n'avaient pas injurié leurs chefs. Le Comité fédéral, sûr des faits, et conscient de son droit, allait intervenir. Le 5 novembre, le Conseil d'administration du syndicat de Brest avait voté le principe de la grève ; dans tous les ports, l'agitation grandissait ; diverses organisations télégraphiaient qu'elles étaient prêtes ; un ardent esprit de solidarité soulevait les arsenaux. Les démarches qui eurent lieu, pendant les jours du 5 au 14 novembre, auprès du ministre, prouvaient d'autre part au Comité fédéral que le ministre ne cherchait qu'à gagner du temps ; sa décision de faire vérifier l'affirmation, faite sur l'honneur par le Comité fédéral qu'aucune injure n'avait été proférée contre les autorités, était injurieuse pour la Fédération.

Le 14 novembre, la grève éclatait. Le gouvernement n'avait, malgré les apparences, rien fait pour la prévenir. Le mouvement fut remarquable. Ces « apprentis bourgeois », comme certains les appelaient avec dédain, ces « ouvriers privilégiés », comme les parlementaires les qualifiaient, prouvèrent par leur acte de solidarité qu'ils étaient des prolétaires, aussi durement exploités que les autres, aussi conscients et aussi hardis que les autres. Dès le premier jour, en dépit de la menace du renvoi que le ministre faisait peser sur eux, par des circulaires et des affiches comminatoires, 16.000 sur 28.000 cessèrent tout travail « sans clameur, sans bruit, prenant le plus grand souci des intérêts locaux et évitant de porter la perturbation dans les localités ».

La menace de renvoi avait été sans effet : à Toulon, la grève était générale ; elle comprenait, à Rochefort, la grande majorité des ouvriers ; à Lorient, le quart environ. On usa alors d'un autre système ; on tenta de démoraliser les grévistes, en répandant habilement de faux bruits ou des nouvelles exagérées : à Brest, on déclarait Toulon incapable de solidarité ; à Toulon, on disait que Brest ne marchait pas. Et pourtant le second jour, le 15 novembre, le nombre des grévistes avait encore augmenté.

Cependant, on négociait. Le délégué de la Fédération à Paris, une délégation de Cherbourg, et les maires de Cherbourg et de Brest étaient reçus par le ministre. Un télégramme venait alors annoncer au Comité fédéral, à Toulon, que le ministre conseillait la reprise du travail, et, après la tenue d'un Congrès à Paris, examinerait les moyens de donner satisfaction aux grévistes. Le Comité fédéral donna l'ordre de reprendre le travail. Le 20 novembre, le Congrès se réunit à Paris.

Entre temps, les députés socialistes avaient interpellé le gouvernement. 68 voix seulement s'étaient rencontrées à la Chambre, pour défendre les libertés ouvrières menacées.

Le lundi 20 novembre, le Congrès se réunit au siège de la Confédération générale du Travail. Il se divisa en deux commissions. La première examina les origines du conflit, établit que les paroles prononcées par les ouvriers frappés n'avaient point de caractère injurieux, et qu'elles n'avaient été prononcées d'ailleurs que dans des réunions privées. Elle conclut au maintien de la protestation syndicale. La seconde étudia les revendications générales que la grève avait de nouveau posées. Ces revendications sont, rappelons-le :

1° L'unification des salaires par classe à établir immédiatement et à réaliser la première année, c'est-à-dire accomplir l'augmentation moyenne de o fr. 30, en portant le salaire de chaque ouvrier au franc ou au demi-franc de la classe dans laquelle il doit entrer ;

2° L'augmentation des retraites : les porter de 600 à 1.000 francs ;

3° L'établissement des pensions de retraites pour toutes les ouvrières des Écoles de pyrotechnie et des Hôpitaux de la marine, sans exception ;

4° L'établissement des retraites proportionnelles pour les veuves et les orphelins des ouvriers de la Marine, décédés après 15 ans de services;

4° L'abolition de la troisième visite médicale imposée aux ouvriers stagiaires passant permanents, parce qu'elle est une atteinte à la loi sur les accidents du travail ;

5° La suppression des travaux à la tâche qui ont donné les résultats les plus détestables et qui ne sont qu'une prime à la malfaçon, au gaspillage, à la misère physiologique et morale de ceux qui y sont astreints et parce que, d'autre part, ces genres de travaux contribuent à perpétuer le chômage.

Le Congrès terminé, le 25 novembre, les délégués furent reçus par le ministre. Les ouvriers n'obtinrent pas la réintégration immédiate des ouvriers punis ; mais en ce qui concerne leurs revendications générales, le ministre prit des engagements formels. Sur l'augmentation des salaires et des retraites la Fédération présentera au **Ministre** un projet qui puisse paraître acceptable au Parlement, et qui sera soutenu par le gouvernement. De même pour les retraites proportionnelles. Sur la question de la visite médicale, entière satisfaction fut donnée. Par deux ordres du jour très nets, le Congrès prit acte des déclarations ministérielles. Le conflit était terminé.

Son importance n'échappera à personne : la grève des arsenaux est une des péripéties les plus dramatiques de la lutte engagée par les ouvriers ou les employés de l'Etat pour la reconnaissance de leurs droits syndicaux. Pendant tout le cours du conflit, tous les travailleurs de l'Etat manifestèrent activement leurs sentiments de solidarité envers les travailleurs de la marine. Et, réciproquement, c'est par un ordre du jour affirmant leur union avec les ouvriers des autres services, que les ouvriers des arsenaux ont clos leur Congrès. La bataille n'est point près d'être terminée : au nom de la défense nationale ou des intérêts publics, d'autres seront de nouveau menacés, les travailleurs municipaux ou des chemins de fer par exemple. Les premiers ont été déjà inquiétés, il y a peu de jours. Mais l'exemple donné par les travailleurs de la marine sera suivi : qu'on multiplie, si l'on veut, toutes les mesures de répression, qu'on menace les fonctionnaires de prison, de déchéance civique. Le jour où ces syndiqués se sentiront menacés dans leurs droits, le jour où ils sentiront qu'ils n'ont de ressource contre l'oppression que la grève, ce jour-là toutes les mesures seront vaines ; toutes les frêles barrières seront brisées.

LA GRÈVE DES BIJOUTIERS D'AMIENS

Depuis le 9 octobre dernier les ouvriers de la maison Gonthier jeune et Cie, fabricants de bijouterie à Amiens, sont en grève. Les grévistes, au nombre d'une cinquantaine (hommes, femmes, jeunes gens), sont aussi décidés que le premier jour à lutter pour obtenir satisfaction.

Ce qu'il y a de remarquable dans cette grève, c'est que les ouvriers ne luttent ni pour une question de salaire, ni pour une question d'heures de travail, mais pour protester contre la baisse de salaire des polisseuses et pour réclamer, en faveur de ces dernières, les mesures d'hygiène indispensables pour les garantir contre les risques des maladies inhérentes à leur profession.

C'est on le voit, et au premier chef, un mouvement de solidarité que font les bijoutiers d'Amiens dont l'ardeur et la ténacité ne sont pas encore émoussées.

Dès les premiers jours, le syndicat organisa les soupes communistes, si nécessaires en temps de lutte et c'est ainsi que, les secours aidant, nos camarades d'Amiens tiennent toujours bon depuis 2 mois.

Avec quelques rénégats et des gamins raccolés par la police, la maison Gonthier cherche, mais en vain, à satisfaire sa clientèle. Les bijoutiers en grève, de leur côté, et sûrs d'eux-mêmes, attendent les événements. Ils ne parlent de rien moins, en tout cas, que de créer une coopérative de production et ont déjà une grande confiance dans leur future société. — *Cleuet.*

La Fin de la Grève de Plainfaing

La grève de Plainfaing, dont notre camarade Pernot entretenait la dernière fois les lecteurs de la Revue, est terminée. Après deux mois de luttes, pendant lesquelles ils ont enduré toutes les privations avec courage, on pourrait dire avec héroïsme, nos camarades de la vallée de la Meurthe ont réintégré les usines, à la suite d'une transaction obtenue par le sous-préfet de Saint-Dié.

Les dernières semaines avaient été particulièrement rudes : des malheureux, circonvenus de toutes manières par les agents patronaux, étaient rentrés au travail : 10 %, environ. Les ressources manquaient. C'était dans beaucoup de maisons la misère. Enfin, parmi la population, isolée de ces vallées, les bruits, les mensonges qu'on faisait courir, avaient une puissance singulière. Un jour, on racontait que les patrons étaient disposés à fermer leurs usines pour trois mois ; le lendemain, ils étaient décidés à donner satisfaction aux ouvriers, si ceux-ci rentraient à l'usine ; un autre jour, le bruit courait à l'usine du centre que les ouvriers des usines isolées étaient rentrés ; après, c'était le centre qui avait fait défection, abandonnant les autres, etc... Enfin, le meurtre d'un ouvrier, Hanzo, meurtre dont l'auteur est demeuré inconnu, mais dont les grévistes spontanément soupçonnèrent les jaunes, étant données leurs menaces habituelles, et leurs provocations haineuses, acheva de démoraliser cette rude et vaillante population.

La convention qu'ils ont obtenue apporte aux ouvriers quelques avantages : facilité leur est donnée pour vérifier le produit de leur travail (article 3) ; il ne sera fait aucune distinction entre syndiqués et non syndiqués (article 11) ; il est institué dans chaque usine une commission ouvrière qui sera composée de cinq ouvriers par usine : ces ouvriers seront élus au scrutin secret par les ouvriers âgés de 18 ans, des deux sexes (article 23) ; ces commissions ont pour but de servir de trait d'union entre les patrons et les ouvriers ; elles seront reçues séparément par le gérant des usines ou son représentant chaque mois aux jours et heures indiqués par la direction et plus souvent dans le cas de nécessité et sur leur demande... ; la société s'engage à recevoir la commission avec bienveillance et à ne pas inquiéter leurs ouvriers à raison des réclamations qu'ils porteraient en cette qualité devant eux (15).

Il suffit de se rappeler la condition dans laquelle les ouvriers de Plainfaing ont été tenus depuis un demi-siècle, la tyrannie des Géliot, et les prétentions absolutistes exprimées au cours de la grève même par M. Géliot, pour comprendre ce qu'il y a de nouveau, d'inouï dans une convention réglant la procédure régulière des réclamations, établissant des commissions ouvrières élués, permettant aux ouvriers de vérifier le produit de leur travail. C'est la preuve que l'effort de libération des ouvriers des Vosges n'a pas été fait en vain. Mais nous n'ignorons pas le danger des commissions ouvrières : l'exemple du Creusot est là. Au Creusot, où l'esprit syndical avait des racines plus anciennes qu'à Plainfaing même, les commissions ouvrières ont été un moyen d'anéantir le mouvement syndical. Dans les premières années qui ont suivi la grève, tous les militants, désignés par la confiance de leurs camarades à ce poste périlleux, ont été, sous un prétexte ou un autre, exclus de l'usine. D'autre part, la commission ouvrière, fonctionnant pour ainsi dire à côté et en dehors du syndicat, diminue l'action de ce dernier. Néanmoins, la solidarité dont ont fait preuve les ouvriers de Plainfaing ; l'énergie et le clair esprit politique avec lequel ils ont conduit leur grève, tout fait espérer qu'ils sauront surmonter les difficultés plus grandes encore du lendemain de grève.

LES CONGRÈS

La Fédération des **Travailleurs de la voiture** a tenu son 5me Congrès, du 1er au 4 novembre, à la Bourse du Travail d'Angers. 40 syndicats adhérents à la Fédération, avaient envoyé leur adhésion, 20 syndicats étaient directement représentés. Après un ordre du jour de solidarité à la confédération générale du Travail, victime des mesures gouvernementales, la discussion sur les huit heures fut abordée : le Congrès jugeant que le moment est venu de passer de la théorie à l'action, invita les syndicats fédérés à faire tout leur devoir pour adresser au Comité fédéral les fonds indispensables à l'agitation des huit heures, afin d'obtenir au 1er mai 1906 les plus grands résultats possibles. L'augmentation de la cotisation fédérale ne souleva pas de discussion ; le rapport concluant en sa faveur fut adopté par 18 voix, une abstention et une voix contre.

Après une vive discussion sur la commandite, le Congrès, à l'unanimité, vota le principe de la commandite égalitaire généralisée.

LE MOUVEMENT A L'ÉTRANGER

LE LOCK-OUT DES OUVRIERS EN MÉTAUX DE SUÈDE

Une lutte s'est terminée ce mois-ci qui marquera certainement dans l'histoire syndicale suédoise. Nous voulons parler du grand conflit qui a surgi dans les industiies des métaux en Suède, dont la presse quotidienne a parlé, lorsqu'il semblait avoir une importance politique, et qu'elle a rapidement oublié ensuite.

L'origine du conflit remonte à la grande grève politique que les ouvriers suédois, en mai 1902, menèrent pendant trois jours en faveur du suffrage universel. Le directeur des ateliers *Separator* exclut alors les ouvriers qui avaient manifesté pendant ces trois jours. Et ce ne fut qu'après une assez longue lutte que nos camarades purent rentrer à l'atelier. Ce n'était là qu'une première escarmouche.

Silencieusement, en effet, les patrons se préparèrent. Une grande organisation centrale se constitua, dont M. Bornström, le directeur des ateliers précités, fut l'âme. « Être maître chez soi », tel fut le but qu'on se proposa ; et il apparaissait qu'on ne le pouvait qu'en anéantissant les syndicats. On le tenta donc.

Une première fois, ce fut en 1903. Pour une grève de 8 mouleurs de la Suède méridionale, 15.000 ouvriers furent exclus des usines. Cependant, au bout de quelques semaines, le conflit se termina par une entente qui fixait les bases de négociations, en vue d'une réglementation générale des conditions du travail. Ces négociations commencèrent immédiatement et furent poursuivies pendant toute l'année 1904. Les travailleurs, on le voit, mirent du temps à s'apercevoir que, sous la conduite de leur mauvais génie, M. Bornström, les patrons ne cherchaient qu'à gagner du temps. Ils ne songeaient, en effet, qu'à rassembler leurs forces pour recommencer le coup manqué l'année précédente.

La principale question discutée avait été celle du minimum de salaire. Les entrepreneurs, après de longs délais, finirent par prétendre régler avec chaque travailleur le salaire minimum. Autant valait dire qu'on en repoussait le principe même. Les ouvriers, voyant la tournure que prenaient les débats, posèrent alors leur revendication d'un minimum de salaire dans toute une série d'usines, et lorsqu'elle fut repoussée, déclarèrent la grève. Les patrons répondirent en décrétant le lock-out général qui fut réalisé le 10 juin et frappa 17.000 ouvriers. Les Unions des ouvriers du fer et des métaux, des mouleurs, des travailleurs du bois, toutes trois adhérentes à l'organisation centrale des syndicats suédois furent atteintes par le lock-out. Sur 80.000 syndiqués suédois, 17.000, nous le répétons, se trouvaient jetés à la rue.

Les syndicats, celui des ouvriers en métaux surtout, s'étaient préparés à la bataille. Heureusement, car elle fut longue. Commencée le *10 juin*, elle ne s'est terminée que le *3 novembre*. Pendant cinq mois, 30 o/o de tous les travailleurs organisés de Suède furent sans travail.

De cette longue et formidable lutte, le patronat est sorti vaincu.

Non seulement, il a échoué dans son effort pour anéantir les syndicats ouvriers ; mais il a dû céder à la revendication ouvrière essentielle ; il a dû reconnaître un minimum de salaire, qui ne doit pas, comme en 1903, être fixé par de longs débats, mais au contraire, être tout de suite mis en vigueur. Le pays a été divisé en trois régions ; dans chaque région, une échelle de salaires spéciale doit être établie.

La grève a coûté environ 2.240.000 marks, soit 2.800.000 francs. Les secours de l'étranger, si l'on excepte ceux venus des deux autres pays scandinaves, Danemark et Norvège, ont été peu considérables. C'est du pays même que toutes les ressources ont été tirées, grâce à la sévère organisation des syndicats suédois.

Dès le début du conflit, le secrétariat national ordonna une cotisation extraordinaire d'une couronne (1) par semaine pour tous les membres des syndicats adhérents à l'organisation nationale. En outre de cette contribution obligatoire, quelques Unions (ou Fédérations), par des listes de souscriptions ou par de nouvelles cotisations extraordinaires, arrivèrent à fournir encore une seconde couronne par semaine pour soutenir les victimes du lock-out. Le sentiment de solidarité, l'esprit de sacrifice furent admirables : seuls, ils pouvaient permettre de repousser victorieusement l'attaque patronale.

Ce n'est pas exagérer que de comparer ce lock-out suédois au grand lock-out danois de 1899. Dans un cas comme dans l'autre, il s'agissait pour les syndicats de la vie ou de la mort : dans les deux cas, la solidarité ouvrière les sauva. L'industrie du fer et des métaux est la principale de Suède. Ce que le patronat n'a pas pu obtenir dans cette industrie, il ne pourra pas l'obtenir dans les autres. Il sera contraint de s'incliner, de traiter avec ces organisations ouvrières, riches, solides et disciplinées, qui ont eu raison de son vain lock-out. C'est certainement là une des plus belles victoires syndicales de 1905.

---

(1) La couronne ou krona vaut 1 fr. 30.

VARIÉTÉS

LA GRÈVE AU VILLAGE

A Neuvy-Pailloux, village du département de l'Indre, une trentaine d'ouvriers apiculteurs se sont mis en grève. Notre camarade Gauderique Tixeyre, le *barger*, comme l'appellent les paysans de là-bas, leur a apporté son concours dès les premiers jours. Une lettre qu'il nous adresse montre bien l'acte inouï qu'est dans un village la première grève et quelle influence profonde elle exerce dans les cerveaux ouvriers.

Depuis à peu près un mois nous avons une grève d'ouvriers apiculteurs dans une commune située à 15 kilomètres d'Issoudun, sur la route de Châteauroux, entre les deux villes. Ils s'étaient groupés en syndicat, voilà à peu près deux mois, au nombre de 25 sur 30 ; trois femmes font partie du syndicat. C'est une Société anonyme qui a fait monter la fabrique dans un centre purement agricole. Le motif de la grève est le renvoi par le directeur de deux ouvriers syndiqués, dont l'un est le secrétair; du syndicat. C'est moi qui m'y suis rendu le premier, dès que nous avons appris la grève, comme délégué de la Bourse du Travail d'Issoudun.

Ces camarades étaient syndiqués, mais personne ne s'était donné la peine de venir leur faire des conférences. Il y avait 4 jours qu'ils étaient en grève ; et ils n'avaient écrit à personne. Ils étaient complètement abattus. Pour vous faire une idée de ce qu'est le travail du propagandiste dans nos campagnes, figurez-vous que c'est par hasard que nous avons appris à Issoudun cette grève. Immédiatement on me délègue dans cette commune, sans aucun renseignement. Je prends ma bicyclette et j'y cours. J'arrive dans un pays inconnu pour moi. A qui m'adresser ? A force de demander, quelqu'un finit par m'indiquer la maison d'un gréviste. Celui-ci me donne quelques renseignements ; je lui demande s'il ne pourrait pas réunir les camarades. « Comment faire ? me dit-il ; ils sont tous dispersés, les uns partis au bois, les autres, dans leur bout de champ ». Enfin, l'on trouve un jeune gréviste qui possède une bicyclette. Je le prie de faire un tour et de leur dire à tous qu'un délégué d'Issoudun veut leur parler. Je me fais indiquer une auberge et au lieu d'aller goûter à Issoudun, je déjeûne là.

Au bout d'une heure ils commencent à venir, si bien qu'ils ont été 14 ou 16 à l'appel sur 25. Ce n'était déjà pas mal. Je me fais expliquer, comme il faut, les motifs de la grève ; je demande une copie des statuts du syndicat ; je leur fais une causerie, et les prie de nommer un comité de grève (cela c'était le samedi) et je les engage à organiser une réunion publique pour le lendemain. Mais la timidité est là : ils n'osaient pas. Alors je fais appeler l'aubergiste, et je lui demande s'il pourrait me prêter la salle le lendemain, pour une réunion. Lui, ne voyant que le débit, ne demande pas mieux. Alors je leur dis qu'il faut faire une déclaration à la mairie, mais personne ne veut y aller. Je me fais indiquer le chemin, et me voilà parti ; en me voyant si décidé, trois d'entre eux me rejoignent, mais ils n'ont soufflé mot devant le secrétaire de la mairie.

Je reviens à Issoudun, je remplis quelques affiches passe-partout de la Bourse du Travail, et les expédie au garde-champêtre qui fait fonction d'afficheur public.

Le dimanche, je me rends de nouveau à Neuvy-Pailloux, avec le secrétaire de la Bourse. La salle était trop petite : tout le monde voulait voir. Les grévistes étaient enchantés. Puis en semaine le secrétaire de la Bourse s'est rendu encore parmi eux pour leur montrer comment l'on balaie quelques jaunes ; et les réunions ont continué. Je suis tombé malade, mais d'autres m'ont remplacé. Dimanche dernier, me trouvant mieux, j'y suis revenu. D'autre part, ce dimanche même, la section de l'antimilitarisme à Issoudun, qui s'appelle la Jeunesse syndicaliste, a organisé un excellent concert au profit des grévistes. Hier encore je me suis rendu, de nouveau, leur faire une conférence. C'était le soir, j'étais accompagné du secrétaire de la Bourse d'Issoudun. J'ai trouvé les grévistes transformés : ils commencent à recevoir des secours des autres organisations. Leur moral est maintenant relevé et il en sortira d'excellents militants, mais il ne faut pas les abandonner. Lorsqu'ils reçoivent une lettre d'encouragement d'une organisation à laquelle ils ont fait parvenir une liste de souscriptions, c'est du délire. Ah ! comme la propagande transforme l'homme ! Les gens qui avaient peur d'aller faire une déclaration de réunion à la mairie, aujourd'hui vont attendre les délégués à la gare et rentrent dans le bourg en chantant l'*Internationale* qu'ils ont apprise en quelques heures, et malheur au jaune qui voudrait se rendre à la fabrique !.... La grande majorité de la population les encourage.

S'ils obtiennent la victoire on fondera un syndicat d'ouvriers agricoles dans la commune ; mais s'ils étaient vaincus, ils seraient complètement démoralisés.

Gauderique TIXEYRE.

Première Année.   N° 9.   15 Janvier 1906.

La Revue Syndicaliste

ABONNEMENT	Paraissant	ABONNEMENT
	le 15 de chaque mois.	
Un an .. .. .. **2 fr. 40**		Un an .. .. .. **2 fr. 40**
Six mois .. .. **1 fr. 20**	Le numéro : **0 fr. 20**	Six mois .. .. **1 fr. 20**

LA JOURNÉE DE HUIT HEURES
ET LES TRAVAILLEURS A DOMICILE

Le Congrès de Bourges, en votant la résolution qui fixe au 1ᵉʳ mai 1906 la date à laquelle les travailleurs ne doivent plus faire que 8 heures de besogne par jour, a voulu hâter la réduction générale des heures de travail. Aujourd'hui, avec le développement du machinisme et l'augmentation correspondante de la production, cette réduction est devenue absolument urgente, si l'on tient du moins à ce que tous ceux qui demandent leurs moyens d'existence au travail, puissent s'occuper, et assurer ainsi cette existence.

Mais cette résolution, excellente dans son esprit, est un peu trop large dans sa portée ; elle s'adresse à toutes les corporations, sans avoir examiné si celles-ci peuvent toutes la mettre à exécution. En effet, cette exécution peut être relativement facile dans les corporations où la journée de travail est réglementée à 10 ou 9 heures ; l'effort à faire là peut n'être pas très considérable ; mais elle est beaucoup plus compliquée dans les métiers où il n'existe encore aucune réglementation des heures de travail, et c'est le cas pour ceux où se pratique le travail à domicile.

On connaît les abus qu'entraîne ce mode de travail. Nous passons sur le côté hygiénique de la question, pour ne voir que celui qui nous occupe aujourd'hui.

Les ouvriers, isolés chez eux, n'ayant pas de fréquents rapports avec leurs camarades, et presque toujours inorganisés, sont l'objet d'une exploitation indigne. Pour avoir du travail, ils se concurrencent souvent entre eux sur le salaire. Et alors, s'ils désirent se conserver de quoi vivre, ils allongent leur temps de travail journalier jusqu'à l'épuisement de leurs forces : la journée pour eux, n'a, peut-on dire, jamais de fin. Pendant que les travailleurs des corporations où la journée est réglementée peuvent marcher vers la réduction des heures de travail et l'augmentation du salaire, les ouvriers à domicile voient se prolonger sans cesse leur temps de travail, et leur salaire toujours s'amoindrir.

Un nombre important de travailleurs subissent cette double exploitation extrême de leurs forces et de leur salaire qu'engendre le travail à domicile. Les ouvrières surtout en sont les victimes, et il n'est malheureusement pas douteux que toute cette catégorie de producteurs est dans l'impossibilité matérielle, actuellement, non seulement de réclamer la journée de 8 heures, mais même d'obtenir la journée régulière de 10 heures, qui serait déjà pour elle un grand soulagement.

Sans aller jusqu'aux complètement inorganisés de ces travailleurs à domicile, nous pouvons examiner si, pour les ouvriers gantiers, par exemple, qui, en grande partie, travaillent à domicile, la journée de 8 heures est réalisable, non pas pour le 1er mai de cette année, mais avant de longues années d'organisation syndicale.

Les différents centres de ganterie de France se font concurrence sur le prix de la main-d'œuvre, et même les ouvriers d'un même centre ne sont pas toujours payés au même tarif. Cette concurrence sur le prix du travail a porté un coup très grave aux ouvriers gantiers de Paris, et l'on en voit la preuve dans ce fait que les ouvriers gantiers de la capitale qui étaient, il y a une trentaine d'années, au nombre d'environ 2.000, ne comptent plus aujourd'hui que pour un nombre d'à peine 300. Les fabricants parisiens ont dû supprimer leurs ateliers pour réduire le prix de leurs loyers, et à de rares exceptions près, l'ouvrier gantier, à Paris, travaille à domicile.

Mal payé, par l'effet de la concurrence provinciale, il doit faire des journées de 12 à 15 heures, pour un salaire de 5 à 6 francs par jour, qu'on cherche toujours à lui rogner, et qu'on déclare trop élevé du côté patronal. S'il ne devait plus faire que 8 heures, son salaire se trouverait réduit de plus d'un tiers, et, s'il devait demander une augmentation de prix en conséquence du nombre d'heures dont sa journée serait diminuée, c'est une augmentation de 30 à 40 % qui lui serait nécessaire pour maintenir le prix déjà peu élevé de sa journée. Alors ce serait la ruine complète de l'industrie gantière et de ses ouvriers, à Paris, car il lui serait impossible de résister à la concurrence de la province.

Si nous passons maintenant à la province, et si nous prenons son plus important centre : Grenoble, nous voyons la situation tout aussi difficile pour les ouvriers gantiers, s'ils veulent demander immédiatement la journée de 8 heures. La région grenobloise comprend environ 3.000 ouvriers gantiers, dont la moitié, à peu près, dans la ville, et l'autre moitié dans les campagnes environnantes. Beaucoup d'ouvriers de la ville travaillent à domicile et tous ceux des campagnes également. Il n'existe donc pas de réglementation de la journée de travail et, là aussi, elle n'a de limite que l'épuisement des forces ouvrières.

Pourtant, on peut prétendre que si les ouvriers de la ville le voulaient bien, ils pourraient, par leur entente, arriver à une réglementation des heures de travail, et c'est juste. Mais l'ouvrier de Grenoble doit lutter contre celui des campagnes, qui lui fait une mauvaise concurrence sur le prix du travail, et il en résulte de grosses difficultés pour que l'ouvrier de la ville puisse mieux assurer sa situation et l'améliorer.

On voit donc que, si sympathiques que soient en général à la journée de 8 heures les ouvriers gantiers organisés, — qui la désirent autant que tous les travailleurs des autres corporations — il leur est bien difficile de la demander au 1ᵉʳ mai prochain, et même à une date un peu moins pressante.

Il y a un travail énorme d'organisation ouvrière à faire avant de pouvoir arriver à ce résultat. Il faut d'abord obtenir la suppression du travail à domicile et la réglementation de la journée de travail qu'on pourra d'abord fixer à dix heures, et cela ne peut se faire qu'à l'aide d'une puissante Fédération ouvrière. Des luttes acharnées seront nécessaires et la bataille sera vive, même contre les ouvriers attachés à la routine et qui ne voudront pas quitter le travail à domicile qui, pourtant, les tue moralement comme matériellement.

Il nous paraîtrait même impossible de jamais aboutir si nous n'avions pas l'exemple de la Fédération des ouvriers gantiers de l'Allemagne qui, sans autre moyen que ses propres forces, et avec une ténacité inlassable, est parvenue, malgré les patrons et, parfois aussi, malgré les ouvriers, à supprimer le travail à domicile dans la plupart de ses sections et à réglementer la journée de travail à 10 heures et même à 9 heures à Stuttgart, s'acheminant ainsi méthodiquement vers la journée de 8 heures.

Mais il faudra encore de longues années à la Fédération des Gantiers de France pour arriver au même résultat, surtout en présence de la concurrence des campagnes de Grenoble envers les ouvriers de la ville, concurrence qui ne sera pas facilement détruite.

Donc, on voit que le travail à domicile est un empêchement grave à ce que les ouvriers assujettis à ce mode de travail puissent réclamer la journée de 8 heures au 1ᵉʳ mai 1906. Cela ne veut pas dire qu'ils ne suivront pas avec intérêt le mouvement qui pourra se produire à cette date parmi les travailleurs des corporations plus avantagées sous le rapport de la limitation des heures de travail, et qu'ils n'applaudiront pas aux efforts faits et aux succès obtenus.

Au contraire, ils verront avec joie une partie des travailleurs gagner du terrain dans la voie de leur émancipation économique, d'abord pour ces travailleurs mêmes, et ensuite, parce qu'ils espèrent que la journée de 8 heures, se généralisant dans la plupart des industries où l'on travaille en atelier, l'injuste situation des travailleurs à domicile apparaîtra d'une manière plus éclatante à tous ceux qui veulent diminuer la misère humaine. Ils espèrent qu'après cette réduction généralisée de la journée de travail, on se décidera enfin, soit du côté du pouvoir gouvernemental, soit par le pouvoir des organisations ouvrières, ou à l'aide de ces deux pouvoirs réunis, à chercher et à trouver les moyens de délivrer les travailleurs à domicile de leur funeste condition sociale.

A. Verhart,
Secrétaire de la Fédération des Gantiers.

LE CONGRÈS DES SYNDICATS BELGES

Les Associations professionnelles affiliées à la Commission syndicale du parti ouvrier belge se sont réunies, au nombre de 158 avec 177 délégués, en la Maison du Peuple de Bruxelles, à l'effet d'examiner une série de questions ayant toutes, ou à peu près, pour but essentiel l'extension de l'organisation syndicale.

Quelques groupements affiliés n'ont pas envoyé de délégués au Congrès et ils ne s'en sont pas justifiés.

Ont été classés parmi les moyens de secouer l'indifférence de nombre de travailleurs en matière d'organisation : *La presse syndicale, l'instruction obligatoire, l'installation d'un bureau permanent de la Commission syndicale, le développement des Conseils de prud'hommes et la lutte pour l'abolition de l'article 3.10 du Code pénal.* Sont venues ensuite, la question de *la réglementation des heures de travail* et *des questions administratives.*

La presse syndicale est relativement peu développée en Belgique. Les journaux syndicaux sont rédigés — sauf exception — par des ouvriers occupés toute la journée à l'atelier, et dès lors peu disposés à faire ce travail qui demande tant d'attention. En outre, ces rédacteurs-ouvriers reçoivent fort peu de renseignements des secrétaires de syndicats, qui devraient partout leur en envoyer.

La situation du *Journal des Correspondances*, l'organe de la Commission syndicale du parti ouvrier, est identique. Il n'a pas de rédacteur assis et il reçoit trop peu de renseignements pour qu'il puisse denner des aperçus complets et sérieux sur le mouvement ouvrier en Belgique,

Par un ordre du jour, le Congrès a décidé que tous les Comités devront s'abonner en bloc au *Journal des Correspondances* et à lui envoyer régulièrement des renseignements. Ils devront aussi faire parvenir annuellement à la Commission syndicale des renseignements, tout au moins sur les recettes, les dépenses et l'encaisse de leurs syndicats.

Pourvu que la décision ne reste pas platonique !

L'instruction laisse encore beaucoup à désirer en Belgique. Aussi convenait-il que la proposition de généraliser l'instruction et de la rendre obligatoire émanât d'un Congrès ouvrier,

Voici les résolutions admises à l'unanimité :

« *L'instruction est obligatoire dans tout le royaume :*
« *a*) Pour tous les enfants de 6 à 14 ans ;
« *b*) Pour tous les adolescents de 13 à 16 ans et, deux ans après, de 13
« à 18 ans. Ils devront suivre l'école d'adultes transformée en cours profes-
« sionnels ;
« *c*) A la fin de la 12e, puis de la 14e année, pour les premiers, et au bout
« de la 16e, puis de la 18e année, pour les seconds, un certificat de fréquentation
« sera délivré par les autorités scolaires et communales ;
« *d*) Les cours de 12 à 14 ans seront consacrés, mi au programme
« d'instruction générale, mi aux travaux manuels ;
« *e*) Création de cantines scolaires ;
« *f*) Revision de la loi du 13 décembre 1889, concernant le travail des
« femmes et des enfants, de manière que les enfants et adolescents de 14 à
« 18 ans puissent fréquenter avec fruit les cours institués par la loi.

Par l'application de la clause *f)*, il s'agira d'obtenir des industriels la libération, dès cinq heures du soir, des apprentis enfants et adolescents.

Une pareille demande paraît exorbitante aux yeux des orthodoxes de l'économie bourgeoise, mais la classe ouvrière a trop d'intérêt à la faire adopter pour qu'elle ne s'obstine point à en obtenir l'application,

Les cantines et vestiaires scolaires sont le corollaire indispensable de l'instruction obligatoire. Ventre affamé n'a point d'oreilles, dit avec raison le proverbe : si l'on veut que l'enseignement des instituteurs produise des fruits, il faut que les enfants aient bien mangé et qu'ils soient convenablement habillés.

D'autre part, tous les congressistes ont été unanimes à déclarer que les cours d'adultes obligatoires de 14 à 18 ans auront pour effet d'atténuer quelque peu le chômage et d'attirer plus aisément vers les organisations, les jeunes gens : une fois instruits, en effet, ils seront plus prévoyants.

L'extension des Conseils de prud'hommes est considérée aussi comme un excellent moyen de propagande syndicale ; en effet, le Congrès demande l'extension de cette juridiction à *tous les ouvriers et aux employés de toutes les catégories.*

Il y a là, comme on le voit, de la besogne pour les propagandistes désireux d'éveiller l'attention des nombreux ouvriers et employés exclus du bénéfice de la loi, et de leur démontrer les avantages de l'organisation.

Le Congrès demande l'*électorat* et l'*éligibilité* pour les femmes, car il est bien des professions féminines où la capacité d'appréciation par des hommes est nulle.

Il demande aussi la suppression de la voix prépondérante du président et la constitution de la juridiction d'appel.

La réglementation de la journée de travail a fait l'objet d'un nouvel examen. Le Congrès, faut-il le dire, reste partisan de la journée des huit heures, d'accord avec tous les partis ouvriers socialistes ; mais il approuve aussi les luttes pour les diminutions successives. C'est ainsi que les diamantaires d'Anvers ont obtenu, l'an passé, après une grève de plusieurs semaines, la réduction de la journée de travail de 10 à 9 heures, et qu'ils se préparent depuis à la conquête de la journée de 8 heures. Les tisserands gantois ont aussi obtenu un réduction du temps de travail. A Gand, la Manchester belge, cette diminution équivaut à une révolution, tant les barons de l'industrie y sont réactionnaires ! D'autres corps de métiers se préparent également à la lutte pour la diminution des heures de travail.

Les élus socialistes luttent aussi pour obtenir la réglementation des heures de travail par les corps constitués. C'est ainsi que des conseils communaux et provinciaux ont depuis peu voté des règlements défendant aux entrepreneurs travaillant pour eux, d'employer des ouvriers durant plus d'un nombre d'heures fixé. Par conséquent le principe de la réglementation est non seulement admis mais appliqué. Aux Chambres enfin, la paresse naturelle des députés réactionnaires est seule cause du surmenage de la classe ouvrière.

Le parti ouvrier belge combine donc l'action directe avec l'action législative, communale et provinciale. Nous croyons que le moyen est bon.

L'article 310 du Code pénal continue à subir les assauts répétés de la part des syndiqués et des propagandistes syndicaux.

Il y a de quoi, puisqu'il est directement dirigé contre les syndicats et leurs meneurs sous prétexte de protéger la liberté du travail.

Il y a, sur ce point, aveu des réactionnaires.

Avant 1892, l'article 310 avait une partie beaucoup plus restreinte et les peines qu'il commuait étaient infiniment moindres. En effet, ces peines n'étaient que de 8 jours à 3 mois de prison et de 25 fr. à 1.000 fr. d'amende.

Voici, à présent, ce que les députés bourgeois en ont fait, et cela avec un empressement digne d'une meilleure besogne.

« Sera punie d'un emprisonnement d'un mois à 2 ans, et de 50 à 1.000 fr.
« d'amende ou d'une de ces peines seulement, toute personne qui, dans le
« but de forcer la hausse ou la baisse des salaires, ou de porter atteinte au
« libre exercice de l'industrie et du travail, aura commis des violences, pro-
« féré des injures ou des menaces, prononcé des amendes, des défenses,
« des interdictions ou toute proscription quelconque, soit contre ceux qui
« travaillent, soit contre ceux qui font travailler ».

Ainsi, lisons-nous dans le *Code du Travail* de J. Destrée et Max Hallet, il y a atteinte punissable à la liberté du travail, dans le fait d'ouvriers se réunissant pour déclarer à l'un de leurs compagnons qu'ils refusent désormais à travailler avec lui, parce qu'il se contente d'un salaire inférieur à leurs prétentions, et que, s'il se présentait ailleurs, l'atelier nouveau serait aussi abandonné par les travailleurs de la même industrie.

Il en est de même des ouvriers qui, pour obtenir le renvoi de ce compagnon, désertent la fabrique, cessent tout travail et usent de leur influence, pour qu'il en soit ainsi, dans tout autre établissement similaire où cet ouvrier viendrait à être reçu.

Suit une série d'arrêts de la Cour de cassation qui montrent avec quelle férocité cet article doit être appliqué, puisque ces arrêts constituent jurisprudence en la matière.

Aussi l'article 310 est-il préparé à toutes les sauces :

Les membres du Comité des charpentiers de navire d'Anvers, par exemple, furent condamnés à *un mois* pour avoir mis aux voix la question de savoir s'il fallait continuer à travailler chez le patron X..., employant des non-syndiqués !

Le comble, c'est que le Comité était hostile à la mesure et qu'il s'était abstenu au vote !

En 1901, un diamantaire fut condamné à *un mois* pour avoir présidé un meeting où l'on avait dressé et décidé d'afficher une liste de supplanteurs !

En 1903, une vingtaine d'ouvrières et d'ouvriers cigariers de Saint-Nicolas (Flandre orientale) furent condamnés à des peines variant de quinze jours à deux mois de prison pour avoir accompagné les supplanteurs jusqu'à leur demeure, sans les malmener ni les interpeller !

En février 1904, une grève éclata parmi les chapeliers à Bruxelles. Des membres firent l'impossible pour syndiquer les ouvrières. Le patron porta plainte. Vingt-quatre hommes furent poursuivis dont le secrétaire, un propagandiste syndical. Résultats : le secrétaire vient récemment d'être condamné pour ce fait à *un mois* de prison, tandis que ses vingt-trois compagnons sont acquittés !

Il fallait frapper à la tête, n'est-ce pas ?

Le président et le secrétaire des diamantaires d'Anvers ont fait *plusieurs mois* de prison pour des faits identiques !

Il suffit de dire *judas* ou de stationner, sans rien dire, devant un atelier composé de supplanteurs, pour être sévèrement puni !

Nos camarades français, mieux lotis que nous en la matière, comprendront mieux à présent pourquoi les syndicalistes belges s'acharnent tant contre ce maudit article 310, placé comme un obstacle sur leur route.

Mais pour mener à bien tant de luttes, il faut avoir le temps.

Beaucoup d'ouvriers doivent encore être convertis à l'utilité de l'instruction obligatoire, aux avantages de la réglementation du travail et à la nécessité de se grouper pour s'entr'aider, s'aimer et s'instruire. Des journaux professionnels doivent être rédigés, des renseignements recueillis, des statistiques dressées et expliquées.

Il faut du temps, beaucoup de temps, pour tout cela ! Or, les hommes qui composent la *Commission syndicale* et la rédaction du *Journal des Correspondances*, doivent s'occuper de toutes ces questions *le soir, après leur travail ordinaire, et le dimanche !*

Le délégué des diamantaires d'Anvers, en un langage énergique, à la logique serrée, a précisément démontré au Congrès l'utilité, *la nécessité absolue* de constituer au plus tôt un bureau permanent de la Commission syndicale, et à titre transitoire, de nommer tout de suite un homme ayant la foi et de l'énergie, capable donc de préparer la voie à une large propagande syndicale.

Seulement, les délégués n'ayant pas de mandat, la question a été renvoyée au congrès prochain, où il faudra, en même temps, songer à majorer la cotisation à la Commission syndicale (elle est aujourd'hui de 5 centimes par membre et par an !).

Aucune divergence théorique ne s'est manifestée au Congrès. Des opinions diverses sur la tactique à suivre ont été timidement soulevées. Le jour est proche où une discussion approfondie aura lieu à l'effet de savoir si l'organisation syndicale « libre » a plus de chances de réussite que l'organisation syndicale « affiliée » au parti ouvrier. Quant à nous, nous sommes pour l'unité.

Le VIIe Congrès syndical, qui a eu surtout pour effet de montrer à nos yeux les faiblesses de notre propagande, s'est terminé comme il le devait. Les délégués ont promis de faire de leur mieux afin de fortifier l'organisation syndicale dans leurs milieux respectifs et de se tenir mieux en rapport avec l'organisme central : la *Commission syndicale* et son organe, le *Journal des Correspondances*.

Si nos ouvriers le voulaient, d'ici moins de dix ans, l'organisation syndicale en Belgique serait aussi forte qu'en Allemagne, par le nombre des associés ; qu'en Angleterre, par la richesse des caisses corporatives, et qu'en France, par l'enthousiasme et la foi dans l'émancipation intégrale du prolétariat.

A. OCTORS.

Bruxelles, le 9 janvier 1906.

LA JOURNÉE DE HUIT HEURES EN AMÉRIQUE
(FIN)

LES VIOLATIONS DE LA LOI DE HUIT HEURES

Des réclamations ont été adressées au président à propos des violations de la loi des 8 heures ; ces violations, ont en effet, été permises par des fonctionnaires et sous l'autorité du juge avocat-général de l'armée. Le président a déclaré que c'était le devoir des parties qui pensent que la loi est violée par les contractants de soumettre leurs plaintes aux magistrats chargés des poursuites ; mais qu' « il n'est pas du devoir du secrétaire de la guerre d'intenter des poursuites pour les violations de l'act de 1892 ».

Nous soutenons, nous, qu'il est du devoir des fonctionnaires ministériels de veiller à l'observation des lois, dans la mesure où elles s'appliquent à leurs départements respectifs ; nous soutenons que la loi des

huit heures en particulier rend illégitime et punissable pour de tels
fonctionnaires, le fait de vouloir ou de permettre la violation de ses
articles, et que si la loi a été violée contre la volonté ou sous la tolérance
de ces fonctionnaires, il est encore de leur devoir manifeste de poursuivre ses violateurs.

On espère, et les efforts doivent être poursuivis dans ce but, que le
Président verra la justice et la sagesse qu'il y aurait à arrêter l'effet de
la décision que le secrétaire de la guerre a prise sur l'autorité du
juge-avocat. Nous espérons qu'il sera reconnu comme un devoir supérieur pour les fonctionnaires, d'appliquer la loi des huit heures, et que
le président donnera un ordre général pour que cette loi soit dorénavant, généralement et uniformément appliquée, enfin que l'on exigera
des fonctionnaires du gouvernement la poursuite des personnes coupables de la violation des huit heures.

LA JOURNÉE DE DIX HEURES DES BOULANGERS

La classe ouvrière a ressenti un vif chagrin en apprenant que la loi de
l'État de New-York, établissant que les travailleurs employés dans les
boulangeries ne travailleraient pas plus de dix heures, n'importe quel
jour de travail, était déclarée inconstitutionnelle par la Cour suprême
des États-Unis. Cette loi avait été promulguée à la demande des boulangers, des ouvriers organisés, et l'opinion publique s'est émue à son
sujet.

La loi avait été regardée comme constitutionnelle par la plus haute
Cour de l'État de New-York. La Cour suprême des États-Unis l'a déclarée
inconstitutionnelle par une infime majorité de 5 voix contre 4. L'opinion
de la minorité est que cette décision est la plus importante, au point de
vue des conséquences, que la Cour ait rendues depuis cent ans, et que
les principes sur lesquels elle est fondée ne pourraient pas être et
n'auraient pas été appliqués à n'importe quelle autre classe.

La condamnation par la minorité, de la décision et de l'opinion de la
majorité est des plus intéressantes, et prévaudra finalement sans aucun
doute.

Mais il faut rappeler, et il m'est particulièrement agréable de le rappeler, que ce que la Cour avait déclaré inconstitutionnel a été maintenu avec succès et même perfectionné par l'action syndicale ; et la
limitation de la journée de travail à dix heures a été établie par les
boulangers organisés de New-York, à la suite d'une entente avec les
patrons. Ce n'est pas une petite satisfaction de pouvoir exprimer mon

orgueil d'avoir en quelque mesure aidé à ce résultat, malgré la décision contraire de la Cour.

Est-ce trop espérer que les boulangers dont le métier est connu comme si déprimant s'organiseront encore plus solidement et par leur application et leur persévérance, réduiront leurs heures de travail à une journée normale de huit heures ? Sûrement non, car avec les applications modernes de l'industrie, les longues heures ne peuvent être considérées plus longtemps comme nécessaires ou avantageuses.

(Extrait du rapport de Samuel Gompers).

LA QUESTION SYNDICALE EN TUNISIE

Au printemps de l'année 1904, une grève de maçons éclatait à Tunis. Pleinement justifiée, cette grève fut générale dans la corporation.

Sans organisation, sans syndicat pour les soutenir, les ouvriers n'avaient qu'un moyen d'obtenir justice : s'adresser au ministre de France. Ils le firent — le fait est à noter — car, italiens, les grévistes dépendaient du consul de leur pays. M. Pichon se prêta à un arbitrage qui fut accepté par les deux partis. Employeurs et employés tombèrent d'accord sur une échelle de tarif proposée par l'arbitre. Mais huit jours après, les entrepreneurs avaient repris leurs anciens prix et exigeaient comme par le passé une durée excessive de travail.

Les ouvriers italiens comprenant alors que, pour lutter avec succès, il fallait être organisés, s'entendirent avec des ouvriers français et la création de syndicats professionnels établis conformément à la loi de 1884 fut décidée.

Divisés en corps de métiers, les ouvriers s'occupèrent d'élaborer les statuts de leur syndicat et nommèrent un bureau provisoire. Ils étaient persuadés de la légalité de leur groupement : un syndicat professionnel — celui des typographes, section de la « Fédération du Livre » — fonctionnait à Tunis et n'avait jamais été inquiété.

Ils comptaient sans la violente campagne menée par la presse bourgeoise et inspirée par le directeur de la sûreté. A peine avaient-ils formé leur bureau et choisi les locaux où, le dimanche, ils se réuniraient pour discuter les articles de leurs statuts, qu'ils furent sommés de se disperser, *la loi tunisienne n'autorisant pas les syndicats.*

Ils ne le firent pas sans protester ; mais par une manœuvre déloyale du Gouvernement tunisien, ils se virent tout à coup dispersés par la force publique, tandis que les membres de leur bureau provisoire étaient poursuivis correctionnellement. Le tribunal de Tunis, toujours prêt à obéir aux ordres du pouvoir administratif, les condamna.

A Alger, où les magistrats paraissaient avoir une conception un peu plus juste de leur rôle, les syndicalistes furent acquittés.

Vinrent les élections. La liste républicaine, qui se déclarait favorable aux syndicats, fut élue à une grosse majorité et désormais les ouvriers semblaient avoir gain de cause.

Les atermoiements de la Résidence, et aussi certainement la sourde opposition du ministère des Affaires étrangères, ennemi par principe de tout progrès et de toute liberté, empêchèrent les syndicats de se former ; depuis un an, la question semble n'avoir fait aucun pas.

On a nommé une commission, *favorable* tout entière à l'application en Tunisie de la loi de 1884. Mais le parti réactionnaire, par ses menées dans les couloirs du Quai d'Orsay, a su empêcher jusqu'à ce jour que le Gouvernement tunisien prît une décision favorable. Et, comme en Tunisie on fait des lois, sans que le Parlement ait à s'en inquiéter, sans que l'opinion soit consultée et sans que les droits des intéressés soient sauvegardés par une discussion préparatoire et un vote définitif, toute la réaction tunisienne, qui a l'oreille du Directeur de la Tunisie au Ministère des Affaires étrangères, voudrait faire appliquer à la Régence une loi spéciale autorisant uniquement les syndicats exclusivement français.

Le grand argument des conservateurs en faveur de leur thèse exclusiviste, c'est que le Syndicat international livrerait la Tunisie à l'Italie, en amenant l'abaissement des salaires des ouvriers français.

Cette théorie n'est pas soutenable. Si nous accordions en effet aux Français le droit de se constituer en syndicat national, les traités qui nous lient avec l'Italie nous obligeraient à accorder aux Italiens la même faveur. Il y aurait donc d'un côté un syndicat français formé de quelques unités, de l'autre une vaste association italienne composée de milliers de membres. Les décisions du Syndicat français ne seraient point toujours suivies par le groupement italien. De là une concurrence fâcheuse, un antagonisme inévitable et un état de perpétuel conflit, qui ne ferait que séparer de plus en plus les Italiens de la France.

Et c'est sans doute le résultat cherché par la classe bourgeoise qui, effrayée par les groupements sydicaux, voudrait arriver à les mettre en opposition constante pour entraver leur action et la rendre nulle.

Quant à la question des salaires, pourquoi la constitution d'un syndicat international ferait-elle baisser les journées des ouvriers français ? — « Parce que, répondent les adversaires des groupements professionnels, l'unification des salaires augmenterait ceux des ouvriers italiens, et il faudrait alors abaisser ceux des ouvriers français.

Le raisonnement est enfantin. Moins l'écart entre les salaires sera grand, moins l'employeur aura d'intérêt à sacrifier à une économie réelle la main d'œuvre française. Si l'ouvrier français est peu employé aujourd'hui, c'est que, bien que doué d'une force productrice plus considérable, l'écart entre le prix qu'il demande et celui accepté par les Italiens est trop grand. Chaque augmentation du salaire de l'ouvrier étranger augmentera donc en même temps les chances d'être employée de la main-d'œuvre française, car le syndicat n'impose pas un salaire, il décrète seulement un *minimum de salaire.*

Plus ce minimum sera élevé, plus l'ouvrier dont le salaire actuel est le plus haut aura de chance d'être employé. Et d'ailleurs, ce n'est point sous cette forme étroite que la classe ouvrière pose la question : ce qu'elle espère, ce qu'elle veut, c'est, en attendant la suppression du salariat, relever les salaires de tous, Italiens où Français, jusqu'à un taux qui permettra une vie honorable et sûre.

Mais il ne faut pas chercher dans la logique la source des arguments des antisyndicalistes : ils proviennent simplement de leur égoïsme bourgeois. Il y a à Tunis des entrepreneurs qui recrutent en Sicile de malheureux paysans affamés qu'ils traitent comme des esclaves. Ils édifient, grâce à cet esclavage, des fortunes scandaleuses.

Il existe bien des décrets réglementant l'emploi de la main-d'œuvre italienne dans les entreprises faites pour le compte de l'Etat. Mais le service des travaux publics, indignement compromis avec les entrepreneurs de toutes nationalités, se garde bien de faire respecter ces décrets protecteurs. Il préfère provoquer des mesures sévères contre des ouvriers sans défense.

L'heure n'est-elle pas venue où l'on doit exiger du Gouvernement Tunisien le respect des intérêts de la classe prolétarienne ? Sous prétexte de nationalisme, devons-nous assister encore longtemps à l'exploitation indigne des ouvriers de tous pays au profit d'une bande de levantins sans scrupules et d'une camarilla de fonctionnaires sans honneur ? Les travailleurs tunisiens se réveillent : il importe que la loi ne les écrase pas. — *Raymond Colrat.*

LE MOUVEMENT EN FRANCE

Les grèves a Paris

Trois grandes grèves ont marqué à Paris la fin de l'année 1905 : une grève d'ouvriers terrassiers, une de garçons épiciers, une d'employés de grand magasin. Toutes trois présentaient un intérêt particulier par les questions qu'elles soulevaient.

La première en date est celle des ouvriers terrassiers. Elle éclata le 23 novembre, englobant presque immédiatement de 20 à 30,000 terrassiers. Terrassiers des chantiers du Métro et de l'Assistance publique, ouvriers tubistes travaillant aux caissons du tunnel du Métro établis sous la Seine, maçons limousinants, poseurs de la voie, carriers de la banlieue, la foule fut énorme qui prit part à ce grand mouvement.

Les revendications des grévistes étaient les suivantes :

1° Application intégrale du prix de série de 1882 ;

2° Exécution, en vertu du décret sur les conditions du travail, des jugements rendus par les Conseil de prud'hommes ;

3° Application de la loi sur l'hygiène et la sécurité des ouvriers ;

4° Suppression de toute autorisation du travail à la tâche qui sévit au Métropolitain, à l'Assistance publique et aux travaux départementaux ;

5° Délivrance à tout ouvrier faisant un travail donnant droit aux plus-values des tickets de présence, représentant la somme allouée chaque jour et payés à vue ;

6° Uniformité du prix de salaire de la corporation dans la région.

Auprès du Ministère du commerce, du Ministère des travaux publics, de l'Administration préfectorale, du Conseil municipal, en un mot auprès de tous les élus ou de tous les Pouvoirs publics qui avaient autorité pour imposer ou faire imposer le respect des cahiers des charges ou des obligations légales, les terrassiers multiplièrent les démarches. Ce ne fut pas tout à fait en vain. On leur promit qu'à l'avenir des mesures seraient prises pour assurer le contrôle ou garantir dans les traités les droits ouvriers. Le Conseil municipal, saisi par sa Commission du travail, émit le vœu que la Chambre instituât des inspecteurs ouvriers, chargés de veiller à l'observation des cahiers des charges, et adopta les conclusions de sa Commission, tendant :

1° A faire afficher les conditions du travail dans tous les chantiers ;

2° A ce que, dans les prochains cahiers des charges, les syndicats soient consultés sur les conditions à inscrire dans ces cahiers ;

3° A faire respecter les cahiers des charges par toutes les voies de droit ;

4° A ce qu'un contrôleur de la Ville assiste à la paie des ouvriers et transmette leurs revendications à l'Administration ;

5° Que l'Administration entende à nouveau les ouvriers sur les points où un arrangement n'a pas encore pu se produire et avec le désir d'arriver à bref délai à une solution d'apaisement.

Entre ouvriers, administration et patrons, les négociations traînèrent longtemps. Ce n'est qu'au bout de vingt-neuf jours, le 21 décembre, que la grève prit fin. Les ouvriers avaient fait preuve d'une énergie inlassable. Ils obtenaient le franc de plus-value par jour qu'ils réclamaient pour le travail effectué dans les terrains insalubres ou inondés. Ils ne seront plus astreints à fournir ou payer leurs outils. Les règles d'hygiène, dont on n'avait jusqu'ici tenu aucun compte, seront rigoureusement appliquées. Enfin, une Commission mixte, dans laquelle les ouvriers seront représentés, sera chargée d'élaborer les cahiers des charges pour les prochaines entreprises publiques.

Les ouvriers tubistes ont dû lutter jusqu'au 12 janvier : l'entrepreneur a consenti enfin à les employer à raison de 80 centimes l'heure pour huit heures de travail par jour. On sait que ce travail est particulièrement pénible.

Il nous reste à dire un mot des révélations qui ont été la conséquence de cette grève. Le 30 novembre, les terrassiers dénoncèrent les malfaçons commises par les entrepreneurs, qui ne négligeaient pas seulement les prescriptions du cahier des charges en ce qui concerne les conditions du travail, mais ne se conformaient pas plus aux prescriptions concernant le travail lui-même : qualité des matériaux, épaisseur des murs, etc... La Commission de contrôle établie par le Conseil le 9 décembre a dû constater des vols honteux. On saura désormais quels intérêts les partisans de l'entreprise privée défendent dans leur lutte contre la régie. Mais il ressort de tous ces faits que seuls les syndicats ouvriers peuvent garantir à la Ville non seulement l'observance des conditions fixées pour le travail, mais aussi l'exactitude et la probité de la production. Seuls, ils sont capables de sauvegarder non seulement leurs intérêts, mais ceux de la Ville, du département, en un mot, de la collectivité. Quand donc des administrations réactionnaires ou stupides voudront-elles le comprendre ?

La grève de la maison Dufayel éclata le lundi 18 décembre. C'est la première fois que les employés d'un grand magasin abandonnent ainsi le travail : l'exemple donné ne peut manquer d'être suivi, d'autant plus que le nom même de M. Dufayel, l'homme du dôme, roi de la réclame et de la publicité, lui donnera du retentissement. Les grévistes étaient environ 2.000 ; des femmes se trouvaient dans leurs rangs. La grève avait pour cause le refus de l'Administration de renvoyer deux employés supérieurs dont tous demandaient le renvoi. Les grévistes tinrent tête dix jours à leur tout-puissant patron. L'offre de conciliation du juge de paix du quartier de Clignancourt avait été repoussée par lui. Nos camarades n'obtinrent pas le renvoi des deux personnes précitées ; mais les grévistes rentrèrent à leur heure, le 28, comme ils l'avaient décidé, et ne firent le 26, date de l'ultimatum de M. Dufayel, qu'une promenade en monôme dans les rayons, au grand ahurissement du patron. De plus, ils sont tous rentrés au magasin, sans laisser dehors aucun des leurs. Et M. Dufayel a beau se glorifier des termes d'un traité qu'il s'est appliqué à rendre insignables par les secrétaires des syndicats en cause : il ne pourra affaiblir cette grande victoire morale. A signaler l'attitude inqualifiable du Gouvernement, dont les agents (les gardes municipaux) soignèrent les chevaux de M. Dufayel, les palefreniers s'étant joints à la grève.

Le 22 décembre, c'était au tour des garçons épiciers à déclarer la grève. Le moment était bien choisi : c'est le moment où dans les petites et les grandes maisons d'épiceries l'habitude des étrennes rend le travail le plus intense.

Que réclamaient les garçons épiciers ? De n'être plus logés et nourris chez leurs patrons, de se nourrir et de se loger comme les autres, d'avoir un chez soi. On sait, en effet, que dans toutes les petites maisons parisiennes, où survit une forme économique déjà dépassée, ce sont de tout jeunes gens, souvent fils de patrons de province, qui sont les commis-épiciers, et qui font là un apprentissage rude des affaires. Mais la coutume subsiste aussi pour les anciens, pour ceux qui jamais ne deviendront patrons. Elle subsiste même dans les grandes maisons modernes, chez Potin ou chez Damoy, où, comme des soldats ou des lycéens, les commis-épiciers vivent souvent en dortoir et sont nourris en commun. La grève a été rapidement menée : à la suite de négociations entre le syndicat patronal et le syndicat ouvrier, un accord fut conclu le 25 décembre. Aux termes de cet accord, les employés qui auront l'âge de 21 ans seront libres de loger, s'ils le désirent, en dehors des établissements où ils travaillent. Cette liberté aura pour conséquence le paiement d'une indemnité suffisante. La question de la limitation de la durée du travail sera prise en considération. Des congés plus larges seront accordés. Les petits patrons épiciers se plaignent. Qu'y faire ? Faut-il, pour faire durer encore leur petit commerce moyen-âgeux, que leurs salariés continuent de souffrir, d'aliéner leur liberté ?

LE MOUVEMENT A L'ÉTRANGER

LE CONGRÈS CORPORATIF AUTRICHIEN

Un Congrès syndical extraordinaire a été tenu du 8 au 10 décembre à la Maison du Peuple de Vienne. Il avait été convoqué pour trancher le conflit qui s'était élevé entre la commission générale des syndicats autrichiens et la commission des syndicats de Prague. La question était importante non seulement pour le prolétariat organisé d'Autriche-Hongrie, mais encore pour le syndicalisme international. Il s'agissait de savoir si l'organisation syndicale serait à l'avenir centraliste ou fédéraliste et nationale.

Depuis le Congrès de 1896, le monde ouvrier ne s'était pas trouvé en présence d'un problème aussi grave. Il a été, en effet, plus difficile qu'en tout autre pays de donner au mouvement corporatif un caractère d'unité. Or, disait l'organe de la commission générale, la *Gewerkschaft*, à laquelle nous empruntons ces détails, la condition essentielle du succès se trouve précisément dans une organisation unitaire, dans une organisation unissant la masse des travailleurs sans distinction de nationalité. Les syndiqués de Prague, fidèles en cela à la tradition des travailleurs tchèques, préféraient la conception fédéraliste, le groupement corporatif par nation et ils avaient même rédigé un projet de programme en ce sens.

L'intérêt que présentaient les débats s'est traduit par une représentation remarquablement forte. 298 délégués représentant 244.886 membres participèrent au Congrès. La commission générale avait délégué 27 de ses membres, la commission de Prague 2, les camarades Steiner et Nemec, la commission de Graz, son secrétaire Ausobsky, la commission de Moravie, Jura et Franz. Le citoyen Adler était l'hôte du Congrès. Dix-huit rédacteurs d'organes corporatifs assistaient à la discussion.

La motion présentée par les délégués tchèques était la suivante :

« Les organisations locales tchèques qui nous ont délégués à ce Congrès sont adhérentes à la commission socialdémocrate des syndicats tchèques, à la direction et au Congrès de laquelle ils participent.

« Comme les décisions des Congrès de la commission des syndicats tchèques obligent nos organisations et nous qui en faisons partie, nous ne faisons que remplir notre devoir de camarade en déclarant tout d'abord que nous ne pouvons prendre la responsabilité ou l'engagement d'appliquer les décisions du Congrès actuel dans la mesure ou elles seraient contraires aux principes et règlements de la commission tchèque indépendante qui la dirigent, ou dans le cas où les décisions porteraient atteinte aux droits ou à l'indépendance des membres de la commission tchèque dont les organisations ne revêtent pas la même forme que les notres. »

Les discussions se prolongèrent et ce ne fut que le second jour que l'on procéda au vote. Le programme présenté par les délégués de Prague fut repoussé presque à l'unanimité ; il ne recueillit que 2.364 voix contre 197.202. Les délégués tchèques représentant 30.686 voix s'abstinrent.

Finalement on décida de compléter le règlement de la commission générale par l'addition suivante :

« La commission générale des syndicats autrichiens représente tous les ouvriers d'Autriche organisés en syndicats.

« Elle se compose de 16 membres (au lieu de 12), 6 suppléants, 3 contrôleurs et 2 suppléants.

« Douze de ses membres doivent habiter la ville où elle siège, quatre membres doivent être choisis par les commissions nationales de Bohême, Moravie, Galicie et Dalmatie.

« Ces membres, élus par le Congrès corporatif général et par les commissions nationales, ne sont responsables que devant le Congrès général. »

« Le Congrès a fait du bon travail », dit la *Gewerkschaft* en concluant.

JURISPRUDENCE

LES CONVENTIONS SYNDICALES

Un des efforts essentiels des syndicats, c'est la fixation des conditions de travail, c'est l'établissement de contrats collectifs, ou plus exactement de conventions syndicales passées entre un ou plusieurs syndicats ouvriers et un ou plusieurs patrons ou syndicats patronaux. Les syndiqués américains ou anglais voient même dans l'établissement de ces conventions, la raison d'être du syndicalisme; ils y voient l'expression la plus pure de la force ouvrière.

Quelle est la valeur de ces contrats collectifs au regard de nos lois françaises? Les syndicats ont-ils, pour rappeler les patrons à leur observance, d'autres moyens que la grève ou la menace de grève? c'est là une question qui vaut d'être examinée. Au lendemain d'une lutte, souvent, le syndicat peut n'être pas fâché de pouvoir imposer le respect de la convention passée, sans recourir à une nouvelle lutte. Mais au nom de quel texte de loi?

C'est à ce point de vue que nous devons signaler aux camarades le jugement très net rendu, le 26 juin dernier, par le Tribunal civil, à Perpignan, et qu'a publié le *Bulletin de l'Office du Travail* d'octobre 1905.

Voici les faits, tels que les considérants du jugement permettent de les rétablir.

Une grève d'ouvriers agricoles avait éclaté dans la commune d'Elne: elle se termina le 29 mars 1904 par une application de la loi sur la conciliation du 27 décembre 1892. Une convention fut signée par les représentants du Syndicat et les patrons. L'article 8 de cette convention était ainsi conçu :

« Les propriétaires s'engagent à employer de préférence des ouvriers de
« la commune d'Elne; au cas de pénurie des ouvriers de cette commune, les
« propriétaires, après publication préalable et au cas où il ne se présenterait
« pas des ouvriers de la commune, seront autorisés seulement alors à
« employer des ouvriers étrangers à la commune d'Elne ».

Autant que nous pouvons en juger par le texte du jugement que publie le Bulletin, il est probable qu'un cultivateur ne respecta pas la convention, qu'il fut attaqué par le syndicat devant le juge de paix, que le juge de paix déclara l'action du syndicat recevable, et condamna le patron le 24 décembre 1904.

Le patron en appela, attaqua la sentence du juge de paix devant le tribunal civil, dont nous avons le jugement.

Le jugement rappelle d'abord « qu'aux termes de l'article 6 de la loi du 21 mars 1884, les syndicats professionnels ont le droit d'ester en justice ; que donc l'action syndicale est recevable, soit qu'elle existe seule, soit même qu'elle se cumule avec les actions individuelles de certains de ses membres, dès lors qu'il s'agit de défendre un intérêt collectif ou de faire respecter les intérêts de la profession. »

Or, continue le texte :

Le procès-verbal de conciliation du 29 mars 1904, dans lequel le syndicat lui-même a figuré, ainsi que l'appelant, personnellement en qualité de partie contractante, a eu pour objet de déterminer la fixation du taux des salaires, la réglementation des heures de travail, les conditions d'emploi des ouvriers, toutes questions rentrant dans l'exercice de la mission du syndicat. Celui-ci a donc qualité pour faire respecter lui-même les clauses du contrat intervenu entre les patrons et les délégués du syndicat et poursuivre lui-même la réparation du préjudice qui peut lui avoir été occasionné par l'inexécution des engagements contractés par lui et vis-à-vis de lui. Cette action, qui précisément dans le cas actuel ne peut être exercée que par le syndicat par suite de l'impossibilité de déterminer personnellement et individuellement les ouvriers lésés, rentre donc, au premier chef, parmi celles qui ont pour objet la défense des intérêts inhérents à la personnalité juridique du syndicat.

Ainsi se trouve affirmée la recevabilité de l'action en justice du syndicat pour faire respecter la convention, le contrat collectif, qui fixe les conditions du travail : taux des salaires, durée de la journée, etc...

Mais à cela ne se borne point la valeur du jugement que nous analysons. Jusqu'à ce jour, comme le marquaient Fontaine et Picquenard, (chap. II, section 7 de leur étude sur le louage et travail), la jurisprudence n'avait pas encore formulé expressément une théorie juridique de la convention syndicale. A dire vrai, cependant, cette jurisprudence était assez nette : elle marquait que l'action reconnue au syndicat pour l'exécution des conventions est complètement distincte de celle qu'exerceraient des ouvriers pour l'exécution d'un contrat de louage, et elle établissait bien le droit du syndicat à des dommages-intérêts, en réparation du préjudice moral qu'il aurait éprouvé, en tant que syndicat, de la non-exécution des engagements pris à son égard.

Mais ce qui fait l'importance du jugement de Perpignan, c'est que ses attendus formulent toute cette théorie, c'est qu'ils indiquent avec plus de netteté qu'on ne l'a jamais fait, le caractère particulier de la convention syndicale.

Dès l'abord, en effet, il établit les obligations que comporte la convention syndicale.

Le procès-verbal de conciliation du 29 mars 1904, dit-il, dûment revêtu des signatures des deux parties contractantes, forme une convention soumise à toutes les règles du droit commun en matière de contrats, comportant les obligations et les sanctions civiles prévues par la loi ; si en cours des pourparlers d'arbitrage et de conciliation, la loi du 27 décembre 1892 prévoit l'affichage comme seule sanction du refus de conciliation, celle-ci, une fois intervenue, consentie par les deux parties, constitue un véritable contrat liant les ouvriers d'un côté comme les patrons de l'autre, et pouvant, en cas d'inexécution ou de rupture intempestive, motiver contre les uns aussi bien que contre les autres, l'application des sanctions civiles prévues aux titres des contrats.

Puis un des attendus suivants caractérise comme il convient cette convention d'espèce particulière et la distingue nettement du contrat de louage.

« La convention signée par le syndicat des ouvriers et les propriétaires d'Elne n'est pas un contrat de louage, mais un contrat innommé dans lequel les deux parties, mettant fin à leur différend, fixent les règles qui régiront à l'avenir les rapports des travailleurs et des propriétaires, au point de vue des conditions du travail et des louages d'ouvrages qui interviendront ; ce contrat spécial, soumis comme il a été dit, aux règles générales des contrats, échappe à l'application de l'article 1780 particulier au contrat de louage. »

Enfin un dernier point restait à fixer. De telles conventions, fixant les salaires que les propriétaires doivent payer, fixant les limites dans lesquelles ils doivent choisir leurs ouvriers, ne sont-elles point contraires aux règles du droit public ou du droit privé ? Les contrats de cette nature ne sont-ils point attaquables de ce chef ?

Sur ce point encore, le jugement répond catégoriquement :

« La convention constituée par la conciliation du 29 mars 1904 n'est contraire aux règles ni du droit public, ni du droit privé ; l'article 8 (celui ayant trait à l'occupation des ouvriers de la commune), contient bien des modifications et restrictions de la liberté du propriétaire dans le choix de ses ouvriers ; mais de telles restrictions ne sont prohibées que si elles aboutissent en fait à la suppression complète de cette liberté ; il faut et il suffit que les renonciations soient limitées, soit quant au lieu, soit quant au temps, pour que les conventions qui les renferment soient valables ; tel est certainement le caractère de la clause incriminée puisque l'interdiction d'employer des ouvriers étrangers à la commune d'Elne est loin d'être absolue et générale.

On le voit, c'est une définition juridique très nette du contrat collectif et de sa valeur juridique. Il importait de la signaler aux syndiqués. — A. T.

Première Année.   N° 10.   Février 1906.

La Revue Syndicaliste

ABONNEMENT	Paraissant	ABONNEMENT
Un an..... **2 fr. 40** Six mois.... **1 fr. 20**	le 15 de chaque mois. Le numéro : **0 fr. 20**	Un an ...... **2 fr. 40** Six mois ..... **1 fr. 20**

DE LA COOPÉRATION

La classe ouvrière, sous l'influence des événements et des esprits généreux, qui furent ses éducateurs de la première heure, comprit bien vite tout ce qu'elle pourrait tirer de l'association. Dès 1848, par exemple, nous trouvons les premiers efforts de la classe ouvrière pour résister à l'exploitation capitaliste de l'homme par l'homme, par le moyen des associations ouvrières de production.

Une publication d'alors : *la Revue Nationale* du 16 mars 1848, exposait dans ces termes les aspirations de l'époque, qui semblaient diriger le mouvement ouvrier vers la véritable liberté par l'émancipation économique :

La révolution de février en fondant la liberté a émancipé politiquement les travailleurs. Pour réaliser leur émancipation matérielle et morale, il faut constituer l'égalité et la fraternité. L'association dans le travail est l'unique moyen d'atteindre ce but. Pour y parvenir il faut, de part et d'autre, répudier la funeste doctrine du chacun pour soi.

Il ne faut pas que le capital veuille toujours accaparer tous les profits, ni que le travail songe à augmenter indéfiniment son salaire. L'accumulation des profits en quelques mains, c'est la misère et l'ignorance du plus grand nombre. L'augmentation sans mesure du salaire c'est la dispersion du travail et la pauvreté pour tous... L'organisation de la production et la répartition des richesses, c'est la possession des instruments de travail par les travailleurs associés, c'est la substitution progressive de la propriété collective à la propriété individuelle.

Depuis cinquante-huit ans que ces lignes ont été publiées, la question reste entière, le douloureux et inextricable problème reste entier, qui dresse face à face en antagonistes toujours plus ardents le travail et le capital.

Cependant durant cette période déjà longue de cinquante-huit ans, bien des événements se sont produits, des temps de réaction sont venus et ils ont démontré à tous que, si les libertés politiques peuvent s'improviser par un changement de gouvernement, elles ne constituent pas toute la solution du problème social. Les libertés économiques, plus essentielles, plus efficaces, ne s'improvisent pas : elles s'organisent par la volonté et l'éducation de la masse, pour qui elles doivent réaliser l'œuvre d'affranchissement total.

Nous n'entreprendrons pas ici l'historique des nombreuses associations ouvrières de production qui se fondèrent sous l'inspiration des idées émises dans les articles du genre de celui que nous citons plus haut, et sous le patronage du gouvernement de 1848, qui vota 3 millions pour les subventionner. Cela ne peut rentrer dans le cadre de ce modeste article. Beaucoup disparurent, les unes sous le coup des persécutions du gouvernement du 2 Décembre, qui voyait en elles des foyers d'agitation, les autres par le manque de prévoyance ou l'inexpérience de leurs membres.

Celles qui vécurent, subissant l'influence du milieu autant que les exigences de l'organisation capitaliste, se sont perverties (pour employer un mot cher à M. P. Leroy-Beaulieu) et sont devenues, de par la loi de 1867, des sociétés anonymes dont les fondateurs ouvriers sont devenus les actionnaires.

Le passage suivant d'une lettre du citoyen Cohadon (1), de l'Association des tailleurs de pierre (1848-1868), adressée au journal l'*Association ouvrière*, donne une idée de l'état d'esprit de quelques-uns de ces coopérateurs :

« Mes vingt ans de co-gérance des maçons, tailleurs de pierre, m'ont
« prouvé que les travailleurs sont plus soumis encore aux influences atavi-
« ques que les capitalistes. Pour beaucoup de travailleurs, en effet, l'asso-
« ciation n'est qu'un moyen de toucher une rémunération plus élevée sans
« aucune préoccupation générale. .....

« Cela a été une véritable désillusion et une grande peine pour ceux qui
« avaient cru, en donnant leur aide et leur concours à cette société, contri-
« buer à faire une œuvre de progrès social ».

Tandis qu'en France, la révolution de 48 faisait éclore les associations ouvrières de production, qui se proposaient de ravir au capitalisme

(1) Citée par le citoyen Lucas au 4ᵉ Congrès des Coopératives socialistes. Sotteville-lez-Rouen, 1903.

naissant la possession des instruments de travail, en Angleterre, la coopération se manifestait sous une forme que l'expérience a démontrée plus logique, plus rationnelle : je veux parler des coopératives de consommation.

Sous l'inspiration des idées préconisées par M. Robert Owen, il se créa quelques coopératives magazine, vers 1830 ; mais ce n'est qu'en 1844 que 28 ouvriers tisseurs de Rochdale, près Manchester, rendus ingénieux par la misère, fondèrent, sous le nom des Equitables Pionniers de Rochdale, une coopérative ayant pour but la répartition des marchandises nécessaires à leurs besoins.

Outre le but matériel de se répartir des marchandises, ils se proposaient l'éducation et le relèvement du niveau moral des travailleurs. Leurs principes fondamentaux étaient ceux-ci :

« La Société a pour but et pour objet de réaliser un bénéfice pécuniaire et d'améliorer les conditions domestiques et sociales de ses membres en mettant en pratique les plans suivants :

Ouvrir un magasin pour la vente des approvisionnements, vêtements, etc.

Acheter ou édifier un nombre de maisons destinées aux membres qui désirent s'aider mutuellement pour améliorer leur condition domestique ou sociale.

Commencer la manufacture de tels produits que la Société jugera convenables pour l'emploi de ses membres qui se trouveraient sans ouvrage ou de ceux qui auraient à souffrir de réductions répétées de salaires.

Afin de donner aux membres plus de sécurité et de bien-être, la Société achètera ou prendra à loyer une terre qui sera cultivée par les membres sans ouvrage ou ceux dont le travail serait mal rémunéré.

Aussitôt que faire se pourra, la Société procédera à l'organisation des forces de production, de la distribution, de l'éducation et de son propre gouvernement : ou en d'autres termes elle établira une colonie indigène se soutenant elle-même et dans laquelle les intérêts sont unis. La Société viendra en aide aux autres Sociétés coopératives pour établir des colonies semblables.

En vue de développer la sobriété, une salle de tempérance sera ouverte aussitôt que possible dans une des maisons de la Société ».

L'association progressa dans de telles proportions que, moins de vingt ans après, les fondateurs y joignaient un moulin à farine et une fabrique de tissus. Mais l'idéal des promoteurs de la Société ne semble pas avoir été respecté, d'après les rapports qui en ont été publiés.

Malgré cela, le développement des coopératives en Angleterre est devenu tel, que sous le nom de Wholesales, il s'est formé de vastes Sociétés coopératives, qui centralisent les produits en gros, pour les répartir aux sociétés de détail. Elles possèdent des usines et ateliers

pour la fabrication des produits alimentaires, les chaussures, le vêtement, elles possèdent cinq ou six steamers pour l'importation directe des
denrées venant hors du pays. Par leur importance elles assurent à leurs
adhérents, avec la satisfaction des besoins matériels, des moyens, d'éducation et d'instruction par des bibliothèques, des sociétés d'enseignement, conférences, théâtre, etc.; tout cela établi dans de spacieux et
confortables locaux.

En Belgique, la coopérative de consommation est une des manifestations matérielles du parti socialiste de ce pays. Pas une cité industrielle
qui ne possède sa coopérative. Là coopérative est ordinairement le
siège de la Maison du Peuple, où les travailleurs peuvent se grouper
dans de spacieux locaux. Le Vooruit de Gand peut être cité comme une
des œuvres les plus parfaites dans cet ordre d'idées.

Actuellement en France, l'idée coopérative fait son chemin, sans
bruit, il est vrai. Les idées lés meilleures ne sont pas les plus bruyantes.
Revenu logiquement à une conception autre que celle de 48, les coopérateurs ont réalisé des œuvres appréciables. Les divers Congrès organisés régulièrement ont démontré leur vitalité et surtout le désir de
réaliser un idéal social qui devrait mieux solliciter l'attention de tous les
travailleurs organisés. Certaines régions, surtout le Midi de la France,
semblent complètement ignorer ce moyen d'émancipation économique.

La Bourse des Coopératives socialistes de France par les études, les
enquêtes et les Congrès qu'elle a provoqués ou soutenus, fait déjà
prévoir que la coopération ayant un idéal social n'a pas dit son dernier
mot. Centralisant dans le sens utilitaire de ce mot, et coordonnant dans
un tout harmonieux les forces édificatrices, voici que déjà se créent les
usines et manufactures coopératives, qui sont le complément indispensable du magasin ou de la boutique où s'opère la répartition des produits. Enfin quelques mois avant le XIVe Congrès corporatif tenu à
Bourges, la Bourse des coopératives socialistes saisissait la confédération générale du travail, d'une proposition ayant pour but de lier le
mouvement coopératif au mouvement syndical.

La question portée à l'ordre du jour du dit Congrès fut renvoyée,
faute de temps matériel pour l'examiner.

Tel est l'exposé bien succinct et incomplet peut-être des phases de
l'idée coopérative jusqu'à ce jour. Doit-on espérer davantage ?

Comme toute œuvre humaine, l'œuvre de la coopération est perfectible. Elle s'adresse à la classe de la société la moins maîtresse d'elle-
même, à celle dont l'ignorance, l'insouciance et les passions forment le
plus puissant auxiliaire de l'exploitation capitaliste. Elle ne peut donc
que lentement réaliser son idéal. Pour qu'elle le réalise, il faut que ceux

pour qui elle doit créer des avantages sachent lui donner sa véritable portée. Il faut que tout en tenant compte des circonstances, du milieu, de l'époque, à force de volonté, de patience et d'éducation, ils l'orientent vers la réalisation du but syndical : la suppression du salariat et l'expropriation de la classe capitaliste. •

Dégagée des formules empiriques et des conceptions philosophiques qu'un lointain avenir fait entrevoir, la coopération, œuvre du temps présent, doit être plus encore une œuvre scientifique qu'une œuvre philosophique. Elle doit s'appuyer sur l'observation et la pratique des faits économiques plutôt que sur des spéculations hypothétiques.

Éducation. — La coopération doit mettre peu à peu les travailleurs en mesure d'apprécier par eux-mêmes ces questions essentielles :

Comment se produisent les richesses ?

Comment elles se distribuent ?

Comment elles se répartissent ?

qui sont la raison d'être de la science économique et qui résument toutes les relations sociales des individus comme producteurs et comme consommateurs. Poser ces questions et appeler la masse des travailleurs à les résoudre par eux-mêmes, c'est faire œuvre d'éducation et de libération sociale.

Intéressant par le côté matériel le ménage du travailleur, la coopération fait aussi participer à la lutte sociale et syndicale la femme, jusque là et bien souvent encore réfractaire aux organisations de lutte et de combat.

Au point de vue syndical encore, et pour rappeler ici ce qui, dans cette Revue même, a déjà été préconisé, la coopération peut procurer aux organisations ouvrières l'indépendance nécessaire. Des événements récents ont rappelé aux travailleurs que les locaux municipaux ou gouvernementaux ne leur appartiennent pas encore, et qu'ils n'y sont pas chez eux. C'est la coopération qui, comme en Belgique, par exemple, pourra donner aux Fédérations et aux Unions de syndicats des locaux dignes d'elles.

D'un autre côté si l'idée de grève générale apparaît comme la conception la plus concise d'expropriation capitaliste, la coopération peut virtuellement effectuer dès à présent cette expropriation, au point de vue de l'échange, si les travailleurs participant aux coopératives de consommations gardent par devers eux leurs salaires et les bénéfices que réalise le commerce sur la vente des denrées et objets nécessaires à leurs besoins.

Et enfin, s'il est relativement facile de démolir, en admettant que la masse inconsciente veuille appliquer sa force destructive à l'anéantissement du régime actuel, il est toujours plus difficile d'édifier. Il est logique qu'avant de démolir l'édifice d'iniquités qui caractérise la société capitaliste, on se soucie de prévoir l'architecture et l'édification du monument futur, dont les proportions harmonieuses seront assez vastes pour que tous les hommes puissent y vivre dans la satisfaction de leurs besoins. Et quel mode d'organisation répond mieux à cette nécessité que la coopération ouvrière, que le groupement solidaire, où l'action commune cherche à satisfaire aux besoins de tous?

Espérons qu'au prochain Congrès corporatif qui se tiendra à Amiens, les camarades des syndicats, les délégués des organisations ouvrières apprécieront l'exemple qu'ils auront sous les yeux. On sait, en effet, que la coopérative de consommation : l'*Union* a été fondée par les ouvriers syndiqués de la ville. C'est que ceux-là ont compris la valeur éducative de la coopération, la force morale qu'elle ajoute à l'élan des militants. Syndicats et coopératives doivent aller de pair, s'entr'aider, contribuer surtout également à l'éducation, à la conscience de la classe ouvrière. Car, suivant la forte parole de Godin « dans le progrès social, il n'y a pas que des faits matériels à réaliser ; il y a des hommes à préparer ».

J. BAJAT,
des mécaniciens de Marseille.

SYNDICALISME ET ALCOOLISME [1]

Vandervelde a donné à Paris, tout récemment, une conférence antialcoolique remarquée, — louangée, critiquée. Louangée sans réserves par presque tous les journaux qui en ont parlé, elle fut critiquée sans ménagements par quelques autres, non pas, il va sans dire, en tant que conférence antialcoolique, mais parce que organisée et donnée sous un patronage antisocialiste.

Je voudrais expliquer ici pourquoi je suis d'accord avec les camarades syndicalistes-révolutionnaires et, par contre, en quoi me parais-

---

[1] Il va de soi que je n'exprime pas les opinions d'autrui, mais les miennes, comme toujours. Le présent travail n'engage donc aucunement la *Revue Syndicaliste*.

sent très insuffisantes l'attitude et l'action de tous les groupements socialistes français à l'égard de l'alcoolisme.

I. ANTIALCOOLISME BOURGEOIS ET SYNDICALISME

Tout ce qui vient des classes dirigeantes est à bon droit suspect *a priori* aux socialistes. L'antique « *Timeo Danaos...* » a été si souvent justifié. Défions-nous de l'ennemi, même — et surtout — quand il nous offre des présents. Economats patronaux, habitations ouvrières patronales, caisses particulières de retraites patronales, patronages cléricopatronaux, coopératives de mêmes tendances, etc., que, d'institutions « philanthropiques » destinées à mieux tenir sous le joug la classe ouvrière !

Et les trop fameuses mutualités, préconisées comme remède à presque tous les maux, ce mutualisme dont notre gouvernement bourgeois dispute la direction à notre bourgeoisie cléricale et philanthropicopatronale, — tandis que ces mêmes puissances ne verraient pas du même œil patriarcal et paterne un mutualisme exclusivement dirigé par le syndicalisme antibourgeois et antigouvernemental !

Et les syndicats *jaunes* et *blancs* !

Les socialistes, se sont dit les habiles de la bourgeoisie, reprochent aux partisans de nos très anodines réformes, confectionneurs de bons cataplasmes émollients, de douces tisanes sociales opiacées, — leur tendance évidente à contenir, endiguer, dériver l'action prolétarienne, en prêchant aux ouvriers le culte de toutes les institutions qui, par ellesmêmes, sont presque sans valeur comme instruments d'émancipation réelle, qui seraient de véritables organismes émancipateurs seulement s'ils étaient appuyés sur l'organisation émancipatrice par excellence, sur le vrai levier prolétarien, sur le syndicalisme.

Eh bien, faisons du syndicalisme, créons des syndicats qui seront mis sous l'influence patronale directe ou, ce qui sera beaucoup plus adroit, sous l'influence patronale indirecte, avec ou sans l'aide plus ou moins discrète du cléricalisme, selon les milieux.

Ces habiles ont ainsi cherché à sauver, du régime social actuel, tout ce qu'ils espèrent pouvoir l'être, tout l'essentiel, et avant tout le principe même du salariat, c'est-à-dire de la servitude, — en s'imposant, au besoin en imposant aux autres bénéficiaires de ce régime, la part du feu des concessions, vis-à-vis des revendications prolétariennes, sur des points secondaires, concessions obtenues en grande partie, affirmèrentils, par la force des syndicats préconisés par eux.

De là les fondations, en France, de nombreux *syndicats jaunes* et *blancs*, en Allemagne des *Gewerkvereine* et des *Christliche Gewerk-vereine* (1), etc.

De là aussi les tentatives commencées en France pour créer des syndicats placés sous l'influence d'agents gouvernementaux ou de politiciens gouvernementaux, pour essayer la main-mise de ce même personnel antisocialiste sur nos syndicats déjà créés.

A vrai dire, tous les bons éléments, tous les meilleurs syndiqués de ces syndicats jaunes, blancs ou tricolores, viendront tôt ou tard à nous, à mesure qu'ils comprendront le rôle de dupes et complices qu'ils jouent dans les autres. Cet inéluctable travail de désagrégation à notre profit est déjà commencé en plus d'un syndicat jaune.

Mais évidemment nous devons quand même nous opposer le plus possible à tout ce qui peut dériver l'action prolétarienne, et l'engager dans une voie non syndicaliste ou dans un syndicalisme louche.

Or, si elles arrivent à se faire suivre par une forte partie de la classe ouvrière, les organisations de propagande antialcoolique à direction bourgeoise seraient, de façon indirecte, en général, mais inévitablement, un des plus puissants dérivatifs de l'action prolétarienne vers l'inaction syndicaliste ou vers le syndicalisme bourgeois. Car la propagande antialcoolique s'adresse aux plus nobles instincts de la nature humaine et avant tout aux deux instincts primordiaux les plus forts : conservation individuelle, préservation du foyer familial. Un homme qui, sous l'influence d'une propagande antialcoolique, d'où qu'elle vienne, a décidément renoncé à des habitudes destructives de la personne et de la famille, éprouvera envers ceux qui l'ont sauvé de ces habitudes une telle reconnaissance, qu'il est en général prêt à subir leur influence sur bien d'autres questions sociales.

Aussi nos militants socialistes français ont-ils raison de crier casse-cou lorsqu'ils voient des camarades s'enrôler dans des sociétés antialcooliques à direction bourgeoise, — bien raison de se tenir eux-mêmes à l'écart de ces sociétés.

Oui ils ont raison, mais à la condition absolue de lutter eux-mêmes de toutes leurs forces et sans cesse contre l'alcoolisme.

Jusqu'à présent ils n'ont apporté dans cette lutte, ni assez d'éner-

---

(1) André Dupin : *Du mouvement syndicaliste ouvrier dans l'industrie allemande.* Paris, Rousseau, 1902, in-8 de XII et 404 p. Voir notamment p. 115 132, 253-254, 259, 260.

    Albert Thomas : *Le syndicalisme allemand ; résumé historique,* 1848-1903. Paris, Bellais, 1904, in-16 de 101 pages (N° 20 de la « Bibliothèque socialiste »). Voir p. 17, 20, 58-60, 67, 88-89, 93 et 96-97.

gie, ni assez d'entente, ni assez de persévérance, ni assez d'exemples personnels. Il existe des actions individuelles, parfois très bonnes, mais éparses et bien peu nombreuses. L'action socialiste antialcoolique en France est toute à créer.

A quoi tient cet état de choses et quels remèdes y peuvent être apportés, je vais essayer de l'examiner.

II. La légende de l'alcool-aliment

Un savant américain, M. Atwater, avec le concours de M. Benedict, avait établi, par une expérience « d'une admirable complexité », ce qui, depuis un demi-siècle, était affirmé ou nié un peu au hasard : « l'alcool est un aliment, puisqu'il peut se substituer dans notre alimentation à certains produits, dans une certaine mesure et suivant certaines règles bio-physiques »; c'est-à-dire qu' « il a bien certaines qualités d'un élément de nutrition pour *une* alimentation *en théorie.*

Mais la Commission américaine nommée par la Wesleyen University pour les recherches sur les boissons, et où M. Atwater était membre d'une sous-commission, avait d'autres sections « chargées de rechercher si cet élément d'alimentation théorique n'avait pas, *en pratique*, des contre-indications et des obstacles, si l'alcool est inoffensif ou nuisible, pour l'être humain, notamment au point de vue digestif, nerveux, etc. (1). »

Cette façon d'opérer était la méthode scientifique, tout simplement : recherches, contre-recherches, recherches complémentaires.

Et logiquement personne n'aurait dû se permettre de parler des recherches, sans parler en même temps des contre-recherches et des recherches complémentaires.

Mais la logique, mais la méthode scientifique, combien peu de gens s'en soucièrent ! Une foule d'incompétences notoires et de pseudo-compétences annoncèrent au monde entier la réhabilitation de l'alcool. Puis un savant universellement estimé, Duclaux, directeur de l'Institut Pasteur, affirma cette réhabilitation, en s'appuyant, lui aussi, sur les recherches et conclusions de MM. Atwater et Benedict. Les premiers sous-chapitres de sa brochure *L'alcool et ses droits naturels* (2) ont pour titres : « L'alcool est un *aliment*; — Pourquoi l'alcool est un *bon* aliment; — Pourquoi l'alcool est un *très bon* aliment. »

(1) *La Vérité, TOUTE LA VÉRITÉ*, Article de M. le D' Triboulet, décembre 1903, dans le *Relèvement social*, publié à Saint-Étienne (Louis Comte, directeur, rue de Fontainebleau, 40).

(2) Paris, Masson, 1904, in-8 raisin de 63 p. Voir p. 5-6, 9-11, 12-14.

Duclaux commettait une des plus belles gaffes qui aient jamais été commises par des savants de grande valeur.

Un beau jour, M. Atwater, horripilé de l'abus que l'on faisait de son nom et des conclusions de ses recherches, conclusions que l'on présentait seules, souvent même en les exagérant jusqu'à les dénaturer, M. Atwater arrivait en France, — et alors :

Alors, « le dimanche 15 décembre 1903, dans une réunion au Musée social, en présence de MM. Barbey, Brouardel, Cheysson, Jacquet, Poitou, Duplessis, Riémain, Siegfried, et quantité d'autres personnes auprès de qui vous pouvez vous renseigner, *M. Atwater a parlé.* Ce ne fut ni une conférence ni un discours : trois petites phrases et trois gestes, simples mais éloquents. Comme on lui disait que son expérience avait servi à étayer la doctrine ainsi formulée :

« L'alcool est un aliment ; c'est un excellent aliment ; c'est le meilleur des aliments. »

« *M. Atwater se contenta de répondre*, et vous voyez d'ici la mimique dont il accompagnait sa parole :

Oui, l'alcool-aliment ; l'alcool MAUVAIS aliment ; l'alcool LE PLUS DÉTESTABLE aliment (1).»

Vous voici bien édifié, n'est-ce pas, sur la légende de l'alcool-aliment.

Pour l'être davantage, prenez le recueil d'articles de M. BERTHELOT : *Science et libre-pensée* (2), aux pages 197-198, article intitulé : *L'alcool est-il un aliment ?* C'est la réponse de notre grand chimiste et biologiste dans l'enquête ouverte par le journal « la Presse », février 1904. Vous y lirez notamment ceci : « L'alcool est un combustible plutôt qu'un aliment régénérateur... M. Atwater lui-même n'a pas conclu que l'alcool fût un véritable aliment, c'est-à dire une substance capable de s'incorporer à l'organisme. » — M. Berthelot n'admet l'alcool que comme médicament, « à l'instar de la quinine par exemple, — à très faible dose et dans certains cas. » — Et il conclut son article comme suit : Le salut pour les nations européennes ne pourra venir que des lois très énergiques contre l'alcoolisme, comme celles qu'appliquent déjà les pays scandinaves, par exemple ;.... autrement, le fléau aurait à la longue raison de nous. »

Pour achever de vous convaincre, reprenez, — je vous ai gardé ceci « pour la bonne bouche » ! reprenez la brochure de Duclaux sur « l'Alcool et ses droits naturels », dont j'ai cité les extraordinaires

____

(1) Docteur Triboulet, article cité.
(2) Paris, Calmann Lévy, 1905 ; in-8. — Voir aussi, même volume, p. 194-196, l'important article : *Sur la définition de l'aliment.*

titres des premiers sous-chapitres ; ouvrez la page 62, la dernière du texte ; lisez-y les « CONCLUSIONS » de Duclaux lui-même ; les voici in-extenso :

1º L'alcool, *lorsqu'il est consommé à l'état de vin, de bière, de cidre, de poiré, etc.*, est une substance dont *l'usage modéré* est sans inconvénients lorsque ces boissons sont *bien préparées* ;

2º Aucun alcool distillé n'est hygiénique et au-delà d'une certaine limite, l'alcool le plus pur devient dangereux ;

3º Les impuretés naturelles qui accompagnent à la distillation l'alcool de fermentation ajoutent leur danger propre au danger de l'alcool qui les contient ;

4º Dans les alcools livrés à la consommation, même les plus mal rectifiés, l'action nocive des impuretés est loin d'égaler l'action nocive de l'alcool qui les contient ;

5º Le danger est beaucoup plus grand avec les essences, bouquets et autres ingrédients artificiels qu'on ajoute à l'alcool pour en faire les vermouths, apéritifs, absinthes du commerce, etc. L'action nocive de ces substances, même lorsqu'elles sont les plus pures et les mieux choisies, peut augmenter dans une large mesure l'action nocive de l'alcool qui les contient ;

6º On ne connaît aucune substance qui soit agréable au goût, capable de donner à l'alcool pur une des saveurs réclamées par les consommateurs, et qui ne soit pas en même temps une substance dangereuse pour qui la consomme habituellement ;

7º En ce qui concerne les alcools de distillation, il est souhaitable de les voir ramenés à un taux de pureté qui les rende les plus inoffensifs possible, mais on ne peut espérer trouver la solution du problème de l'alcoolisme dans l'amélioration de ces produits.

En ce qui concerne les liqueurs alcooliques fabriquées avec des bouquets ou des essences, elles présentent un tel danger pour la santé publique qu'il faut chercher autant que possible à en restreindre l'usage ; on doit essayer aussi de rendre plus inoffensifs les ingrédients qui servent à les fabriquer ; mais on n'en connaît pas qui satisfassent à la fois le consommateur et soient sans danger pour ses organes ;

8º Toute réforme qui veut être hygiénique doit *s'attacher d'abord et surtout à diminuer la quantité d'alcool consommé*, et en second lieu à en améliorer la qualité (1).

« *Le penchant naturel de l'homme pour l'alcool est un des plus dangereux et des plus urgents à combattre* », avait déjà écrit *Duclaux* à la page 13 de sa brochure.

Pensez ce que vous voudrez des contradictions de Duclaux : peu

____

(1) J'ai tenu à donner intégralement ces Conclusions ; j'y ai toutefois souligné quelques mots aux premières et aux dernières lignes.

imporle. Mais reconnaissez que la légende de l'alcool-aliment est bien morte, tuée par Duclaux lui-même, malgré ses contradictions, tuée et dûment enterrée par MM. Atwater et Berthelot. — Premier point acquis, reconnu par ceux qui se sont mis ou ont été mis au courant de la vérité des faits ; mais ces personnes-là sont encore en fort petit nombre et c'est pourquoi j'ai tenu à réfuter, pour les lecteurs de la *Revue Syndicaliste*, la légende par l'histoire. Qu'ils fassent connaître cela autour d'eux le plus possible, que l'alcool n'est pas un aliment mais un dangereux poison.

Une autre légende, tenace encore, bien que mortellement atteinte, est que les « méfaits de l'alcoolisme ont été exagérés. » Achevons de la tuer, en montrant que, comme le disait Livingstone au sujet de l'esclavage, le mal est tel que vraiment il est presque impossible de l'exagérer. Ce sera, dans mon deuxième et dernier article, l'objet de la première partie.

Léon VIGNOLS,
Délégué de la Fédération nationale des syndicats maritimes.

RELATIONS INTERNATIONALES

Une fois, déjà, à propos de la Conférence internationale des syndicats, nous avons eu l'occasion de marquer ici l'opposition qui existe entre les tendances du mouvement syndical allemand et les tendances qui inspirent notre Comité confédéral (1).

Un événement récent vient de remettre en lumière cette opposition. Notre camarade Griffuelhes, secrétaire de la section des Fédérations de métier et d'industrie, avait été chargé de soumettre à la Commission générale d'Allemagne les deux propositions suivantes : organisation à Paris et à Berlin d'une grande démonstration publique contre tout conflit sanglant entre la France et l'Allemagne ; organisation d'une conférence internationale des diverses Confédérations syndicales. Les membres du Comité confédéral avaient justement senti la portée de pareilles manifestations, que motivait cette fois, une éventualité qui pouvait être prochaine.

Les quotidiens français et allemands ont dit les résultats de la délé-

(1) Cf. n° 3, 15 juillet 1905. Couverture.

gation. Le *Vorwaerts*, d'une part, la *Voix du Peuple*, de l'autre, en ont donné des récits un peu différents. De la confrontation des textes, quelques faits apparaissent certains.

Les camarades d'outre-Rhin ont affirmé leurs sentiments pacifiques ; et ils ont rappelé, à cet égard, les progrès accomplis depuis trente ans.

Mais, sur les propositions mêmes, la Commission syndicale a rappelé la loi allemande, qui interdit aux syndicats de s'occuper de politique. Elle a conseillé à Griffuelhes de s'adresser au parti socialiste qui pourrait, lui, prendre en mains la démonstration. Griffuelhes, s'autorisant de ce que les statuts de la Confédération défendaient les accords avec les partis politiques, ne voulut accompagner qu'à titre officieux, et par pure courtoisie, les membres de la Commission syndicale qui allaient soumettre la proposition au parti socialiste.

L'argument, tiré de la loi, a donc été l'argument principal des syndicats d'Allemagne. Qu'en outre, et selon leur habituelle méthode, ils aient obéi à leur tendance de syndicats *libres*, de syndicats *neutres*, en ditinguant étroitement leurs fonctions propres de défense professionnelle, d'amélioration de la condition ouvrière et les fonctions politiques du parti socialiste, cela non plus ne semble pas douteux. Il n'est pas besoin de connaître à fond les ouvriers d'outre-Rhin pour savoir combien ils sont soucieux de la définition précise des compétences, et avec quel soin ils discutent toujours, soit dans le parti, soit dans les syndicats, des attributions respectives de chaque organisme. Je crois, quant à moi, que la Commission syndicale ne cherchait pas un vain prétexte à dérobade, en renvoyant Griffuelhes au parti.

Reste à savoir cependant, si la conception de la défense professionnelle, telle que l'entendent nos camarades d'Allemagne, telle que le jeu même des institutions allemandes et les réserves légales l'ont peu à peu façonnée, n'est pas une conception un peu étroite et qu'il faut dépasser. Nous avons tous applaudi, unanimement, aux manifestations pacifiques des Congrès internationaux de métier, et il me suffit de rappeler les plus récentes : celles des mineurs et des ouvriers textiles. Pourrait-on, sans illogisme, blâmer l'initiative de pareilles manifestations, quand elles viennent des organisations centrales des syndicats ? Ce n'est pas, à mon sens, étendre arbitrairement la notion de défense professionnelle, que d'y faire rentrer l'œuvre pacifique. Même exploités, comme ils le sont aujourd'hui, les *producteurs*, comme tels, ont intérêt à maintenir la paix. Et au fur et à mesure que les syndicats ouvriers se préoccuperont davantage des intérêts de la production, — distincts des intérêts capitalistes, souvent même opposés à ceux-là, — ils comprendront mieux chaque jour combien l'action pacifique fait partie de l'action syndicale, au sens le plus réformiste du mot.

Dans de tels domaines, la distinction absolue entre l'action politique et l'action économique du prolétariat sera de moins en moins facile. La confusion de l'*économique* et de *politique* n'est-elle point, après tout, le fond même de la pensée socialiste ?

Qu'est-ce à dire alors, sinon que pour de semblables manifestations, les syndicats et le parti politique devraient collaborer ? Mais hélas ! la conception de la double action commune, économique et politique, accomplie par la même classe, par les mêmes hommes dans deux groupements différents, animés d'une même pensée, n'est chez nous qu'un mythe. Une division du travail ne peut être imposée dans une collectivité, dans une classe, que par une autorité supérieure ou par une entente sympathique. L'autorité supérieure nous la combattons : les syndicats allemands combattent la loi qui limite leurs pouvoirs. Mais quand donc aboutirons-nous à l'entente cordiale ? Quand donc les initiatives les meilleures de notre organisation économique centrale n'auront-elles plus l'air, je ne dirai point d'une arme de guerre, mais d'un moyen de dépréciation pour l'action de ceux qui luttent sur le terrain politique et parlementaire ? Quand donc l'action économique de notre Confédération, indépendante par principe de toute action politique, cessera-t-elle au moins de paraître, sinon d'être dirigée contre celle de tous les partis politiques, y compris et d'abord, le parti qui sincèrement s'efforce d'être ou de devenir l'émanation de la classe ouvrière ?

L'initiative du Comité confédéral était excellente. Pourquoi faut-il que sinon, en elle-même, du moins, par les conditions mêmes du mouvement ouvrier en France, elle ait pu être prise et, je crois, sincèrement prise, en Allemagne, comme une manifestation politique ? — A. T.

LE MOUVEMENT EN FRANCE

Pour le Droit Syndical

Le mouvement pour le droit syndical des ouvriers, employés et fonctionnaires de l'État continue activement. Un Comité a été fondé pour diriger le mouvement. Ce Comité est composé de deux délégués par Union de Fédération, Fédération ou Syndicat ne possédant pas de Fédération.

Les catégories suivantes se trouvent représentées : Union fédérative des travailleurs de l'État, Fédération des travailleurs municipaux, Fédération des allumettiers, Fédération des syndicats d'instituteurs, Syndicat national des sous-agents des Postes, Syndicat des ouvriers des Postes, Syndicat de la main-d'œuvre des P.T.T., Syndicat des monnaies et médailles, Association générale des agents des Postes, Association des jeunes facteurs, Syndicat du Mont-de-Piété, Syndicat des agents des Lycées.

Ce Comité a organisé les 21 et 22 janvier 1906 un Congrès, qui a discuté les modifications à introduire à la loi de 1884 ou même aux conclusions du rapport Barthou sur ce sujet. Le texte proposé par le Congrès, en conclusion de ses débats, ajoute d'abord au texte du projet Barthou, l'abrogation des articles du Code pénal et de toutes les lois, décrets, circulaires, limitant le droit d'association et de coalition des prolétaires de l'État. Il étend la liberté syndicale à tous les travailleurs, quels qu'ils soient. Il supprime à l'article 4 de la loi de 1884, l'alinéa établissant l'obligation d'être Français et de jouir de ses droits civils pour les membres chargés de l'administration ou de la direction. A l'article 5, le projet, conçu par le Congrès, établit expressément que les Unions, Fédérations et Confédération jouiront des mêmes droits que les syndicats, mais néglige toute l'extension du droit de posséder, que le projet Barthou offre aux syndicats. Il néglige en outre, à l'article 6, le droit de faire des entreprises commerciales ou industrielles, demandé par le dit projet et s'en tient au texte de 1884. De même aux articles 7, 8 et 9. Enfin le texte du Congrès établit des pénalités contre quiconque sera convaincu d'avoir « par dons ou promesses, violences ou voies de fait, menaces de perte d'emploi ou privation de travail, entravé ou troublé » la liberté syndicale, reconnue par la loi ; — et demande l'application de la loi de 1884 dans toutes les possessions françaises.

Tel est ce projet : le 28 janvier, par toute la France, dans les meetings organisés par les travailleurs intéressés, facteurs, agents des postes, instituteurs, etc...., des orateurs du Comité en ont développé les raisons. Un ordre du jour a été voté, partout à l'unanimité ou à la presque unanimité. Il était ainsi conçu :

« Les travailleurs de l'État, des départements, des communes et des
« services publics, réunis au nombre de 5.000 au manège Saint-Paul,

« Considérant qu'aucune restriction ne saurait être admise dans l'appli-
« cation de la loi du 21 mars 1884 sur les syndicats professionnels...

« Affirment leurs droits d'exercer les prérogatives syndicales au même
« titre que les travailleurs de l'industrie privée.

« Invitent le Parlement à se prononcer avant le 15 mars sur les proposi-
« tions de loi qui ont pour but de faire disparaître l'équivoque derrière
« laquelle se retranche le gouvernement pour restreindre l'application de la
« loi de 1884, et déclarent que si, à cette date, satisfaction ne leur est pas
« donnée, ils prendront, tant au point de vue politique qu'économique, toutes
« les dispositions que comporte la situation. »

La parole est maintenant au Parlement. Mais le gouvernement hésite à la lui donner. Et il n'est point si sûr que la majorité ait envie de la prendre.

La Maison des Fédérations

Nous avons toujours suivi avec attention (1) le mouvement d'autonomie qui poussait les Syndicats et les Fédérations à se mettre chez elles, dans leurs meubles, au prix de durs sacrifices peut-être, mais que la liberté vaut bien qu'on fasse. Après Lauche, après Grave, après tant d'autres, Lenoir le marquait tout récemment dans la *Fonderie* : il ne peut y avoir de solution intermédiaire : « Ou l'action énergique, indépendante et féconde sans subvention ; ou la subvention avec l'action ouvrière subordonnée, paralysée par les circonstances, avilie par l'incertitude et la dépendance politique ».

Depuis de longs mois, un certain nombre de Fédérations qui habitaient la Bourse du Travail cherchaient à s'installer chez elles : la guerre sourde, menée contre les Bourses, et l'expulsion de la Confédération générale du travail ont précipité la réalisation du projet.

Les Fédérations vont avoir leur maison à elles. Un immeuble est loué, et d'ici peu, — le temps matériel nécessaire à l'installation, — cette maison sera ouverte. Les organisations y trouveront des bureaux commodes ; elles y disposeront d'une salle, pouvant contenir 2.500 personnes. Pour subvenir aux frais d'une installation coûteuse, le Comité d'organisation a ouvert une souscription ; le trésorier confédéral recueille les fonds.

D'aucuns saluent, dans la réalisation de ce projet, une preuve nouvelle de la vie et de l'avenir du syndicalisme révolutionnaire : nous le saluerons, quant à nous, comme un progrès nouveau de l'autonomie syndicale, du sentiment d'indépendance et de dignité de la classe ouvrière.

Vers la réduction des heures de travail

La campagne continue active, pour la réduction des heures de travail. Quel que soit le résultat immédiat, en mai, d'utile propagande aura été faite. Et les syndiqués français seront désormais toujours préoccupés de cette revendication fondamentale. Dans les principales villes, la propagande est méthodiquement organisée. A Paris, à jour fixe, et à plusieurs reprises, huit ou dix réunions auront lieu, suup les différents quartiers. De même, à Marseille. Dans beaucoup d'endroits, des cotisations extraordinaires sont versées aux Unions des Syndicats.

(1) Cf. n° 4, août 1905, p. 75. — N° 6, octobre, couverture. — N° 7, novembre, p. 158.

Déjà, çà et là, on peut dire que la lutte est engagée. Si une grève éclate, à la liste des revendications particulières, une autre s'ajoute : *Réduction de temps de travail.* Et sur quelques points, des résultats sont obtenus. Chez les typographes, à Nantes, la journée de neuf heures a été acceptée par la grande majorité des patrons. A Rochefort, la journée de neuf heures est appliquée dans toutes les imprimeries de la ville, depuis le premier janvier.

Mais, de grâce, qu'on ne disperse point l'effort ! Qu'on ne coure point à d'autres sujets, importants sans doute, mais dont la préoccupation peut entraver ou même contrarier cette action capitale !

LE MOUVEMENT A L'ÉTRANGER

LES SALAIRES DES MINEURS AMÉRICAINS

Sous le titre « Mines and Quarries », l'Office du recensement américain vient de publier ses utiles statistiques sur la condition des mineurs américains.

Le recensement a porté sur 151.516 entreprises, occupant 851.728 ouvriers et 38.128 employés.

Les salaires de la majorité des ouvriers varient de deux dollars à 2 dollars 1/2 ; les trois quarts d'entre eux se trouvent répartis dans les classes de salaires allant de 1 dollar et demi à 2,99 ; un dixième reçoivent 3 dollars ou plus chaque jour. Malheureusement, le travail n'est pas constant ; et l'on remarque de grandes oscillations dans l'intensité du travail.

Dans les mines de charbon bitumineux, qui occupent 280.683 ouvriers, sur 100 ouvriers :

    1,4 reçoivent moins de 1 dollar de salaire journalier
    7,1   »   de 1 dollar à 1,49
    24,5   »   de 1 dollar 50 à 1,99
    58   »   de 2 dollars à 2,99
  les autres   »   3 dollars ou plus.

Dans les mines d'anthracite, il n'y avait en 1902 que 69.691 ouvriers occupés, à cause de la grève de Pensylvanie.

Sur 100 ouvriers :

       9,1 recevaient moins de 1 dollar de salaire journalier
   53,6   »   de 1 dollar à 1,99
   39,2   »   de 2 dollars à 2,99
les autres   »   3 dollars ou plus.

Le dollar, on le sait, vaut environ 5 fr.

VARIÉTÉS

UN ÉPISODE PEU CONNU. — LA GRÈVE GÉNÉRALE ET LE COUP D'ÉTAT

Les théoriciens et les historiens qui se sont occupés de la grève générale, ont eu parfois la curiosité de rechercher l'origine de cette idée. Il est incontestable que le projet d'une grève universelle est un produit de l'organisation ouvrière. C'est dans les Congrès de l'Internationale de 1866 à 1868, que l'on retrouve les premières formules de l'idée chère aujourd'hui à tant de prolétaires français.

Mais, avant l'Internationale, quelques hommes n'ont-ils pas pressenti toute la force que donnerait à la classe ouvrière un refus général du travail ? On a souvent cité la phrase de Mirabeau sur « ce peuple, qui, pour être formidable, n'a qu'à croiser les bras ». Un épisode moins connu, c'est celui du 2 Décembre 1851, que nous avons cru amusant de relater.

Il est noté par Ténot, dans son livre : *Paris en décembre 1851* (p. 150). C'est Victor Hugo, dans l'*Histoire d'un Prince* (II, 6), qui l'a raconté sous la forme la plus saisissante.

On était au soir du 3 décembre : l'assemblée, réunie à la mairie du X⁰ arrondissement, avait été dissoute, et beaucoup de ses membres emprisonnés. Le matin du 3, le représentant Baudin était mort au faubourg Antoine. Le soir du 3, le mouvement de résistance au coup d'État grandissait. Les représentants républicains se concertaient pour donner à ce mouvement une vigueur nouvelle, pour bien marquer au peuple de Paris que la déchéance de Louis-Napoléon, prononcée par l'Assemblée législative, n'était pas un complot royaliste, mais un acte de défense républicaine. Jules Favre, Michel de Bourges et Victor Hugo avaient rédigé un projet de décret, et un appel aux armes.

Comme ils allaient lire leur projet, Emile de Girardin, le célèbre publiciste, l'inventeur du journal à un sou, et l'une des intelligences les plus ouvertes du monde politique d'alors, entre dans la salle.

« J'allai à lui, raconte alors Victor Hugo, et je lui demandai :

— Vous reste-t-il quelques ouvriers à la *Presse?*

Il me répondit : — Nos presses sont sous le scellé et gardées par la gendarmerie mobile, mais j'ai cinq ou six ouvriers de bonne volonté, on peut tirer quelques placards à la brosse.

— Eh bien, repris-je, imprimez nos décrets et nos proclamations.

— J'imprimerai, répondit-il, tout ce qui ne sera pas un appel aux armes.

Il ajouta en s'adressant à moi : — Je connais votre proclamation. C'est un cri de guerre, je ne puis imprimer cela.

On se récria. Il nous déclara alors qu'il faisait de son côté des proclamations, mais dans un sens différent du nôtre. Que, selon lui, ce n'était pas par les armes qu'il fallait combattre Louis Bonaparte, mais par le vide. Par les armes il sera vainqueur, par le vide il sera vaincu. Il nous conjura de l'aider à isoler « le déchu du 2 décembre ». Faisons le vide autour de lui ! s'écriait Emile de Girardin. Proclamons la grève universelle ! Que le marchand cesse de vendre, que le consommateur cesse d'acheter, que l'ouvrier cesse de travailler, que le boucher cesse de tuer, que le boulanger cesse de cuire, que tout chôme, jusqu'à l'Imprimerie Nationale, que Louis Bonaparte ne trouve pas un compositeur pour composer le *Moniteur*, pas un pressier pour le tirer, pas un colleur pour l'afficher ! L'isolement, la solitude, le vide autour de cet homme ! Que la nation se retire de lui. Tout pouvoir dont la nation se retire tombe comme un arbre dont la racine se séparerait. Louis Bonaparte abandonné de tous dans son crime s'évanouira. Rien qu'en croisant les bras autour de lui, on le fera tomber. Au contraire, tirez-lui des coups de fusil, vous le consolidez. L'armée est ivre, le peuple est ahuri et ne se mêle de rien, la bourgoisie a peur du président, du peuple, de vous, de tous ! Pas de victoire possible. Vous allez devant vous, en braves gens, vous risquez vos têtes, c'est bien ; vous entraînez avec vous deux ou trois mille hommes intrépides dont le sang, mêlé au vôtre, coule déjà. C'est héroïque, soit. Ce n'est pas politique. Quant à moi, je n'imprimerai pas d'appel aux armes et je me refuse au combat. Organisons la grève universelle !

Ce point de vue était hautain et superbe ; mais malheureusement, je le sentais irréalisable. Deux aspects du vrai saisissent Girardin, le côté logique et le côté pratique. Ici, selon moi, le côté pratique faisait défaut.

Michel de Bourges lui répondit. Michel de Bourges, avec sa dialectique ferme et sa raison vive, posait le doigt sur ce qui était pour nous la question immédiate : le crime de Louis Bonaparte, la nécessité de se dresser debout devant ce crime. C'était plutôt une conversation qu'une discussion ; mais Michel de Bourges, puis Jules Favre, qui parla ensuite, s'y élevèrent à la plus haute éloquence.

Jules Favre, digne de comprendre le puissant esprit de Girardin, eût volontiers adopté cette idée, si elle eût semblé praticable, de la grève universelle, du vide autour de l'homme ; il la trouvait grande, mais impossible. Une nation ne s'arrête pas court. Même frappée au cœur, elle va encore. Le mouvement social, qui est la vie animale des sociétés, survit au mouvement politique. Quoi que pût espérer Emile de Girardin, il y aura toujours un boucher qui tuera, un boulanger qui cuira, il faut bien manger ! Faire croiser les bras au travail universel, chimère, disait Jules Favre, rêve ! Le peuple se bat trois jours, quatre jours, huit jours ; la société n'attend pas indéfiniment. Quant à la situation, sans doute elle était terrible, sans doute elle était tragique, et le sang coulait ; mais cette situation, qui l'avait faite ? Louis Bonaparte. Nous, nous l'acceptions telle qu'elle était, rien de plus.

Emile de Girardin, ferme, logique, absolu dans son idée, persista. Quelques-uns pouvaient être ébranlés. Les arguments, si abondants dans ce vigoureux et inépuisable esprit, lui arrivaient en foule. Quant à moi, je voyais devant moi le devoir comme un flambeau ».

Victor Hugo, à son tour, intervint. Girardin fut battu ; et il devait l'être. Les organisations prolétariennes n'étaient pas encore assez fortes pour imposer à tous les esprits hostiles ou sympathiques, le projet de la grève générale. C'est vraiment aux ouvriers de l'Internationale qu'il faut faire remonter le projet ; mais l'image que se faisait Girardin d'une grève universelle, nous dirions d'une grève générale politique au 2 décembre 1851, était amusante à rappeler.

Première Année.   N° 11.   Mars 1906.

La Revue Syndicaliste

ABONNEMENT	Paraissant	ABONNEMENT
Un an ...... **2 fr. 40**	le 15 de chaque mois.	Un an ...... **2 fr. 40**
Six mois .... **1 fr. 20**	Le numéro : **0 fr. 20**	Six mois .... **1 fr. 20**

A PROPOS DES HUIT HEURES

Le mouvement en faveur de la réduction des heures de travail se poursuit par toute la France, et dans la plupart des corporations. Tournées de propagande, meetings, affiches, brochures, journaux, aucun moyen n'est négligé. Mais ce qu'il est intéressant de dégager, c'est le sens même du mouvement, c'est le caractère qu'il revêt peu à peu, sous l'influence des circonstances, et au contact des réalités.

A ce point de vue, il faut signaler, il faut citer un article de notre camarade Griffuelhes, qui nous paraît capital. On le trouvera dans le numéro 282 de la *Voix du Peuple*.

Griffuelhes insiste d'abord après bien d'autres (mais ces idées-là valent d'être reprises et elles ont sous sa plume un prix plus grand), sur le caractère d'une résolution du Congrès. Une résolution du Congrès n'est pas, ne peut pas être un ordre absolu. Le jour où elle doit être appliquée, il n'y a pour contraindre à l'observer, ni armée, ni police, ni magistrature.

Un Congrès est la réunion de groupements qui n'ont à leur disposition que leur force propre et qui rencontre pour son exercice toutes les forces répressives de la société.

La mise en application de ses résolutions ne saurait être que le résultat de l'effort dépensé par les organisations. Le résultat se mesure, par conséquent, à l'importance de l'effort. La décision du Congrès n'est pas, je le répète, une loi dont l'application s'opère par un déclanchement mécanique. Elle est une indication sur laquelle doivent se modeler les efforts ouvriers.

En partant de ce point de vue, comment faut-il interpréter le mouvement actuel des huit heures ? Comment l'action issue de la résolution de septembre 1904 semble-t-elle aujourd'hui se préciser ?

C'est ce qu'il faut encore entendre de Griffuelhes lui-même. On nous pardonnera de le citer si longuement. L'article en vaut la peine.

Depuis trente ans et plus s'est poursuivie une propagande théorique en faveur de la question des huit heures. Des ordres du jour nombreux ont été publiés, des vœux souvent renouvelés ont été pris. Mais la réalisation de ces ordres du jour et de ces vœux apparaissait incertaine et lointaine. Néanmoins ces diverses manifestations, parce qu'elles dénotaient un état d'esprit chez les militants, par leur signification, s'imposaient de plus en plus aux événements.

Les grèves tendant à réduire la journée de travail ont été nombreuses ; j'en ai donné le chiffre il y a quelque temps en réponse à un camarade de Berlin (1), et peu à peu a diminué la moyenne de la journée. Et cette diminution trop lente, sans doute, mais continue s'est poursuivie au fur et à mesure que d'ici ou de là s'obtenait une réduction.

Il en a été ainsi, d'abord, parce que la classe ouvrière était insuffisamment organisée et parce que la plupart des réformes pour leur application rencontrent d'inégales résistances, selon les milieux, les conditions particulières de la production.

Ce qui est à remarquer c'est que les luttes pour la réduction de la journée de travail ont toujours pris pour base, par corporation, la plus courte journée. Peu à peu, sous l'action des organisations ouvrières, la plus courte journée voit son application s'étendre et c'est ainsi qu'a pu diminuer, dans de notables proportions, la moyenne de la durée de travail. Cette moyenne est actuellement de dix heures environ. Il s'agit pour l'instant de la réduire à huit heures, et ensuite cette dernière journée mise en application sera appelée, grâce à notre propagande, à se généraliser. C'est ce qu'a voulu le Congrès de Bourges. C'est ce que permettrait l'attitude des 170 patrons imprimeurs de la minorité s'ils passaient outre le vote du 3 février (2).

Le Congrès de Bourges, complétant l'œuvre élaborée par ses précédents, a décidé qu'il fallait tenter la mise en application des huit heures. La besogne théorique des années écoulées appelait la besogne de réalisation. Et pour montrer combien était vif son souci de réalisation, il fixait une date. Cette fixation a paru abusive, et cependant elle s'imposait.

Le Congrès a dit : de ce jour, il y a lieu pour les organisations ouvrières de commencer une agitation allant se prolongeant et s'intensifiant, pour atteindre son maximum, à une date dont le terme était fixé. A partir de ce terme, la période de vulgarisation prenait fin pour entrer dans la période d'application.

La période d'application sera peut-être une série de luttes se produisant dans chaque coin du pays, pouvant s'étendre et se prolonger. En un mot, le 1ᵉʳ mai sera-t-il l'explosion d'un unanime effort, ou sera-t-il le point de départ

---

(1) Dans les articles en réponse à celui d'Umbreit publié dans notre numéro de novembre.

(2) Griffuelhes rappelle ici le vote des patrons-imprimeurs qui par 232 voix contre 170 ont repoussé le principe des neuf heures.

de la série indiquée plus haut ? Il serait difficile de l'indiquer pour le moment. D'ailleurs, d'ici au 1ᵉʳ mai, nous aurons tout le temps pour mieux préciser.

Voici des paroles que pour ma part je salue avec joie, des paroles que j'appellerai d'unanimité ouvrière ! Oui, c'est ainsi qu'il faut interpréter la résolution de Bourges, largement et pour ainsi dire en faisant crédit à tous les efforts. La date du 1ᵉʳ mai 1906, — Griffuelhes, à mon sens, le dit excellemment, — c'est la date qui marque le passage de la période de vulgarisation à la période d'application. C'est la date à laquelle, intensifiant les efforts toujours croissants et accomplis depuis des années pour la réduction des heures de travail, nos Fédérations d'industrie ou de métier ont décidé d'inaugurer une lutte intense pour les courtes journées. Cette lutte, « l'explosion d'un unanime effort » au 1ᵉʳ mai pourrait le rendre tout à fait brève. Nous ne croyons pas, quant à nous, à cette explosion. Si intense que soit la propagande, si grande que soit l'ardeur des « minorités conscientes », l'état des organisations est tel, le nombre des non organisés est tel que nous ne croyons pas à d'énormes succès. Et le devoir syndical commande de dire à chacun de proportionner partout exactement l'effort aux forces. Mais la résolution de Bourges fait un devoir d'employer *toutes ces forces* à la réduction des heures de travail.

Donc, mai 1906 sera le point de départ d'une lutte méthodique pour la réduction des heures de travail ; et cette lutte, nous croyons, quant à nous, qu'elle sera longue. Les travailleurs américains, — leur exemple nous a toujours inspirés, — l'ont inaugurée en 1886. *Depuis vingt ans, s'il faut en croire les statistiques les plus récentes, il n'y a encore que 11, 14 ouvriers sur 100 qui travaillent huit heures ou moins.* Mais du moins, pour près de la moitié soit 48,09 sur 100, la journée de travail est déjà de 55 à 60 heures, c'est-à-dire que la journée est de moins de dix heures. La lutte, menée résolûment, inlassablement, et poursuivie encore en ce moment même, a porté ses fruits. Que mai 1906 marque donc chez nous l'inauguration de ce grand travail. La journée minimum une fois établie dans chaque industrie par un premier effort, que chacun s'applique, à force de propagande *mais à force d'organisation aussi*, de la généraliser.

Ah ! sans doute, nous pourrions regretter que Griffuelhes, avec toute l'autorité qu'il peut avoir dans le monde syndical, n'ait point plus tôt et avec cette netteté, exposé ses idées. Il aurait aidé à apaiser bien des polémiques ; et il ne risquerait peut-être point d'être aujourd'hui traité de « lâcheur », comme il semble s'en méfier dans un passage de son article. Sans doute, encore, nous pourrions discuter, rechercher si, du point de vue même des principes exposés par Griffuelhes et des idées très justes qu'il exprime sur la réduction des heures de travail vers la journée la plus minime, il n'eût pas été préférable, à Bourges, de prendre une autre tactique, de décider d'abord un effort de généralisation pour les dix heures, avant d'établir une nouvelle journée de base plus courte encore... L'heure n'est plus aux discussions, et ce n'est pas encore l'heure des études historiques.

C'est l'heure de l'action, c'est l'heure de la lutte. Des paroles comme celles de Griffuelhes permettront de la mener plus fraternellement, avec une confiance mutuelle plus assurée.

Albert Thomas.

LE PROJET DE LOI
SUR LES RETRAITES OUVRIÈRES

La Chambre des Députés, dans sa séance du 23 février 1906, a adopté l'ensemble du projet de loi ayant pour objet l'organisation de retraites de vieillesse et d'invalidité au profit des travailleurs. Ce projet a été transmis au Sénat qui, selon son habitude, ne semble pas devoir accueillir favorablement cette réforme.

La classe ouvrière, — il faut le constater, il faut le regretter, — n'a point pris aux débats de la Chambre sur ce projet un bien vif intérêt. Elle avait dit, dès l'abord, ses revendications générales. Elle ne s'est point souciée, — pensant sans doute qu'il en serait tenu fort peu de compte, — de savoir même ce qui pourrait en passer dans le projet de loi.

Aujourd'hui, cependant, voici un projet voté. A la suite d'efforts persévérants, quelques députés socialistes ont pu faire passer dans la loi quelques minces améliorations, qui sont au moins dans le sens des revendications ouvrières. Si le projet, tel qu'il est, doit être demain défendu contre les tendances réactionnaires du Sénat, il importe qu'il soit connu et étudié par la classe ouvrière.

Or, il n'a été, que nous sachions, ni analysé, ni étudié jusqu'ici par l'ensemble des journaux corporatifs ou socialistes. Nous avons donc cru utile d'en donner un résumé impartial, dont les partisans et les critiques pourront également s'aider.

Les bénéficiaires de la loi. — Sont soumis *obligatoirement* à l'assurance, tous les salariés des deux sexes de l'industrie et du commerce : ouvriers, employés, sociétaires ou auxiliaires des associations de production ; tous les salariés de l'agriculture et les domestiques attachés à la personne. D'une manière générale, le législateur a estimé que tous les travailleurs, dont l'existence dépend du salaire quotidien, qui ne possèdent que leur force de travail, doivent être mis à l'abri de la misère le jour où ils ne trouvent plus à s'employer.

A cette première catégorie d'assujettis, on a joint certains petits propriétaires, qui, pour n'être pas des salariés, se trouvent dans une situation assez précaire : ce sont les métayers et les fermiers qui n'emploient qu'un domestique et ne sont pas imposés à l'une des contributions directes pour une somme supérieure, au principal, à 20 fr. Ils gardent, d'ailleurs, la faculté de renoncer au bénéfice de la loi.

On pourra s'étonner que, en renonçant à son premier principe, qui était de n'assurer que les salariés, la Chambre ait jugé bon de ne faire d'exception que pour les agriculteurs. Au point de vue économique, la situation de certains petits artisans, laissés en dehors de l'assurance obligatoire, peut sembler aussi intéressante que celle des métayers et des fermiers : il est vrai que nos députés ont toujours montré une sollicitude particulière pour les électeurs des campagnes.

Cotisations. — Les retraites sont constituées à l'aide d'un prélèvement de 2 pour 100 sur les salaires. Lorsque le salaire est supérieur à 2,400 fr., le prélèvement ne s'exerce que jusqu'à concurrence de cette somme. Le versement patronal est également de 2 pour cent sur les salaires. Le patron est responsable de toute la cotisation. A chaque paie, il retiendra 2 pour 100 sur les salaires de ses ouvriers et collera sur une carte appartenant au salarié des timbres représentant la valeur de la cotisation. Si l'ouvrier le désire, les cotisations seront versées par le patron à une société de secours mutuels qui en inscrira le montant sur un livret, au nom de l'ouvrier.

Les salaires quotidiens inférieurs à 1 fr. 50 seront dispensés du prélèvement de 2 pour 100. Mais il reste bien entendu qu'ils feront l'objet du versement patronal de 2 pour 100.

Pensions de vieillesse. — Le travailleur aura le droit de réclamer sa pension de vieillesse à 60 ans. Néanmoins, celui qui, grâce à des cotisations élevées, aura pu se constituer une retraite de 360 fr., pourra en obtenir la jouissance à partir de 50 ans.

L'âge de la retraite sera fixé à 55 ans pour les ouvriers des exploitations minières, qui, en effet, jouissent déjà de ce régime. La même réduction d'âge pourra être accordée, par règlement d'administration publique, aux ouvriers et employés des Compagnies de chemins de fer et à ceux qui travaillent dans des industries qui seront reconnues parti culièrement insalubres. Par *industries insalubres*, on entendra non seulement celles dans lesquelles la mortalité est plus considérable, mais aussi celles où le travailleur, épuisé par un labeur particulièrement pénible et malsain, cesse, de bonne heure, de toucher un salaire rémunérateur. Cette disposition est particulièrement importante, car elle corrige ce qu'a d'arbitraire la fixation de l'entrée en vieillesse à 6o ans et permet d'adapter la loi aux véritables besoins des travailleurs.

Le montant de la pension sera en rapport avec le taux des cotisations versées. Les barêmes de la Caisse nationale des retraites permettront de déterminer la pension que doivent produire, selon les lois de l'assurance, à un âge donné, des versements annuels déterminés. Chaque ouvrier reste donc possesseur, sous condition qu'il soit encore vivant à l'âge de la retraite, de ses cotisations. Il est assuré de toucher la rente qui lui est due. On ne saurait trop insister sur cette sécurité que cette organisation doit offrir aux travailleurs. Souvent on a proposé de servir des pensions de vieillesse à l'aide d'un impôt spécial. Cette combinaison serait pleine de dangers. Serait-on assuré que le produit de l'impôt suffirait à acquitter des pensions d'un taux suffisamment élevé ?

Ainsi, à 6o ou à 55 ans, la pension est accordée : Si elle est inférieure à 36o fr., l'État la majore jusqu'à concurrence de cette somme, pourvu que le bénéficiaire prouve qu'il a travaillé pendant trente années à raison de 25o jours par an. Cette durée est même abaissée à 2oo jours lorsque l'ouvrier a été victime de maladies ou de chômages involontaires d'assez longue durée. *Tout travailleur, âgé de 55 ou de 6o ans, sera donc assuré, quelle qu'ait été la modicité de ses cotisations, d'une pension minima de 3oo fr.*

Il faut bien distinguer ces dispositions de celles de la loi d'assistance du 15 juillet 1905. Celle-ci ne vise que les invalides et les vieillards indigents âgés de plus de 7o ans ; elle laisse au bon vouloir des communes le soin de fixer entre 6o et 24o fr. le taux des pensions. Elle est destinée à secourir les irréguliers, les disgraciés de la nature, les victimes d'une mauvaise fortune. La loi d'assurance, au contraire, est faite au profit des seuls travailleurs. Les pensions qu'elle constitue leur appartiennent bien en propre. Elle leur offre à la fois *la sécurité et l'indépendance.*

Tels sont les principes généraux de la loi. Nous allons en examiner maintenant les dispositions accessoires.

Les invalides et les veuves. — Dès le moment où un ouvrier sera atteint d'invalidité, il pourra réclamer sa pension. La loi vise, ici, l'invalidité absolue et permanente, qui n'est pas la conséquence d'un accident du travail. Les pensions, ainsi liquidées, et dont le taux sera en rapport avec le nombre et le montant des cotisations versées, seront d'autant plus faibles que l'assuré invalide sera plus jeune. Elles seront majorées à l'aide de crédits votés annuellement par le Parlement. On observera que l'Etat ne garantit pas, dans ce cas, de minimum de pension et qu'on laisse en dehors du bénéfice de la loi tous les demi-invalides, qui ne trouvent plus à s'occuper régulièrement, et qui, en s'acquittant pour des salaires dérisoires des besognes faciles et peu pénibles, font, dans certaines industries, une fâcheuse concurrence à la main-d'œuvre valide. On peut se demander si actuellement l'invalidité n'est pas le plus grand danger qui menace les travailleurs, si elle n'est pas extrêmement fréquente et si le législateur n'eût pas dû s'arrêter davantage sur cette grave question. Nous rappellerons que l'assurance obligatoire qui fonctionne en Allemagne est essentiellement une assurance contre l'invalidité.

Au décès d'un ouvrier assujetti à l'assurance, sa veuve, ou à son défaut ses enfants âgés de moins de 16 ans, recevront un capital de 3oo fr., payable en six allocations mensuelles de 5o fr. Cette disposition doit être considérée comme une mesure provisoire, une pierre d'attente. La situation des ouvrières veuves est particulièrement intéressante. Après l'institution d'une assurance vieillesse et invalidité, on sera conduit à organiser une assurance au décès. Les Allemands, soucieux de compléter leur système d'assurances sociales, se préoccupent actuellement de cette question.

Encouragements aux sociétés de secours mutuels et assurance maladie. — Le projet de loi fait une grande place aux sociétés de secours mutuels, qui pourront servir d'intermédiaires entre les assurés et la caisse de l'État. Pour les indemniser des frais qu'elles auront à supporter de ce fait, ces sociétés recevront des subventions de l'État. Ces allocations devront être employées à la réduction des cotisations dues, pour l'assurance maladie, par les sociétaires qui sont assujettis aux versements en vue de la retraite.

Ces mêmes sociétaires auront, en outre, la faculté de consacrer le quart ou la moitié de la retenue de 2 pour 100, opérée sur leur salaire en vue de la retraite, au paiement de leur cotisation d'assurance maladie à la société de secours mutuels.

Le projet de loi nouveau encourage donc sérieusement l'assurance contre la maladie ; on peut regretter qu'il n'accorde pas les mêmes avantages aux caisses de chômage et que l'ouvrier n'ait pas, pour l'emploi de la partie disponible de sa cotisation, le choix entre l'assurance maladie et l'assurance chômage.

On voit par là aussi l'avantage qu'il y a à laisser à chaque participant la propriété de ses propres cotisations : on lui donne la possibilité d'en affecter une part à une autre forme d'assurance ; la loi s'harmonise mieux avec les conditions de la vie ouvrière. C'est ainsi que, lorsque l'assuré s'est constitué une pension supérieure à 3oo fr., il est libre d'employer le surplus ou des versements nouveaux à la constitution d'une assurance en cas de décès, ou à l'acquisition d'une terre ou d'une habitation à bon marché. Ces exemples tendent à montrer qu'on s'est efforcé de donner quelque souplesse à la loi.

Il appartiendra aux travailleurs de tirer tout le profit possible de ces dispositions. Il est désirable qu'en face des mutualités et des institutions de prévoyance patronales, on voie se développer, parallèlement au mouvement syndical, des organisations mutualistes vraiment ouvrières.

Organisation administrative. — Pour faciliter le fonctionnement de cette grande institution, on en a décentralisé le plus possible les divers organes. Les Caisses départementales et cantonales et les sociétés de secours mutuels seront les intermédiaires entre les assurés et la Caisse nationale des retraites ouvrières. La loi fait une place aux représentants élus des assurés dans le Conseil supérieur des retraites qui siégera à Paris et dans les comités directeurs des Caisses départementales. Seront aussi composés pour moitié de représentants des assurés, les tribunaux arbitraux qui, dans chaque centre et sous la présidence du juge de paix, connaîtront des questions relatives à la quotité des salaires et aux difficultés qui seront relatives aux retenues opérées sur les salaires et aux versements dus par les patrons.

Nous avons fini de résumer les dispositions concernant l'assurance obligatoire. La loi contient d'autres mesures en faveur de certains travailleurs dont il n'a pas été question jusqu'ici.

Assurance facultative. — Les artisans, les façonniers, les petits commerçants et les petits cultivateurs indépendants, quoique n'étant pas compris dans l'énumération des travailleurs assujettis à loi, auront néanmoins la faculté de s'assurer à la Caisse des retraites ouvrières, et l'État ajoutera à leur pension une majoration maxima de 120 fr., qui ne devra pas porter leur rente au-dessus de 36o fr., à la condition qu'ils aient effectué des versements à la Caisse pendant 3o ans et à raison de 6 fr. au moins par trimestre.

Période transitoire. — Mais, il est une autre catégorie de travailleurs particulièrement intéressante. Ce sont ceux qui, au moment où la loi entrerait en application, seraient âgés de plus de trente ans. Comme la pension constituée par l'ensemble des cotisations versées par un même individu, est relative au nombre des versements effectués et n'est garantie au taux minimum de 36o francs que si les cotisations ont été versées pendant trente ans ; les travailleurs, dont nous venons de parler, recevraient des pensions très faibles, dérisoires même, quand ils auraient plus de cinquante ans au début de l'application de la loi. Quant aux travailleurs âgés de plus de 6o ans, ils n'obtiendraient aucune pension.

Pour éviter cette fâcheuse situation, des crédits seront inscrits annuellement au budget afin d'accorder pendant les trente premières années d'application de la loi une allocation aux vieillards qui justifieront de trente années de travail.

Cette allocation sera pour les travailleurs qui auront 6o ans dès la première année d'application de la loi, de 12o francs. Pour les ouvriers, plus jeunes, qui, lorsqu'ils atteindront 6o ans, auront pu cotiser pendant un certain nombre d'années, cette allocation sera calculée de telle sorte qu'en l'ajoutant à la petite pension acquise, l'assuré, avec 5 ans de versements, aura une pension garantie de 15o fr., avec 1o ans, 2oo fr., avec 15 ans, 25o fr., avec 2o ans, 3oo fr., avec 25 ans, 33o fr., avec 3o ans, les 36o francs, normalement assurés par la loi.

D'une manière générale, si le projet de loi, qui sera transmis au Sénat, renferme bien des imperfections de détail, il a le mérite d'être cohérent. Il offre, au point de vue financier, de grandes garanties de solidité et de sécurité. Il permettrait de tenir les engagements pris vis-à-vis des assurés. Il ne blesse pas les susceptibilités légitimes des travailleurs en les soumettant au contrôle étroit d'une administration tracassière : il leur fait une place, qui devra être élargie, dans la direction de l'institution. Enfin, il est assez souple, pour pouvoir se prêter, dans la suite, à toutes les modifications que rendra nécessaires une connaissance plus exacte des besoins des travailleurs.

« Cette loi, disait à la Chambre des députés le citoyen Vaillant, n'a pas été ce que nous voulons, mais elle s'est améliorée au cours de la discussion, et nous la votons, non seulement pour ses effets directs, mais aussi parce que c'est le commencement perfectible d'une législation d'assurance ouvrière et sociale ».

G. F.

LE MOUVEMENT EN FRANCE

CONTRE L'ARBITRAIRE

La *Revue syndicaliste*, avec sa périodicité limitée et le nombre modique de ses pages, ne peut relater longuement tous les faits qui, de près ou loin, intéressent le mouvement syndical. Il importe cependant qu'elle dise nettement son opinion sur les poursuites dont sont victimes des militants syndicalistes, depuis plusieurs mois.

Des socialistes et des libertaires, dont plusieurs étaient des fonctionnaires d'organisations syndicales, ont été condamnés en décembre, pour avoir signé une affiche anti-militariste. Cette condamnation a été le signal de poursuites arbitraires et de tracasseries policières à l'égard de militants ou d'institutions syndicales.

La *Voix du Peuple* a été saisie, pour un numéro qui n'était ni plus violent, ni plus incendiaire, que ceux publiés les années précédentes à l'occasion du conseil de révision ou du départ de la classe. Dans toute la province, il y a eu un débordement d'arbitraire : des syndicalistes ont été poursuivis pour avoir mené la simple propagande traditionnelle et nécessaire des Syndicats, pour avoir dit une fois de plus : Travailleur, ne tire point sur tes frères ! Si l'on pouvait reprocher aux premiers condamnés d'avoir conseillé le meurtre de l'officier barbare qui commandait le feu sur des grévistes, on ne pouvait le reprocher, par exemple, aux propagandistes de Rouen ou aux rédacteurs de la *Voix du Peuple*.

En leur personne, c'est, purement et simplement, la liberté de la parole, la liberté de la presse, la liberté de la défense professionnelle qui a été violée.

Chose pire encore, les lois abominables contre les menées anarchistes, votées par un Parlement affolé, en 1894, les lois *scélérates* qui incriminent la pensée intime et menacent de répression jusqu'aux conversations de foyer, ces lois, que les gouvernements n'osaient plus appliquer depuis dix ans, ont été remises en vigueur.

Nous sommes loin de suivre jusqu'au bout de leur propagande tous les camarades incriminés. Mais nous avons d'autant plus le devoir de protester contre l'arbitraire, dont ils sont victimes.

Comme citoyens, d'abord, parce que des mesures arbitraires et des poursuites scélérates doivent être exclues d'un régime démocratique, — parce que chacun doit être libre d'exprimer son opinion, et qu'aucune opinion ne peut être frappée, même comme *anarchiste*.

Comme syndicalistes ensuite, parce que tant que des lois comme celles de 1894 pourront être, par la volonté d'un gouvernement, remises en vigueur, il n'y aura aucune garantie, aucune sécurité, pour la propagande syndicale.

Nous demandons donc à tous nos camarades de saisir toutes les occasions pour protester contre l'arbitraire, pour hâter l'abrogation des lois scélérates, toutes les occasions, même électorales. Il importe de demander à tous les candidats de s'engager à voter cette abrogation. Nous rappelons aussi à nos lecteurs qu'un Comité de secours aux familles des prisonniers s'est constitué et que le citoyen de Marmande, 3, rue d'Alençon, Paris (15e), recueille les fonds.

Ayant rempli ainsi notre devoir, nous pourrons avec d'autant plus de force et de liberté soutenir loyalement, contre les militants frappés, nos idées propres et nos conceptions sur les points où nous différons.

LE CONGRÈS EXTRAORDINAIRE DES SYNDICATS MARITIMES

Un Congrès extraordinaire des Syndicats Maritimes s'est réuni le 20 février à Paris, pour affirmer l'ordre du jour de clôture du 13e Congrès national, qui décidait de faire la grève générale à une date indéterminée si le Parlement ne sanctionnait favorablement les vœux exprimés dans les treize précédents Congrès.

Étaient représentées :

Fédération nationale des Syndicats maritimes ;
Fédération des Capitaines au long-cours ;
Fédération des Officiers mécaniciens brevetés ;
Fédération des Maîtres au cabotage et Officiers de la marine marchande ;
Fédération des Pilotes de France et des Colonies ;
Fédération Syndicale des Navigateurs civils de France.

Le Congrès a examiné la loi transactionnelle présentée par le gouvernement à la commission du budget, sur la question de la fraude à bord des navires, puis la proposition de loi des députés républicains des Bouches-du-Rhône tendant à l'augmentation de la demi-solde et la question des pensions.

Il a abordé ensuite l'étude du projet de loi de réglementation du travail et des effectifs à bord et a déclaré que « la loi devrait affirmer qu'en cas de grève des corporations nationales ou étrangères de dockers, les marins ne seront pas astreints au travail de manutention des marchandises. » Une fois de plus, les décrets de 1806, 1829, 1852 et 1859, ont été examinés.

Après avoir pris quelques résolutions sur la caisse de prévoyance, le Congrès a rejeté à l'unanimité l'application de la loi de deux ans aux inscrits de la Métropole, repoussé sans discussion le projet Vel-Durand refusant le droit de grève aux marins. Il a décidé ensuite de demander d'une façon énergique au Ministre l'abrogation du décret du 22 avril 1872, qui permet l'embarquement d'indigènes anglais francisés pour les besoins de la circonstance.

La deuxième journée a été particulièrement chargée.

La matinée a été employée aux démarches personnelles des délégués dans différents ministères, ou au siège de différentes Compagnies de navigation.

Au cours de l'entrevue des délégués avec le Ministre, celui-ci s'est déclaré partisan d'une augmentation des demi-soldes actuelles et a indiqué que le vote par la Chambre de la loi sur les retraites ouvrières constituait une indication qui pouvait servir de base à l'étude d'une réforme de la Caisse des Invalides ; il s'est engagé à appuyer les efforts des représentants des inscrits à la Chambre, afin d'obtenir la prompte discussion et l'adoption de ce projet. Il a enfin invité les inscrits au calme.

Les inscrits ont ensuite entretenu les députés du Groupe des Inscrits de leurs revendications. Et le Congrès a enfin tenu sa dernière séance.

Une très courte discussion a eu lieu et l'ordre du jour suivant a clôturé le Congrès :

« Les délégués des Syndicats professionnels maritimes de France, réunis » en Congrès extraordinaire les 20, 21, 22, 23 février 1906, boulevard de » Strasbourg, 87, après avoir soumis leurs travaux aux pouvoirs publics, » prennent acte de la promesse formelle qui leur a été faite de prendre ces » travaux en considération ; donnent pleins pouvoirs aux six bureaux » fédéraux représentant la totalité des gens de mer, de prendre les mesures » nécessaires pour faire respecter, le cas échéant, les décisions prises au » Congrès de Cette, et se séparent au cri de : « Vive l'Inscription maritime ! » Vive la marine marchande ! Vivent les travailleurs de la mer ! »

Signalons enfin, qu'à la suite d'une délégation auprès du Ministre de la marine et de celui de l'agriculture, une commission inter-ministérielle doit être nommée, qui aura pour mission de délimiter les droits des marins et des riverains dans la partie des fleuves et rivières relevant de l'Inscription maritime. C'est un succès pour les délégués et une ère de travail tranquille et fructueux qui s'ouvre pour les marins pêcheurs intéressés.

Tel est le compte rendu très succinct du Congrès extraordinaire des Fédérations maritimes.

L'ordre du jour de clôture demande quelques explications. Ayant été l'initiateur du congrès, connaissant parfaitement la mentalité de mes camarades congressistes et le mandat qui leur avait été donné dans leur région, je puis dire sans crainte d'être démenti que la résolution prise ne laisse pas que d'étonner.

En effet, le XIIIme Congrès national maritime, tenu à Cette, votait dans sa dernière séance, sur ma proposition, un ordre du jour « décidant de faire la grève générale à une date indéterminée si le parlement ne sanctionnait pas favorablement les desiderata exprimés dans ledit congrès ». Du vote de principe à l'action il n'y avait qu'un pas à franchir. Pour éviter l'emballement de quelques-uns d'entre nous, moins confiants en les législateurs, et pour donner à ces derniers le temps matériel nécessaire à l'exécution du programme *imposé*, le congrès décidait en outre que « les délégués fédéraux se réuniraient à Paris, dans le mois de février 1906. » Il n'était alors question que de la Fédération Nationale des syndicats maritimes, comprenant les pilotes, les navigateurs civils, les marins du commerce et les pêcheurs. Les fédérations d'officiers pont et machine manifestèrent le désir de participer au Congrès, ce qui fut accepté avec joie.

Le mandat ferme des délégués était de voter la grève générale ; les organisations avaient cependant laissé à leurs représentants la faculté de voter un compromis s'ils le jugeaient utile.

C'est le compromis qui a prévalu. Pourquoi ? demandera-t-on. Il suffira de lire le compte-rendu des entrevues avec les ministres et le comité des Inscrits maritimes pour résoudre la question. Des promesses formelles, de part et d'autre, ont été données de sanctionner favorablement tous les projets déposés sur le bureau de la Chambre, n'entraînant pas une atteinte au budget de l'État. Les congressistes pouvaient-ils jeter le manche après la cognée, décréter l'arrêt général de l'industrie maritime, sans essayer un nouvel essai de conciliation ?

A mon avis, non. J'étais absent à la séance de clôture, mais si j'avais été présent, j'aurais certainement voté l'ordre du jour avec tous mes camarades.

Et cette dernière confiance qu'ont fait les marins, au gouvernement et aux législateurs, n'est pas à regretter.

Le 27 février, le projet de réglementation du travail et des effectifs à bord des navires du Commerce était voté sans discussion.

Le 5 mars, le projet *Salis* sur les fraudes à bord l'était aussi dans les mêmes conditions. Tous les deux seront votés au Sénat dans quelques jours et les marins de tous grades et de toutes spécialités auront fait un pas de plus vers le mieux-être, la liberté et la justice, vers leur émancipation.

L'étonnement de la décision prise par le Congrès doit, après ces résultats immenses, changer de forme. On doit s'étonner, certainement, mais c'est d'avoir constaté avec quel brio la Chambre des députés a voté ces lois qui à leur élaboration avaient soulevé toutes les colères capitalistes, administratives et..... parlementaires Le parlementarisme serait-il moins mauvais que d'aucuns le prétendent ? Le prolétariat — y compris les Inscrits maritimes — pourrait-il compter sur lui pour l'amener à faire des réformes utiles à l'humanité ? Ses derniers actes semblent l'indiquer fortement et le temps n'est pas loin, — je l'espère, — où les ouvriers, tous les ouvriers, se rendront à l'évidence que le Parlement n'est mauvais que dans ses éléments conservateurs et rétrogrades, qu'il faut supprimer ces éléments, les remplacer par d'autres, représentant mieux notre classe, nos idées, nos besoins. S'il y avait dans son sein moins de messieurs à particules ronflantes, de capitalistes véreux et de bourgeois parvenus, les intérêts économiques de la nation seraient défendus au détriment de l'infecte politique qui remplit les neuf dixièmes des travaux parlementaires.

Quoique satisfaits des résultats acquis par une voie réformiste, les marins ne déserteront pas la lutte que soutiennent les camarades de la Confédération générale du travail.

Le premier mai approche, et il suffira, pour qu'ils se jettent à corps perdu dans le mouvement libérateur, que celui-ci soit conscient et efficace. La moitié de la corporation des marins du commerce a déjà la journée de huit heures, l'autre moitié la réclame, la veut, et toute la corporation désire le repos hebdomadaire.

N'est-ce pas là le programme à l'ordre du jour ?

On peut donc compter sur nous. A. RIVELLI.

LA GRÈVE DES SALINS DE GIRAUD

Situées dans une des plus tristes et désolées régions de Provence, là-bas aux confins de la Camargue, au bord d'un des nombreux étangs salés qui morcèlent les terrains d'alluvions, dans le delta du Rhône, les usines des Salins de Giraud, édifiées par la Société belge Solvay, exploitaient la fabrication de la soude. On sait que la soude est extraite du chlorure de sodium, retiré de l'eau de mer.

Loin de tout centre industriel, de toute agglomération humaine, où se concentre la main-d'œuvre, il fallait non seulement édifier l'usine, mais aussi y installer les logements et les magasins de denrées nécessaires à la vie des cinq cents ouvriers que réclamait cette exploitation.

D'où la facilité pour la Société industrielle d'exploiter à bon compte et de tenir à merci la population qu'elle avait concentrée là pour le grand bénéfice des financiers internationaux. Logements et économats, entre les mains de la Société Solvay, constituaient avec la propriété de l'usine, un véritable fief industriel sur ce coin de terre.

Inutile de décrire à quelle sujétion les serfs de ce nouveau fief étaient tenus. On le devine facilement. Outre le résultat économique, je veux dire les profits de la caisse, qui récupérait, non sans bénéfices, les salaires consentis, par la vente aux ouvriers des denrées et objets nécessaires (il était en effet défendu à quiconque de s'approvisionner au dehors), cette situation d'isolement permettait aussi de tenir les salariés dans une subordination morale extraordinaire : la direction ne se gênait pas pour entraver la liberté de la correspondance, et les ouvriers ne pouvaient même recevoir des journaux non admis par la Direction.

La propagande syndicale finit pourtant par atteindre ces travailleurs : ils jugèrent nécessaire de secouer les conditions draconiennes qui leur étaient imposées. Un syndicat fut constitué dans le but de conquérir cette liberté économique, qu'une prétendue liberté politique, à son tour compromise, était impuissante à leur assurer.

Ce syndicat était une force nouvelle ; c'était la manifestation de la dignité ouvrière enfin réveillée ; et il allait permettre aux travailleurs de se présenter debout devant le patron et de traiter d'égal à égal.

Mais il est avéré que la puissance capitaliste et patronale n'admet pas l'égalité entre employeur et salarié. Pas plus l'égalité dans les bénéfices que l'égalité dans la discussion. Aussi la jeune et déjà vigoureuse organisation devait-elle disparaître devant l'inexorable entêtement de la Direction, qui ne craignit pas, sous la garantie de la force publique et avec le concours de l'armée française, d'affamer ces ouvriers, jusqu'à ce que, épuisés et persévérants, ils n'eussent d'autres ressources que de quitter la contrée. Et l'on a pu voir un directeur d'usine, allant prendre à l'étranger les ordres nécessaires pour affamer des ouvriers français, vivant en territoire français, qu'un jour, n'est-ce pas ? ils peuvent être invités à défendre.

Passons aux faits :

Au mois de janvier dernier, un ouvrier dut quitter son poste : on le remplaça par un jeune homme. L'ouvrier gagnait 4 fr. 25 par jour ; sous prétexte que son remplaçant n'avait que 19 ans, on ne lui donna que 3 francs. Pendant quelques semaines, celui-ci fit la besogne sans rien dire, ayant l'amour-propre de ne pas exiger (dans les débuts d'un travail, auquel il n'était sans doute pas suffisamment initié), un salaire en rapport avec ses aptitudes. Après quelques semaines, il demanda 4 fr., puisqu'il remplaçait un ouvrier qui gagnait précédemment 4 fr. 25. Le contremaître auquel il s'adressa ne tint pas compte de sa réclamation : l'ouvrier s'adressa au syndicat. Le syndicat intervint auprès du Directeur de l'usine, et proposa de transiger à 3 fr. 75. Sur le refus de l'Administration, le syndicat se réunit en Assemblée générale le 21 janvier et la grève fut décidée. Mais alors il fut décidé de poser des revendications d'ordre général, portant sur la réduction du prix des loyers, l'unification et l'augmentation des salaires de certaines catégories, et à partir du 1er mai, l'application de la journée de huit heures. Comme toujours, le Directeur demanda à en référer à son conseil d'administration. Les financiers belges naturellement opposèrent une fin radicale de non-recevoir aux propositions des ouvriers.

Devant l'attitude calme, énergique et persévérante des grévistes, usant du droit de grève, on put constater alors de quelle façon ceux qui, dans le pays, sont investis de fonctions officielles, savent en user pour intimider, briser la résistance ouvrière : mettant au service des intérêts des financiers belges de la Société Solvay, la gendarmerie et la cavalerie française contre des citoyens français ; faisant opérer par la troupe le déménagement des mobiliers, en procédant brutalement à l'expulsion des ouvriers de la cité, pour mettre fin à la grève par l'exode des grévistes, sous la menace des baïonnettes ; incarcérant enfin les camarades Clauzies, Dufour et Boutière, du comité de la grève, actuellement sous les verrous, on se demande pourquoi.

Du commencement à la fin de cette âpre lutte, ce n'a été que la manifestation de la mise au service des exploiteurs par le Gouvernement, de tout ce qui pouvait favoriser leur résistance contre l'action syndicale. Puissions-nous nous en souvenir ! — *J. Bajat.*

LE MOUVEMENT A L'ÉTRANGER

La journée de travail au Danemark

L'Inspection ouvrière danoise a fait récemment une enquête sur la durée du travail des ouvriers adultes. Sur 76.706 ouvriers répartis dans 4.504 entreprises, pendant l'année 1903-1904 :

4.228 soit 5,5 sur 100 ouvriers travaillaient 8 heures 1/2 ou moins
8.963 — 11,7   —   —   9 heures   —
7.602 —   9,9   —   —   9 heures 1/2   —
46.448 — 60,6   —   —   10 heures   —
6.173 —   8   —   —   10 heures 1/2   —
3.292 —   4,3   —   —   11 heures ou plus.

Ainsi le plus grand nombre des travailleurs danois travaillent dix heures ou moins ; c'est une petite minorité qui parmi eux travaille plus de dix heures. L'industrie la plus favorisée au point de vue des courtes journées est celle de l'imprimerie ; la moins favorisée est celle de la verrerie et industries connexes.

ANGLETERRE

Pour la paie hebdomadaire. — Les organisations anglaises attachent une importance considérable à la paie par semaine. Le 20e rapport trimestriel de la General Federation of Trade-Unions contient le compte-rendu d'une conférence sur ce sujet, entre délégués des Constructeurs-Mécaniciens du Nord-Ouest, et des Constructeurs de Navires de la Clyde (Organisations patronales), de la General Federation des Trade-Unions et de la Fédération des Mécaniciens, le 6 décembre dernier, à Glasgow. Des négociations courtoises mais fermes eurent lieu sur ce sujet : Continuerait-on le système de la paie tous les quinze jours, ou établirait-on la paie à la semaine ? Les patrons refusèrent toute modification. Les négociations furent rompues. Le 22 décembre, les organisations ouvrières intéressées ont tenu à Glasgow une deuxième conférence où il fut décidé d'organiser un referendum pour savoir si les ouvriers sont décidés à faire grève pour obtenir la paie toutes les semaines. C'est dire toute la valeur attribuée à cette question, d'apparence minime, par les ouvriers anglais.

Le Travail des Femmes en Italie

Une enquête entreprise par l'Office du Travail Italien sur l'étendue du travail féminin et du travail des enfants, enquête qui a porté sur 14.450 entreprises, a appris que sur le nombre total des travailleurs de ces usines il y avait 414.915 travailleurs masculins, 414.236 féminins. C'est surtout dans l'industrie textile que le travail féminin a pris une grande extension. Pour 100 hommes, on y compte 370 femmes ; dans l'industrie de la confection, pour 100 hommes, on trouve 206 femmes ; dans toutes les autres industries, le rapport est de 100 à 23.

Le travail des enfants est aussi extrêmement répandu. Dans l'industrie textile, encore, parmi les ouvrières, on n'en trouve que deux sur cinq qui soient âgées de plus de 21 ans.

Les salaires des ouvrières de 15 ans et au-dessus sont tout à fait bas.

Sur 100, une ou deux (1,6) ont un salaire de moins de 50 centimes par jour ; 38 à 39, un salaire de 50 centimes à 1 fr. ; 54, un salaire de 1 fr. à 2 fr., et 5 plus de 2 fr. Le salaire journalier moyen des jeunes filles de moins de 15 ans est de 59 centimes.

En Hongrie

Les Syndicats hongrois font en ce moment des progrès considérables. Après deux ans de luttes obstinées et fructueuses contre l'arbitraire des autorités, les Fédérations ont réussi à se faire reconnaître. Depuis, les organisations ont pris un essor soudain et magnifique. Au 1ᵉʳ janvier 1903, le nombre total de leurs membres était de 15.270 ; au 1ᵉʳ janvier 1904, ils étaient 41.138 ; au 1ᵉʳ janvier 1905, 53.169, et à la fin de l'année ils approchaient du chiffre de 80.000. A cette augmentation du nombre des membres correspond le développement des ressources.

La plus forte organisation est celle des ouvriers du bâtiment : elle avait en 1905, 188 groupes locaux et 5 sections de métiers, avec 22.000 membres. Les métallurgistes la suivent de près avec 18.000 membres. Puis viennent les ouvriers du bois, avec environ 10.000.

La question des étrangers en Suisse

Les Suisses s'inquiètent. Le recensement du 1er décembre 1900, dont les résultats ont été récemment publiés, a révélé, en effet, qu'il y avait dans leur pays un nombre énorme d'étrangers. Le chiffre total de la population a passé, en effet, de 2.392.740 en 1850 à 3.325.023; mais le chiffre des étrangers a passé, lui de 71.570 à 383.424, dans le même espace de temps. Les étrangers forment en Suisse, aujourd'hui, 13 %, de la population alors qu'en Allemagne, ils n'en forment que 2 %.

Quelle est cette population étrangère? Il est à peine besoin de le demander. En majorité, ce sont des personnes de 20 à 50 ans, comme l'indique la répartition par âge, et certainement 90 % sont des ouvriers.

Les bourgeois suisses sont donc émus : qu'adviendrait-il de l'industrie suisse si le Kaiser et le roi d'Italie rappelaient un jour tous ces hommes sous les drapeaux? Puis, toute cette invasion ne nuit-elle pas au développement des sentiments patriotiques ? Et d'ailleurs, ne sait-on pas les sentiments de toute cette classe ouvrière, socialiste, internationaliste? Jusqu'à ce jour, la bourgeoisie suisse s'est garantie comme elle a pu, en refusant tout droit politique, et une naturalisation facile, aux étrangers. Ainsi évite-t-elle de donner des secours communaux aux familles nécessiteuses et se protège-t-elle contre des votants socialistes.

Mais la question de la main-d'œuvre étrangère n'est point sans préoccuper fortement aussi nos camarades. Les Italiens ou les Allemands qui viennent en Suisse, ont besoin de gagner leur vie, à tout prix, c'est-à-dire à bas salaires. Et la propagande syndicale est difficile parmi les émigrants. Des efforts ont été tentés, sans doute, des résultats obtenus (1), mais partiels seulement, encore insuffisants. Si, comme citoyens, les syndiqués suisses réclament pour les étrangers des facilités de naturalisation, comme ouvriers, comme producteurs, ils réclament, surtout dans les métiers du bâtiment, l'établissement d'un minimum de salaire légal. Par ce moyen seulement à l'heure actuelle, émigrants et nationaux semblent pouvoir être protégés ensemble contre l'exploitation capitaliste.

Travail a la main et a la machine

Une enquête a été faite, il y a quelque temps, en Amérique, sur la productivité comparée du travail à la main et du travail à la machine, et elle a donné des résultats caractéristiques.

On a recherché pour 672 espèces de produits agricoles aussi bien qu'industriels, quel était le nombre d'ouvriers, d'opérations différentes, d'heures de travail et de dollars payés pour la main-d'œuvre, qu'il fallait pour produire :

    1º à la main ;

    2º à la machine,

la même quantité ; et voici ce que, dans quelques cas, pris au hasard, on a trouvé :

---

(1) Revue syndicaliste, mai 1905, I, p. 19.

1º *Fabrication de 10 charrues*

A la main : 2 ouvriers, faisant 11 opérations distinctes et travaillant en tout 1.180 heures, payées 54 dollars, 46.

A la machine : 52 ouvriers, faisant 97 opérations distinctes, et travaillant en tout 37 heures, 28, payées 7 dollars, 90.

2º *Fabrication de 500 livres de beurre*

A la main : 3 ouvriers ; 7 opérations ; 125 heures ; 10 dollars, 6.

A la machine : 7 ouvriers ; 8 opérations ; 12 heures, 30 (comme total du travail fourni — au lieu de 125 heures : juste dix fois moins) ; 1 dollar 78.

3º *Fabrication de 100 paires de chaussures à bon marché*

A la main : 2 ouvriers ; 83 opérations ; 1.438 heures ; 408 dollars, 50.

A la machine : 113 ouvriers ; 122 opérations ; 154 heures ; 35 dollars, 40.

4º *Fabrication de douze douzaines de jaquettes d'hommes*

A la main : 1 ouvrier ; 4 opérations ; 840 heures ; 50 dollars, 40.

A la machine : 11 ouvriers ; 8 opérations ; 97 heures, 15 ; 12 dollars, 80.

5º *Fabrication de cent mouvements de montres*

A la main : 14 ouvriers ; 453 opérations ; 341.866 heures ; 80.822 dollars.

A la machine : x ouvriers ; 1.088 opérations ; 8.343 heures ; 1.799 dollars.

6º *Fabrication de mille livres de pain en pains d'une livre*

A la main : 1 ouvrier ; 11 opérations ; 28 heures ; 5 dollars, 80.

A la machine : 12 ouvriers ; 16 opérations ; 8 heures, 56 ; 1 dollar, 55.

Voilà des chiffres, un peu anciens déjà, ils datent de 1898 (1), mais qui démontrent bien la révolution accomplie par le machinisme. La différence du temps de travail exigé pour la production d'une quantité égale d'un même produit, selon qu'on le fabrique à la main ou à la machine, atteste comment le machinisme a développé le chômage. C'est, au point de vue de la propagande syndicale, la démonstration la plus importante à tirer de ces chiffres. Il n'est point besoin de rappeler tout ce qu'ils enseignent, au point de vue de l'évolution industrielle, qui rend possible le socialisme.

---

(1) *Hand and machine labor.* Thirteenth Annual Report of the Commissioner of labor, 1898 (Washington, 1899).

VARIÉTÉS

LA VERTU DE LA GRÈVE

La personnalité de John Burns, l'ouvrier mécanicien anglais, devenu ministre, est à l'ordre du jour. Les grands quotidiens racontent sur lui des anecdotes piquantes. Les correspondants étrangers l'interviewent. Les socialistes, et ils ont raison, discutent fort sa participation ministérielle. Fera-t-il au ministère d'utile besogne? Gardera-t-il sur les foules ouvrières l'autorité fraternelle que lui donnait sa merveilleuse et sincère éloquence? Ce qui est certain, c'est qu'il fut jadis un tribun admirable.

Nous voulons rappeler ici, en ces jours de discussion, une des plus belles pages peut-être d'éloquence ouvrière que nous connaissions; elle est de Burns. C'était à la fin de la grève des dockers de Londres en 1889. John Burns qui avait sans cesse harangué et soutenu la foule des grévistes et qui s'était dépensé sans compter, pendant les longues semaines de la grève, prit la parole une dernière fois, et dit à l'assemblée enthousiaste qui l'entourait, l'influence morale que la grève, l'acte d'énergie et de dignité ouvrières qu'était la grève, devait exercer jusque dans la vie quotidienne, dans l'intimité des familles.

Voici ce passage de Burns : (1)

« Il est probable qu'avant que je puisse vous revoir il se produira quelque événement qui terminera la grève. Je veux vous rappeler ce que vous aurez à faire si la grève prend fin bientôt. Vous reprendrez le travail et beaucoup d'entre vous recevront des salaires plus élevés que ceux que vous avez reçus jusqu'ici. Ce qu'il y a de certain, c'est que vous aurez du travail plus régulièrement que par le passé. Je ne suis pas un démagogue intrigant, j'espère que je ne l'ai jamais été, et que je ne le serai jamais, et je ne voudrais pas, pour conserver ma popularité, spéculer sur les vertus et les vices des foules que je harangue. Je ne veux pas vous flatter, et je ne veux pas vous condamner, mais je vous dis ceci : « Quand j'irai dans l'Est de Londres, six semaines ou deux mois après la fin de la grève, je veux trouver vos demeures plus propres et plus gaies qu'aujourd'hui : quand j'irai dans l'Est, j'espère que je trouverai vos femmes et vos enfants plus propres dans leur personne et dans leurs vêtements; bien plus, quand cette grève sera terminée, je veux trouver quelques preuves qu'elle a eu sur vous une heureuse influence morale; je veux que vos femmes ne portent plus sur leur visage et sur leur corps tant de preuves de votre brutalité et de vos mauvais traitements ; je veux m'apercevoir que cette grève a inauguré une ère nouvelle dans votre vie personnelle et domestique; je veux que cette grève amène un changement décisif dans la vie de l'homme, ignorant, et qu'elle lui serve à devenir demain plus avancé moralement qu'il ne l'était hier ».

---

(1) Nous en empruntons la traduction au Musée social, Circulaires 1896-98, p. 167.

Première Année.   N° 12.   Avril 1906.

La Revue Syndicaliste

ABONNEMENT	Paraissant	ABONNEMENT
	le 15 de chaque mois.	
Un an ... ... 2 fr. 40		Un an ... ... 2 fr. 40
Six mois ... .. 1 fr. 20	Le numéro : 0 fr. 20	Six mois ... .. 1 fr. 20

LA JOURNÉE DE HUIT HEURES

Je remercie cordialement les camarades de la *Revue syndicaliste* pour la confiance qu'ils me témoignent en m'offrant les colonnes de leur aussi intéressante que modeste revue, pour y exposer mon sentiment sur la question qui, à juste titre, passionne aujourd'hui le plus les travailleurs. Je n'abuserai pas de cette hospitalité, et le plus brièvement possible je dirai franchement ce que je pense sur la journée de 8 heures.

Quels que soient les premiers résultats définitifs obtenus au 1er mai prochain, la décision du congrès de Bourges relative à la question de la journée de 8 heures, n'en doit pas moins avoir notre entière approbation, et la Confédération générale du travail doit être félicitée sans réserve, d'avoir tout mis en action pour assurer le plus grand succès possible à cette décision.

La vie du syndicalisme est subordonnée à la somme de ses résultats autant qu'au nombre des travailleurs qu'il groupe sous sa bannière. Le nombre d'ouvriers syndiqués est certainement beaucoup plus élevé aujourd'hui qu'il y a une dizaine d'années. Mais les nouveaux arrivés sont venus au syndicalisme autant par la confiance que les militants les plus conscients leur ont fait justement avoir en ce moyen de défense et de lutte, que par l'attrait ou la force des quelques résultats déjà acquis.

Il faut donc coûte que coûte, si l'on veut légitimer cette confiance, consacrer définitivement le triomphe de l'action économique des groupements professionnels et éviter cette faillite du syndicalisme que tous nos adversaires prophétisent à l'envi, que des résultats nouveaux, encore plus tangibles, encore plus réels, viennent satisfaire les espoirs syndicaux des travailleurs et démontrer la nécessité de cette organisation unitaire et confédérale du prolétariat.

Or, la journée de 8 heures est le résultat le plus immédiat, le plus nécessaire, en même temps que la *réforme* la plus populaire et la plus révolutionnaire qu'on puisse et qu'on doive poursuivre.

Ce n'est pas d'aujourd'hui que le prolétariat de tous les pays lutte pour cette réforme, dont les nombreux et divers avantages ne sont plus à démontrer.

Depuis près d'un siècle, mais surtout depuis ce grand événement historique que fut la fondation de l'Association internationale des travailleurs en 1864, les ouvriers ont bataillé ferme pour la journée de 8 heures, et depuis le premier congrès de l'Internationale, à Genève, en 1866, jusqu'au récent congrès de Bourges, il n'y a pas eu de congrès corporatif ou socialiste qui n'ait proclamé la nécessité de la journée de 8 heures et du repos hebdomadaire.

Malheureusement, la bataille, jusqu'ici, n'a été — du moins en France — que théorique et trop exclusivement politique. Le premier résultat de l'agitation née au congrès de Bourges aura été de faire entrer pour la première fois sérieusement la lutte dans le domaine des réalisations pratiques et de replacer le problème sur le terrain économique qui lui appartient, sans lui faire perdre les concours que les facteurs politiques peuvent lui apporter.

Il est certain que l'agitation syndicale pour les 8 heures aura été un puissant stimulant pour le parti socialiste dont l'avantage, dans toute société étatisée, est de traduire ou de faire traduire légalement et juridiquement les revendications ouvrières, mais dont le défaut est de s'ankyloser trop facilement en l'absence de toute poussée prolétarienne. La coïncidence, tellement curieuse qu'elle semble intelligente... de l'agitation politique pour les élections générales au mois de mai prochain, est certainement une coïncidence heureuse, qui va permettre au prolétariat de donner simultanément toute la mesure de sa double force économique et politique, en même temps qu'elle permettra de constater dans quelle mesure ces deux actions peuvent se servir ou s'influencer réciproquement.

Que restera-t-il, au mois de mai, après qu'aura été dissipée la fumée des batailles ? Toute affirmation prophétique serait présomptueuse.

Les nombreuses conférences que j'ai faites un peu partout, ces temps derniers, sur la journée de 8 heures, soit pour la Confédération générale du travail, soit pour d'autres organisations syndicales, m'amènent à croire que des résultats seront obtenus. Je ne m'illusionne pas sur l'enthousiasme que j'ai rencontré partout, et je ne cherche pas davantage à illusionner mes amis. Mais à voir l'ardeur qu'apportent au combat pour la réduction générale de la durée journalière du travail presque toutes les corporations, y compris celles qui paraissent les plus calmes — telle la Fédération du livre — on peut pronostiquer certainement que la durée moyenne du travail quotidien en France, sera diminuée dans un certain nombre de villes et un certain nombre de corporations.

Il est probable, il est même certain que la journée de 8 heures ne sera pas réalisée au lendemain même du 1er mai dans toute la France et pour tous les travailleurs. Trop d'obstacles s'opposent encore à la réalisation d'un si éclatant succès.

Du côté patronal, une résistance acharnée, secondée par la complaisance de toutes les forces politiques dont dispose toute la bourgeoisie, sera opposée aux efforts ouvriers et fera capituler les plus timides ou les plus besogneux de nos lutteurs.

Du côté ouvrier, une ignorance de la question encore trop grande chez bon nombre de travailleurs inorganisés, ou dévoyés, ou aveuglés par un égoïsme aussi grossier qu'inintelligent ; une organisation ouvrière encore insuffisante en hommes, en argent, en conscience et en énergie ; une indifférence voulue chez certains sceptiques ou résignés, tout cela est trop évident pour que nous puissions espérer un triomphe absolu, et bien coupable serait le militant qui, connaissant tous ces inconvénients, ne les dévoilerait pas sous prétexte de servir la cause des 8 heures en cachant la vérité.

Le courage de l'autruche n'est pas celui qui doit caractériser le militant. Quoi qu'on en dise, le militant ouvrier est un peu sur le terrain économique ce que le député est sur le terrain politique : un conducteur de peuple, un « berger », bon ou mauvais. Cette situation lui crée des devoirs et des responsabilités, et le courage doit être pour lui de savoir regarder les difficultés en face et de les faire connaître telles qu'elles sont au troupeau qu'il conduit.

N'espérons donc pas voir cette fois encore la journée de 8 heures se réaliser partout comme par enchantement.

Et puis, n'oublions pas qu'après tout la bataille prochaine sera en quelque sorte *la première* bataille sérieuse que le prolétariat livrera au patronat pour la conquête de la journée de 8 heures, et ce serait un bonheur inespéré que le prolétariat triomphât définitivement à la première bataille.

La bataille du 1er mai prochain sera moins « la lutte finale » que le début des hostilités, le premier acte de la guerre longue, acharnée, pénible, que le prolétariat a dès maintenant déclarée au patronat, non pas encore pour l'expropriation définitive, mais seulement pour la conquête de la journée de 8 heures.

Après le 1er mai, tous les travailleurs, les syndicats, les Bourses du travail, les Fédérations professionnelles, la Confédération générale du travail, devront continuer la lutte plus ardente que jamais, d'abord pour conserver les positions conquises, pour maintenir les réductions de travail à 8 ou à 9 heures obtenues de-ci de-là, et ensuite pour perfectionner en tous sens l'organisation ouvrière de combat en vue du triomphe le plus prochain et le plus complet de la journée de 8 heures.

Le propre de l'agitation actuelle aura été moins de faire obtenir la journée de 8 heures dans quelques semaines à tous les travailleurs, que de lancer le prolétariat dans la voie qui doit aboutir fatalement, dans un avenir plus ou moins rapproché, à la journée de 8 heures pour tous.

La lutte est commencée, il faut la poursuivre jusqu'au bout. La Confédération aura plus à faire après le 1er mai qu'avant. Elle devra, à mon sens, concentrer de plus en plus toutes ses forces sur cette unique question, car de la façon dont nous sommes maintenant engagés, du succès ou de l'échec de cette capitale réforme sociale dépend la vie même du syndicalisme en France.

Les travailleurs le comprendront, je l'espère. Ils connaissent toutes les causes et toutes les conséquences heureuses de la journée de 8 heures. Il n'est plus nécessaire de leur démontrer que les salaires ne risquent pas de diminuer avec cette journée. Ce qu'il faut maintenant, ce qu'il faudra après le 1er mai plus que jamais, c'est de la volonté, de la persévérance, de la ténacité dans l'action, de l'ordre et de la méthode dans la propagande.

Vous verrez si cette culture intensive d'une question qui ne peut plus être éludée, ne fera pas mûrir rapidement la réforme des 8 heures dans tous les rangs du prolétariat, dans toutes les couches de la société et dans l'esprit des plus réfractaires législateurs !

L. Niel.

SYNDICALISME ET ALCOOLISME [1]

III L'ALCOOLISME EST ANTISYNDICALISTE

Achevons, ai-je dit à la fin du précédent chapitre, achevons de tuer la légende d'après laquelle les méfaits de l'alcoolisme auraient été bien exagérés. Cette légende est déjà mortellement atteinte et, sauf chez les ignorants involontaires, — encore beaucoup trop nombreux, même dans les villes, — il ne se rencontre plus un homme de bonne foi pour

---

[1] Voir le numéro de février.

y croire. Aussi n'insisterai-je pas ; je me bornerai à un aperçu de quelques preuves-types, pour ainsi dire, — et terminerai en montrant, par les résultats d'enquêtes régionales faites par moi en mai 1903, puis d'août 1903 à janvier 1904, à quel point l'alcoolisme est ennemi redoutable de la propagande socialiste et notamment du syndicalisme.

Inutile d'insister, par exemple, sur les *faits désormais universellement reconnus :* que l'alcool ne réchauffe pas, mais refroidit (échauffement factice très passager, refroidissement prolongé et dangereux) ; que l'alcool ne donne pas des forces mais en ôte (surexcitation physique tout à fait passagère, dépression prolongée et affaiblissement durable) ; que les boissons alcooliques dites « fines (1) » ou hypocritement qualifiées de « pures » sont à peu près aussi nuisibles que les autres ; qu'à très peu près tous les alcools sont à mettre, comme poisons, sur le même plan. « On a introduit dans l'estomac de trois chiens pesant le même poids, chez l'un 5o grammes d'alcool éthylique à 5o degrés, extrait d'un vin de Roussillon authentique, — chez le second, même quantité de même alcool au même degré, mais extrait de betteraves, — chez le troisième même dose, mais avec alcool de grains de maïs. Les trois chiens ont présenté les phénomènes classiques de l'ivresse, lesquels ont duré seulement un peu plus chez les deux derniers que chez le chien injecté avec de l'alcool de vin ; et ils ont présenté tous trois les mêmes lésions organiques » (2).

Quant aux gens qui, du plus au moins, plaident en faveur de l'absinthe, ils sont tous, sans en excepter un seul, ignares, ou détraqués ou imbéciles ou impudents menteurs.

Voici la conclusion générale, sur les effets de l'absinthe : « Tels sont les *accidents* (physiologiques et autres) que provoque l'*absinthisme,* accidents bien autrement caractérisés et terribles que ceux de l'alcoolisme pur, si on peut employer pareil mot. Il faut bien, pour être ainsi convulsivante, pour qu'elle nous rende fous et épileptiques, que la « fée verte » ait des dessous cachés sous son mauvais alcool.

« Ces dessous, ce sont les essences, les pires poisons.

« Allez dans les hôpitaux, les asiles, les prisons et les bagnes, et vous serez fixés sur la valeur des alcools, des apéritifs, et de l'absinthe en particulier (3).

---

(1) La première partie de ce travail a paru dans le numéro de février. Par suite de fâcheuses circonstances personnelles je n'ai pu donner la fin en mars ; et voici que, par suite de la grève des imprimeurs, le présent numéro, avril, de la *Revue syndicaliste,* paraît seulement en août. Nous en adressons tous nos regrets aux lecteurs.

(2) D' PETIT : *Conférences sur l'alcoolisme,* 1901, Paris, Société d'éditions scientifiques, in-18 de XIX et 224 pages. — Voir p. 64-75, 208 211, 76.

(3) D' PETIT, *Ouvrage cité,* p. 104-105.

Revenons à l'alcoolisme en général, et relevons d'abord un fait curieux — et logique. On connaît l'influence fâcheuse du diabète sur les traumatismes : un furoncle chez le *diabétique*, se transforme en anthrax gangréneux ; telle fracture ne se consolide pas ; la moindre plaie est une porte ouverte à la mort. — Eh bien ! il en est de même de l'*alcoolique*, avec cette circonstance aggravante que les lésions susceptibles de mal tourner sont beaucoup plus nombreuses, pour lui » (1).

Budgétairement, le Dr Rochard a établi avec une approximation suffisante, pour en donner une exacte idée, *ce que l'alcoolisme coûte annuellement à la France.*

Prix de l'alcol consommé	90.981.800	Frais de traitement pour aliénation mentale	2.321.300
Journées de travail perdues	962.771.000	Suicides..........	3.170.000
Frais de traitement et de chômage .	70.842.000	Frais de répression pour criminels.	8.894.500

Total : *1 milliard* 138.980.600 francs (2)

En ce qui concerne l'influence sur le détraquement du cerveau, constatons que « de 1860 à 1898, le nombre total des *aliénés* a quadruplé parallèlement à la consommation progressive des alcools » (3).

Pour les *causes prédisposant à la tuberculose*, le Dr Lancereaux, sur 2.192 cas enquêtés, a dressé cette liste :

Alcoolisme, dans 1.229 cas ; — Misère, privation d'air, etc., dans 824 cas ; — Hérédité, dans 93 cas ; — Contagion, dans 46 cas (4).

Crimes et délits. — Résultats de plusieurs statistiques, proportion des alcooliques : Assassinat, meurtre, tentative de meurtre, incendie volontaire, 50 % des condamnés ; — Viol, attentat à la pudeur, excitation à la débauche, etc., 53,6 % ; — Vol, recel, escroquerie, etc,. 70 % ; — Rupture de ban, vagabondage, mendicité, 79,4 % ; — Coups et blessures, homicide volontaire, etc., 88,2 % (5).

Enfants d'alcooliques. — Rien de plus lugubre, de plus angoissant que ce sujet-là. Parmi les nombreuses études faites à cet égard, une des plus concluantes est celle du Dr Demme, médecin de l'hôpital des enfants, à Berne, étude double, portant sur la descendance de dix

---

(1) *Ouvrage cité*, p. 218.
(2) *Ouvrage cité*, p. 183.
(3) *Ouvrage cité*, p. 136.
(4) *Ouvrage cité*, p. 125.
(5) *Ouvrage cité*, p. 141.

familles dont le père et une partie des ancêtres étaient ou avaient été des buveurs, — et de dix autres familles dont l'ascendance avait été, sinon abstinente, du moins sobre. Voici le résultat de cette enquête comparative :

Enfants de familles sobres. — Sains, 50 sur 61 ; quant aux autres, 5 morts en bas-âge, 2 arriérés, 2 atteints de chorée (danse de St-Guy), 2 difformes.

Enfants de familles alcoolisées. — Sains, 9 sur 57 ; sur les 48 autres : 12 morts en bas-âge, 2 sourds-muets, 8 arriérés idiots, 13 épileptiques, 3 difformes, 5 nains, 5 ivrognes prématurés et atteints de chorée ou d'épilepsie (1).

Et maintenant je rapporterai ici quelques-uns de mes renseignements et commentaires personnels résultant d'enquêtes régionales.

Au Congrès de la Fédération socialiste de Bretagne, tenu à Rennes en novembre 1902, j'avais été et suis resté élu délégué spécial pour la propagande parmi les marins et pêcheurs de la côte armoricaine septentrionale et du nord-ouest. Au mois de mai suivant j'entrepris, à mon compte mais au nom de la dite Fédération, une enquête dans le Finistère, au point de vue moral, matériel, syndical et professionnel.

Je puis résumer maintenant comme suit mes impressions et mes notes d'enquête.

Pourquoi a-t-on tant de peine à fonder et surtout à faire vivre d'une vie véritable les syndicats de marins et de pêcheurs de notre Bretagne ? Et pourquoi ceux mêmes qui vivent et travaillent réellement n'ont-ils pas des adhérents en nombre beaucoup plus considérable ?

Certes, la formidable puissance des exploiteurs, — mareyeurs et usiniers, — est une des entraves les plus dangereuses pour l'action prolétarienne : leur pouvoir direct sur le pêcheur, leur richesse et son emploi patent ou secret, leur influence sociale, sont en leurs mains autant d'armes terribles.

Et ces exploiteurs ont pour alliés directs la puissance cléricale et l'école congréganiste, qui dépriment l'individu dès son enfance.

Ils ont aussi pour eux la quasi totalité des agents de l'administration de la marine (sauf parmi les syndics de gens de mer de nomination récente.)

Ils ont pour eux, presque toujours, des municipalités, des chambres de commerce, des magistrats, etc., tout à leur dévotion.

Mais la situation est la même ou équivalente en bien d'autres pays

______

(1) *Ouvrage cité*, p. 161.

de France et de l'étranger, et pourtant, en un certain nombre de ces pays existent beaucoup de syndicats puissants et qui ont lutté plus d'une fois avec succès contre les exploiteurs.

Pourquoi ces différences de succès ?

Parce que, — toutes choses égales ou équivalentes d'ailleurs, — le succès de la propagande socialiste et syndicaliste est d'autant plus pénible, précaire et peu fructueux, que l'alcoolisme est plus développé.

Or, en Bretagne, l'alcoolisme est des plus intensifs. La question a été traitée plusieurs fois, dans son ensemble ou dans ses détails ; les excellents articles publiés par M. Austin de Croze dans la *Revue blanche*, surtout, eurent un grand retentissement. Je renvoie donc aux travaux antérieurs ; mais je vais y ajouter quelques-unes des nombreuses preuves que j'ai recueillies au cours de mon enquête.

C'est surtout dans la partie occidentale de la Bretagne qu'est répandu l'alcoolisme, mais, en général, le maximum d'empoisonnement alcoolique est atteint chez les populations du littoral. Ainsi, à Concarneau même, la consommation annuelle d'alcool est supérieure d'un tiers à celle de l'ensemble de la circonscription de la régie, circonscription qui comprend des communes rurales en totalité ou en partie.

Du reste, là comme ailleurs, on boit davantage quand la pêche a été rémunératrice. Et si la pêche ne donne pas du tout, on boit presque autant, sous prétexte d'oublier la misère, car « on se console comme on peut » me disaient, dans un autre port du même littoral, deux des meilleurs syndiqués ! Jugez par là de la qualité du socialisme et du syndicalisme sur tout ce littoral.

Ce n'est pas à Concarneau que le mal sévit avec le plus d'intensité. Il y a été consommé par tête d'habitant, en 1902, environ 14 litres de trois-six. La même année, à Audierne, 20 litres 84, et à l'île de Sein 23 litres 80.

Et partout la consommation du vin s'est accrue ; et, dans les rares endroits où celle de l'alcool a beaucoup diminué depuis le surcroît d'impôt sur ce produit et le dégrèvement des boissons dites hygiéniques, coïncidant avec une récolte de vin surabondante, dans ces rares endroits (Camaret, par exemple), la consommation du vin a crû dans des proportion énormes ; on s'en est gorgé.

A Audierne, où en réalité l'on ne sert plus d'alcool qu'à 38 et même à 35 degrés, au lieu de 45 et 48, depuis le surcroît d'impôts, on « poivre » au moyen de drogues diverses. Mais quantité de consommateurs, peu satisfaits de ce liquide, se sont mis à boire de l'absinthe. Il en a été consommé, en 1902, dans cette ville de 5.000 habitants, au moins 4.400 litres.

Résultat de l'empoisonnement alcoolique : dégénérescence physiologique, caractérisée notamment par une abondance progressive de toutes les formes de la tuberculose, par une mortalité infantile (de zéro jour à 4 ans) dont j'ai relevé les chiffres là où j'ai eu le temps de le faire : à Douarnenez et à Concarneau : plus du tiers du total des décès.

L'alcoolisme est bien la plus grande cause, surtout la cause primordiale, de la dégénérescence, m'ont dit les médecins du littoral que j'ai consultés ; nous relevons, chez l'immense majorité des dégénérés, des tares congénitales et acquises.

Et j'ajoute : les autres causes, celles qui, par l'insuffisance de gain, existeraient sans l'alcoolisme : nourriture insuffisante et trop peu variée, exiguïté du logement, défaut d'hygiène personnelle et familiale, toutes ces causes agissent avec une intensité incomparablement plus forte que chez les prolétaires qui savent rester sobres.

La déchéance intellectuelle par l'alcoolisme est aussi un mal bien connu, et les divers instituteurs du littoral breton que j'ai consultés en constatent avec angoisse la puissance. Ici, me disait l'un d'eux, 33 % des élèves sont à jamais incapables d'obtenir le si modeste certificat d'études primaires. — Un peu plus, un peu moins, c'est partout même chose.

Qu'attendre, en effet, d'enfants qu'un médecin de Douarnenez (1) a pu qualifier d'un mot : « Pauvres enfants du samedi soir ! »

On sait également que là où augmente l'alcoolisme, augmente le nombre des cas de folie, diminue la moralité, s'accroissent la fréquence et la gravité des vices, augmente le nombre des délits et des crimes (découverts ou secrets). Il n'est pas nécessaire que j'insiste ni que j'apporte ici les preuves que m'ont fournies, en particulier, des médecins du littoral.

Dégénérescence physiologique, déchéance intellectuelle, déchéance morale, tout cela entraîne fatalement l'impuissance sociale. Ce n'est pas avec des alcooliques que l'on peut travailler efficacement à hâter l'avènement d'une société meilleure. Ces alcooliques continueront à fréquenter le cabaret bien plus que les salles de réunions syndicales, tandis que leurs femmes et leurs filles boiront chez l'épicier ou à la maison, ou bien dépenseront une partie très notable de l'argent du ménage, si péniblement acquis, chez le pâtissier ou à la roulotte du forain marchand de falbalas (ces deux genres de gaspillage sont de pratique courante, après les bonnes pêches, en tels ports sardiniers que je pourrais citer).

(1) Le Dr Mével, frère du médecin actuel de ce port, dans sa thèse sur *l'alcoolisme chez le marin breton* publiée en 1899 et où il prend comme sujets d'études les populations de Douarnenez, Audierne et Concarneau.

A ce qui précède, je pourrais ajouter un aperçu des conclusions semblables auxquelles m'amena l'étude du milieu des pêcheurs terreneuviers bretons (littoral d'Ille-et-Vilaine et partie orientale du littoral des Côtes-du-Nord). Ce milieu m'était déjà connu par la lecture de tous les travaux publiés sur les morutiers, quand j'y entrepris une campagne syndicaliste qui dura cinq mois sans interruption (du 19 août 1903 au 17 janvier 1904), trois mois de campagne préparatoire, deux mois de campagne de conférences (à mes frais, mais au nom de la Fédération nationale des syndicats maritimes).

Je trouvai là, en sus d'obstacles particuliers à ce milieu, les mêmes obstacles que dans le Finistère, les mêmes ennemis et, au fond, conférant, là aussi, à tous les obstacles, une force énorme, — l'alcool ; mais tous ces ennemis d'autant plus redoutables que celui-ci, l'alcool, règne là en maître *absolu* des corps et des âmes, annihile *absolument* toute velléité de tendance émancipatrice.

Aussi le syndicalisme, extrêmement difficile en Bretagne, en particulier sur les côtes finistériennes, est-il impossible sur la côte bretonne terreneuvière.

Décidément oui, et partout, — toutes choses égales d'ailleurs, les difficultés d'action socialiste et syndicaliste sont exactement proportionnelles à l'intensité de l'alcoolisme.

Et j'ajoute, complétant l'argumentation première de mon premier article :

Mes études et observations personnelles contribuent à prouver ce que savent la plupart des militants socialistes.

Ceux des vrais militants bourgeois de l'anti-alcoolisme qui n'ont pas une arrière-pensée anti-socialiste sont une poignée au sein de notre *société bourgeoise*, laquelle *ne tient pas du tout à supprimer l'alcoolisme.*

Elle a intérêt à le diminuer, l'alcoolisme intensif restreignant la natalité, fournissant quantité de non-valeurs, c'est-à-dire raréfiant la main-d'œuvre et accroissant les dépenses de la collectivité.

Mais elle n'a pas intérêt, certes, il s'en faut, à supprimer l'alcoolisme, précieux auxiliaire pour maintenir l'état social actuel au moyen de la dépression physiologique, intellectuelle et morale de l'être humain.

C'est qu'en effet, « l'abus *ou l'usage continu* de l'alcool, voilà exactement en quoi consiste l'alcoolisme. » (1) *Avec seulement deux ou trois consommations alcooliques par jour, avec une seule si c'est de l'absinthe, on est en peu d'années un alcoolisé bien atteint.*

---

(1) D' PETIT, *Ouvrage cité*, p. 36.

Presque tous les exploiteurs du prolétariat le nient, comme presque tous les autres hommes ; mais, comme presque tous les autres hommes, ils savent ou tout au moins ils sentent qu'ils nient une vérité, — et ils comptent sur l'alcoolisme pour contribuer à maintenir leur domination.

Or, *l'empoisonnement alcoolique*, même non intensif, est d'autant plus dangereux *pour le prolétaire* qu'il n'a pas, lui, les ressources nécessaires pour en diminuer les effets au moyen d'une constante méthode d'hygiène corporelle, d'hygiène d'habitation, d'une nourriture fortifiante, de séjour annuel à la mer, à la montagne, etc., au besoin dans un sanatorium.

Ayons donc toujours à l'esprit le mot de Vandervelde : « **Une population imprégnée d'alcool ne peut pas être imprégnée de socialisme.** »

Faisons donc nous-mêmes socialistes, notre campagne anti-alcoolique, faisons-la seuls, comme nos autres affaires, mais organisons-la solidement et menons-la vigoureusement, sans trêve, jusqu'à complète victoire.

IV. LE SOCIALISME CONTRE L'ALCOOLISME

Pour l'honneur de notre Parti, il se trouve souvent, un peu partout en France, des militants qui font la guerre à l'alcoolisme.

Sans sortir de Bretagne et pour me borner à la dernière période d'élections législatives 1902, on a pu constater que les trois candidats socialistes ont protesté ouvertement, en pleine période électorale, contre le rôle de l'alcool dans les élections ; c'étaient le camarade Charles Bougot, à Rennes, — le président de la Fédération socialiste de Bretagne, Charles Brunellière, à Nantes, — le Dr Boyer, à St-Brieuc ; et pourtant le dernier était en situation de fortune à pouvoir, s'il l'avait voulu, faire distribuer à boire aux électeurs, sans recourir aux fonds d'un comité électoral.

Mais l'action socialiste anti-alcoolique est restée jusqu'à présent entièrement inorganisée, ridiculement insuffisante à tous égards. — Il faudrait un *minimum* d'action à peu près comme suit :

A. EXEMPLE PERSONNEL ET COLLECTIF. — Dans notre propagande, dit Vandervelde, nous devons donner l'exemple; « ceux qui adhèrent à notre *Ligue socialiste anti-alcoolique*, dont la devise est : Contre l'alcool et par le Livre, doivent prendre le triple engagement : de faire partie de leur syndicat ou d'une autre organisation socialiste, de lire tous les jours un journal du parti et de *s'abstenir d'une manière absolue* de toute boisson alcoolique.

« Et si vous venez un jour dans nos *coopératives* et dans nos *Maisons du Peuple* de Belgique, vous constaterez que la *vente de l'alcool* y est *rigoureusement interdite.* »

B. MESURES LÉGISLATIVES. — Refuser absolument de voter pour des candidats, députés ou sénateurs, qui ne s'engageraient pas à réclamer formellement :

1° La suppression totale du privilège des bouilleurs de crû.

2° La réduction progressive, considérable, par voie d'extinction naturelle. du nombre des cafés et cabarets ou bars ; à mesure que les tenanciers de ces établissements mourraient, ou feraient faillite, ou se retireraient pour une autre cause, les établissements seraient fermés à jamais. avec interdiction de les remplacer par d'autres situés ailleurs sur le territoire communal.

3° Interdiction à tout employeur ou négociant quelconques de distribuer, faire distribuer ou laisser distribuer à tout ouvrier, employé, salarié quelconque ou pêcheur, des eaux-de-vie, liqueurs, vins alcoolisés, soit comme partie du salaire ou du paiement. soit comme gratification. soit autrement. — Mesure qui atteindrait si justement, entre autres personnes, les armateurs morutiers et bien des mareyeurs et usiniers du littoral.

4° Interdiction d'emporter de l'alcool à bord de n'importe quel bâtiment de mer de tout tonnage, sauf la minime quantité qui peut être nécessaire dans le coffre à médicaments.

Mais dira-t-on, les candidats qui formuleraient un tel programme, risqueraient fort, en bien des endroits, de n'être pas élus.

D'accord ; mais une défaite honorable vaut mieux qu'un triomphe acheté par le dédain d'un grand principe moral ; c'est ce que pensait et disait, par exemple. Jaurès, en 1898, pendant l'Affaire.

Et j'ajoute : Ces défaites-là préparent les revanches futures et le succès définitif, tandis que ces triomphes-ci préparent les futures déroutes et la Débâcle finale.

Au Parti socialiste de choisir entre la méthode de haute morale sociale et le système de politiciens jouisseurs ou aveuglés.

Il est grand temps de faire ce choix et d'agir en conséquence dès à présent.

Si le Parti socialiste choisissait mal ou point du tout ou seulement en paroles. il ne saurait prétendre encore à réformer la Société et devrait céder la place à quelque organisme plus vigoureux. plus sincère — et plus habile — pour la transformation sociale.

Mais cela ne sera pas ; il y a, par bonheur, dans notre syndicalisme surtout, assez de hauteur de vues, d'intelligence pratique, d'énergie persévérante, pour aiguiller le socialisme sur la bonne voie et l'y maintenir.

Léon VIGNOLS,
Délégué de la Fédération nationale des Syndicats maritimes.

LE MOUVEMENT EN FRANCE

La catastrophe de Courrières et la grève des mineurs

A l'heure où nous écrivons, la grève des mineurs qui, depuis des semaines, retient l'attention, n'est pas encore terminée. Nous ne pouvons attendre encore, cependant, pour parler de l'épouvantable catastrophe qui en a été l'origine, ni des événements importants qui en ont signalé les débuts. Nous tenterons d'exposer les faits avec précision ; et nous exposerons franchement notre opinion, au risque de mécontenter beaucoup d'amis ou de camarades. Peu de grèves, en effet, nous semblent avoir été aussi fécondes en enseignements syndicaux que les présentes grèves minières.

C'est le 10 mars, au matin, qu'une explosion violente s'est produite dans la fosse 3 des mines de Courrières, explosion, dont les effets s'étendant aux fosses 2 et 4, ont amené la mort de 1100 mineurs.

Des hommes étaient-ils responsables de cette épouvantable catastrophe ? Ou se trouvait-on en présence d'un cataclysme naturel impossible à prévoir, impossible à empêcher ? C'est la question qui immédiatement se posa devant l'opinion publique émue.

Les socialistes, les syndiqués surtout, qui ne conçoivent pas seulement la lutte de classe d'une manière théorique, abstraite, mais qui la vivent au jour le jour, à l'usine, à l'atelier, spontanément conçurent des soupçons sur l'esprit de prévoyance et d'*humanité*, au sens vrai du mot, qui pouvait inspirer les capitalistes et les ingénieurs. La cupidité, l'âpreté aux profits, aux dividendes des actionnaires de Courrières, l'obéissance servile de ceux à qui ils donnent mission de faire rendre à la mine, aux mineurs, le plus possible, n'étaient-elles point à l'origine de cet effroyable massacre ouvrier ? Une fois encore, la pensée socialiste, issue des faits, s'est trouvée vérifiée par les faits.

D'une part, il est avéré que la Compagnie de Courrières a fait de 1897 à 1904, 74 millions de bénéfices, sur lesquels 41 millions ont été distribués en dividendes aux actionnaires. La Compagnie de Courrières s'était constituée en 1852, sous forme de Société civile. Son capital avait été fixé à 6 millions, divisé en 2.000 actions de 3.000 fr. *sur lesquelles il ne fut versé que 300 fr.* Le 1er janvier 1897, la Société civile fut transformée en Société anonyme et les 2.000 actions anciennes échangées contre 60.000 actions nouvelles, d'une valeur nominale de 100 fr. *« De 1882 à 1904 — soit en 23 ans — l'action primitive sur laquelle il a été versé 3oo fr. seulement, aurait reçu 45.3oo fr. de dividende et vaudrait aujourd'hui 87.ooo fr. puisque l'action actuelle qui en est la trentième partie, cote actuellement 2.9oo fr.* » (1). D'après le même raisonnement, un versement de 10 fr. a rapporté en 1900, 125 fr. ; en 1901, 110 fr. ; en 1902, 100 fr. ; en 1903, 100 fr. ; en 1904, 100 fr. ; en 1905, 104 fr.

Or, dans quelle mesure cette richissime Compagnie s'est-elle souciée de la vie de ses ouvriers ? — Des faits sont là, ils donnent aux chiffres un terrible écho.

La Compagnie de Courrières, s'il faut en croire des statistiques d'exposition, était des fosses françaises celle où l'on avait relevé le plus petit nombre d'accidents pendant les dernières années. Il faut croire que la dite Compagnie avait eu simplement de la chance. Les fosses qu'elle exploitait étaient peu grisouteuses.

Mais — cet hommage rendu à la vérité statistique, — il faut préciser d'autres points. Depuis février, les rapports du délégué mineur Simon, dit Rick, signalaient le mauvais état de l'aération des fosses. « On manque d'air, on suffoque » telles sont les phrases qui constamment reviennent.

En second lieu, l'incendie qui avait éclaté le 5 mars et qui apparaît comme la cause originelle de la catastrophe. — soit qu'il ait déterminé une accumulation de gaz d'éclairage dans les galeries non remblayées, soit qu'il ait provoqué l'inflammation des poussières en suspension dans les galeries, — cet incendie inquiétait les mineurs. Quelques-uns n'étaient pas descendus le samedi matin, craignant le malheur.

Enfin, il résulte d'un interview de M. Lavaurs (2) que la question d'interrompre le travail fut au moins agitée au Conseil des ingénieurs ; mais on passa outre. Les ingénieurs estimèrent qu'il n'y avait point de danger. Cette appréciation a coûté la vie à 1.200 hommes.

Il faut être juste. Il faut rappeler ici encore que les mines de Courrières étaient peu grisouteuses ; il faut rappeler qu'au contraire des mines de la Loire, les incendies sont relativement peu fréquents dans les concessions du Pas-de-Calais et que l'absence d'inquiétude a pu conduire à quelque négligence.

Accordons encore que si les mines de Courrières ne disposaient point des moyens de sauvetage, dont disposaient les mines allemandes, c'est qu'elles n'en sentaient pas comme, celles-là un besoin immédiat quotidien.

Il est un autre point encore, sur lequel il faut attirer l'attention de

<hr>

(1) Extrait du journal financier : *L'Information*, du 2 avril 1906.
(2) Dans le journal le *Temps* du 13 avril.

nos camarades. Il se peut que par leur appréhension du malheur, par leurs idées sur l'organisation du sauvetage, Simon, le délégué mineur de la fosse 3, Vincent et beaucoup d'autres mineurs expérimentés aient eu raison contre les ingénieurs. Mais on ne peut poser en principe que la connaissance empirique, que l'expérience des phénomènes miniers que peuvent avoir les ouvriers doit prévaloir sur la connaissance scientifique des techniciens, des ingénieurs. Beaucoup de nos camarades ont une propension à accepter cette idée : cette idée est fausse.

Mais ce qu'il faut affirmer avec nos moins de force, c'est que si les ingénieurs, si les hommes compétents, si les techniciens négligent une seule affirmation des ouvriers, des hommes expérimentés, c'est-à-dire s'ils laissent de côté un élément seul d'information, ils commettent une grave erreur de méthode ; et si cette erreur de méthode peut entraîner le sacrifice d'une seule vie humaine, ils commettent un crime.

Et c'est encore un crime que commet une Compagnie minière, lorsque, dans sa soif ardente de profits, elle ne fait aucune dépense pour protéger la santé, la vie de ses ouvriers, lorsqu'elle ne va point jusqu'aux précautions inutiles. Il est inhumain, il est monstrueux que la question de la suspension du travail ait pu seulement se poser dans une réunion d'ingénieurs, et que dans une telle Compagnie comme celle de Courrières, cette décision qui assurait la vie des ouvriers n'ait point été celle qui fut choisie.

Or, ce que nous disons de la catastrophe, nous pouvons le répéter des travaux de sauvetage. Alors que les ingénieurs affirmaient qu'il n'y avait, qu'il ne pouvait plus y avoir de survivants dans les trois fosses atteintes, le 30 mars, après vingt jours, treize mineurs vivants arrivent de la fosse n° 3. Le 4 avril, après vingt-cinq jours, un autre mineur, Berthon, est remonté, à la fosse n° 4.

Encore une fois, les ingénieurs avaient-ils pris toutes les mesures que commandait la situation, je veux dire l'obligation de sauver le plus de mineurs possible ? L'opinion publique en est tellement émue que le gouvernement a prescrit une enquête. Malgré ses sentiments de camaraderie, la majorité de la commission d'enquête a dû reconnaître que la catastrophe avait trouvé les ingénieurs de Courrières « désemparés. » Mais la minorité ouvrière de la commission, composée des deux délégués mineurs Cordier et Evrard-Bernard, a établi que les travaux ont été mal conduits, conduits « pour sauver le puits » mais non les mineurs.

Il ne nous appartient pas ici de discuter les résultats de ces diverses enquêtes. Ce que nous avons rappelé suffit pour permettre quelques conclusions. Actuellement, immédiatement, les pouvoirs et l'autorité des délégués mineurs, qui jouent dans les mines le rôle actif du syndicat dans les autres industries, doivent être accrus. Mais il n'appartient pas à la loi, il appartient dans une large mesure, à l'action syndicale, de transformer la mentalité néfaste des ingénieurs, qui, traitant les hommes en machines, machines extractives de charbon, se refusent à tenir compte de leurs avis, de leurs besoins, de leur vie. Il y a cependant des juges en France, et l'homicide par imprudence est prévu dans notre Code. Par-delà les ingénieurs cependant, par-delà ces personnes interposées, il faut atteindre les vrais responsables, les actionnaires, les capitalistes. Et ici, la responsabilité remonte au régime plus qu'aux hommes. Ce n'aura pas été la conséquence la moins sérieuse de l'effroyable catastrophe que d'avoir fait éclater une fois aux yeux de la foule indifférente toute la valeur de cet enseignement socialiste. Le vote unanime par lequel la Chambre, le 3 avril, menaça de déchéance la Compagnie de Courrières, — quelque platonique qu'il reste, — est caractéristique : en face du forfait capitaliste, indéniable cette fois, la solution socialiste s'est imposée à tous.

*
* *

Le 13 mars, le jour des obsèques des 25 victimes remontées, un vent de révolte passa sur le bassin minier. Chacun sentit que le lendemain, il y aurait grève. Grève inaccoutumée : les grèves anciennes partaient de Dorignies, du Nord : celle-ci partit du voisinage de Courrières, de Dourges, d'Hénin-Liétard. Les grèves anciennes éclataient en octobre, lorsque les Compagnies voient leurs stocks rapidement s'épuiser, lorsque les mineurs, au début de l'hiver, ont leurs provisions de charbon et de pommes de terre, celle-ci éclatait au printemps. Les mineurs allaient voir pousser les feuilles ! Cette grève spontanée, ce vaste mouvement de protestation entraîna tout le prolétariat minier. En quelques jours, le chômage fut complet dans les trois bassins du Pas-de-Calais, d'Anzin et du Nord. Seule, à l'extrémité du bassin du Pas-de-Calais, la Compagnie de Bruay put continuer le travail.

Les mineurs organisés prévoyaient un mouvement prochain. Les prix de vente augmentaient : les ouvriers voulaient un relèvement des salaires. Un Congrès devait avoir lieu le 8 avril. Il fut avancé, convoqué pour le 14 mars. Au mouvement de protestation du prolétariat minier, les syndiqués allaient donner un objet : la grève spontanée devenait la grève syndicale.

Mais, immédiatement, sur ce sujet des revendications, un dissentiment éclata. Il y a, on le sait, depuis quelques années, en face du vieux syndicat dont le président est Basly, dont le secrétaire général est

Lamendin, une autre organisation syndicale : la Fédération syndicale, adhérente à l'Union fédérale des ouvriers mineurs, adhérente par elle à la C. G. T. Le Vieux Syndicat avait ses revendications : la jeune Fédération avait les siennes : huit heures, huit francs. Hardiment, et profitant de l'ardeur des premiers jours de grève, elle tenta de prendre la tête du mouvement en rendant populaire la formule des huit heures ! huit francs ! Les patrons refusèrent de discuter avec elle ; l'arrestation de Broutchoux, son militant le plus actif, au cours d'une manifestation, entrava sa propagande ; elle se rallia, pour la lutte, aux propositions du Vieux Syndicat (1).

Ce sont ces propositions qui ont servi de base aux négociations avec les représentants des Compagnies. Les ouvriers demandaient que le salaire de base fût identifié dans toutes les Compagnies à 4 fr. 80 (à Courrières, il n'était que de 4 fr. 38), — que la prime actuelle de 30 % fût incorporée dans le salaire de base, ce qui aurait mis le salaire de base à 6 fr. 24, — qu'une prime nouvelle de 15 % fût ajoutée, ce qui aurait donné, comme journée moyenne des ouvriers piqueurs, 7 fr. 18. Les ouvriers demandaient en outre que le salaire de début des galibots (apprentis) fût fixé à 1 fr. 65, plus les 15 % de primes, et que l'augmentation fût étendue aux ouvriers du jour. Ils demandaient encore que les tâches ne fussent plus réparties par les porions, et qu'un moyen de contrôle des salaires fût institué. Ils demandaient enfin que les veuves et les orphelins fussent maintenus dans les corons. A la suite d'un mouvement d'opinion assez vif, ces revendications furent modifiées : 6 fr. 24 fut demandé non plus comme salaire de base, mais comme salaire minimum.

Dans une entrevue, qui eut lieu à Paris, le 18 mars, les Compagnies offrirent une augmentation des primes de 10 % pour les ouvriers du fond, de 5 % pour les ouvriers du jour ; — 1 fr. 25 comme salaire de base des galibots ; — et la prorogation jusqu'en 1908 des majorations de pensions accordées par les conventions d'Arras.

Les ouvriers n'acceptèrent pas ces propositions. A la suite d'une intervention de M. Sarrien, les Compagnies accordèrent l'incorporation dans le salaire de base de 20 % de la prime actuelle, plus une prime de 17 % à ce nouveau salaire de base. Dans une réunion tenue à Paris le 14 avril, les ouvriers n'ont pu obtenir en outre l'institution d'un moyen de contrôle des salaire... La grève va donc continuer (15 avril).

---

(1) Encore une fois, nous ne pouvons ici entrer dans le détail des événements. On en trouvera un premier exposé suffisamment objectif et assez impartial fait par P. G. La Chesnais dans le n° 275 de *Pages Libres* (7 avril 1906). L'article de La Chesnais débute par un historique des organisations syndicales minières et des divisions qui entravent leur action.

***

C'est dans notre numéro de mai seulement que nous pourrons, sans doute, en indiquer l'issue. Mais, dès maintenant, elle nous semble avoir été féconde en enseignements syndicaux. Et ce sont ces enseignements que nous voudrions dégager.

Nous avons parlé rapidement de la division syndicale qui s'est manifestée au début de la grève et qui, un jour ou l'autre, renaîtra. Le Vieux Syndicat l'a emporté dans la lutte d'influence engagée par lui et la jeune Fédération dans les masses minières. Il est de fait qu'au début de la grève, dans la surexcitation des premiers jours, là où la jeune Fédération porta son effort de propagande, il y eut parmi les mineurs un moment d'indécision, de flottement. La formule « huit heures ! huit francs ! » parut un moment devoir entraîner les foules. L'idée de l'unité minière, de l'union des forces prolétariennes dans la Confédération générale du Travail exerça aussi quelque influence. On put croire un moment lors d'un voyage de Bouveri à Lens que des négociations allaient pouvoir être engagées entre les deux syndicats. Elles échouèrent, à la suite d'une manifestation intempestive de la jeune Fédération.

Mais il est certain que le Vieux Syndical était hostile à l'entente, et qu'il n'acceptait l'idée même des négociations, qu'en vertu des principes généraux d'unité minière, d'unité prolétarienne. Et c'est de ce point de vue seulement qu'on peut regretter que l'unité nécessaire ne soit pas faite : elle eût été plus facile, peut-être, dans une heure de lutte que plus tard. Les conditions eussent été moins rudes. Il est non moins certain cependant, — et c'est ce que n'ont pas vu quelques camarades très férus d'unité, — que de toutes manières, si l'unité eût abouti, le Vieux Syndicat eût fait un marché de dupe. Soit qu'on prît pour principe la représentation égale des deux organisations au sein d'un comité de grève, soit qu'on acceptât l'idée d'une représentation proportionnelle au nombre des cotisants, le Vieux Syndicat n'obtenait pas une influence correspondante à son autorité et à sa puissance dans le bassin minier. Le nombre des cotisants de cette célèbre et active organisation est, chacun le sait, dérisoire. Et cependant, son action, aujourd'hui reconnue par le patronat lui-même, est considérable.

A quoi tient cette anomalie ? Il faut le dire hardiment, franchement.

On a souvent reproché au Vieux Syndicat du Pas-de-Calais d'être un tremplin pour des hommes politiques, d'être un groupement politique. Dans quelle mesure ce reproche est-il fondé ? Je n'ai pas le loisir de l'examiner ici. J'ai eu l'impression, dans ces jours de grève, que la vie du syndicat n'était pas uniquement politique, qu'il y avait dans les

Congrès qui se sont succédé si fréquents à la mairie de Lens, en cette fin de mars, des militants animés du plus pur esprit syndical. Et un militant des syndicats allemands qui se trouvait là a éprouvé la même impression. Mais ce qu'il faut dire, ce qu'il faut dénoncer, c'est que le Vieux Syndicat procède exactement *comme un groupement politique, avec les méthodes d'un groupement politique.* Comme le groupement politique, somnolent pendant quatre ans, se réveille soudain et vit d'une vie intense, pendant les périodes électorales, — de même le Vieux Syndicat se réveille désormais de quatre ans en quatre ans, à peu près, et vit d'une vie intense, en cas de grève. Et cette vie, elle consiste tout entière dans un mouvement d'opinion, dans des mouvements d'enthousiasme admirables, auxquels succèdent hélas ! trop rapidement des temps de découragement. Le Vieux Syndicat est à la merci d'un mouvement d'opinion.

Qu'on y prenne garde. *Les difficultés avec lesquelles actuellement le Vieux Syndicat se trouve aux prises, elles sont celles que connaîtront après vingt ans, après trente ans, toutes les organisations qui s'obstinent à vivre de propagande et de basses cotisations.* On veut chasser la politique des syndicats. Oui, j'en suis, s'il ne s'agit pas de substituer une politique syndicaliste à la politique parlementaire ; j'en suis s'il s'agit d'exclure des syndicats les *méthodes politiques.* L'action syndicale ne peut procéder par à coups ; elle est une action organique, une action quotidienne, une action de tous les instants.

Le Vieux Syndicat a un passé de travail qu'il ne peut laisser s'effacer ; il a formé des hommes, il a réuni des forces qu'il ne peut laisser gaspiller. C'est pourtant ce qui arrivera s'il ne s'attache délibérément à la besogne d'organisation, s'il n'établit des services de mutualité, si, en un mot, il ne crée pas une vie syndicale, de tous les jours, s'il ne fait pas l'éducation syndicale de *tous* les ouvriers qu'il compte dans ses rangs, aux jours de grève. Ceux de ses militants qui voient juste et loin l'ont bien compris. Et je n'en veux pour preuve que les applaudissements unanimes qui, à Lens, le 20 mars, accueillaient l'appel à l'*organisation,* du camarade allemand Georg Wissmann. Oui, le salut est là, pour la vieille et fameuse organisation. « La maison était en pisé, il faut la construire en moellons, » me disait un camarade. Je ne doute pas que les camarades ne s'attellent à cette besogne ; et ce faisant, ils auront travaillé pour une unité ouvrière solide, durable (1).   A. T.

---

(1) Ajoutons que ce jour-là, on n'aura plus besoin de recourir à des modes d'action anti-syndicaux, au premier chef, comme le referendum, organisé entre tous les ouvriers du bassin, syndiqués ou non. De tels referendums sont peut-être des moyens commodes de se tirer d'une situation, où on voit peu clair. Leur systématisation aboutirait à la négative de toute action syndicale.

LE MOUVEMENT A L'ÉTRANGER

UNE STATISTIQUE DU MOUVEMENT SYNDICAL ANGLAIS

Les renseignements que les Trade-Unions fournissent officiellement chaque année sur le nombre de leurs membres, sur leur budget, leurs recettes, leurs dépenses, leurs réserves, permettent à l'Office du travail anglais de nous donner une statistique du mouvement syndical en Grande-Bretagne, telle que nos camarades allemands ont su par eux-mêmes en établir une et telle que ni l'État, ni les syndicats n'en ont encore dressée une seule chez nous. Rien n'est plus rébarbatif, au premier aspect, que ces masses de chiffres entassés en denses colonnes, mais rien, à condition qu'on sache les lire, ne donne une connaissance plus précise et plus sûre des directions, des forces et des résultats d'un mouvement. Le volume qui vient d'être publié (1) contient les statistiques détaillées pour les années 1902, 1903 et 1904 et des résumés comparatifs pour la période des dix dernières années 1895-1904.

Le nombre total des syndiqués anglais, qui croissait fortement et régulièrement de 1895 à 1900 (il passait de 1.415.000 membres, en chiffres ronds à 1.940.000 en 1901) est stationnaire et même en recul depuis cette dernière date jusqu'en 1904 (1.866.000 en 1904) : pareil arrêt s'est déjà rencontré dans les années de dépression industrielle comme ont été les années 1902-1903, et il ne saurait donner d'inquiétude sur le développement ultérieur des Trade-Unions, qui sans doute reprendra de nouveau avec la reprise de l'activité industrielle elle-même. Mais il n'est pas sans intérêt de regarder si cet arrêt se produit pour tous les syndicats de la même façon : les chiffres montrent, au contraire, très nettement que les syndicats qui perdent le plus, ce sont les syndicats les plus faibles, ce sont les syndicats de manœuvres, d'ouvriers non qualifiés (qui, de 1901 à 1904, perdent 15 %, 17 % et jusqu'à un tiers de leurs membres), au lieu que les syndicats d'ouvriers de métier, les syndicats à haute cotisation, qui ont des services de maladie, secours funéraires, retraites, perdent en ces mêmes années très peu de membres (5 à 6 %) et même pour quelques-uns en gagnent encore (ainsi les charpentiers, ainsi les ouvriers du livre); le groupe du textile maintient son chiffre, le groupe des métallurgistes et mécaniciens perdent à peine 6.000 membres sur près de 350.000. Enfin un fait intéressant à noter est le développement, en ces années 1902-1904, des syndicats d'employés de l'État ou d'administrations publiques qui augmentent le nombre de leurs membres de 23 % (62.000 mem-

---

(1) *Report on Trade-Unions in 1902-1904*, with comparative statistics for 1895-1904 (Board of trade, Labour department. Londres, Stationery office, 1906, LXXX-196 p. in-8°, 1 shell. 2 p. (1 fr. 45).

bres fin 1904), et des syndicats d'employés de commerce qui l'augmentent
de 60 °/₀ (30.000 membres à fin 1904). — Mais si l'on compare 1904 à 1905,
il reste encore (malgré ces diminutions) une forte augmentation dans tous les
grands groupes, notamment dans le groupe du bâtiment, des métaux et
mécanique, des transports, et spécialement dans celui des mines (il y a diminution nette seulement dans le groupe du vêtement).

Des détails sur le budget, les recettes, les dépenses nous sont donnés pour
les cent principales unions, qui groupent plus de 1.100.000 syndiqués sur les
1.900.000 existant, et qui dans les années 1896-1904 ont absorbé 46 unions
plus petites, ce qui montre bien la tendance à la concentration des forces
syndicales anglaises. Les recettes de ces cent principaux syndicats ont
dépassé *50 millions de francs* dans chacune des années 1902-1904 ; les
dépenses ont varié et sont allées augmentant, de 41 millions environ en 1902
à un peu plus de 50 millions en 1904 ; les fonds de réserve ont néanmoins
augmenté de 13 millions en ces trois ans, et ils s'élevaient en fin 1904 au total
de 115 millions (en chiffres ronds).

La presque totalité de ces recettes provient des cotisations, qui pour
l'ensemble de ces cent unions ressortent pour chaque membre, dans la
période 1895-1905, à 38 ou 40 francs par an : mais, d'un groupe à un autre dans
l'intérieur de cet ensemble, le taux des cotisations est fort différent, comme
l'indique la différence des moyennes de recettes par membres: de 26 fr. environ dans le groupe des transports, ce chiffre de recettes moyennes par membre
et par an passe à 28 francs dans celui des mines, 40 francs dans celui du
textile, 46 francs dans celui des mines, et *78 francs* dans le groupe des
métaux et de la mécanique (abstraction faite des années de la grande grève
des mécaniciens : en tenant compte des levées de 1897 à 1898, on aurait dans
ce groupe une moyenne de plus de 81 francs).

Quant aux dépenses, toujours de ces cent principales unions, nous voyons
qu'en moyenne, pour la période 1895-1904, elles s'élèvent par an à 37 francs
par membre. Sur 100 francs de dépenses faites en ces dix années, nous trouvons que les dépenses de grève représentent 14.6 °/₀, les dépenses d'administration et dépenses diverses 21.5 °/₀ et que tout le reste soit 63,9 °/₀ est
employé aux différents secours assurés à leurs membres par tous ou par un
certain nombre de ces syndicats : secours de chômage pour 22.5 °/₀, maladie
et accident pour 18,9 °/₀, retraites pour 11.6 °/₀, frais funéraires et divers 10,9 °/₀.
Si nous additionnons ces trois derniers, qui correspondent à ce que nous
pouvons appeler le *service mutualiste* de ces syndicats, et si nous additionnons, d'autre part, les dépenses de grève et les secours de chômage qui
correspondent à ce que nous pouvons appeler le *service de lutte*, nous trouvons que le service mutualiste prend 41,4 °/₀ et le service de lutte 37,1 °/₀ des
dépenses totales de ces syndicats. *En gros, nous pouvons donc dire que de
leurs dépenses ces syndicats font cinq parts: une part* est absorbée par les
frais d'administration et frais divers, *deux parts* vont au service mutualiste,
qui tient les membres groupés et solidaires, *deux parts* vont à la lutte, qui est
la raison d'être essentielle du syndicat.

Ces proportions il n'est pas besoin de le dire, ne sont que des moyennes ; elles varient d'une année à l'autre ; elles sont différentes aussi entre tel et tel syndicat, ou tel ou tel groupe ; et même, toutes ces catégories de dépenses n'existent pas dans chacun des syndicats réunis sous cet ensemble : ainsi, sur ces 100 syndicats, 40 seulement (qui, par le nombre des membres, représentent 49 % du total) ont un service de retraites, 73 (comptant 73 % du nombre des membres) ont des secours de maladie ou d'accident, sous des formes diverses. Mais nous ne pouvons entrer ici dans ce détail. Notons seulement quelques données importantes sur les dépenses de grève et les secours de chômage. En 1904, 80 de ces unions (comptant 90 % des membres) ont eu à payer des secours de grève. Mais ce sont surtout les secours de chômage qui ont pris en ces années un développement considérable en raison même de la dépression industrielle : en 1904, 81 de ces 100 unions (représentant 84 % des membres) ont payé, sous une forme ou sous une autre, des indemnités de chômage pour plus de *seize millions de francs* ; la grande union des charpentiers (Amalgamated society of carpenters and joiners) a dépensé en 1904 par membre cotisant (il ne faut pas confondre par membre secouru) 32 fr. environ, et parmi les grandes unions des métiers, celle des mécaniciens a dépensé en 1904, 31 fr. 35, et celle des fondeurs en fer (d'Angleterre) a dépensé jusqu'à 57 *francs*, par tête de cotisant, pour cette lutte contre le chômage.

Pourtant toutes ces dépenses n'empêchent pas, avons l'avons déjà noté, les fonds de réserve de s'accroître en de notables proportions. Pour nos principales unions, ces fonds de réserve qui représentaient en 1895, 47 francs environ par tête de syndiqué, représentaient en 1905, 102 francs par tête, soit plus du double. Pour les vingt unions qui possédaient déjà en 1895 au moins un *million et quart* de réserve chacune (certaine, comme l'Union des mécaniciens, possédant une réserve de cinq millions), ces réserves, au total, se sont élevées de 44 millions en 1895, à plus de 90 millions en 1905 (l'Union des mécaniciens a pour son compte, en 1905, plus de quinze millions de réserve). De cette fortune, les unions font, pour une part, des placements, surtout en fonds publics, mais se réservent à disposition, en banque ou en espèces, une très forte part (les deux cinquièmes environ) ; c'est là un signe remarquable de la destination de ces fonds : ils ne sont pas amassés pour le lucre et l'enrichissement, mais pour une lutte toujours possible, toujours menaçante, et les ouvriers organisés, qui les ont prélevés sur leur gain de chaque jour, se soucient moins de leur faire produire des intérêts et d'en tirer des revenus que de les avoir toujours prêts, à leur disposition, facilement réalisables.

On voit tout ce que quelques chiffres peuvent comporter d'enseignement. Pour l'en retirer il faudrait reprendre et suivre toute l'histoire, tout le développement de ce grand mouvement syndical : nous ne pouvons songer à le faire ici, nous renverrons seulement à la brochure de Fagnot, que nos camarades connaissent déjà et dont une nouvelle édition va bientôt commenter ces derniers faits et résultats (1).

---

(1) F. Fagnot. *Le syndicalisme anglais* (Bibliothèque socialiste, n° 10). Nouvelle édition sous presse.

JURISPRUDENCE OUVRIÈRE

Les accidents du travail. — La loi du 31 mars 1905 consacre la compétence du juge de paix pour statuer sur toutes les contestations relatives au demi-salaire ; mais elle décide (article 15, page 3) que « si l'une des parties soutient avec un certificat médical à l'appui que » l'incapacité est permanente, le juge de paix doit se déclarer *incom-* » *pétent....* Il *fixe* en même temps, s'il ne l'a fait antérieurement, » l'indemnité journalière. »

La rédaction défectueuse de ce texte a déjà donné lieu à bien des controverses (1). Tandis que certains juges de paix, en présence d'un certificat concluant à une incapacité permanente, se bornent à évaluer la quotité du demi-salaire, d'autres n'hésitent pas à condamner le patron au paiement du demi-salaire. Il semble que cette dernière solution tende à prévaloir. Elle a été récemment consacrée par le tribunal de Douai et par celui de Lyon (10 nov. 1905. *Gazette des tribunaux, 4 mars 1905*).

Elle est d'ailleurs la seule conforme à l'esprit de la loi qui a voulu assurer aux blessés le service immédiat et permanent de l'indemnité journalière.

Mise à l'index patronale. — Le tribunal de commerce d'Epernay a condamné à des dommages intérêts envers l'*Union syndicale des artistes lyriques*, un directeur de café-concert qui refusait systématiquement d'embaucher des artistes, à raison de leur qualité de syndiqués. Le tribunal déclare :

« Que le fait de refuser de prendre un employé, un ouvrier, ou d'engager » un artiste sans examen et sous le seul prétexte qu'il fait partie d'un syndicat, » constitue non plus l'exercice naturel et normal d'un droit, mais un véritable » abus engendrant une faute nulle. .... qu'on doit y voir..... une » atteinte manifeste et grave portée tant à la liberté de la constitution syn- » dicale reconnue expressément par l'article 2 de la loi du 21 mars 1884, » qu'au travail même. »

Le syndicat obtient le franc de dommages intérêt qu'il réclamait et l'insertion du jugement dans plusieurs journaux. (*Tribunal de commerce d'Epernay, 28 février 1905. Gazette des tribunaux, 5 avril 1906*).

Contrat syndical. — Notre camarade Thomas a signalé (*Revue syndicaliste*, n° 9) le jugement du tribunal civil de Perpignan, du 26 juin 1905, qui reconnaît la validité du contrat collectif du travail et le droit pour le syndicat d'en assurer l'exécution.

Un jugement du juge de paix de Narbonne (11 novembre 1905,

---

(1) Voir *Revue syndicaliste*, n° 5 *Une lacune de la loi du 31 mars 1905*, par Prost.

Bulletin de l'Office du travail, janvier 1906) apporte une nouvelle contribution à la théorie jurisprudentielle du contrat syndical, en décidant que ce contrat peut valoir, à titre d'usage, vis à vis des patrons et ouvriers non syndiqués :

> « Attendu qu'aujourd'hui », dit le juge de paix, « cette convention acceptée
> » par les syndicats de Narbonne, c'est à-dire par la presque totalité des pro-
> » priétaires et des ouvriers agricoles de la ville, doit faire la loi commune des
> » parties et cela en vertu de l'unification établie par l'usage et mêmᵉ à l'égard
> » de personnes non syndiqués, à moins de conventions contraires entre les
> » patrons et les ouvriers .. »

L'horaire du travail. — La Cour de cassation (Chambre criminelle, 24 mars 1906. *Gazette des tribunaux, 7 avril 1906*) persiste à juger que le fait d'employer des femmes et des enfants en dehors des heures de travail fixées par le règlement affiché dans l'atelier, n'est pas punissable, à moins que la durée légale du travail n'ait été dépassée.

Cette jurisprudence est peut-être imposée à la Cour de cassation par le principe que les lois pénales sont « *de droit étroit* », mais elle entrave gravement l'action des inspecteurs du travail.

Le délai congé et les règlements d'ateliers. — Une jurisprudence constante de la Cour de cassation, encore récemment affirmée par un arrêt du 15 janvier 1906 (*Gazette des tribunaux, 21 mars*), déclare que n'est pas illicite la clause du règlement d'atelier supprimant l'usage du délai congé. Mais encore faut-il, pour que cette clause soit opposable à l'ouvrier, que celui-ci l'ait connue et acceptée.

Souvent les tribunaux ont jugé que l'affichage du règlement dans les ateliers suffisait à faire présumer son acceptation tacite par l'ouvrier. Le tribunal de Lille, par jugement du 21 novembre 1905 (*Bull. Office travail, décembre 1905*), a décidé au contraire qu'on ne pouvait opposer à un ouvrier les clauses d'un règlement qui n'avait pas été porté à sa connaissance lors de l'embauchage, bien que ce règlement fût ostensiblement affiché dans les salles du tissage ; et la Cour de cassation a rejeté le pourvoi formé contre ce jugement (15 janvier 1906. Heindrickz. *Gazette des tribunaux du 21 mars*). Il y a là un précédent dont pourront utilement se servir les conseils de prudhommes pour motiver « *en fait* » leurs sentences.

Il est vrai que, de plus en plus, les patrons font signer aux ouvriers qu'ils embauchent leur règlement d'atelier. Le remède contre cette situation dépasse les pouvoirs de la jurisprudence et consisterait dans l'adoption par le Parlement du texte élaboré récemment par le Conseil supérieur du travail, qui subordonne l'abrogation du délai-congé au consentement des patrons et des ouvriers, et à l'enregistrement du Conseil des prudhommes (*Revue syndicaliste*, n. 4, p. 87),

Raoul Briquet.

TABLE

—

Mai 1905 - Avril 1906

——

1. — Mai 1905

Notre but.. La rédaction.......... 3
Le repos hebdomadaire............................. E. Guérard.......... 5
Le capital-action des grandes Compagnies de chemins de
   fer... 9
La journée de huit heures au point de vue de l'hygiène. Albert Thomas......... 10
Le mouvement en France :
   Les grèves des ouvriers en voitures et des mouleurs
     (Pierre Coupat)............................... 13
   La grève de Limoges........................... 15
Le mouvement a l'étranger :
   La grève des ferrovieri........................ 16
   Une nouvelle Union Syndicale aux Etats-Unis........ 17
   Organisés et non-organisés en Amérique......... 18
   Le Congrès de la Fédérération ouvrière suisse et les
     émigrants italiens.......................... 19
Jurisprudence : Bureaux de placement................. 21
Variétés : Frères de travail................... Kampfhen............. 22

    Couverture : Aux camarades syndiqués — La conférence de Berne. — Le Congrès de
la Fédération du Livre. — Adresses des centres nationaux syndicaux

2. — Juin 1905

La conférence internationale de Berne.................. A. Keufer........... 27
L'inspection du travail................................ L. Prost 32
Les syndicats allemands............................... Albert Thomas........ 34
La journée de dix heures et les salaires............... 37
Le mouvement en France :
   Les Congrès : des mineurs; — des chemins de fer
     (E. G.); — de la maçonnerie; — des diamantaires.... 37
Le mouvement a l'étranger :
   Angleterre : Le bill sur les Trade-Unions........ 41
   L'exode des cordonniers de Leicester (J. Ramsay-
     Macdonald)................................. 41
   Les grèves du bâtiment en Suisse............... 42
   Les syndicats danois.......................... 43
Variétés : Le sweating-system .... Morris Rosenfeld..... 45
   L'apparition du prolétaire................... Louis Blanc.......... 45

    Couverture : A nos lecteurs. — Mise au point.

3. — Juillet 1905

La liberté du travail.......................... Pierre Coupat 51
La réforme des conseils de Prud'hommes .... J. Lauche............ 55
La conférence internationale de Berne. Examen critique . A. Keufer............ 58
Le mouvement en France :
    Les Congrès : des agents des postes et télégraphes ;
      — de la Fédération du Livre (*Amicus*) ; — des
      lithographes ; — des sabotiers ; - des ouvriers
      du tonneau ; — des ouvriers du bâtiment : — des
      travailleurs de l'Etat (*Gervaise*).................... 62
Le mouvement a l'étranger :
    Le mouvement syndical en Hollande 68
    La grève des gantiers de Bruxelles (*A. Verhaert*) 69
    L'attaque patronale.................... 70

    Couverture : Relations internationales.

4. — Août 1905

La Bourse du Travail de Paris.......................... J. Lauche............ 75
La journée de huit heures aux Etats-Unis............... Albert Thomas........ 82
Un témoignage en faveur des huit heures 84
Le mouvement en France :
    Les congrès du tabac (*Malardé*).................... 85
    La grève de Longwy.................... 86
    Le délai-congé.................... 87
Le mouvement a l'étranger :
    Le congrès international du textile.................... 88
    Le congrès international des mineurs.................... 89
    « Les ouvriers industriels du monde ».................... 90
    La nouvelle Union Syndicale de Hollande.................... 92
Législation :
    A propos des conseils de Prud'hommes.................... 92
Variétés : La Maison des Syndicats à Berlin............ W. Sombart............ 93

    Couverture : Quelques mots d'administration.— Bibliographie (Le Parlementarisme et la
    grève générale de Friedeberg. — Syndicalisme et Révolution de *Pierrot*.—Les deux
    méthodes syndicalistes — La grève générale de *Buisson*. — Un aveu. — Lendemain
    de grève. — Qualités à réunir.

5. — Septembre 1905

Le prolétariat et la journée de huit heures............ L. Gervaise.......... 99
Une lacune de la loi du 31 mars 1905 .... L Prost 103
Le mouvement en France :
    Les Congrès : du textile (*Guernier*) ; — des travail-
      leurs agricoles ; — des employés (*Martinet*) ; —
      de l'ameublement ; — des accidents du travail.................... 107
Le mouvement a l'étranger :
    Massacre de travailleurs en Sicile.................... 112
    Les syndicats norvégiens.................... 113
    Amérique : Grèves pour la réduction de la durée du
      travail,.................... 114
Variétés : La Maison des Syndicats à Berlin (fin)............ W. Sombart........ 116

    Couverture : Administration. — L'association pour la protection légale des travailleurs.
    — Bibliographie : La journée de huit heures. (Une brochure confédérale ; une bro-
    chure de Niel).

6. — Octobre 1905

Mutualité et Syndicat.......................... E. Dreyfus.......... 123
Le congrès des Trade-Unions anglaises.................. J. Ramsay-Macdonald. 128
Encore sur la mutualité 130

Le mouvement en France :
    Nouveau crime... 131
    Les Congrès fédéraux : des verriers ; — des gantiers
        (*Verhaert*) ; — des métallurgistes ; — des travail-
        leurs municipaux ; — des transports ; — des
        ouvriers des cuirs et peaux ; — des bûcherons.................... 132
    L'Union fédérative terrienne.................................... 137
    Le syndicalisme dans les postes................................. 138
    Les caisses de chômage.. 139
Le mouvement a l'étranger :
    Les cotonniers de Gand.. 140
    Amérique : Les revendications des mineurs 141
    En Nouvelle-Zélande 141
Variétés : Le pâle apprêteur........................ Morris Rosenfeld.... 142

Couverture : Administration. — Idée commune. — Bibliographie : Pour les huit heures (Brochure des mécaniciens) ; — Le Manuel du Paysan ; — La loi Berteaux.

7. — Novembre 1905

Les retraites ouvrières et les syndicats 147
Des faits !.. Paul Umbreit (Berlin). 150
Le mouvement en France :
    La Bourse du Travail de Paris............... J Lauche........... 158
    Dans les Vosges.......................... C. Pernot........... 161
    Historique du mouvement syndical chez les institu-
        teurs................................. Antonin Franchet 162
    L'Etat et ses travailleurs.................. L. Gervaise.......... 166
    Les Congrès : des inscrits maritimes; — des mouleurs
        en métaux (*Raoul Lenoir*) 168
Le mouvement a l'étranger :
    Les électriciens de Berlin...................................... 172
    En Esthonie.. 173
    Amérique : Les typographes et la journée de huit
        heures.. 173
    L'organisation internationale (Ouvriers du bois, gan-
        tiers)... 174

Couverture : Relations internationales. — Les idées d'un ami. (Extraits du livre de
Fagnot : le Chômage. — Sur le mouvement français. — Sur le mutualisme.)

8. — Décembre 1905

L'action directe devant la classe ouvrière Suisse......... Jean Sigg............ 179
La journée de huit heures en Amérique................................... 184
Le mouvement en France :
    La grève des arsenaux.. 189
    La grève des bijoutiers d'Amiens (*Cleuet*) 192
    La fin de la grève de Plainfaing................................ 193
    Les Congrès : travailleurs de la voiture 194
Le mouvement a l'étranger :
    Le lock-out des ouvriers en métaux de Suède.................... 195
Variétés : La grève au village.................... Gaudefique Tixeyre.... 197

Couverture : Administration. — Le Parti socialiste et le Mouvement des huit heures. —
Vers les huit heures.

9. — Janvier 1906

La journée de huit heures et les travailleurs à domicile.. A. Verhaert........ 203
Le congrès des syndicats belges................... A. Octors............ 206
La journée de huit heures en Amérique (fin)..................... 211
La question syndicale en Tunisie.................. Raymond Colrat..... 213
Le mouvement en France :
    Les grèves à Paris (Terrassiers, Dufayel, épiciers)................ 216

LE MOUVEMENT A L'ÉTRANGER :
    Le congrès corporatif autrichien 218
JURISPRUDENCE : Les conventions syndicales ....   A. T. 220

    COUVERTURE : Administration. — Bibliographie : Syndicats ouvriers belges ; les Métiers
    qui tuent. — Discussions et commentaires.

10. — Février 1906

De la coopération .... J. Bajat 224
Syndicalisme et alcoolisme .... Léon Vignols 228
Relations internationales .... A. T. 234
LE MOUVEMENT EN FRANCE :
    Pour le droit syndical 236
    La Maison des Fédérations 238
    Vers la réduction des heures de travail 238
LE MOUVEMENT A L'ÉTRANGER :
    Les salaires des mineurs américains 239
VARIÉTÉS : Un épisode peu connu. — La grève générale
    et le coup d'État 240

    COUVERTURE : Administration. — Bibliographie : Les accidents du travail — La bro-
    chure des Mécaniciens. — Le Parti du Travail — Éducation syndicale — Les sar-
    dinières de Douarnenez. — La Voix des Primeurs.

11. — Mars 1906

A propos des huit heures .... Albert Thomas 247
Le projet de loi sur les retraites ouvrières .... G. P. 250
LE MOUVEMENT EN FRANCE :
    Contre l'arbitraire 256
    Le congrès extraordinaire des syndicats maritimes .... A. Reynal 257
    La grève de Salins de Giraud .... J. Baret 260
LE MOUVEMENT A L'ÉTRANGER :
    La journée de travail au Danemark 262
    Angleterre : Pour la paie hebdomadaire 262
    Le travail des femmes en Italie 263
    En Hongrie 263
    La question des étrangers en Suisse 264
    Travail à la main et à la machine en Amérique 264
VARIÉTÉS : La vertu de la grève 266

    COUVERTURE : Administration. — Notes de lecture ; la loi = Le Syndicat selon les
    bourgeois. — Journaux corporatifs internationaux = La communauté.

12. — Avril 1906

La journée de huit heures .... L. Niel 271
Syndicalisme et alcoolisme .... Léon Vignols 275
LE MOUVEMENT EN FRANCE :
    La catastrophe des ouvrières et la grève des mineurs .... A. T. 283
LE MOUVEMENT A L'ÉTRANGER :
    Une statistique du mouvement syndical anglais 289
JURISPRUDENCE OUVRIÈRE par Raoul Briquet 293
Table des matières 295

    COUVERTURE : Administration. — XVᵉ Congrès corporatif. Bibliographie : Les syndi-
    cats de fonctionnaires, par Paul Boncour. — Un histoire du travail et des travailleurs,
    par P. Brisson. — Pour les huit heures (Livre de Froment et de de Mursley). — Le
    Bulletin de la prud'homie. — Le Bûcheron.

Première Année.　　　N° 2.　　　15 Juin 1905.

La Revue Syndicaliste

MENSUELLE

SOMMAIRE

La conférence internationale de Berne .. .. A. KEUFER.
L'inspection du travail.. .. .. L. PROST.
Les syndicats allemands .. .. A. THOMAS
La journée de 10 heures et les salaires.
Le mouvement en France. — Les congrès.
Le mouvement à l'étranger. — Angleterre : Le
　　Bill sur les Trade-Unions ; L'exode des cordonniers de
　　Leicester. — La grève du bâtiment en Suisse — Les
　　Syndicats danois.
Variétés. — Le Sweating-System. — L'apparition du Prolé-
　　taire.

PARIS

SOCIÉTÉ NOUVELLE DE LIBRAIRIE ET D'ÉDITION

(LIBRAIRIE GEORGES BELLAIS)

17, RUE CUJAS, V^e ARR^t

A NOS LECTEURS

Sans lancement, sans rien de la réclame par laquelle les grands journaux bourgeois savent s'imposer aux acheteurs, la *Revue syndicaliste*, a, dès son premier numéro, gagné assez de sympathies pour qu'elle espère vivre.

Les lettres que les camarades nous envoient de nombreux coins de province, les appréciations que nous avons pu recueillir de vive voix, les adhésions nouvelles qui nous arrivent, spontanément, tout nous permet de croire que nous ne tarderons pas à atteindre le nombre d'abonnements qui nous est nécessaire. Mais notre revue telle qu'elle existe aujourd'hui, avec ses vingt-quatre pages mensuelles, est, nous ne nous le dissimulons pas, insuffisante. Il faut que tous nos camarades, tous nos amis, suppléent à notre manque de capitaux par une propagande incessante. Il faut que, d'ici un an ou deux, nous puissions paraître tous les quinze jours, à 16 pages et o fr. 10. Dès aujourd'hui, c'est notre but. Aidez-nous tous à l'atteindre.

Quelques mots d'administration, maintenant :

Des camarades nous ont demandé de faire recouvrer le prix de leur abonnement. Ils ne savent donc pas ce que ça coûte ! Si nous payions nous-mêmes les frais de recouvrement, avec le prix modique de l'abonnement, nous serions en perte. Si nous leur faisons payer, ils aggravent leur dépense sans profit pour nous. Nous insistons donc pour le mandat-poste.

Quelques camarades étrangers, suisses, belges, allemands, se sont abonnés. Le prix est naturellement plus fort : l'abonnement est de 3 fr. pour l'étranger.

Des adhésions nouvelles nous sont parvenues : citons celles de Rivelli (Inscrits maritimes), de Baillia (Châlons), de Devilar (Courtiers et représentants de commerce), de Combemorel (Nevers), de Debarbre (Dijon). Surtout, nous nous assurons peu à peu de précieuses collaborations à l'étranger.

L'internationalisme syndical est certainement la forme la plus haute de l'internationalisme ouvrier : à la différence des autres, il repose sur une organisation vivante. Nous ne négligerons rien pour le développer.

Plusieurs camarades belges, Bergmans et Solau, entre autres, ont manifesté leur sympathie pour notre œuvre. Henri Polak, de Hollande, le président de l'Alliance universelle des diamantaires, nous a promis des correspondances régulières. J. Ramsay Macdonald, le secrétaire du Comité anglais pour la représentation ouvrière, nous a envoyé, dès ce numéro, deux notes sur le mouvement d'Outre-Manche. D'Allemagne, nous pouvons assurer que de précieuses collaborations nous viendront.

(Voir la suite à la page 3 de la couverture)

Le mouvement entrepris, depuis la résolution de Bourges, pour la conquête de la journée de huit heures, a déjà donné lieu à une abondante littérature. Innombrables sont les articles parus depuis un an dans les journaux corporatifs ou dans les revues. Et il n'en manque point qui sont d'une valeur de propagande générale et qu'il y aurait utilité à reproduire. Les journaux corporatifs, en effet, souvent distribués aux membres des organisations et tirés au nombre d'exemplaires strictement nécessaires, ne peuvent être facilement répandus. En attendant, le moyen de propagande le plus commode et le plus efficace, est encore la brochure. C'est par des brochures légères ou par des tracts que la propagande donne le plus de fruit.

Une brochure confédérale

La Commission confédérale de propagande pour les huit heures vient de faire tirer à des milliers d'exemplaires une brochurette, d'un format pratique et plaisant, destinée à être répandue par quantités énormes dans le monde du travail. En 36 petites pages, sous une forme vive et alerte, tous les arguments théoriques se trouvent clairement exposés : un grand nombre d'exemples bien choisis démontrent la possibilité de l'application des huit heures dans la société d'aujourd'hui.

« Veux-tu ? — Tous ! au rendez-vous le 1er mai 1906 ! — Courtes journées ! Hauts salaires ! — Les huit heures et la production. — Le chômage. — Tous ! nous serons au rendez-vous ! » Tels sont les titres des divers chapitres. Et ils indiquent bien tout à la fois l'esprit de la brochure, strictement conforme à la décision de Bourges, et son développement.

Ajoutons enfin que le prix en est aussi modique que possible, afin de faciliter sa diffusion. Elle est expédiée aux prix suivants, frais de port compris :

3 exemplaires...			0 f. 25
10	»	...	0 f. 65
100	»	...	4 f. »
500	»	...	18 f. »
1000	»	...	34 f. »

C'est au camarade Lévy, trésorier de la Confédération générale du travail, 3, rue du Château-d'Eau, Paris (X^e), que les commandes doivent être adressées.

Une brochure de Niel.

Antérieurement à la Commission confédérale elle-même, et sous une tout autre forme, notre camarale Louis Niel, secrétaire de la Bourse du Travail de Montpellier, avait publié dans la collection de la *Vie socialiste*, une intéressante brochure intitulée, elle aussi, *La journée de huit heures*.

Ce n'est plus cette fois une brochure d'action, destinée à être jetée par masses dans les réunions publiques, à entraîner, à « chauffer », pour ainsi dire, les masses ouvrières. Niel a voulu poser méthodiquement la question, en rappeler l'histoire, éclaircir les points qui demeurent encore obscurs ou controversés. C'est un opuscule de réflexion et d'éducation, et c'est aux militants, aux syndiqués, tout d'abord, qu'il est dédié.

Indiquons-en brièvement l'économie : il s'ouvre par un historique rapide des Trois-Huit ; puis, abordant immédiatement le problème, l'auteur examine pour quelles causes la classe ouvrière réclame la journée de huit heures: Raisons physiques, raisons morales (vie de famille, besoin de lire et d'étudier), raisons économiques et sociales (machinisme et chômage), sont successivement examinées. — Quelles seront les principales conséquences probables de l'application de la journée de huit heures ? C'est l'autre face du problème. Quelle répercussion la journée de huit heures aura-t-elle sur les salaires ? Cela dépend surtout de l'influence qu'elle aura sur le chômage. Dans quelle mesure le réduira-t-elle ? Voilà la question primordiale. Niel l'examine, et reprend à cette occasion sa controverse avec Delesalle dans la *Voix du Peuple* : Delesalle soutenait qu'il était expérimentalement prouvé qu'une équipe ne travaillant que huit heures arrive, dans un délai relativement court, à produire tout autant que l'équipe obligée de se surmener pendant dix ou onze heures. Niel le conteste, et à notre sens, il a tort. S'il faut faire, en effet, quelques réserves, s'il ne faut pas généraliser, il n'en ressort pas moins de toutes les expériences dont les résultats ont été publiés, que la production d'une journée de huit heures est très souvent égale à celle de neuf heures ou de dix heures. Et la démonstration spécieuse de Niel, pour montrer dans quelle mesure le chômage se trouvera diminué par la réduction des heures de travail ne repose que sur des hypothèses arbitraires. Ce qui est vrai, et Niel l'a d'ailleurs bien marqué ensuite, c'est que le chômage se trouvera réduit par la meilleure organisation du travail et par l'accroissement de la puissance de consommation de la classe ouvrière. Enfin, examinant les moyens à employer pour la conquête des huit heures, Niel se prononce pour la méthode préconisée à Bourges et « exprimée par la formule de l'action directe » : quitter l'atelier au bout de huit heures, le premier mai 1906. Mais, la conquête obtenue, Niel ne refusera, pour la *maintenir*, le concours de la sanction légale (p. 32).

C'est cette sanction que les socialistes sont décidés à obtenir, s'il faut en croire la préface que le citoyen F. de Pressensé à mise à la brochure de Niel : « Tout en fixant pour ses adhérents, dit-il, une certaine méthode, la Confédération générale du Travail n'a pas voulu interdire l'action parallèle et la coopération d'autres forces. S'il est vrai, comme je le crois, que le socialisme est la force politique du prolétariat dont les syndicats sont la force économique, il appartient à ceux qui se réclament de notre grand Parti, de faire tout ce qui dépendra d'eux pour assurer et faciliter le triomphe de cette cause dans l'enceinte législative. » L'action politique parallèle, conçue par Pressensé, dépasse un peu les limites où Niel prétendait l'enserrer. Mais l'inspiration est la même : une forte action économique soutenue par un effort politique.

En résumé, une bonne brochure, que l'on voudrait peut-être plus documentée, plus appuyée scientifiquement, mais qui est riche d'idées ingénieuses et de vues neuves, et qui fait réfléchir. Elle aussi est accessible à beaucoup de militants :

Un exemplaire	o fr. 15
Franco	o fr. 25
50 exemplaires	5 fr. 00
100 »	10 fr. 00
500 »	40 fr. 00
1000 »	75 fr. 00

A la *Vie socialiste*, 3, rue de Pondichéry, Paris.

Le *Gérant* : GERVAISE.

IMP. LE BIGOT FRÈRES.

Première Année.   N° 3.   15 Juillet 1905.

La Revue Syndicaliste

MENSUELLE

SOMMAIRE

La liberté du travail . . . . P. Coupat
La réforme des Conseils de prud'hommes J. Levert
La conférence internationale de Berne.
    — Examen critique . . . . A. Keufer
Le mouvement en France — Le congrès . Amédée L. Gautrent
Le mouvement à l'étranger — Le mouve-
    ment syndical en Hollande — La grève du congrès
    de Bruxelles (Verhaert) — Cellique patronale.
Couverture : Relations internationales.

PARIS

SOCIÉTÉ NOUVELLE DE LIBRAIRIE ET D'ÉDITION

(LIBRAIRIE GEORGES BELLAIS)

17, RUE CUJAS, 17

RELATIONS INTERNATIONALES

La quatrième Conférence internationale des secrétaires des centres nationaux syndicaux s'est tenue les 25 et 26 juin à Amsterdam.

L'Angleterre, la Belgique, la Hollande, le Danemark, la Suède, la Norvège, l'Allemagne, l'Autriche, la Hongrie et l'Espagne avaient envoyé des délégués.

La France, qui avait envoyé des délégués aux deux dernières Conférences, n'était pas représentée.

En 1903, en effet, la Confédération générale du travail avait soumis à la Conférence de Dublin un rapport sur l'Antimilitarisme et la Grève générale, qui ne fut pas mis en discussion. Lorsque le camarade Legien, secrétaire international, demanda à la C. G. T. de faire connaître les noms des délégués qui iraient à Amsterdam et les questions qu'elle désirait y voir discuter, le comité confédéral décida de demander la mise à l'ordre du jour des questions éliminées à Dublin, plus la question de la journée de huit heures. Et il décide en outre de subordonner la participation de la France à la Conférence, à la mise à l'ordre du jour des questions posées.

Après un échange de lettres entre le camarade Pouget, au nom de la C. G. T., et le secrétaire international, ce dernier consulta les organisations nationales au sujet des questions françaises. A une grosse majorité, il fut répondu « que les conférences internationales ont pour but d'affirmer l'entente internationale des syndicats et qu'elles ne peuvent se transformer en un club de discussion où sont traitées des questions théoriques. La question d'antimilitarisme n'est pas l'affaire des syndicats, la question de la grève générale a été réglée précédemment par le Congrès international d'Amsterdam. La question des huit heures est bien matière à discussion mais de nouveaux éléments ne pourraient encore entrer en ligne de compte (1) ».

La France n'a donc pas pris part à la Conférence internationale.

Il y a été décidé, que la cotisation serait portée à 1 mark (1 fr. 25) pour 1000 membres, par année ; qu'une enquête internationale serait entreprise sur la journée de travail dans les divers pays, et une autre sur le placement. Enfin les camarades anglais se sont engagés à faciliter l'établissement des services de secours internationaux.

Mais ce qu'il faut surtout marquer, c'est la résolution prise à la demande de l'Allemagne, sur le rôle et les devoirs des Conférences :

« Le rôle des conférences, dit le texte, est de traiter surtout des relations étroites à entretenir entre les syndicats de tous pays, des statistiques syndicales à établir d'une manière uniforme, de l'assistance réciproque dans les luttes économiques, enfin de toutes les questions qui touchent étroitement à l'organisation syndicale de la classe ouvrière.

« Sont exclues de la discussion toutes les questions théoriques et toutes celles qui ont trait aux tendances et à la tactique du mouvement syndical dans les différents pays. »

Il semble donc qu'à l'avenir, des questions comme la grève générale, comme l'attitude des syndicats en face de la législation, comme l'antimilitarisme, toutes questions chères au cœur de beaucoup de nos camarades français, seront systématiquement écartées des conférences.

*
* *

Laissons de côté la question de savoir si le secrétaire international n'a pas manqué à ses obligations envers la C. G. T. Ce qu'il est plus important d'examiner, ce sont les deux tendances, les deux conceptions opposées des relations internationales et du syndicalisme que ce débat révèle.

On sent immédiatement la divergence. La majorité de la Conférence internationale veut s'attacher avant tout à la besogne d'organisation, d'information. Établissement de secours en cas de grève, — contrats de réciprocité pour les œuvres d'assurance mutuelle, enquêtes, rassemblement d'indications sur telle ou telle expérience pratique, statistiques, pour la conduite méthodique des grèves, — tel est le travail, que, selon cette conception, il faut d'abord s'imposer. La tactique suivie par les diverses organisations, ne peut être en effet uniforme : le développement inégal du capitalisme, la force des organisations ouvrières, l'autorité de l'organisation centrale sur les diverses fédérations, les rapports des syndicats et des partis politiques, ce sont là autant de circonstances qui détermineront l'action des syndicats dans l'intérieur de leur nation. Mais tous, quelle que soit leur tactique particulière, peuvent tirer un égal profit d'une solidarité effective, pourvue de ressources régulières. C'est donc à ce travail d'organisation que la Conférence internationale croit avant tout devoir s'appliquer.

Le comité confédéral français a, comme l'exprimait Pouget dans sa lettre du 5 mai, une tout autre conception. Il considère que la Conférence internationale doit avoir pour premier résultat « un échange d'idées », « un exposé des tendances et des tactiques diverses ». La Conférence internationale doit devenir un moyen nouveau d'éducation, c'est-à-dire de propagande comme le syndicat local est lui-même un foyer de propagande révolutionnaire. L'éducation, la transformation des mentalités ouvrières, voilà le but essentiel, l'objet principal du syndicalisme. Et l'on a plus fait pour la transformation de la société, en gagnant quelques camarades à l'idée de la grève générale, qu'en établissant un secours de voyage international.

Syndicalisme d'organisation et syndicalisme de propagande, tous les deux inspirés d'ailleurs par le haut souci de l'intérêt prolétarien, telles sont les conceptions qui se sont heurtées là, et qui se heurtent, plus ou moins consciemment, à l'intérieur même à notre mouvement français. Il importe, à toute occasion, d'en marquer l'opposition, mais de marquer aussi comment elles se complètent nécessairement.

Nous estimons, quant à nous, que la besogne d'organisation, si modeste, si humble qu'elle puisse paraître, est le préliminaire indispensable d'une action syndicale féconde. Des résultats incontestables peuvent être emportés par une grève d'allure révolutionnaire : mais ils ne peuvent être gardés et développés que par une organisation syndicale cohérente, pourvue d'un effectif nombreux et sans flottement. Cela est vrai encore de l'action internationale.

Ce qui importe d'abord, c'est l'organisation matérielle et c'est pour l'avoir oublié que la première *Association internationale des travailleurs* a sombré. Les premiers secours de grève avaient terrifié la bourgeoisie : ses discussions théoriques de la fin n'eurent aucune valeur pratique, parce que l'organisation première n'existait plus que sur le papier.

Pour que les idées mêmes que nos camarades veulent propager, révèlent toute leur valeur, pour que l'idée de la grève générale, par exemple, puisse attirer, par une possibilité de réalisation toujours plus grande, la majorité des syndiqués, il faut que les fédérations syndicales, que les organisations nationales soient solides et cohérentes, il faut qu'elles soient liées entre elles par des liens matériels et moraux indissolubles. Il faut surtout que l'action syndicale ait élevé déjà pour ainsi dire à un même niveau de bien-être et de liberté les prolétariats les plus divers.

C'est en effet la caractéristique même de cette action, qu'elle tend à être uniforme dans tous les pays. Elle est tournée immédiatement, indépendamment de toutes les circonstances politiques ou morales, contre le patronat, contre la classe capitaliste. Elle dégage, pour ainsi dire, la lutte des classes. Elle s'applique à combattre partout les mêmes maux. Aussi est-ce avec confiance que les organisations syndicales, même en gardant la conviction que leur tactique est la meilleure, peuvent renoncer momentanément à opposer leurs tactiques les unes aux autres et à les discuter. Au point de l'évolution où nous en sommes, la discussion risquerait fort d'être purement théorique. Multiplions les expériences, multiplions les efforts d'organisation à mesure que les événements les imposent. L'heure viendra où, avec plus de force et plus d'utilité, les questions posées pourront être discutées. Ce serait mettre la charrue avant les bœufs, que de les discuter maintenant ; et le syndicalisme se doit de ne pas recommencer sur ce point les peu heureuses tentatives des organisations politiques.

Le Gérant : GERVAISE.   IMP. LE BIGOT FRÈRES.

Première Année.   N° 4.   15 Août 1905.

VINGT CENTIMES

La Revue Syndicaliste

MENSUELLE

SOMMAIRE

○ ○ ○

La Bourse du Travail de Paris . . . J. Lauche.
La journée de huit heures en Amérique. A. T.
Un témoignage officiel en faveur des huit heures.
Le mouvement en France. — Les congrès (*Malardé*). — La grève de Longwy. — Le délai-congé.
Le mouvement à l'étranger. — Le Congrès international du textile. — Le Congrès international des mineurs. — « Les ouvriers industriels du monde. » — La nouvelle Union syndicale de Hollande.
Législation. — A propos des conseils de prud'hommes.
Variétés. — La maison des syndicats à Berlin.

PARIS

SOCIÉTÉ NOUVELLE DE LIBRAIRIE ET D'ÉDITION

(*LIBRAIRIE GEORGES BELLAIS*)

17, RUE CUJAS, Vᵉ ARRᵗ

Paraissant le 15 de chaque mois

France : Un an . . . . . . 2 fr. **40** | Étranger : Un an . . . . . . **3** fr.
   »   Six mois . . . . . **1** fr. **20** | »   Six mois . . . . **1** fr. **50**

Les abonnements partent de mai et de novembre.

Nous serons reconnaissants aux camarades de nous envoyer le montant de leurs abonnements par mandat-poste, pour éviter les frais de recouvrement.

Prière d'adresser tout ce qui concerne la rédaction ou l'administration au camarade Albert Thomas, administrateur-délégué de la *Revue syndicaliste*, 17, rue Cujas, Paris V.

Quelques mots d'Administration

Plus lentement, désormais, mais avec une régularité qui depuis deux mois ne se dément pas, et qui constitue, pour notre œuvre, le meilleur des engagements, le nombre de nos abonnements augmente de jour en jour. Dans un an, nous en sommes sûrs, si nos camarades et amis continuent leur propagande, nous aurons le nombre d'abonnements qui est nécessaire à la Revue, non seulement pour vivre, mais aussi pour qu'elle se développe. Nous ne pouvons point nous permettre de grands lancements, parer les kiosques ou les bibliothèques des gares de malheureux numéros, qui, après avoir jauni au soleil, nous seront renvoyés, dans un état lamentable, au bout de deux ou trois mois. Une expérience nous a suffi. Nous comptons, avant tout, sur la propagande individuelle, de camarade à camarade, et sur les services que, d'ores et déjà, notre revue peut rendre aux propagandistes et à tous les syndiqués.

Nous remercions encore une fois les nombreux journaux corporatifs ou bulletins de Bourses du Travail qui annoncent notre effort, recommandent notre Revue, ou nous empruntent nos articles, en *signalant leur origine*. Nous remercions ceux aussi qui nous font le service gratuit, jusqu'au jour où, graduellement, et suivant une proportion rigoureuse avec le nombre des abonnements, nous pourrons assurer à tous le service d'échange. Nous remercions surtout les camarades, qui, déjà, dans un certain nombre de Bourses ou de corporations, ont organisé, sans rétribution, sans profit personnel par eux, la vente au numéro. Il ne manque pas de camarades, en effet, dont les salaires sont tels que le débours de 2 fr. 40 ou même 1 fr. 20 est pour eux un lourd sacrifice. Si le secrétaire du syndicat ou un camarade de la Bourse leur assure chaque mois leur numéro, il leur semble moins dur de payer o fr. 20 douze fois l'an que 2 fr. 40, d'un seul coup. Nous demandons à nos amis de se donner ce petit surcroît de travail. Multiplions et coordonnons nos efforts. C'est par le travail quotidien et inlassable des collectivités, que les œuvres prolétariennes, les plus modestes comme les plus grandes, peuvent parvenir à durer. Mais c'est ainsi qu'elles sont vraiment éducatives et révolutionnaires.

L'administrateur-délégué.

Revues - Livres - Journaux - Brochures

Les revues, les journaux, les brochures apprennent peu à peu le chemin de la *Revue Syndicaliste*. Vous verrez qu'il nous faudra bientôt avoir notre revue bibliographique.

Nos camarades libertaires eux-mêmes ne nous oublient pas.

Nous avons reçu le *Parlementarisme et la Grève générale*, du docteur Friedeberg, conférence faite à Berlin avant le Congrès socialiste d'Amsterdam, et où il oppose l'inefficacité de l'action socialiste parlementaire. en Allemagne, « et cette espérance nouvelle, attendue depuis longtemps, que verse dans les cœurs l'idée de la grève générale » (10 cent., en vente : aux *Temps Nouveaux*, 4, rue Broca, Paris). Dans *Syndicalisme et Révolution* (même édition), le camarade Pierrot montre dans le syndicat, l'organe révolutionnaire par excellence : les grèves partielles sont des actes de révolte, des exercices pour la grève générale et pour la révolution. Le développement de l'esprit de révolte importe souvent plus que les résultats obtenus.

Nous n'avons point besoin de rappeler que les tendances de ces brochures ne sont pas les nôtres : nous croyons que la grève la plus féconde pour l'organisation prolétarienne est encore celle qui réussit, et que ce n'est pas en exaspérant les impatiences d'ouvriers misérablement exploités, qu'on parvient à faire œuvre durable, en matière syndicale. L'évolution révolutionnaire, qu'imagine Pierrot, depuis la propagande, par la grève partielle et l'action directe, jusqu'à la grève générale ne nous semble pas fondée, psychologiquement. Tenez le ressort constamment tendu : le moment vient vite où il craque. Il en est du ressort révolutionnaire comme des autres. Par un effort vigoureux, des camarades encore peu organisés peuvent arracher au patronat surpris des avantages. Pour les garder, le syndicat fort, cohérent, nombreux, appliqué au travail quotidien est indispensable.

La Fédération du Livre nous a envoyé la brochure qu'elle a publiée à l'occasion de son Congrès de Lyon.

Sous le titre : *Les deux méthodes syndicalistes. — Réformisme et action directe* (0 fr. 20, en vente à la Fédération, 28, rue de Savoie), on a réuni : la conférence contradictoire Griffuelhes-Keufer du 29 juillet 1904, et la polémique avec *Pages libres*, dans les derniers mois de 1904. Entre les documents, quelques lignes rétablissent les faits, marquent les dates, insistent sur des reproches précis, comme le reproche fait au Livre d'avoir aidé à la constitution de syndicats patronaux.

C'est un très bon recueil de faits et de documents.

Enfin la Société nouvelle de librairie et d'édition vient de mettre en vente le numéro 33 de sa Bibliothèque socialiste : C'est un fascicule d'Etienne Buisson sur *La grève générale*. Nous le recommandons à nos lecteurs : non que nous acceptions toutes les critiques, toutes les réserves qu'il fait, en ce qui concerne ce moyen d'action, mais parce que ce petit volume est un excellent effort d'exposition et d'analyse, où de nombreux documents se trouvent cités, rapprochés et classés.

Un Aveu

De M. Pierre Leroy-Beaulieu, dans l'*Économiste français* du 17 juin 1905 :

« Le contrat collectif n'a rien, en lui-même, d'immoral ; *il est de la logique de*
» *l'organisation actuelle de l'industrie ;* que la loi le permette, qu'elle le sanc-
» tionne, pourvu que la sanction puisse être effectuée d'un côté comme de l'autre,
» qu'elle en autorise l'extension aussi loin que les contractants le voudront, mais
» qu'elle ne l'impose pas ».

L'aveu est à retenir. Mais qu'adviendra-t-il de toi, économie orthodoxe ?

Après une grève énergique, bien conduite, du 11 au 19 juin, les ouvriers du bâtiment de Reims faisaient reconnaître par leurs patrons le principe de la journée de dix heures. Une semaine après la reprise du travail, la journée était de douze heures dans presque tous les chantiers.

« Comment pareil fait avait-il pu se produire, se demande notre camarade Guernier dans le Bulletin de la *Bourse du Travail de Reims* ? Comment surtout le Comité qui avait déployé tant d'énergie, tant d'activité, tant d'habileté dans l'organisation de la grève, avait-il pu accepter et faire ratifier par l'assemblée générale des grévistes, une convention contenant une clause si contraire au but poursuivi ?

La raison en est simple : le Comité n'était plus sûr d'être suivi s'il avait repoussé les propositions des patrons.

Il avait pu, par persuasion, faire cesser le travail ; il avait pu, une semaine durant, tenir en haleine les grévistes par des promenades en ville, par des réunions multipliées pour lesquelles il avait demandé le concours d'orateurs parisiens, mais la lassitude venait.

C'est que parmi les grévistes une minorité seulement était syndiquée. C'est que même s'ils l'avaient voulu, les syndicats n'auraient pu distribuer à tous ces chômeurs, vivant pour la plupart — comme tous les autres ouvriers d'ailleurs — au jour le jour, les secours nécessaires à une longue résistance.

La « minorité agissante » avait pu faire cesser le travail ; elle avait pu, par son « élan » entraîner derrière elle l'immense majorité des travailleurs du bâtiment : elle était incapable de tenir plus longtemps hors des chantiers cette majorité inorganisée.

Et une fois de plus se trouve ainsi démontrée la nécessité des puissantes organisations, des fortes cotisations qui, seules, peuvent permettre de prolonger la nécessaire résistance. Une fois de plus se trouve encore démontrée la nécessité de l'éducation des travailleurs.

Sans cette éducation qui doit faire de travailleurs, de tous les travailleurs, des êtres conscients, les victoires sont sans lendemain.

Et du même coup se trouve proclamée la supériorité de la méthode rationnelle, positive de nos camarades allemands et anglais sur « l'élan » des ouvriers français encore si imparfaitement organisés. »

Dans la *Frankfurter Volksstimme* du 3 août, d'un camarade métallurgiste allemand qui a assisté aux grèves de l'Est :

« Si l'on pouvait réunir les qualités d'ardeur et d'enthousiasme des Français et des Italiens aux habitudes d'organisation et à l'éducation syndicale allemande, alors l'Europe serait à nous ».

Est-ce impossible ? — *Impossible* ne fait point partie de la langue syndicale.

Le Gérant : GERVAISE.  Imp. La Fleur Fontaine.

Première Année.   N° 5.   15 Septembre 1905.

VINGT CENTIMES

La Revue Syndicaliste

MENSUELLE

SOMMAIRE
◊◊◊

Le prolétariat et la journée de huit heures   G. [illegible]
Une trouée de la loi du 31 mars 1905   G. [illegible]
Le mouvement en France. — [illegible]
Le mouvement à l'étranger. — [illegible]
Variétés. — [illegible]

PARIS
SOCIÉTÉ NOUVELLE DE LIBRAIRIE ET D'ÉDITION
(LIBRAIRIE GEORGES BELLAIS)
17, RUE CUJAS, 17

La Revue Syndicaliste

Paraissant le 15 de chaque mois

France : Un an . . . . . . 2 fr. 40 | Étranger : Un an . . . . . . 3 fr.
  »   Six mois . . . . . . 1 fr. 20 | »   Six mois . . . . . . 1 fr. 50

Les abonnements partent de mai et de novembre.

Nous serons reconnaissants aux camarades de nous envoyer le montant de leurs abonnements par mandat-poste, pour éviter les frais de recouvrement.

Prière d'adresser tout ce qui concerne la rédaction ou l'administration au camarade Albert Thomas, administrateur-délégué de la Revue syndicaliste, 47, rue Cujas, Paris V°.

Administration.

Quelques-uns de nos abonnés ne nous ont point fait parvenir encore le montant de leurs abonnements. Nous les prions instamment de nous l'envoyer, par timbres ou mandat-poste, afin de nous éviter les frais de recouvrement. Si nos abonnés s'intéressent à la vie de la Revue, s'ils veulent que peu à peu elle se développe et leur offre encore plus de lecture, qu'ils nous indiquent les camarades à qui nous pouvons adresser des circulaires et des spécimens. C'est, nous le répétons une fois encore, du nombre total des abonnements que dépend notre avenir; c'est cet accroissement qui nous permettra d'augmenter le nombre de nos pages. Il est devenu indispensable. Le présent numéro en est la preuve; il faut que quatre importantes rédactions tiennent ensemble leurs congrès pour que nous ayons senti à l'étroit. Seize pages, deux sous tous les quinze jours: il faut qu'au 1er mai 1910, déjà, notre tirage accru nous permette de réaliser ce programme.

L'Association pour la protection

légale des Travailleurs.

Nous croyons utile de signaler à nos lecteurs les publications de l'Association nationale française pour la protection légale des travailleurs. On sait que cette Association fait partie de l'Association internationale, fondée en 1900, et dont Keufer rappelait naguère le but, à l'occasion de la conférence internationale de Berne.

L'Association vient de commencer sa troisième série de publications; les deux premiers numéros sont :

1° L'Interdiction de la céruse dans l'industrie de la peinture. — Rapport de J.-L. Breton, député. — 0 fr. 10.

2° La Conférence officielle de Berne (mai 1905), par A. Millerand. — 0 fr. 60.

Chez Félix Alcan, 108, boulevard Saint-Germain.

Un dernier mot : nous avons à remercier les journaux qui ont bien voulu annoncer à leurs lecteurs notre apparition. L'*Humanité*, l'*Aurore*, l'*Avanti*, d'autres peut-être (on ne peut tout lire) ont dit notre but ou reproduit notre déclaration. Mais ce sont surtout les annonces de plusieurs journaux professionnels ou ouvriers, comme l'*Ouvrier-syndiqué* (Marseille), le *Bulletin ouvrier de la teinture*, le *Réveil syndical* (Amiens), l'*Ouvrier vosgien* (Epinal), qui nous ont paru précieuses.

D'autres journaux corporatifs, comme le *Réveil des mécaniciens* et la *Tribune de la voie ferrée* ont commencé de nous piller, je veux dire de reproduire certains de nos articles, en signalant leur origine. Nous souhaitons d'être souvent pillés : de nombreux lecteurs pourront se rendre compte ainsi de l'œuvre que nous voulons accomplir.

Une seule note discordante, celle de l'*Avant-Garde*, qui, dans son numéro du 4 juin, nous gratifie de l'écho suivant :

« **La Revue syndicaliste**.

« Ce nouvel organe tire son titre du but qu'il poursuit : la lutte contre les syndicalistes. »

Nous ne nous laisserons pas entraîner à des polémiques stériles. La classe ouvrière est lasse de ces polémiques : elle nous jugera d'après notre œuvre ; et c'est avec une entière confiance dans son jugement, que nous poursuivrons notre effort.

L'Administrateur-délégué.

MISE AU POINT

Sous ce titre, notre camarade Le Blavec a publié dans la *Voix du Peuple* du 11 juin, quelques remarques à propos de l'article de Coupat : *La grève de la voiture*. Dans son résumé forcément succinct, Coupat n'avait pu insister sur l'intervention du délégué du ministre du commerce, ni sur la portée de cette intervention. Le Blavec tient à marquer que des ouvriers de la voiture avaient eu avant M. Fagnot l'idée de la commandite, c'est plus que probable ; que l'influence de M. Fagnot sur les ouvriers fut nulle, il n'en aurait pas été de même chez les patrons, semble-t-il ; enfin que la commandite n'est pas d'une application générale aujourd'hui : c'est en dehors de la question. Mais c'est aller un peu vite, que de parler d'inexactitude ! Au reste, nos lecteurs jugeront. Voici l'article de Le Blavec et il contient les deux textes :

Dans la *Revue syndicaliste* qui a paru le mois dernier, nous lisons, sous la signature du camarade Coupat, un exposé de faits inexacts en ce qui concerne la grève des ouvriers de la Voiture de Paris.

Il écrit ce qui suit :

Les ouvriers de la voiture rompirent plusieurs fois les négociations avec leurs patrons, refusant énergiquement la substitution du travail aux pièces au marchandage. Entre temps, le ministre du commerce intervint et délégua auprès des patrons et ouvriers un enquêteur de l'Office du Travail.

Ce fonctionnaire fut assez heureux, après 32 jours de grève, pour faire accepter, par les ouvriers et les patrons, le travail en commandite aux lieu et place du marchandage.

Nous ne pouvons laisser passer cette affirmation sans remettre immédiatement les faits au point, afin d'éviter que ne s'accrédite une légende. Si Coupat avait pu suivre attentivement notre mouvement, il se serait évité de commettre cette erreur.

Ce n'est pas le délégué du ministre du commerce qui donna au comité de grève l'idée de la commandite. Ce système de travail était patronné dans le sein du comité par quelques camarades avant que nous ayons vu le ministre ainsi que ledit délégué : la question fut discutée et repoussée par une majorité de grève, qui ne voyait dans la commandite qu'un marchandage et travail aux pièces déguisés.

Ce n'est que plus tard, devant l'entêtement irréductible des patrons, que le comité de grève proposa en assemblée générale cette forme de travail. Nombreux furent les grévistes qui s'élevèrent contre cette proposition et c'est très froidement que fut accueillie l'intervention du délégué des typographes venant expliquer la commandite.

Quant à l'intervention de M. Pagnot, elle fut celle de la mouche du coche. Près des ouvriers, son influence fut nulle. Que fut-elle du côté patronal ? Est-ce lui qui leur fit accepter la commandite ? Nous l'ignorons.

En tout les cas, après divers tiraillements, les conditions du travail faisant cesser la grève furent signées de part et d'autre, stipulant l'application de la commandite dans les trois mois.

Quel est aujourd'hui le résultat décisif de la grève ?

La commandite n'est pratiquée que dans trois ou quatre maisons.

Par contre, partout le travail aux pièces est supprimé et ce pourquoi ont lutté les grévistes, — le travail à la journée, — est la règle générale.

Ajoutons que de sensibles augmentations de salaires rendent indiscutable la victoire ouvrière : les frappeurs, qui gagnaient avant la grève 0,40, gagnent 0,55 et 0,60 ; les limeurs gagnaient 0,45 et 0,50, ils touchent 0,70 et 0,75 ; les charrons avaient 0,60 et 0,65, ils ont 0,75 à 0,85 ; les forgerons gagnaient de 0,75 à 0,80, ils ont de 0,90 à 1 fr.; les peintres gagnaient de 0,60 à 0,80, ils touchent de 0,70 à 1 fr. 10 ; les menuisiers gagnaient de 0,70 à 0,75, ils se font en moyenne 1 fr. 10 de l'heure, et certaines spécialités ont jusqu'à 1 fr. 50 ; les scieurs et découpeurs avaient 0,85 environ et ils ont aujourd'hui 1 fr. 40 à 1 fr. 50.

En conclusion, la grève de la Voiture s'est terminée par une victoire ; l'intervention de M. Pagnot a été nulle et voudrait-on, quand même, lui donner le bénéfice de la commandite, on peut constater par les faits ci-dessus que la victoire enregistrée n'est pas la conséquence de la commandite.

Le Blavec.

Le Gérant : Gervaise.

Imp. Le Bigot Frères.

LA CONFÉRENCE DE BERNE

Quelques journaux ont parlé déjà de la Conférence internationale qui va s'ouvrir à Berne, le 8 mai prochain. C'est un évènement assez important qui doit intéresser le monde du travail, car des questions sérieuses seront portées à l'ordre du jour, et des représentants de tous les pays de l'Europe, la Russie exceptée, y assisteront.

Avec la Conférence de Berlin, c'est la deuxième tentative qui est faite en vue d'aboutir à une législation sociale internationale.

Naturellement, les anti-parlementaires critiqueront cette tentative, ils auront la faculté de crier à l'impuissance, et cela leur sera d'autant plus facile, que la législation internationale, pour si utile et désirable qu'elle soit, sera lente à pénétrer dans les États, en raison de la rivalité et de la multiplicité des intérêts.

Malgré cela, les deux questions portées à l'ordre du jour sont d'un intérêt de premier ordre : 1° la suppression du travail de nuit des femmes ; 2° la suppression du phosphore blanc dans la fabrication des allumettes.

Grâce à l'intervention de la législation nationale, la première question a déjà reçu une heureuse solution dans divers États de l'Amérique du Nord, de l'Australie et de l'Europe. En ce qui concerne la deuxième question, la France, qui fabrique les allumettes dans ses manufactures, a déjà supprimé l'emploi du phosphore blanc, matière extrêmement dangereuse pour les ouvriers et ouvrières occupés à la fabrication des allumettes. Il est clair, que ces réformes sont absolument désirables ; les États peuvent faire beaucoup dans ce sens, il importe que la législation internationale soit pénétrée par l'action de cette conférence.

La France sera représentée par : Millerand, député, président de la commission de prévoyance et d'assurance sociales ; Keufer, secrétaire de la Fédération du livre, vice-président du conseil supérieur du travail ; MM. Waddington, sénateur, président de la commission supérieure du travail ; Arthur Fontaine, directeur du travail au ministère du commerce ; Sevène, ingénieur en chef des manufactures de l'État ; Lagard, inspecteur divisionnaire du travail à Marseille, adjoint à la délégation ; Marcel Bernard, chef du secrétariat particulier de M. Dubief, secrétaire de la délégation. — A. K.

LE CONGRÈS DE LA FÉDÉRATION DU LIVRE

Depuis quelques temps, la Fédération du Livre se prépare à la tenue de son 9ᵉ Congrès national, qui aura lieu à Lyon, du 5 au 11 juin prochain. L'ordre du jour, qui a été publié par la *Typographie française*, indique que ce Congrès sera extrêmement important par les questions qui y seront traitées. Parmi les questions qui provoqueront sans doute des débats assez vifs, citons : l'unification régionale des salaires, l'acceptation de la femme dans l'imprimerie, la réduction des heures de travail, la marque syndicale, l'application dans les ateliers des lois sur l'hygiène, etc., etc.

La Fédération du Livre, prenant à sa charge tous les frais de voyage, de séjour, indemnités de travail, toutes les sections en règle avec les statuts fédératifs assisteront au Congrès, ce qui représentera au minimum 150 délégués. C'est évidemment un des plus importants congrès corporatifs.

Nous en entretiendrons nos lecteurs ainsi que de la Conférence internationale de Berne. — A. K.

RENSEIGNEMENTS SYNDICAUX

Nous consacrerons notre quatrième page et, s'il est nécessaire, toute notre couverture aux renseignements qui peuvent intéresser l'action syndicale. Nous commençons aujourd'hui par la publication des adresses des centres syndicaux nationaux. Nous donnerons plus tard par métier les adresses des Fédérations nationales, et des Secrétariats internationaux.

ADRESSES DES CENTRES NATIONAUX SYNDICAUX

FRANCE : V. Griffuelhes, « Confédération générale du Travail », Paris X°, 3, rue du Château-d'Eau.

ANGLETERRE : J. Mitchell, « General Federation of Trade Unions », London, E.C., 168-170, Temple Chambers, Temple Avenue.

PAYS-BAS : G. van Erkel, « Nationaal Arbeids-Secretariaat », Amsterdam, Rozengracht, 164.

BELGIQUE : A. Octors, « Commission syndicale », Bruxelles, rue Joseph Stevens (Maison du Peuple).

DANEMARK : C. M. Olsen, « De Samvirkende Fagforbund i Danmark », Copenhague K., Nörre Farimagsgade 49, I. Sal.

SUÈDE : H. Lindquist, « Landssecretariatet », Stockholm, Folkets Hus, Barnhusgatan, 14.

NORVÈGE : A. Pedersen, « Landssecretariatet », Christiania, Storgaden, 20.

FINLANDE : J. K. Kari, « Finska Arbetarpartiets Styrelse », Turku, Olbo (Finland).

ALLEMAGNE : C. Legien, « Generalkommission der Gewerkschaften Deutschlands », Berlin S.O. 16, Engel- Ufer 15.

AUTRICHE : A. Hueber, « Gewerkschaftskommission Oesterreichs », Wien VI, Mariahilferstr. 89 A.

HONGRIE : Jaszai Samu, « Ungarländischer Gewerkschaftsrat », Budapest, Dalnok utcza 3 ᵘᵉᵐ.

SERBIE : G. Pawicewić, « Union des Syndicats de Serbie », Belgrade, Radnicke Novine.

BULGARIE : G. Wassilew, « Commission centrale des Syndicats de Bulgarie », Sofia, Ul. Tzar-Samonil 18.

SUISSE : F. Thies, « Schweizer Gewerkschaftsbund », Berne, Mattenhofstr., 14.

ITALIE : Segretariato centrale delle Camere del lavoro e delle Federazioni di resistenza », Milan, Via Crocefisso, 15.

ESPAGNE : Vincente Banio, « Secrétariat du Travail », Madrid, Relatores 14.

AMÉRIQUE DU NORD : Sam. Gompers, « American Federation of Labor », Washington D.C. 423-425 G. Street, N. W.

ARGENTINE : Hector Mattai, « Federation Obrera Argentina », Buenos-Aires, Saranti, 896.

AUSTRALIE : *a)* **Nouvelle Galles du Sud** : Sam Smith, Court of Arbitration, Sydney, Members Chambers King Street (N.-S.-W.).

b) **Queensland** : A. Hinchcliffe, Trades Hall, Brisbane (Queensland).

c) **Australie méridionale** : S. F. Wallis, Trades Hall, Grote Street, Adelaide (South Australia).

d) **Victoria** : G. Barnett, Trades Hall, Melbourne (Victoria).

JAPON : G. Yamane, Kingsley Hall, Kanda, Tokyo.

<table>
<tr><td>Le Gérant : GERVAISE.</td><td></td><td>Imp. Le Brret Frères.</td></tr>
</table>

Première Année   Nº 6   15 Octobre 1905.

Vingt Centimes

La Revue Syndicaliste

MENSUELLE

SOMMAIRE

Mutualité et Syndicat . . . . B. Phosphos.

Le Congrès des Trades-Unions anglaises . . . . J. Robert Mauremont.

Le mouvement en France. — [illegible] — [illegible] des Verriers, des Gantiers, des Métallurgistes, des [illegible], des cuirs et peaux, des Bûcherons. — L'Une [illegible] — Le Syndicalisme dans les Postes. — Les Caisses de chômage.

Le mouvement à l'étranger. — Les [illegible] — [illegible] Les Mineurs. — La Nouvelle Zélande.

Variétés. — [illegible].

PARIS

SOCIÉTÉ NOUVELLE DE LIBRAIRIE ET D'ÉDITION

(LIBRAIRIE GEORGES BELLAIS)

17, RUE CUJAS, 4e [illegible]

La Revue Syndicaliste

Paraissant le 15 de chaque mois

France : Un an	2 fr. 40	Étranger : Un an	3 fr.
» Six mois	1 fr. 20	» Six mois	1 fr. 50

Les abonnements partent de mai et de novembre.

Nous serons reconnaissants aux camarades de nous envoyer le montant de leurs abonnements par mandat-poste, pour éviter les frais de recouvrement.

Prière d'adresser tout ce qui concerne la rédaction ou l'administration au camarade Albert Thomas, administrateur-délégué de la *Revue syndicaliste*, 17, rue Cujas, Paris Ve.

Administration.

Quelques mots seulement aujourd'hui. Voilà six mois que la Revue vit et se développe. Avec nos frais d'administration réduits au minimum, avec le concours actif des camarades désintéressés qui aident à la rédaction ou à la vente, notre existence est dès maintenant assurée pour longtemps encore. Mais nous n'oublierons jamais que, pour la cause même que nous défendons, il est nécessaire que nous ne vivions pas seulement, mais que nous nous développions chaque jour. Encore un effort, un effort de chacun et le but est atteint !

Nous prions les quelques camarades qui ne s'étaient abonnés que pour six mois, de vouloir bien nous envoyer, avant le prochain numéro, le montant de leur abonnement renouvelé.

Idée commune.

Nous avons eu plaisir à retrouver dans les *Temps nouveaux*, à propos de la Bourse du travail, des idées analogues à celles qui ont été exprimées dans notre Revue par le camarade Lauche. À chercher comment défendre et développer l'autonomie syndicale, ils seront nombreux sans aucun doute les militants qui se rencontreront !

Lauche parlait de la fondation d'une Bourse nouvelle, solidement établie par le développement du mouvement coopératif. Nous avons montré ensuite, en reproduisant l'article de Sombart, comment les camarades de Berlin avaient procédé. De son côté, Jean Grave insiste dans les *Temps nouveaux* du 23 septembre :

« Pourquoi les syndicats, dit-il, ne se construiraient-ils pas une Bourse du travail à eux, leur appartenant et où ils seraient libres de s'y gérer sans intervention de l'autorité ?

Les coopérateurs belges ont réussi à se faire construire des maisons du peuple luxueuses et commodes. Les syndicats français seraient-ils moins capables d'initiative, d'esprit de suite ? Ne sauraient-ils s'imposer le moindre effort pour se passer de l'appui de l'autorité à laquelle ils font la guerre ?

On peut compter sur 50,000 syndiqués — il y en a beaucoup plus ;

Voir la suite, à la 3e page de la couverture.

Le Parti Socialiste et le Mouvement

des huit heures.

L'abondance des matières ne nous avait pas permis de relater le mois précédent, la résolution prise par le Congrès du Parti socialiste, à Chalon, le 2 novembre, concernant la journée de huit heures. En voici le texte :

Le parti socialiste ayant toujours, depuis la première Internationale, réclamé les huit heures avec le minimum de salaire, et ayant, dans ce but, créé le chômage du Premier-Mai, tient à rappeler d'abord les décisions prises par lui dans ses Congrès nationaux et internationaux. Il enregistre avec satisfaction le grand mouvement syndical relatif à la réalisation de cette partie de son programme et fait d'avance que les camarades syndiqués de Paris se conformeront aux décisions qu'ils ont contribué à faire prendre dans leurs Fédérations professionnelles respectives et dans la Confédération générale du Travail.

Comme Parti, en présence des persécutions dont les Bourses du Travail sont victimes, il donne mandat à ses élus de défendre les Bourses ouvrières et les libertés syndicales et d'empêcher toute tentative d'étranglement du mouvement des huit heures.

Il compte également sur ses élus pour qu'ils poursuivent leurs efforts, afin d'imposer aux pouvoirs publics la diminution des huit heures et du repos hebdomadaire.

Il rappelle aux élus municipaux qu'ils doivent donner l'exemple en appliquant pour réforme dans les municipalités dont ils disposent.

Il donne mandat à ses élus au Parlement de hâter la généralisation des huit heures dans les services de l'État bourgeois et pour tous les travailleurs.

Pourtant le Parti socialiste, Parti de révolution, rappelle aux travailleurs, qu'ils ne seront véritablement libres que lorsque, par l'expropriation de la classe possédante, ils se seront emparés de tous les moyens de production et d'échange pour en finir avec le salariat.

Cette résolution a été peu commentée. Elle nous semble cependant avoir quelque importance, dans le développement des idées socialistes. Elle marque très nettement la division du travail entre les organisations politiques et les organisations syndicales : elle indique précisément que l'action immédiate contre le patronat pour la réduction des heures de travail est d'ordre purement syndical, et que les socialistes y prendront part, individuellement, comme syndiqués. Les groupes socialistes, comme tels, n'ont pas à intervenir dans l'action engagée.

Mais le parti socialiste, comme représentation politique de la classe ouvrière, a des devoirs précis. Il doit aider naturellement à la propagande générale pour les huit heures, afin qu'un même esprit anime toujours les organisations politiques et économiques du prolétariat; surtout, il a, politiquement, leurs obligations bien nettes : il doit garantir contre toute intervention gouvernementale, contre toute intervention de la force publique, le mouvement syndical; il doit créer et entretenir cette atmosphère de liberté politique, où le prolétariat peut librement développer son effort direct. Il doit, d'autre part, protéger pour ainsi dire, par la loi, les derrières de l'armée ouvrière en lutte, contre les indifférents et les traîtres. C'est un fait caractéristique que, dans des pays comme l'Angleterre, où l'action syndicale a déjà donné tant de résultats, au point de vue de la diminution des heures de travail, les syndicats, les Trade-Unions réclament encore une législation générale qui, en assurant l'acquis, permettra de nouveaux progrès. C'est au parti socialiste qu'incombe cet effort législatif.

Vers les huit heures

A l'heure où s'accentue la propagande pour la réduction des heures de travail, nous croyons utile de signaler à nos lecteurs les diverses publications, ou même les articles qui peuvent fournir des arguments, pour aider à vaincre les résistances des timides ou des inconscients.

Nous avons signalé en leur temps la brochure publiée par la commission confédérale des huit heures ; la brochure de notre camarade Niel ; la brochure des mécaniciens. Pour la propagande, il nous faut indiquer aujourd'hui :

1° *La journée de huit heures dans le bâtiment*, éditée par la commission confédérale de propagande pour les huit heures, et signée du camarade Léon Robert. L'auteur montre comment l'intensité du chômage rend la conquête des huit heures plus nécessaire peut-être en cette corporation qu'en aucune autre. Il montre comment le machinisme a eu aussi dans cette corporation des effets incontestables. Aux arguments généraux, valables pour toutes les corporations, Robert en ajoute de nouveaux, tirés des malfaçons commises par les patrons et des rabais consentis par eux. Enfin il cite d'intéressants exemples de l'étranger. Cette brochure est en vente à la Confédération générale du Travail, 10, cité Riverin (Paris X'), aux prix de 0,25 pour 3 exemplaires; 0,65 pour 10; 4 fr. pour 100; 18 fr. pour 500; 34 fr. pour 1000 (franco).

2° *Le problème et la solution : les huitheures à la Chambre, par Jules Guesde.* C'est la troisième édition faite, par le Parti socialiste, d'une brochure célèbre et toujours d'actualité. Dans une première partie, la question se trouve posée d'ensemble, et rattachée au problème général du capitalisme, avec la vigueur de formules, particulière à Guesde. Dans la seconde, on trouve l'exposé des motifs de la proposition de loi, déposée le 22 mai 1894 par Guesde à la Chambre des députés, et qui contient un grand nombre de faits et de citations, dont la plupart n'ont point vieilli. On trouvera cette brochure au siège du Conseil national du Parti socialiste, 16, rue de la Corderie (Paris III').

Il faudrait pouvoir recueillir, d'autre part, dans les journaux corporatifs ou même parfois quotidiens les nombreux articles qui paraissent sur la journée de huit heures. Nous ne le pouvons encore ; nous signalerons cependant un article de la *Voix du Peuple* du 3 décembre contenant un bon résumé d'une brochure de M. Fromont, directeur-gérant de la Société de produits chimiques d'Engis, en Belgique, et la reproduction d'un document paru dans l'*Humanité*, sur la journée de huit heures, dans certaines usines de la Société des Forges de Franche-Comté. Ceci pour les faits. Au point de vue des opinions, on lira avec profit les articles de notre collaborateur Keufer dans la *Typographie française* des 16 octobre, 1" novembre et 16 novembre.

Notons enfin en France ou à l'étranger d'importantes manifestations parlementaires. Conformément à la décision du Congrès de Châlon, que nous rappelons plus haut; le citoyen Vaillant et plusieurs de ses collègues ont déposé le 27 novembre une proposition de loi ayant pour objet « l'institution de la journée de huit heures et du salaire minimum pour tous les ouvriers et ouvrières et pour tous les employés et employées ». D'autre part, dans son rapport sur le budget du ministre des affaires étrangères pour 1906, M. Gervais demande qu'il soit pris des mesures internationales pour arriver à une législation internationale de la journée de travail. Notre camarade Pouget a cité de ce rapport d'importants passages dans la *Voix du Peuple* du 10 décembre. En Allemagne, la fraction démocrate-socialiste au Reichstag a demandé par une proposition (*Antrag*) que le Reichstag « veuille bien charger les gouvernements confédérés, de lui présenter le plus tôt possible un projet de loi par lequel la durée quotidienne du travail soit, sous la réserve de certaines mesures de transition à déterminer, fixé d'une manière régulière à huit heures au plus pour toutes les personnes occupées dans l'industrie, le commerce et les transports, et que l'après-midi du samedi leur soit accordé ».

Le Gérant : GERVAISE.　　　　　　IMP. LE BIGOT FRÈRES

Première Année.   N° 7.   15 Novembre 1905.

La Revue Syndicaliste

Vingt Centimes

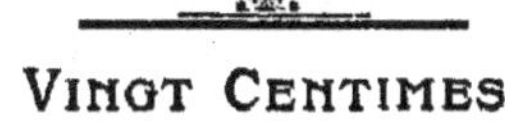

MENSUELLE

SOMMAIRE

o o o

Les Retraites ouvrières et les Syndicats.

Des faits ! . . . . P. Umbreit.

Le mouvement en France. — La Bourse du Travail de Paris (Lauche). — Dans les Vosges (Pernot). — Le mouvement syndical des instituteurs (A. Franchet). — L'État et ses travailleurs (Gervaise). — Les Congrès : Les inscrits maritimes ; — les mouleurs (R. Lenoir).

Le mouvement à l'étranger. — Les électriciens de Berlin. — En Esthonie. — Les typographes américains. — L'organisation internationale.

PARIS

SOCIÉTÉ NOUVELLE DE LIBRAIRIE ET D'ÉDITION

(LIBRAIRIE GEORGES BELLAIS)

17, RUE CUJAS, Vᵉ ARRᵗ

Paraissant le 15 de chaque mois

France : Un an . . . . . . 2 fr. 40 | Étranger : Un an . . . . . 3 fr.
    »   Six mois . . . . . 1 fr. 20 | »   Six mois . . . . . 1 fr. 50

Les abonnements partent de mai et de novembre.

Nous serons reconnaissants aux camarades de nous envoyer le montant de leurs abonnements par mandat-poste, pour éviter les frais de recouvrement.

Prière d'adresser tout ce qui concerne la rédaction ou l'administration au camarade Albert Thomas, administrateur-délégué de la *Revue syndicaliste*, 17, rue Cujas, Paris V.

Relations internationales

Dès la fondation de notre revue, les relations internationales ont été une de nos principales préoccupations. Nous estimions en effet, que c'est dans les luttes syndicales, que le prolétariat des divers pays sent le mieux son identité ; et nous pensions que c'est surtout, dans le domaine économique que l'expérience étrangère est utilisable. En dépit des habitudes nationales, en dépit de ce caractère national, dont on fait trop souvent le palladium de tous nos défauts, il y a des méthodes qui sont, en elles-mêmes, supérieures à d'autres, qui donnent plus de résultats ou qui contribuent davantage à l'éducation révolutionnaire du prolétariat. Voilà pourquoi nous avons toujours apporté à l'information étrangère un grand soin. A l'avenir même, nous la développerons encore : nous tâcherons, s'il est possible, d'avoir chaque fois un article d'un camarade étranger, sur le mouvement, ou sur tel point particulier du mouvement dans son pays.

Mais cela ne suffit pas. Si nous pouvons, ainsi, à l'occasion éveiller la réflexion de quelques camarades, fournir des arguments pour la propagande ou les discussions, nous ne nous dissimulons pas que c'est là peu de chose encore. Pour imiter telle institution, il faut en connaître un peu le détail, les résultats. Pour bien apprécier un mouvement étranger, il ne suffit point de le connaître, même très bien, par les informations quotidiennes. Nos lecteurs auront certainement relevé dans un article aussi documenté et aussi vrai que celui d'Umbreit, certaines injustices d'appréciation. On ne se connaît bien que par des relations fréquentes, constantes.

Mais là est la difficulté. Un secrétaire de syndicat, ni de fédération, ni même de confédération ne peut connaître toutes les langues. Il ne peut entretenir une correspondance facile avec les secrétaires des organisations étrangères de même métier ; il ne peut pas lire les journaux qui l'informeraient du mouvement. Combien de fois, en Allemagne ou en France, n'avons-nous pas entendu la plainte, de la lettre laissée sans réponse par l'organisation sœur ? Combien de fois aussi l'avons-nous vu, le geste mélancolique du secrétaire de fédération mettant de côté le journal étranger, qu'il ne peut pas lire, et où il y aurait peut-être tant de choses utiles à puiser ? — Mais les traductions coûtent cher et les caisses des fédérations sont peu fournies ; il y a tant de dépenses à faire, et d'immédiate utilité.

Souvent, des camarades nous ont parlé de cette situation. Le projet d'un service de traduction et d'information établi, à frais communs, par les syndicats, a été même agité. Mais les éléments ont manqué.

Il est urgent pourtant de combler cette lacune. Et nous voulons le

Voir la suite, à la 3e page de la couverture.

tenter, en attendant le jour où nos organisations syndicales plus fortes pourront créer cette institution.

Dès aujourd'hui, nous ouvrons à la Revue un service d'information et de traduction pour les syndicats ou fédérations. Les syndicats ou fédérations n'auront qu'à nous envoyer leurs journaux étrangers : nous les dépouillerons et nous tenterons d'en extraire ce qui peut être utile à leur action. Comme un dépouillement peut toujours paraître tendancieux, nous nous engageons d'autre part à traduire ou à résumer les articles qui nous seraient signalés. Il va sans dire enfin que nous ferons de même pour les lettres ou les circulaires.

Nous ne doutons pas que les syndicats qui comptent un ou plusieurs de leurs membres parmi nos collaborateurs, et qui ont pu apprécier le caractère de notre œuvre ne profitent de cette institution nouvelle. Mais nous nous mettons naturellement à la disposition de tous.

En échange, nous ne demandons qu'une chose : qu'on aide au développement de la Revue, en l'informant, en la citant, surtout en lui trouvant de toujours plus nombreux abonnés — *L'Administeur délégué*.

Les Idées d'un Ami

Nous avons signalé dans notre dernier numéro, à l'occasion du décret du 9 septembre 1905, les deux petits volumes qu'a fait paraître F. Fagnot à la Société Nouvelle de librairie et d'édition. C'est une étude très documentée de la constitution et du développement des caisses de chômage. Fagnot, qui n'est point partisan de l'assurance obligatoire contre le chômage, estime que la caisse fédérale de chômage est, à l'heure actuelle, le remède à ce mal, le moins insuffisant. Il décrit celles qui fonctionnent en Allemagne, en Angleterre, en France et indique les résultats obtenus. — Dans le second fascicule, les secrétaires de syndicats ou de fédérations trouveront une énumération précieuse des conditions qu'une caisse de chômage doit remplir pour avoir droit à une subvention de l'Etat.

Ce sont là chose difficilement résumables et discutables, puisqu'aussi bien nous sommes toujours à l'étroit. Mais beaucoup de nos lecteurs connaissent Fagnot Ils savent que l'enquêteur de l'Ofice du Travail est merveilleusement informé du mouvement français ou étranger. Ils savent aussi que l'ancien typo est resté de cœur attaché à l'effort syndical, et toujours préoccupé de son avenir. Nous avons cru intéressant pour nos lecteurs d'extraire de l'ouvrage de Fagnot quelques passages où se trouvent exprimées d'une manière délicate et précise, des opinions qui se rapportent aux problèmes les plus passionnants de la vie syndicale.

Sur le mouvement français

« Les qualités et les défauts de l'esprit français se retrouvent naturellement dans le syndicalisme de ce pays, surtout lorsqu'on le compare à celui des deux grandes nations voisines. Il arrive souvent chez nous que le syndicat ouvrier se donne, non pour but final, mais pour but immédiat de transformer la société ou, pour le moins, de modifier les bases de l'ordre social. La justice de sa cause, une entière confiance en lui-même suffiront à vaincre tous les obstacles. Un tel état d'esprit rend peu apte aux études patientes, aux plans lentement préparés, aux efforts persévérants. Malgré tout, le syndicalisme, œuvre pratique et de longue haleine, se développe peu à peu et commence à bâtir son propre édifice. Il commence même à fonder des services de solidarité.

« On comptait, en janvier 1905, 4.625 syndicats ouvriers groupant 781.344 adhérents. Le mouvement a une importance ; et l'on sait que malgré une activité peu méthodique, son influence sur les conditions du travail est déjà grande. Elle ne pourra que s'accroître, car le temps conspire en sa faveur. Comme un torrent de la montagne, le syndicalisme est encore impétueux, quelquefois frémissant ! Mais en dépit d'apparences et de quelques faits contraires, le torrent gagnera bientôt la plaine où, trouvant son lit naturel, il se transformera en fleuve plus ou moins calme, mais toujours bienfaisant. Le débat qui s'ouvre entre réformistes et révolutionnaires caractérise l'étape. Les témérité juvéniles iront s'atténuant insensiblement pour faire place à l'action lente, méthodique et, par conséquent, profonde. Le syndicalisme organique de cette nouvelle période sera inévitablement marqué, en France comme à l'étranger, — tout en conservant l'empreinte du caractère national, — par un grand développement, une organisation de plus en plus perfectionnée, plus d'action et moins d'agitation, partant plus de force et, enfin, par des institutions fortifiantes au premier rang desquelles figureront les services de viaticum et de chômage » (p. 70 et sq.).

Sur le mutualisme

« De nombreux syndiqués sont persuadés que le mutualisme, même appliqué au chômage, est un danger pour l'esprit syndical. L'objection vaut qu'on s'y arrête, car elle contient, à notre avis, une part de vérité.

« Un syndicat consacrant le meilleur de son activité et la plus grande partie de ses ressources à des œuvres de mutualité n'aurait plus du syndicat que le nom. Il serait inapte à défendre les intérêts généraux de sa profession, c'est-à-dire à remplir son objet primordial. Il ne serait qu'un groupement d'égoïstes, de satisfaits, incapables d'efforts collectifs allant jusqu'au sacrifice de leurs intérêts personnels. Pour tout dire, le syndicat intransigeant, révolutionnaire, nous paraît préférable au syndicat purement mutualiste. Le premier est animé par l'esprit syndical. On dira qu'il l'exagère et que dépasser le but en visant trop haut c'est encore le manquer. C'est vrai ; mais le choc des réalité, l'expérience — cette grande institutrice — et surtout les responsabilités le ramèneront, tôt ou tard, à la mesure, à la pondération nécessaires et l'obligeront à acquérir une notion plus exacte des faits sociaux. Quant au second, lorsque l'esprit mutualiste parvient à atrophier en lui l'esprit de résistance, ce n'est plus qu'un syndicat de contrefaçon.

« Entre le syndicat révolutionnaire, qui se complaît dans l'idéal et le rêve au point de négliger le présent et ses dures réalités, et le syndicat mutualisé qui concentre tout son effort sur les institutions de secours et d'assistance, il y a place pour un troisième syndicat se tenant à égale distance des deux premiers et, par suite, conciliant leurs tendances contraires. C'est la théorie du juste milieu, très facile à décrire..... et fort difficile à appliquer » (p. 177).

Première Année.　　　　N° 8.　　　　15 Décembre 1905.

La Revue Syndicaliste

MENSUELLE

SOMMAIRE

o o o

L'Action directe devant la classe ouvrière suisse . . . . J. Sigg.

La Journée de huit heures en Amérique.

Le mouvement en France. — La grève des arsenaux. — La grève d'Amiens (Cleuet). — La fin de la grève de Plainfaing. — Le Congrès de la voiture.

Le mouvement à l'étranger. — Le lock-out de Suède.

Variétés. — La grève au village, par Gaudérique Tixeyre.

PARIS

PUBLICATIONS DE LA SOCIÉTÉ NOUVELLE DE LIBRAIRIE ET D'ÉDITION

(Anciennement rue Cujas)

ED. CORNÉLY & Cie, ÉDITEURS

101, RUE DE VAUGIRARD, 101

Paraissant le 15 de chaque mois

France : Un an . . . . **2 fr. 40** | Étranger : Un an . . . . . **3 fr.**
» Six mois . . . . . **1 fr. 20** | » Six mois . . . . **1 fr. 50**

Les abonnements partent de mai et de novembre.

Nous serons reconnaissants aux camarades de nous envoyer le montant de leurs abonnements par mandat-poste, pour éviter les frais de recouvrement.

Prière d'adresser tout ce qui concerne la rédaction ou l'administration au camarade Albert Thomas, administrateur-délégué de la *Revue syndicaliste*, 101, rue de Vaugirard, Paris.

Administration.

Parmi les camarades qui ne s'étaient abonnés que pour six mois, quelques-uns ne nous ont pas encore envoyé leur renouvellement d'abonnement. Nous rappelons que le prix modique de notre Revue nous empêche de faire recouvrer par la poste. Nous prions donc instamment ces camarades de se mettre en règle avec nous, s'ils veulent continuer à recevoir notre publication.

Le nombre des abonnements s'accroît toujours, plus lentement qu'au début, cela va de soi, mais sans interruption. Chaque numéro nouveau nous apporte des abonnements nouveaux. Mais les besoins croissent plus vite que les ressources. Dès le mois dernier, nous étions contraints, par l'article d'Umbreit, à publier un numéro de 32 pages. Et même avec 32 pages, la périodicité mensuelle est insuffisante.

Nous pourrions recourir à des amis, leur demander l'argent nécessaire pour cet agrandissement. Nous ne le voulons pas. Nous voulons que notre Revue vive et grandisse d'elle-même, par sa force propre. Nous sommes encore dans cet état des organisations syndicales trop faibles, qui n'osent point publier le nombre de leurs membres cotisants. De même que nous souhaitons que les Fédérations et les Syndicats imposent au patronat le respect ou la crainte, rien que par la publication de chiffres vrais, de même nous souhaitons que notre Revue puisse en fin d'année, attester qu'elle a vécu et qu'elle grandit par ses seuls abonnements.

Nous nous proposons d'envoyer bientôt une nouvelle circulaire, avec bulletin d'abonnement. Que chacun de nos abonnés nous fasse seulement *un* abonné, et c'est l'agrandissement espéré.

mais il faut compter sur le déchet. — Or, en admettant qu'il faille un million pour construire un immeuble commode et spacieux, mettons-en même deux, cela représenterait de 20 à 40 francs par syndiqué.

Mettons pour chaque syndiqué une surcotisation de o fr. 50 par mois, cela produirait 25.000 fr. par mois et 300 000 francs par an. En quatre à sept ans, on aurait couvert les frais de construction. »

Grave ajoute qu'il ne faudrait peut-être même pas attendre si longtemps ; qu'une fois le terrain acheté, on pourrait emprunter à des conditions raisonnables ; qu'on trouverait bien encore deux ou trois bourgeois dilettantes pour offrir quelques billets de mille ; que des artistes ou artisans désintéressés et d'esprit libre collaboreraient sûrement à l'œuvre ; enfin qu'on pourrait faire appel à des groupements similaires.

Nous n'ignorons pas que dans beaucoup de villes, les syndicats ne pourraient pas encore tenter cet effort. Nous n'ignorons point non plus que souvent, après des mois de luttes contre une municipalité bourgeoise, l'établissement d'une Bourse a été une énorme victoire morale pour la classe ouvrière. Qu'on le demande, par exemple, aux camarades de Saint-Claude. Mais quel que soit l'esprit d'indépendance et d'autonomie des syndicats, dans le local municipal, avec la subvention municipale, tôt ou tard ils peuvent être gênés, entravés. Une Maison des syndicats, tout à fait autonome, donnerait à la classe ouvrière une force singulière. Les événements de l'heure présente indiquent bien qu'il faut songer à la solution.

Bibliographie :

Pour les huit heures

L'Union corporative des ouvriers mécaniciens de la Seine a tiré 50.000 exemplaires et distribué gratuitement une excellente brochure de propagande, destinée à faire comprendre aux travailleurs de l'industrie mécanique, que la conquête des huit heures est absolument nécessaire pour la vie ouvrière, pour l'avenir du prolétariat, et qu'elle ne peut être faite et maintenue que par une forte organisation ouvrière. Nécessité des huit heures, au point de vue des salaires, du chômage, de l'hygiène ; — utilité du syndicat et services rendus par lui, tels sont les deux thèmes de la brochure. En voici d'ailleurs le sommaire :

La réduction des heures de travail : Salaires, Chômage, Hygiène, Heures supplémentaires, Revendications, Préparons-nous pour l'action.

L'Union Corporative et l'organisation ouvrière.

La journée de 8 heures sous le point de vue physiologique, par le D' Dally.

Internationalisme patronal. A propos d'une photographie bien suggestive de la *Vie illustrée* représentant les soldats et gendarmes allemands, français et luxembourgeois, réunis dans un groupe sympathique à l'extrême frontière et prêts à opérer contre les camarades de Longwy.

Un aveu, celui de la *Métallurgie,* journal patronal, qui dit « que c'est dans l'oisi-

veté des heures de liberté que l'ouvrier reçoit en lui le germe de la révolte ; et
avoue ainsi pourquoi les patrons tiennent aux longues journées.

Fédération des Mécaniciens.

Le travail aux pièces.

La solidarité à l'Union des mécaniciens.

Renseignements utiles sur les accidents du travail ; l'hygiène des ateliers ;
l'inspection. — Adhésions.

Le Manuel du paysan

Une bonne brochure de propagande syndicaliste, éditée par le
comité fédéral des travailleurs agricoles du Midi. Première brochure
qui n'a pas encore toute la sûreté, toute l'habileté de certaines brochures syndicalistes, au point de vue de la propagande, mais solidement documentée, sobrement écrite, et contenant l'essentiel : une
courte histoire de la classe paysanne, de ses souffrances et de ses
révoltes, — un tableau de son sort misérable, — un résumé de ses
revendications, — et quelques indications sur l'arme à forger, sur le
syndicat.

Le Manuel est en vente à la Confédération générale du Travail, au
prix de 7 francs le cent, port compris.

La loi Berteaux

A la veille de la rentrée du Sénat, nos camarades du chemin de fer
ont engagé une vaste agitation pour faire aboutir enfin le projet de
loi réglementant le travail et les retraites. Le 7 octobre, une centaine
de meetings ont été organisés par le Syndicat national pour intéresser
l'opinion à cette réforme et exercer une pression sur le Sénat, dont
dépend le vote du projet.

En même temps, le syndicat a publié une brochure précise, claire,
vivante, destinée à retracer l'origine de la proposition, les votes des
Chambres depuis 1897, les projets et contre-projets, jusqu'au projet
transactionnel, élaboré par un comité d'entente de tous les syndicats
de chemins de fer, et qui indique les revendications minimes des
travailleurs. (Retraites pour tous, après 25 ans de services ; — dix
heures de travail, repos tous les dix jours).

Le grand intérêt du travail fait par le syndicat national, c'est qu'il
établit d'une manière à peu près certaine ce que coûtera la réforme.
Députés et sénateurs, à l'envi, pour effrayer leurs collègues et faire
échouer le projet de loi, accumulaient millions sur millions, lorsqu'ils
parlaient des dépenses que nécessiteraient les retraites ou même
la réglementation. Une étude attentive a permis d'établir que ces
dépenses ne dépasseront pas 19 millions.

On trouvera la brochure au Syndicat national, 20, rue Notre-
Dame-de-Nazareth, à Paris.

Le Gérant : GERVAISE.

IMP. DE BIGOT FRÈRES

Première Année.   N° 9.   15 Janvier 1906.

VINGT CENTIMES

La Revue
Syndicaliste

MENSUELLE

SOMMAIRE

o o o

La Journée de huit heures et les travail-
  leurs à domicile . . . . A. VERHAERT.
Le Congrès des Syndicats belges. . . . A. OCTORS.
La Journée de huit heures en Amérique.
La Question syndicale en Tunisie . . . R. COLRAT.
Le mouvement en France. — Les grèves à Paris.
Le mouvement à l'étranger. — Le Congrès corporatif autrichien.
Jurisprudence. — Les Conventions syndicales.

PARIS

PUBLICATIONS DE LA SOCIÉTÉ NOUVELLE DE LIBRAIRIE ET D'ÉDITION

(Anc^t 17, rue Cujas)

ED. CORNÉLY & Cie, ÉDITEURS

101, RUE DE VAUGIRARD, 101

Paraissant le 15 de chaque mois

France : Un an . . . . . . 2 fr. 40 | Étranger : Un an . . . . . . 3 fr.
  »   Six mois . . . . . 1 fr. 20 | »   Six mois . . . . 1 fr. 50

Les abonnements partent de mai et de novembre.

Nous serons reconnaissants aux camarades de nous envoyer le montant de leurs abonnements par mandat-poste, pour éviter les frais de recouvrement.

Prière d'adresser tout ce qui concerne la rédaction ou l'administration au camarade Albert Thomas, administrateur-délégué de la *Revue syndicaliste*, 101, rue de Vaugirard, Paris.

Administration.

Nous sommes surpris du nombre de camarades qui nous réclament des numéros qu'ils n'ont pas reçus. Nos étiquettes sont vérifiées par nous et collationnées par nous. Le bordereau de la poste nous atteste que l'imprimeur, chargé de l'expédition, a expédié chaque fois un nombre de numéros exactement équivalent à celui des étiquettes envoyées. Ce n'est donc que dans le trajet que les numéros s'égarent. On sait ce que vaut le service des postes. Les lecteurs de notre Revue, mieux que d'autres encore, savent le surmenage du personnel. En attendant que l'État veuille bien faire son devoir, nous renverrons, autant que nous le pourrons, aux camarades qui nous en feront la demande, les numéros qui leur manquent. Mais surtout, nous aiderons, pour notre part, autant que nous le pourrons, à l'action syndicale des agents des postes.

Nous tenons à attirer l'attention de nos abonnés nouveaux, ou des camarades qui, tombant sur ce numéro de la Revue, auraient l'intention de s'abonner, sur la phrase banale et qu'on lit, sans la lire : *Les abonnements partent de mai et de novembre*. Pratiquement cela veut dire que tout abonnement fait en juin, juillet, août, septembre, octobre sera considéré comme partant de mai, que tout abonnement fait en décembre, janvier, février, mars, avril, sera considéré comme partant de novembre (sauf, naturellement, avis contraire de l'abonné) et que nous enverrons les numéros antérieurement parus dans le semestre. Nous demandons à nos camarades de faire ainsi, pour que notre modeste administration ne soit pas contrainte chaque mois de reviser la liste des abonnés et de demander les renouvellements. On ne surmène pas les enfants. Que les abonnés ne surmènent pas les services administratifs des jeunes Revues.

dispositions édictées depuis, notamment : la loi du 31 mars 1905, et l'arrêté du 30 septembre 1905, fixant le tarif des frais médicaux et pharmaceutiques en matière d'accidents de travail. Outre les anciennes pièces, les annexes comprennent un extrait du rapport présenté par M. Georges Paulet, directeur de l'assurance et de la prévoyance sociales, au Congrès international des accidents du travail de Vienne (1905), et une liste documentaire des sociétés actuellement admises à pratiquer les assurances contre les accidents du travail.

Le numéro 14 de la même collection vient également d'être réimprimé. C'est un répertoire indispensable pour tous les camarades, qui dans les syndicats, les Bourses du Travail, ou même dans les communes où l'organisation fait défaut, remplissent le rôle de secrétaires ouvriers et donnent aux victimes d'accidents du travail les indications utiles. La loi de 1898-1905 se trouve reproduite article par article ; et après chaque article, sont rassemblés les arrêts des divers tribunaux, ayant trait aux questions qu'il soulève. Des références permettent de retrouver le texte complet des jugements dans les volumes du recueil contenant la jurisprudence.

On trouve les deux ouvrages chez Berger-Levrault, éditeurs, Paris, 5, rue des Beaux-Arts. — Le premier coûte 1 fr. 50 ; le second 1 fr. 25.

La Brochure des Mécaniciens.

Chaque Fédération a sa brochure ; celle où elle dit aux inconscients, aux indifférents, aux timides la nécessité d'adhérer au syndicat et les avantages que le syndiqué retire de son adhésion. Les mécaniciens avaient épuisé la première édition de leur brochure : ils viennent de la rééditer, remaniée, augmentée, adaptée en un mot aux progrès de leur Fédération et à leurs institutions nouvelles. Des renseignements utiles sur les accidents du travail, sur l'hygiène et la protection dans les ateliers, permettent immédiatement d'apprécier de quelle utilité peut être l'organisation, non seulement pour la collectivité ouvrière, mais aussi pour chaque individu. On y trouvera également la liste des 66 villes où les mécaniciens ont des syndicats fédérés. Cette seconde brochure aura le même succès que la première, qui a servi souvent de modèle à de jeunes organisations.

Le Parti du Travail.

Notre camarade Émile Pouget continue la série des brochures à 10 centimes qui doivent composer un jour la petite *Bibliothèque syndicaliste*. Les deux premières étaient intitulées, on s'en souvient : *Les Bases du syndicalisme* et *Le Syndicat*. La troisième vient de paraître ; elle a pour titre : *Le Parti du Travail*. Ce titre, à lui seul, en dit long. Pouget soutient que l'organisation corporative doit aboutir naturellement à la constitution d'un parti nouveau, le parti du Travail, fondé non sur des opinions, mais sur des intérêts, les intérêts communs des prolétaires ; d'un parti qui n'aura pas pour objectif dominant la « Politique » ; « qui ne sera pas un méli-mélo incohérent d'hommes dont les intérêts sont en opposition », et qui ne déviera pas vers le parlementarisme ; d'un parti enfin qui agira par ses moyens propres, l'action directe et la grève générale révolutionnaire. Et dans un historique habilement conçu, Pouget démontre comment ce parti se rattache aux traditions bakouninistes de l'Internationale.

Ce n'est pas dans les limites étroites de ce compte-rendu que nous pouvons discuter la thèse Pouget. L'art dépensé par l'auteur pour réunir et confondre l'œuvre de défense professionnelle, accomplie dans les syndicats, et l'œuvre révolutionnaire des socialistes grève-généralistes rend cette discussion indispensable. Mais ce que nous tenons à signaler, pour aujourd'hui, ce sont les pages, concises, simples et vraies, où Pouget décrit la condition ouvrière, l'impossibilité pour l'ouvrier de s'élever au-dessus de sa condition actuelle, si ce n'est par l'effort de tous, par la solidarité syndicaliste. Ce sont là des pages, issues pour ainsi dire, de ce patrimoine commun d'idées qui se retrouve dans tout le mouvement ouvrier, et qui nous réunissant tous, syndicalistes, socialistes ou libertaires, sont incontestablement d'une grande efficacité pour la propagande.

Éducation syndicale.

Notre camarade Michel Bordel (des Chemins de fer) vient de publier une excellente brochure de propagande intitulée : *Éléments d'éducation syndicale*. Les articles de Bordel qu'on a pu lire dans la *Voix du Peuple* indiquent qu'il a, au point de vue syndicaliste, des idées arrêtées et nettes. Il en a fait abstraction dans sa brochure, pour faire un exposé très simple, très clair, et propre à rallier au groupement syndical tous les ouvriers qui le liront, quelle que soit leur opinion politique. Un bref aperçu historique sur les différents modes de travail ; — les lois ouvrières ; — l'opposition du travail et son capital ; — un exposé des différents modes de groupement ; — le rôle du syndicalisme ; l'organisation syndicale ; — l'action syndicale ; — un bon chapitre sur les *dérivatifs*, par lesquels la classe bourgeoise détourne de l'activité syndicale ; — enfin l'énumération des revendications syndicales : telle est l'économie de ces vingt-quatre pages. C'est en un mot une brochure alerte et facile à lire pour tous. — Adresser les commandes au camarade Michel Bordel, 104, Boulevard Victor Hugo, Clichy (Seine). Franco : 1 exemplaire, o fr. 15. — 10 : 1 fr. 25. — 100 : 7 francs.

Les sardinières de Douarnenez.

Le camarade Abel Craissac vient de publier une curieuse brochure à 0,05 (Quimper, Impr. P. Guillaume, 15, rue Kéréon) sur le contrat de travail des sardinières à Douarnenez. On y verra comment, par la grâce d'un *fonctionnaire du gouvernement*, tout dévoué à MM. les patrons, un contrat de travail à durée illimitée devient un contrat renouvelable chaque année ; et comment, par ce simple moyen, la stabilité des conditions se trouvant remise en cause, l'organisation syndicale se trouve affaiblie à son tour, pour le plus grand bonheur de la classe patronale. Quand le préfet Collignon est conspué à Douarnenez, il n'a point encore tout ce qu'il mérite.

La Voix des Primaires.

Jeune revue d'instituteurs qui paraît depuis octobre, une fois par mois, la Voix des Primaires a commencé dès ses premiers numéros un rude combat « pour obtenir plus de liberté aux instituteurs : plus de liberté dans l'exercice du métier et plus de liberté en dehors de la classe. » C'est dire qu'une grande partie de ses colonnes est consacrée à la question qui doit nous préoccuper : celle du syndicalisme universitaire. Signalons sur ce sujet, des articles de P. Joly, de Jean Gueux, de Vadez, qui fut frappé dans l'Ain pour ses opinions socialistes, de F. Lebrot, de Laurin. — Abonnements : Un an, 3 fr. ; 3 mois (essai), 1 fr. Chez P. Guérin, instituteur à Laxon par Nancy (M.-et-M.).

Le Gérant : GERVAISE.      IMP. LE BIGOT FRÈRES.

Première Année. N° 10. Février 1906

VINGT CENTIMES

La Revue

Syndicaliste

MENSUELLE

SOMMAIRE

o o o

De la coopération. . . . . BAJAT.
Syndicalisme et alcoolisme . . . . Léon VIGNOLS.
Relations internationales. . . . . A. T.
Le mouvement en France. — Pour le droit syndical. — Vers la réduction des heures de travail. — La maison des Fédérations.
Le mouvement à l'étranger. — Les salaires des mineurs américains.
Variétés. — A propos de la grève générale.

PARIS

PUBLICATIONS DE LA SOCIÉTÉ NOUVELLE DE LIBRAIRIE ET D'ÉDITION

(Anct. 17, rue Cujas)

ED. CORNÉLY & Cⁱᵉ, ÉDITEURS

101, RUE DE VAUGIRARD, 101

Paraissant le 15 de chaque mois

France : Un an . . . . . . 2 fr. 40 | Étranger : Un an . . . . . 3 fr.
   »   Six mois . . . . . 1 fr. 20 | »   Six mois . . . . 1 fr. 50

Les abonnements partent de mai et de novembre.

Nous serons reconnaissants aux camarades de nous envoyer le montant de leurs abonnements par mandat-poste, pour éviter les frais de recouvrement.

Prière d'adresser tout ce qui concerne la rédaction ou l'administration au camarade Albert Thomas, administrateur-délégué de la *Revue syndicaliste*, 101, rue de Vaugirard, Paris.

Administration.

Nous rappelons une fois encore à tous nos abonnés ou camarades, que nos abonnements partent de mai et de novembre. Exceptionnellement, et pour faciliter la besogne des secrétaires de syndicats ou de groupes, nous acceptons encore des abonnements partant de janvier. Mais il nous est tout à fait impossible d'établir des abonnements partant de tous les mois de l'année.

Nous renouvelons aussi à tous nos amis notre invitation à la propagande. Mai approche. Il faut que notre deuxième année marque un progrès. Il faut que nous puissions soit avoir nos 16 pages tous les quinze jours, soit, au moins, pouvoir publier plus souvent des numéros de trente-deux pages.

Nous avons fait imprimer de nouveaux bulletins d'abonnement, rappelant la tâche que nous nous sommes imposée, indiquant aussi comment depuis une année, nous croyons l'avoir remplie. Nous enverrons de ces bulletins à tous les camarades qui nous en feront la demande, à tous ceux qui veulent nous aider dans cette propagande.

Rappelons enfin, encore une fois, notre changement d'adresse. La Société nouvelle de librairie et d'édition, ayant constitué la maison Édouard Cornély et Cⁱᵉ, dépositaire général de toutes ses publications, les services de la *Revue syndicaliste* se trouvent maintenant transférés 101, rue du Vaugirard. Nous prions nos camarades de nous écrire là, directement, pour éviter les retards.

Bibliographie

Les Accidents du Travail.

Le Ministre du Commerce (Direction de l'assurance et de la prévoyance sociales) vient de publier une nouvelle édition (datée de janvier 1906) de son numéro 1, paru en décembre 1903, du recueil de documents sur les accidents du travail. Ce numéro 1 contient, on s'en souvient, les lois, règlements et circulaires. La première édition s'arrêtait à la loi du 2 décembre 1903. La nouvelle contient toutes les

Syndicats ouvriers belges.

On a lu dans ce numéro l'article de notre camarade Octors sur le Congrès syndical belge. C'est une occasion de signaler le petit livre que vient de faire paraître, sur les syndicats belges, M. Laurent Dechesne (Paris, Larose, 1906, 2 fr. 50). En une centaine de pages, M. Dechesne donne un bon résumé des publications parues jusqu'à ce jour sur le mouvement en Belgique. Il analyse bien, quoique d'une manière un peu fragmentaire, les différents traits de ce mouvement encore mêlé et confus... comme bien d'autres, mais qui donnera certainement bientôt de bons résultats. Ce qu'il y a de plus curieux dans le livre de M. Dechesne, c'est la description des vieilles corporations de forme médiévale qui subsistent encore dans quelques villes flamandes comme Anvers, et la différence qu'il établit entre les associations qu'il appelle associations d'ouvriers de manufactures, agissant dans les métiers où subsiste la nécessité d'un apprentissage, et les associations d'ouvriers de fabriques, dans les industries où le machinisme a amené la quasi suppression de l'apprentissage. Les premières luttent par limitation de l'apprentissage, les autres surtout par la grève. On saisit, par ce seul trait, combien de survivances entravent encore l'action purement syndicale en Belgique.

On trouvera encore dans le livre de M. Dechesne des détails intéressants sur les rapports des coopératives et des mutualités, très développées chez nos voisins, avec les syndicats ; — sur la fusion des mutualités et des sociétés de résistance ; — sur la tendance aux fortes cotisations et à l'établissement de syndicats à bases multiples ; — enfin sur les groupements par partis et par fédérations. C'est dire que le livre de M. Dechesne rendra aux camarades qui veulent s'instruire du mouvement belge bien des services. Il laisse à désirer pourtant sur bien des points : son exposé de la loi sur les associations professionnelles de 1898, et des critiques qu'elle a suscitées dans la classe ouvrière est fort insuffisant ; et on sent trop souvent que l'auteur développe telle ou telle partie parce qu'il a des documents, et non pour l'importance même de cette partie. Il nous apprend, par exemple (p. 51), que les syndicats, affiliés au parti ouvrier comptent 88.000 membres, et que les syndicats neutres, adhérents, d'ailleurs, à la Commission syndicale, en comptent 16.000, enfin les syndicats chrétiens 14.000 ; et lorsqu'il en vient (p. 95) à étudier les fédérations professionnelles formées par les syndicats des diverses tendances, il consacre 6 pages aux premiers, 2 à peine aux seconds. Mais il y avait des documents pour les premiers, et moins pour les autres. Une enquête rapide eût rétabli l'équilibre. Tel qu'il est, cependant, ce petit volume peut rendre des services.

Les Métiers qui tuent.

C'est le titre d'un petit volume des frères Léon et Maurice Bonneff. Il porte en sous-titre : Enquête auprès des syndicats ouvriers sur les maladies professionnelles ; et ce sous-titre indique bien la nature du livre. Les deux auteurs ont interrogé les secrétaires des syndicats et des Fédérations des métiers qui tuent : peintres, cérusiers, ouvriers en accumulateurs électriques, fondeurs, brossiers, céramistes, égoutiers, etc. Ils ont appuyé cette expérience directe sur de bonnes recherches scientifiques. Puis, simplement, sans phrase, avec précision, ils ont décrit comment et pourquoi chaque métier tuait, et les procédés déjà employés pour les empêcher de tuer. De leur livre, il ressort que seule l'action syndicale peut efficacement protéger la santé, la vie ouvrière. La loi ne peut qu'aider à leur effort, suppléer, incomplètement toujours, à l'insuffisance de leurs moyens. Deux monographies sur les meuliers de la Ferté-sous-Jouarre et sur les égoutiers de Paris sont particulièrement intéressantes. On souhaiterait seulement un peu plus de précision dans les références, afin de permettre des recherches plus faciles aux camarades, qui auraient intérêt à compléter cette enquête (Paris, Bibliographie sociale, 19, rue Servandoni, Paris VIe. Prix : o fr. 75).

Discussions et Commentaires.

Les articles de la *Revue syndicaliste* ont les honneurs de reproductions, de commentaires et de discussions. L'article de Sigg, sur l'action directe en Suisse a été traduit par l'*Arbeiterstimme*, l'organe central de la Ligue des syndicats, dans son numéro du 6 janvier. Sur deux points, en ce qui concerne les métallurgistes ou les cordonniers, l'*Abeiterstimme* estime que Sigg a fait la part trop belle à l'action directe. Le *Basler Vorwærts*, d'autre part, le journal socialiste de Bâle, donne d'abondants extraits du même article, et accepte ses conclusions.

Signalons encore que le camarade V. Griffuelhes a répondu à l'article d'Umbreit, paru dans notre numéro de novembre, par trois articles de la *Voix du Peuple* (n^{os} des 24 décembre 1905, 1er janvier et 7 janvier 1906). La discussion menée par Griffuelhes est vive et marque bien l'opposition des deux points de vue.

Mais pourquoi diable, Griffuelhes évite-t-il de citer « la feuille française à laquelle Umbreit collabore » ? Je comprends bien que notre camarade ne veuille point faire de réclame à une feuille, de tendances opposées aux siennes. Mais, quand on veut souffler sur une lumière, on ne commence point par mettre un écran devant.

Le Gérant : GERVAISE.      IMP. LE BIGOT FRÈRES.

Première Année.   N° 11.   Mars 1906.

VINGT CENTIMES

La Revue Syndicaliste

MENSUELLE

SOMMAIRE

A propos des huit heures. . . . . Albert Thomas.
Le projet de loi sur les retraites ouvrières. G. F.
Le mouvement en France. — Contre l'arbitraire. — Le Congrès extra-
ordinaire des syndicats maritimes (*A. Rivelli*). — La grève des salins de Giraud
(*Bajat*).
Le mouvement à l'étranger. — La journée de travail au Danemark. —
Pour la paie hebdomadaire. — Le travail des femmes en Italie. — Les syndicats
hongrois. — Les étrangers en Suisse. — Travail à la main et à la machine.
Variétés. — La vertu de la grève (*J. Burns*).

PARIS
PUBLICATIONS DE LA SOCIÉTÉ NOUVELLE DE LIBRAIRIE ET D'ÉDITION
(*Anct. 17, rue Cujas*)
ED. CORNÉLY & Cⁱᵉ, ÉDITEURS
101, RUE DE VAUGIRARD, 101

Paraissant le 15 de chaque mois

France : Un an . . . . . . 2 fr. 40 | Étranger : Un an . . . . . 3 fr.
   »   Six mois . . . . . 1 fr. 20 | »   Six mois . . . . 1 fr. 50

Les abonnements partent de mai et de novembre.

Nous serons reconnaissants aux camarades de nous envoyer le montant de leurs abonnements par mandat-poste, pour éviter les frais de recouvrement.

Prière d'adresser tout ce qui concerne la rédaction ou l'administration au camarade Albert Thomas, administrateur-délégué de la *Revue syndicaliste*, 101, rue de Vaugirard, Paris.

Administration.

Notre numéro de février a paru tard, très tard. Notre copie est arrivée tard et les grandes imprimeries ne sont pas toujours complaisantes pour les petits journaux. Le numéro de mars lui-même ne paraît point non plus à sa date. Notre camarade Léon Vignols, accablé de travail et de tracas, ne pourra terminer que pour avril son étude vigoureuse sur le syndicalisme et l'anti-alcoolisme. Et les autres camarades de la rédaction, surchargés de travail actif, propagande, administration syndicale, ou luttes imminentes, ne trouvent que rarement le temps de prendre la plume.

Nous sommes les premiers à regretter ces retards, et d'autant plus que nous souhaitons attester, par la régularité même de notre revue, sa vitalité et son développement. Car les abonnements viennent toujours, régulièrement. Des camarades nous écrivent qu'ils apprécient la revue, sa tenue, ses tendances ; ils nous disent les services qu'elle leur a déjà rendus ; ils nous invitent à la développer.

Nous nous sommes réunis l'autre jour. La transformation rêvée : seize pages, deux sous, tous les quinze jours, a paru à nos camarades une trop grosse aventure, ou simplement : une aventure. Et nous ne voulons point d'aventure, point de risques. Mais nous sommes désormais assurés de pouvoir plus souvent publier des numéros de 32 pages.

Nos nouveaux bulletins d'abonnement sont prêts. Nous en envoyons quelques-uns à tous nos abonnés. Nous les prions de les faire remplir par des camarades. Nous rappelons, à cette occasion, que nos abonnements partent de mai, de novembre, et que nous en acceptons exceptionnellement depuis janvier. Si quelques-uns de nos amis, désireux de nous aider largement, désirent des bulletins nombreux, nous les prions de nous le faire savoir. Mais que chacun, nous le répétons encore une fois, fasse son abonné et la Revue sera assurée d'une longue vie.

Quelques amis de province, qui ont organisé la vente au numéro, nous ont demandé des petites affiches indiquant que la « Revue Syndicaliste » est en vente chez eux; ils les recevront prochainement. Des rédacteurs de journaux professionnels ou de journaux socialistes nous ont demandé des papillons, des *vient de paraître*, faciles à insérer dans leurs colonnes. Accordé également.

L'administration de la Revue ne s'abandonne pas. Elle s'aide elle-même ! Elle ne compte pas que le Ciel l'aidera, mais du moins, tous ses amis, tous ses abonnés.

La Loi.

A propos du livre de M. de Morsier, sur la journée de huit heures, le camarade Grave écrivait récemment dans les *Temps nouveaux :*

« Jamais la loi n'a imposé une réforme. Ou bien, cette réforme est assez passée dans la pratique pour que la loi ne fasse que consacrer un état de choses existant, ou bien, si elle est en avance, ceux qui voudront en bénéficier seront forcés de lutter pour en obtenir l'application. Et toutes les grèves que, ces temps derniers, en France, nous avons vu se dérouler à la suite de la loi Colliard-Millerand, nous indiquent ce que, dans la pratique patronale, vaut une loi, lorsqu'elle s'avise de limiter leur arbitraire, si les travailleurs ne sont pas en état d'y résister eux-mêmes.

Quelle que soit la réforme que l'on veuille obtenir, qu'elle soit d'ordre politique ou économique, jamais une réforme n'est inscrite dans le code que lorsque l'opinion publique est assez puissante pour l'exiger ; et même passée à l'état de loi, elle n'est appliquée que tant que ceux qui sont intéressés à son application savent la faire respecter.»

Il y a un point sur lequel nous serons tous d'accord avec Grave, c'est que la loi par elle-même n'est rien ; c'est que si les intéressés ne savent point la faire respecter, elle est sans effet.

Nous irons plus loin : comme Grave même, nous croyons que c'est la lutte directe avec le patronat, que c'est la besogne syndicale, que c'est l'action quotidienne à l'atelier ou en dehors de l'atelier, qui transforme un homme, non le dépôt dans l'urne d'un bulletin de vote ou d'une liste, même socialiste, tous les deux ou quatre ans. C'est l'activité syndicale, dans tous ses modes, qui forme des hommes, non l'enthousiasme des plus belles périodes électorales.

Mais si l'action de la loi, des réformes légales dans la transformation sociale est limitée, il y a des cas incontestablement où son intervention est utile.

Les syndicats anglais, qui ont obtenu de grands résultats au point de vue de la réduction des heures de travail, demandent aujourd'hui une loi qui *étaie* ces résultats acquis, qui les garantisse contre la concurrence des non-syndiqués, des femmes ou des enfants, c'est par la loi qu'ils veulent faire protéger les femmes et les enfants plus difficilement syndicables.

Pour que la loi Colliard-Millerand fût appliquée, il a fallu sans doute l'effort de la masse ouvrière. Sans son intervention, c'est incontestable, ladite loi eût été lettre vaine. Mais la promulgation de la loi n'a-t-elle point été pour la masse ouvrière un *stimulant ?* N'a-t-elle point éveillé à l'action et par là même à l'organisation des foules encore inconscientes ? Je crois que cela non plus n'est point contestable. Et la propagande la mieux organisée, la plus vigoureuse, au moins dans l'état actuel des esprits, a encore à gagner, quand elle s'autorise de la loi.

N'attribuons donc pas à l'action politique comme telle, plus de valeur qu'elle n'en a. Mais ne négligeons rien de tous les avantages qu'on en peut tirer si elle est méthodiquement conduite, et dans un esprit conforme aux revendications prolétariennes.

Le Syndicat selon les bourgeois.

Les *Débats* ne sont point contents. Les jaunes font fausse route. Ils sont bien anti-collectivistes, anti-lutte de classe. Mais ils gardent des préjugés, des illusions. Ils osent demander que les contestations en matière d'accidents soient jugées par des tribunaux syndicaux. Ils osent demander aussi, songez donc! l'institution de banques populaires. Heureusement, les *Débats* sont là pour rappeler les agents de la bourgeoisie à leur vrai rôle, et pour expliquer la vraie conception syndicale, selon M. de Nalèche.

« A notre sens, dit ce bon journal, les syndicats ouvriers devraient avoir pour principale mission, actuellement, de s'occuper de l'organisation des renseignements sur l'offre et la demande du travail, sur le placement des ouvriers, sur l'évolution des industries, dans notre pays. Pourquoi aussi négliger les intérêts de l'ouvrier en tant que consommateur ? Les ouvriers, intéressés à vivre à bon marché, ne devraient-ils pas apporter leur concours à ceux qui s'efforcent d'empêcher l'accroissement des droits de douane protectionnistes dont le résultat est d'élever le coût de la vie ? »

Des syndicats, offices de renseignements et agents du libre échangisme, au service des *Débats*, contre les protectionnistes, voilà l'idéal ! La réalité, heureusement, est fort éloignée de l'idéal des *Débats*.

Journaux corporatifs internationaux.

Depuis quelques mois, ont commencé de paraître plusieurs journaux corporatifs internationaux, rédigés en trois langues, allemand, français, anglais. Ce sont :

1º La *Correspondance de la Fédération internationale des ouvriers des transports* (Korrespondenzblatt der Internationalen Transportarbeiter Federation), grande revue de 50 à 60 pages, publiée depuis le début de 1905, par le camarade Jochade, président de l'Union allemande des ouvriers et employés de chemin de fer (à Hamburg, 27, Ausschlägerallee, 32). Le numéro 5 a paru le 20 décembre 1905.

2º L'*Internationale Union*, circulaire du secrétaire de l'Union internationale des ouvriers du bois, publiée depuis septembre 1904, par le camarade Theodor Leipart, secrétaire de l'Union (Stuttgart, Adlerstrasse 43). Cinq numéros également ont paru jusqu'à ce jour.

3º Enfin, la *Revue internationale des ouvriers sur métaux* (Internationale Metallarbeiter-Rundschau), organe officiel de la Fédération internationale. Le 1er numéro a paru le 15 janvier 1906, le 2e le 15 février.

Nous n'avons pas besoin d'insister sur les services que de tels organes peuvent rendre au point de vue des relations internationales. Les mêmes documents, les mêmes renseignements, donnés en trois langues, rendent plus faciles les discussions dans les Congrès internationaux. Les organisations se connaîtront mieux, s'apprécieront mieux. Et pour cette raison, nous souhaitons que nos organisations françaises collaborent avec régularité à ces organes internationaux.

La commandite.

La Chambre syndicale typographique parisienne (20, rue de Savoie, Paris, VIe), vient de publier sous une forme élégante, une excellente brochure intitulée : *La Commandite*. L'historique de la commandite, ses différentes formes ; ses avantages pour les patrons, pour les ouvriers ; ses adversaires et leurs arguments ; comment on forme une commandite ; et des considérations générales sur l'application de ce mode de travail, dans l'imprimerie ou dans les autres industries : tels sont les sujets successivement traités. Cette brochure sera donc, non seulement un bon instrument de propagande pour les typographes, mais encore un utile document pour les corporations où l'on songerait à établir le travail en commandite. On y trouve, en effet, un examen succinct des diverses formes de commandite et, comme le dit excellemment Keufer, dans une courte préface à la brochure, il n'y a pas à se prononcer absolument pour une forme ou une autre. Ce sont les circonstances, la nature des travaux et aussi la préparation morale des commanditaires qui feront prévaloir tel ou tel système.

Le *Gérant* : GERVAISE.

IMP. LE BIGOT FRÈRES.

Première Année.   Nᵒ 12.   Avril 1906.

VINGT CENTIMES

La Revue Syndicaliste

MENSUELLE

SOMMAIRE

o o o

La journée de huit heures . . . . L. NIEL.
Syndicalisme et alcoolisme . . . . Léon VIGNOLS.
Le mouvement en France. — La catastrophe de Courrières et la grève des mineurs.
Le mouvement à l'étranger. — Une statistique du mouvement syndical anglais.
Jurisprudence ouvrière.
Table des matières.

PARIS

PUBLICATIONS DE LA SOCIÉTÉ NOUVELLE DE LIBRAIRIE ET D'ÉDITION

(Anct 17, rue Cujas)

ED. CORNÉLY & Cⁱᵒ, ÉDITEURS

101, RUE DE VAUGIRARD, 101

La Revue Syndicaliste

Paraissant le 15 de chaque mois

France : Un an . . . . . . 2 fr. 40 | Étranger : Un an . . . . . 3 fr.
   »   Six mois . . . . . 1 fr. 20 | »   Six mois . . . . 1 fr. 50

Les abonnements partent de mai et de novembre.

Nous serons reconnaissants aux camarades de nous envoyer le montant de leurs abonnements par mandat-poste, pour éviter les frais de recouvrement.

Prière d'adresser tout ce qui concerne la rédaction ou l'administration au camarade Albert Thomas, administrateur-délégué de la *Revue syndicaliste*, 101, rue de Vaugirard, Paris.

Administration.

Avec ce numéro finit notre première année. Nos lecteurs pourront juger, en parcourant la table des matières si nous avons bien rempli notre tâche.

Nous avons invité tous les abonnés qui ne nous avaient pas encore payé l'abonnement de la première année à vouloir bien nous en envoyer le montant. Quelques-uns se sont exécutés. Merci. Mais que de négligents encore !

Administrativement, nous avons un peu tâtonné pendant ces premiers mois. Il n'en sera plus de même désormais. Nos modestes services sont à peu près organisés. Il ne reste plus qu'à travailler pour les développer. La tâche revient en partie à nos abonnés. Qu'ils multiplient !

XVᵉ Congrès corporatif.

Le XVᵉ Congrès national corporatif aura lieu à Amiens, suivant la décision prise à Bourges en 1904. Dans une première circulaire, le bureau de la C. G. T. et celui de la commission du Congrès rappellent aux organisations les conditions d'admission au Congrès. Pour avoir droit de participer aux travaux du Congrès, un syndicat doit être confédéré depuis trois mois : c'est-à-dire appartenir à sa Fédération nationale de métier, à sa Bourse du Travail ou Union locale ou régionale, enfin être abonné à *La Voix du Peuple*. Les syndicats ont donc jusqu'à fin mai pour remplir leurs obligations statutaires.

Les organisations ont été invitées par la même circulaire à indiquer *avant fin mai* les questions qu'elles désirent voir discuter au Congrès. L'ordre du jour du Congrès doit être en effet porté à la connaissance des syndicats, trois mois avant le Congrès.

Bibliographie.

Les syndicats de fonctionnaires.

M. Paul-Boncour a remanié et publié en brochure (chez Edouard Cornély, 101, rue de Vaugirard) son vivant article de la *Revue socialiste* sur les syndicats de fonctionnaires. La brochure est divisée en cinq chapitres : dans le premier, l'auteur étudie les origines et le développement des groupements professionnels dans les administrations publiques ; — dans le second, il examine pour quelles causes les groupements de fonctionnaires revendiquent le droit de se constituer en syndicats : entrée dans les Bourses du Travail ; supériorité de la loi de 1884 sur celle de 1901 (c'est le motif le plus souvent invoqué, et

peut-être bien, quoi qu'en pense Paul-Boncour, le moins sérieux) :
enfin la nécessité d'un régime définitif ; — dans le troisième, l'auteur
examine la question, au point de vue parlementaire. Mais ce sont surtout les deux dernières parties du livre, celles où l'auteur étudie la
question, de son point de vue particulier de décentralisateur, qui sont
les plus neuves et les plus ingénieuses. On y retrouve la thèse favorite
de l'auteur : l'opposition du fédéralisme administratif au fédéralisme
régional, auquel manqueraient tous les organes de la vie de la société
moderne.

Une histoire du travail et des travailleurs.

par Pierre Brisson, chez Delagrave. C'est un livre de vulgarisation,
mais de vraie vulgarisation scientifique. C'est aussi un manuel, un livre
de classe, mais c'est surtout, à notre point de vue, un recueil de documents, de faits, de chiffres, qui sera des plus précieux pour la propagande. L'auteur est sûrement un socialiste, un homme préoccupé et
informé du mouvement ouvrier contemporain : et sa documentation
est telle que l'action seule a pu la déterminer. Pierre Brisson n'est
cependant pas connu : il est un nom approchant... qui l'est.

On ne saurait indiquer en détail tout le contenu de ce livre dense :
disons seulement qu'il prend l'histoire des travailleurs aux anciennes
corporations et la conduit jusqu'à nos jours. Marquons qu'il replace
très bien cette histoire dans l'histoire économique générale ; indi-
quons enfin que les travailleurs de la campagne ne sont point oubliés
par lui. A chaque chapitre est épinglée une bibliographie choisie et
bien choisie. L'exposition est claire, vivante ; le style un peu préten-
tieux, parfois, jamais ennuyeux. Enfin l'éditeur bien avisé n'a pas fait
une illustration de *chic* : il a reproduit des planches du *Recueil des
Arts et métiers* de Jost Amman (Francfort, 1568) et de l'Encyclopédie
de Diderot et Dalembert. Je le répète : ce livre est indispensable pour
les camarades qui veulent étudier un peu l'histoire, ou renouveler
leur bagage intellectuel de propagandiste.

Pour les huit heures.

Au moment où l'action pour la réduction des heures de travail est
de toutes parts engagée en France, il nous paraît utile de rappeler aux
propagandistes la publication récente du livre d'A. de Morsier sur la
journée de huit heures et le salariat industriel (Genève, Kundig, 1906), et
la publication un peu plus ancienne de L. G. Fromont, directeur-
gérant de la Société anonyme des produits chimiques d'Engis, en
Belgique (Liège, Vaillant-Carmaux, 1905), sur la *journée de huit heures
dans l'industrie chimique et métallurgique.*

Parlons d'abord de ce dernier. Le livre de M. Fromont est tout
entier l'exposé des résultats d'expériences pratiques qu'il a poursuivies depuis 1892, aux établissements d'Engis, où l'on s'occupe de la
désulfuration des blendes (minerais de zinc sulfurés), de la captation
simultanée des gaz sulfureux obtenus, enfin de la transformation de
ces gaz en acide sulfurique. Des chiffres et des diagrammes publiés par
M. Fromont, il résulte que les effets obtenus par l'établissement de la
journée de huit heures ont été encore une fois les suivants. Au bout de
six mois, l'ouvrier était parvenu à atteindre en 7 heures 1/2 de travail
effectif une *production égale* à celle qu'il fournissait jadis en *dix heures*
de travail effectif. Son gain journalier devenait pour huit heures égal
à ce qu'il était jadis pour une journée de présence de douze heures.
L'alcoolisme disparaissait de l'usine ; les maladies diminuaient, et la
caisse de secours des ouvriers devenait prospère ; enfin, industrielle-
ment, le prix de revient diminuait de 20 °/₀.

M. Fromont. homme pratique, se garde de généraliser hâtivement.
Il aime à rappeler que la production de l'ouvrier ne dépend pas seulement de l'organisation du travail, mais aussi de conditions ethniques
générales (tempérament, aptitude physique) et même des conditions
morales dont il faut tenir compte. Mais il estime que pour un travail
intense, à produire d'une façon soutenue pendant un temps assez
long, — et parmi « une race active, nerveuse, courageuse, susceptible
de produire rapidement un grand effort, » l'application des courtes
journées peut donner d'excellents résultats. M. Fromont raisonne
en *industriel*, en homme préoccupé « d'augmenter le rendement de
l'ouvrier par une utilisation convenable de ses efforts et une répartition rationnelle de ses heures de repos. » Mais il y a tant d'industriels qui raisonnent comme des sots, que la parole d'un homme
intelligent et raisonnable prend forcément un sens révolutionnaire.

Quant au livre de M. de Morsier, je voudrais surtout le signaler
comme un utile répertoire de faits. M. de Morsier est de l'école de
Gide. C'est une phrase de Gide qu'il a mise en épigraphe à son livre ;
c'est l'autorité de ce professeur qu'il cite à tout instant. M. de Morsier
est encore un chrétien social, désireux de réformes ouvrières, ennemi
de la politique, et qui appelle de tous ses vœux « la bonté rayonnante,
suprême expression de la justice. » Mais tendances mises à part, et
mise à part aussi la composition défectueuse du livre, les longueurs,
les digressions qui l'encombrent, et la préoccupation de mêler constamment la question générale du salariat et la question des huit heures, ce petit volume est précieux. Il contient un bon résumé des arguments à faire valoir en faveur des huit heures, — un choix de faits,
extraits des publications antérieures, sur les résultats obtenus par
l'application des huit heures,   des indications sur les récentes dispositions législatives soit en France, soit en Suisse, soit en Amérique :
toutes choses utiles à avoir sous la main, dans un volume commode.

Bulletin de la prud'homie.

Le Comité central de vigilance des conseillers prud'hommes
ouvriers de la Seine publie sous ce titre un intéressant journal trimestriel dont le premier numéro vient de paraître.

En créant cette publication, le *Comité de vigilance* a pour but de
vulgariser, parmi les travailleurs organisés, la prud'homie imparfaitement connue du plus grand nombre ; de porter à la connaissance
des intéressés les décisions judiciaires importantes relatives aux questions se rattachant au contrat de travail ; de permettre aux conseillers
ouvriers d'échanger leurs vues sur des points sujets à controverse, de
faire connaître les usages corporatifs ; enfin. de mettre une tribune
d'un accès facile à la disposition des camarades.

Le premier numéro contient, en outre de nombreuses notes de
jurisprudence, d'intéressants articles de Quillent, Briat. Montélimard.
L'abonnement au *Bulletin de la Prud'homie* est de 1 fr. par an ; le
numéro coûte o fr. 20. Adresser les abonnements et les communications au camarade Allibert, 6, boulevard Magenta, Paris.

Le Bûcheron.

Depuis le 20 février, paraît chaque mois un nouvel organe corporatif, le *Bûcheron*, organe de la Fédération nationale des syndicats
bûcherons et agricoles de France et des colonies. Le *Bûcheron* est tout
à fait digne de son ami le *Paysan*. Signalons dans le dernier numéro
un intéressant article de Bornet sur la journée de huit heures chez les
bûcherons. Le numéro coûte o fr. 05 : l'abonnement est de 1 fr. par an.
Adresser lettres et mandats à D. Veuillot, à La Chapelle-Hugon par La
Guerche (Cher).

Le Gérant : Gervaise.   Imp. Le Bigot Frères.